De officio

De officio

Zu den ethischen Herausforderungen
des Offizierberufs

Herausgegeben vom Evangelischen Kirchenamt
für die Bundeswehr

verantwortlich:
Peter H. Blaschke
Reinhard Gramm
Winfried Sixt

Lutherisches Verlagshaus

© Lutherisches Verlagshaus GmbH, Hannover, 1985
2. Auflage 1985
Alle Rechte vorbehalten
Umschlaggestaltung: Horst Schmelzer, Hildesheim
Gesamtherstellung: Clausen & Bosse, Leck
ISBN 3-7859-0516-5
Best.–Nr. 31138-8

Inhalt

Epilog

Das Schwert soll kein Christ für sich und seine Sache führen oder anrufen; dagegen für einen andern kann und soll er's führen und anrufen, damit dem bösen Wesen gesteuert und die Rechtschaffenheit geschützt wird.

Martin Luther

Wir Christen sind, gleichviel in welchem Beruf, der Welt den Dienst des Friedens schuldig. Wir haben bisweilen den Frieden Gottes mißverstanden und gemeint, er sei das Geschenk für unser Herz und unser Gewissen. Das ist er auch.
Aber wo dieser Friede Gottes von einem Menschen angenommen wird, muß er aktiv werden für den Frieden in der Welt, also aktiv gegen den Unfrieden, gegen das Unrecht, gegen jede Gestalt von Haß, gegen Diskriminierung.
Fragt man einen Erzieher oder einen Journalisten, einen Bürgermeister oder einen Soldaten, fragt man irgendeinen Christen: Was willst du mit dem, was du tust? – kann immer nur die Antwort sein: »Friede auf Erden!«

Hermann Kunst

Vorwort

Es gehört zu den Berufseigentümlichkeiten des Offiziers, daß ähnlich wie beispielsweise bei Ärzten, Journalisten und Pfarrern auch von ihm ein besonderes, spezielles Maß ethischen Verhaltens erwartet und erbracht werden muß. Dieser notwendige ethische Mehrwert des Offizierberufs ergibt sich aus seiner besonderen Verantwortung im Raum der staatlichen Exekutive. Er wird zudem – wie von allen Soldaten – durch Gesetz von ihm gefordert. An diesen Zusammenhang erinnert der Buchtitel »De officio«. Das lateinische officium bedeutet Pflicht. Ein Offizier ist also ein Verpflichteter, ein auch auf dem Feld der Ethik in Pflicht Genommener.

Oft wird behauptet, daß aus vielerlei Gründen das geistige Bemühen um die ethischen Grundfragen des Offizierberufs in den letzten Jahren zu kurz gekommen sei. Berufsethos aber kann weder als Selbstverständlichkeit vorausgesetzt noch einfach durch Gesetz befohlen werden. Es bedarf zu seiner Entfaltung und Bildung eines differenzierten geistigen Prozesses. Dazu gehören Impulse, persönliche Auseinandersetzung und kritische Selbstüberprüfung. Nur so wächst ethisches Bewußtsein. Solches wiederum kann Verhalten verändern.

Genau an diesem Punkt liegt der Anlaß der vorliegenden Publikation. Sie will informieren, reflektieren und zur eigenen Stellungnahme und Standortfindung anregen und herausfordern. Das Buch ist als Hilfe vor allem für junge Offiziere gedacht, als kleines Kompendium für berufsethische Grundfragen. Wenn auch Erfahrenere danach greifen, um so besser.

Denn Militärseelsorge ist nicht nur Individualseelsorge und erschöpft sich nicht in der Begegnung Pfarrer–einzelner. Als Gruppenseelsorge hat sie auch die Aufgabe, die in den Streitkräften vorhandenen Grundfragen zu erspüren, bewußt zu machen, ethisch zu reflektieren und nach Möglichkeit Beiträge zu einer gedanklichen Klärung zu leisten. Dabei darf die Militärseelsorge weder unbequeme noch unpopuläre Fragestellungen ausklammern.

Die vorliegende Publikation versteht sich als ein weiterer Schritt auf diesem Weg. Sie reiht sich ein in die Tradition einer neu konzipierten Militärseelsorge. Sie knüpft an zahlreiche geistige Beiträge und Impulse an, von denen nur einige wichtige genannt seien:

1959 »Atomzeitalter – Krieg und Frieden« mit den Heidelberger Thesen;
1965 »Studien zur politischen und gesellschaftlichen Situation der Bundeswehr«;
1980 »Und wage es, Soldat zu sein« mit den 14 Friedensthesen aus der evangelischen Militärseelsorge.

Der Kreis der Autoren ist weit gespannt. Neben Militärgeistlichen kommen

11

Soldaten, Beamte, Wissenschaftler und Journalisten zu Wort. Letztere hat man in der Kirchensprache oftmals Laien genannt. Dies klingt mißverständlich. Sind sie doch in Wahrheit die weltlichen Experten der Kirche, ohne die es keine sachgemäße Umschreibung und Reflexion der besonderen ethischen Sachfragen geben kann.

Der Aufbau des Buches ist klar erkennbar. Nach einführenden Grundsatzartikeln, die in lexikonähnlicher Kurzfassung einen allgemeinen Überblick bieten, werden im Hauptteil sechs Tätigkeitsfelder des Offiziers angesprochen: Führen, Gehorchen, Dienen, Ausbilden, Erziehen, Verwalten. Jedes der sechs Felder wird aus militärischer und theologischer Sicht kurz eingeleitet. Dann werden sie in Einzelbeiträgen aufgefächert und entfaltet. Die Gliederung ist das Ergebnis einer gemeinsamen Bemühung. Die Einzelbeiträge, die durchaus Courage in Zivil und Uniform zeigen, werden selbstredend vom jeweiligen Verfasser verantwortet.

Wiewohl die Beiträge klar erkennbare ethische und auch theologische Komponenten beinhalten, ist die dann folgende geistliche Besinnung keine Floskel, kein Anhängsel. Sie zeigt noch einmal den entscheidenden Grund christlichen Glaubens auf, der ethisches Verhalten ermöglicht.

Die Bebilderung mit herausragenden Gestalten der deutschen Militärgeschichte ist mehr als ein ästhetisch-historisches Zugeständnis. Sie gewinnt ihre Berechtigung im Rahmen dieses Werkes erst durch die sorgfältig ausgesuchten Zitate zum Thema. Selbstverständlich kann unser heutiges Verhältnis zu Persönlichkeiten der Vergangenheit nicht ein ungebrochenes und unkritisches sein. Welcher Sterbliche machte hier eine Ausnahme? Dennoch gibt es bei jedem der Abgebildeten auch Überlieferungswürdiges, das – wenn auch in historisch bedingter Situation und Sprache – der eigenen Selbstfindung und Orientierung dienen kann.

Die Literaturangabe am Ende muß sich auf einige Hinweise beschränken. Sie will Interessierten und neugierig Gewordenen Wegweiser an die Hand geben.

Zu danken habe ich vielen Freunden mit und ohne Uniform, die diese Publikation anregend, helfend und korrigierend begleitet haben.

Die Lektüre eines jeden Manuskriptes wurde für mich zu einem faszinierenden Erlebnis. Diese meine eigene Erfahrung wünsche ich jedem Leser.

Bonn, im Frühsommer 1985 Reinhard Gramm
Militärgeneraldekan

Friedhelm Klein

Der Beruf des Offiziers

Seine Entwicklung und historische Einordnung

»Offizier ist die Bezeichnung für einen militärischen Vorgesetzten, der die
Aufgabe hat, seine Untergebenen im Frieden auszubilden, im Kriege zu führen, für sie innerhalb seines Befehlsbereichs zu sorgen und sie in Mannszucht
zu halten.«[1] Diese aus dem Jahre 1914 von dem Oberstleutnant Freiherr von
der Osten-Sacken und von Rhein stammende Beschreibung dessen, was auch
heute noch den Offizierberuf in seinem Kern ausmacht, ist das Ergebnis eines
jahrhundertelangen militärgeschichtlichen Prozesses.

Die Entwicklung des Offizierberufs, seines Selbstverständnisses wie seiner
Einordnung in den größeren Rahmen von Staat und Gesellschaft war in
Deutschland vielfältigen und nachhaltigen Veränderungen unterworfen. Dem
Glanz und Ansehen eines ersten Standes im Staate folgte nach dem Mißbrauch
seiner traditionellen Tugenden durch ein totalitäres, menschenverachtendes
Regime in dem zur totalen Niederlage führenden Zweiten Weltkrieg die tiefste
Erniedrigung. Wenn dennoch der Aufbau neuer deutscher Streitkräfte in dem
freiheitlichen und demokratischen Rechtsstaat der Bundesrepublik Deutschland durch Offiziere möglich war, die den Kelch bis zur bitteren Neige hatten
leeren müssen, so wohl deshalb, weil sie die Forderungen der Gegenwart mit
einem die »Tiefe des historischen Erfahrungsraumes«[2] auslotenden Bewußtsein verbinden konnten. Mit der Rückbesinnung auf die preußische Reformbe-
wegung zu Beginn des 19. Jahrhunderts, der es wesentlich darum ging, »alle
Bürger durch Überzeugung, Teilnahme und Mitwirkung bei den National-
Angelegenheiten an den Staat zu knüpfen«[3], wurde ein bewußter Bezug aus
der Geschichte zur Gegenwart hergestellt. Der Staatsbürger in Uniform wurde
zum Leitbild des Soldaten, der als Bürger an der Politik teilnimmt und die
Motivation zur Erfüllung seiner soldatischen Pflicht aus der Möglichkeit ableitet, sich mit dem politischen System, dem er dient, zu identifizieren. Insofern
hat die Wahl des 12. November 1955, des zweihundertsten Geburtstages des
preußischen Generals und Heeresreformers Gerhard Johann David von
Scharnhorst, zum »Geburtstag« der Bundeswehr mehr als symbolische
Bedeutung.

Im deutschen Sprachgebrauch finden wir den Begriff »Officier« wohl zuerst
bei Herzog Philipp von Kleve, einem Zeitgenossen von Kaiser Maximilian I.
(1486/93–1519), dem »letzten Ritter« und »ersten Landsknecht«. In seiner Bedeutung entsprach das Wort damals allerdings noch eher der des mittellateini-
schen »Officiarius«, d. h. Verwalter eines weltlichen oder geistlichen Amtes

13

(officium). Erst zur Zeit des Dreißigjährigen Krieges dient es zur Bezeichnung einer militärischen Stellung, nachdem es zuvor schon in Frankreich und Holland in diesem Sinne gebräuchlich war.

Die Anfänge des Offiziertums in Deutschland stehen in engem Zusammenhang mit dem seit dem Ende des 15. Jahrhunderts aufkommenden Landsknechtstum und damit dem Entstehen fester Truppenkörper. Die älteste militärische Einheit war das Fähnlein (Kompanie), der eigentliche Grundverband der Haufen (Regiment). Die Kompanie hatte drei Offizierstellen (Ämter), die des Kapitäns (Hauptmanns), des Leutnants und des Fähnrichs. An der Spitze des Regiments stand der Obrist (Oberst). Die Tätigkeit der »Offiziere« jener Zeit war weniger »Dienst« nach unserem heutigen Verständnis, sondern ein auf materiellen Gewinn ausgerichtetes militärisches Unternehmertum. Die Verpflichtung der Offiziere geschah auf privatrechtlicher Grundlage durch die »Capitulation«. Ein häufiger Wechsel des Dienstherrn, was in der Regel engere Bindungen verhinderte, war Kennzeichen jenes militärischen Unternehmertums, das seine Blütezeit im Dreißigjährigen Krieg (1618–1648) erfuhr.

Mit dem allmählichen Übergang vom freien Söldnerheer der frühen Neuzeit zum Stehenden Heer des Absolutismus war die Entstehung eines neuen Offiziertyps verbunden. Anders als beim Söldnerführer gründete sein Rechtsstatus nicht mehr auf einem privatrechtlichen Vertragsverhältnis, sondern in der durch die eidliche Verpflichtung bekräftigten absoluten Unterordnung unter den Landes- und Kriegsherrn. Diese Bindung zwischen Offizier und Kriegsherr entwickelte sich im Verlaufe von fast drei Jahrhunderten »zu einer der umstrittensten und zugleich stabilsten Stützen der deutschen Monarchie und des späteren Kaiserreiches«[4]. Die Besetzung der Offizierstellen im Stehenden Heer war eine eindeutige Domäne des Adels. Dieser hatte zwar einerseits gegenüber der Stellung des absolutistischen Landesherrn seine frühere politische Machtstellung eingebüßt, fand aber andererseits mit dem »ersatzweisen« Vorrecht zur Besetzung wichtiger Stellen im landesherrlichen Dienst, so auch im Heer, ein adäquates Betätigungsfeld. Damit begann sich erstmals ein geschlossener Offizierstand herauszubilden, der unter Berücksichtigung traditioneller adelsständischer Normen Geist und Haltung des Militärs nachhaltig prägen sollte. »Der Geist des Offiziers wurde identisch mit dem Geist des Adels. Adel und Offizier verschmolzen derart, daß Adelsstand und neuer Offizier-Stand weitgehend dasselbe waren.«[5]

War diese Entwicklung durchaus in allen Staaten des Heiligen Römischen Reiches Deutscher Nation erkennbar, so erfuhr sie in Brandenburg-Preußen jedoch eine ganz spezifische Ausprägung, welche die Entwicklung des Offizierberufs in deutschen Streitkräften bis ins 20. Jahrhundert maßgeblich beeinflußte und daher eine auf diese Entwicklungslinie sich begrenzende Betrachtung rechtfertigt. Die Entwicklung setzte bereits ein unter dem »Großen Kurfürsten« Markgraf Friedrich Wilhelm von Brandenburg (1640–1688), der unter

*Rückgriff auf niederländische und schwedische Vorbilder Pflichten und
Rechte seiner Offiziere auf neue gesetzliche Grundlagen stellte. Sie fand unter
König Friedrich Wilhelm I. von Preußen (1713–1740) einen ersten Höhepunkt. Unter ihm wurde nicht nur eindeutig zwischen Ober- und Unteroffizier
unterschieden, vielmehr sah er in seinen Offizieren einen Stand sui generis,
dessen Dienst- und Standespflichten in gesonderten Vorschriften niedergelegt
wurden. Im »Reglement vor die Königl. Preußische Infanterie« vom 1. März
1726[6] kommt das vom »Soldatenkönig« geschaffene Leitbild des Offiziers am
nachhaltigsten zur Geltung. Deutlich wird hier bereits das über zwei Jahrhunderte wirkende Spannungsverhältnis von Subordination und Standesehre, das
in der vielzitierten Formulierung »wählte Ungnade, wo Gehorsam nicht Ehre
gebracht hätte« des Oberstleutnant von der Marwitz besonders signifikant
wurde, als dieser sich weigerte, dem Befehl seines Königs Friedrich II. zu folgen und ein sächsisches Schloß zu plündern. Dieses ging gegen den aus der
ritterlichen Tradition überkommenen Ehrbegriff des Offiziers. Indem der König auch die Uniform als »Rock des Königs« zum Ehrenkleid erhob und sich
selbst als den ersten Offizier seines Heeres betrachtete, verdeutlichte er seine
Auffassung von der gesellschaftlichen Einordnung des Offizierberufs als er-
stem Stand im Staate. Und so wie er sich gegenüber seinen Offizieren als »pri-
mus inter pares« fühlte, so verstanden diese sich »als Repräsentanten und Voll-
strecker des königlichen Willens dem Gesamtwohl des Staates verpflichtet«[7]
und beanspruchten von daher ihren gesellschaftlichen Rang. Neben der besonderen Beziehung zum Landes- und Kriegsherrn erhielt die Ausformung des
»esprit de Corps« besondere Bedeutung. In erster Linie auf das Regiment als
den eigentlichen Lebenskreis des Offiziers bezogen, entwickelte sich dieser zur
»geistigen Grundlage der absolutistischen Heeresorganisation«[8]. Darüber hinaus wirkte er »als eine Ausdrucksform ständisch-genossenschaftlichen Geistes«[9] allen Veränderungen zum Trotz prägend bis in die jüngste Vergangenheit.
Unter Friedrich II. dem Großen (1740–1786) erfuhr der Ausbau des Offizierkorps zum ersten Stand im absolutistischen Ständestaat seine Vollendung.
Kennzeichnend für seine Regierungszeit war das ständige Bemühen um die
Verbesserung der Qualität der Offiziere. So wurden einerseits die graduellen
Unterschiede stärker hervorgehoben, andererseits die Anforderungen stärker
differenziert und reglementiert. Im Mittelpunkt der Bemühungen Friedrichs
um die Erziehung seiner Offiziere stand der Begriff der »Ambition«. Sie war
es, die tüchtige Offiziere vor den anderen hervorhob, indem diese »von edlem
Ehrgeiz beseelt, danach streben, sich durch ihren Mut, ihre Fähigkeit und
Klugheit in der Welt vorwärtszubringen, die stets lernbegierig, nur die Gelegenheit herbeiwünschen, sich aufzuklären und den Kreis ihrer Kenntnisse zu
erweitern«[10]. Diese dem Geist der Aufklärung durchaus entsprechenden Vorstellungen, die auch in dem Willen des Königs zum Ausdruck kamen, das
militärische Bildungswesen den Forderungen der Zeit anzupassen, gingen ein-*

her mit der strengen Forderung nach Disziplin und Gehorsam als den obersten soldatischen Tugenden. Friedrich II. hielt unerschütterlich daran fest, daß nur aus dem Adel »brauchbare Offiziere« heranzubilden waren; allerdings waren hervorragende militärische Leistungen für ihn Anlaß, um in Ausnahmefällen auch Bürgerliche zu Offizieren zu ernennen. Vor allem unter dem Zwang der großen personellen Verluste im Siebenjährigen Krieg (1756–1763) füllte er so die Lücken im Offizierkorps. Als Friedrich II. 1786 starb, gehörten etwa 90 Prozent der preußischen Offiziere dem Adel an, das bürgerliche Zehntel diente überwiegend bei den Husaren, der Artillerie und den Ingenieuren.

Unter den Nachfolgern Friedrichs II. bahnte sich die Krise des preußischen Offizierkorps an, die in der Katastrophe von Jena und Auerstedt im Jahre 1806 gegen die napoleonischen Truppen ihren sichtbaren Ausdruck fand. Wollte man diesem aus der »levée en masse« hervorgegangenen Volksheer mit Erfolg gegenübertreten, bedurfte es nicht nur einer neuen Heeresorganisation auf der Grundlage der Allgemeinen Wehrpflicht, sondern vor allem des Aufbaus einer den veränderten Bedingungen gerecht werdenden militärischen Führungs-schicht. Der Exerziermeister des 18. Jahrhunderts hatte seine Berechtigung verloren. Das 19. Jahrhundert verlangte schon aus militärischen Gründen »den gebildeten Fachmann und soldatischen Führer, der durchdrungen war von der Idee des Bündnisses zwischen Regierung und Nation«[11].

Diesen neuen Offiziertypus zu schaffen, war daher vorrangiges Ziel der nach 1806 einsetzenden Arbeit an der Erneuerung des preußischen Heeres. Sie be-gann konkret mit der Einsetzung der Militär-Reorganisationskommission durch eine Kabinettsorder König Friedrich Wilhelms III. (1797–1840) vom 25. Juli 1807. Den Vorsitz führte Generalmajor von Scharnhorst; Oberstleut-nant von Gneisenau und – seit Anfang 1808 – auch Major von Boyen gehörten zu ihren Mitgliedern. Die Kommission zeichnete verantwortlich für eine Reihe von Vorschriften, die einem Bruch mit den überkommenen Anschauungen gleichkamen. Mit der »Verordnung wegen der Militärstrafen« vom 3. August 1808 wurde die scharfe Trennung zwischen Offizieren und Mannschaften auf-gegeben und dem Offizier die Aufgabe eines »Erziehers und Anführers eines achtbaren Theils der Nation«[12] zugewiesen. Mit der »Verordnung betreffend Bestrafung der Offiziere« ebenfalls vom 3. August 1808[13] wurde einem neuen Ehrbegriff Geltung verschafft, »der den Humanitätsvorstellungen der Zeit ent-sprach«[14]. Schließlich unternahm es Scharnhorst auch, einen neuen Leistungs-begriff einzuführen, dessen zwei Kriterien »akademische«, d. h. wissenschaft-liche Bildung, und militärische, d. h. »professionelle« Tüchtigkeit, gleich-rangig nebeneinander standen. Man hat diese Vorstellungen von Leistung ge-neralisierend unter dem Begriff des »Könnens« zusammengefaßt, eines »auf Verantwortung, Charakter und Pflichtbewußtsein« beruhenden und damit »tief sittlich verankert[en]« Könnens.[15]

Das »Reglement über die Besetzung der Stellen der Portepéefähnriche und über die Wahl zum Offizier bei der Infanterie, Kavallerie und Artillerie« vom 6. August 1808[16] *war Ausdruck dieser Zielvorstellungen, wenn es darin hieß: »... einen Anspruch auf Offiziersstellen sollen von nun an in Friedenszeiten nur Kenntnisse und Bildung gewähren, in Kriegszeiten ausgezeichnete Tapferkeit und Überblick. Aus der ganzen Nation können daher alle Individuen, die diese Eigenschaft besitzen, auf die höchsten Ehrenstellen im Militär Anspruch machen. Aller bisher stattgehabte Vorzug des Standes hört beim Militär ganz auf, und jeder hat gleiche Pflichten und gleiche Rechte.«* Im Hinblick auf die militärischen Notwendigkeiten, die den Offizier im Frieden und im Krieg als den beiden diametral entgegengesetzten Bereichen seiner beruflichen Bewährung betrafen, richteten die Reformer ihr Augenmerk aber nicht nur auf *»Kenntnisse und Wissenschaften«.* Vielmehr gehörten auch *»Geistesgegenwart, schneller Überblick, Pünktlichkeit und Ordnung im Dienst und anständiges Betragen«* zu den *»Haupteigenschaften, die jeder Offizier besitzen muß«.* Was Scharnhorst anstrebte, war der gebildete militärische Fachmann und Führer. Dieses Erfordernis, das den Offizier über die Masse der Soldaten hinaushob, stellte sich für die Reformer nicht zuletzt deshalb, weil *»sich mit der Einführung der allgemeinen Wehrpflicht die Unterschiede zwischen dem Soldaten und dem Bürger verwischten«* und von daher *»der Offizier nicht nur einer soldatischen, sondern auch einer allgemeinen bürgerlichen Elite angehören«*[17] mußte.

Die folgerichtige Anwendung des Leistungsprinzips mußte allerdings auch neue Voraussetzungen für das Avancement schaffen, als dadurch der bisherige *»leistungsfeindliche«* Beförderungsgrundsatz der Anciennität kaum mehr aufrecht erhalten bleiben konnte.

Mit ihren Vorstellungen und Maßnahmen stellten die Reformer den Offiziersberuf auf neue Grundlagen und trugen somit unmittelbar zu den militärischen Erfolgen und Leistungen in den Befreiungskriegen bei. Die längerfristige, konsequente Verwirklichung ihrer Ideen, die insbesondere der Erkenntnis von der notwendigen Verschränkung des Wehrwesens einer Nation mit ihrer politischen, gesellschaftlichen und geistigen Entwicklung Rechnung trug, wurde allerdings durch die Restauration gehemmt, wenn sich auch die Entwicklung insgesamt nicht aufhalten ließ. Ungelöst während des ganzen 19. Jahrhunderts blieb vor allem *»das Verhältnis des Offiziers zum bürgerlichen Bildungsbegriff«,* dessen zentrale Bedeutung darin lag, daß es nicht nur *»die Spannung zwischen Bildung und militärischer Fachausbildung«* umfaßte, sondern *»gleichzeitig die politische Haltung des Offiziers«* kennzeichnete[18].

Die Reformen und die damit einhergehenden Heeresvermehrungen im Zusammenhang mit den Kriegen von 1864, 1866, 1870/71 bedeuteten einen Umbruch in der Entwicklung des preußisch-deutschen Offizierkorps, weil diese unwiderruflich eine soziale Umschichtung zugunsten der bürgerlichen Anteile bewirkten. Andererseits blieb die Bedeutung des Adels darin bestehen, *»daß* *seine schichtenspezifischen Codices unabhängig von dem quantitativen Verlust weiter im Militär wirkten«[19]. In der Konsequenz dieser Entwicklung lag dann auch der Erlaß Kaiser Wilhelms II. (1888–1918) über die Ergänzung des Offizierkorps anläßlich der Vergrößerung der Armee vom 29. März 1890, in dem es u. a. hieß: »Der gesteigerte Bildungsgrad unseres Volkes bietet die Möglichkeit, die Kreise zu erweitern, welche für die Ergänzung des Offizierkorps in Betracht kommen. Nicht der Adel der Geburt allein kann heute wie vordem das Vorrecht in Anspruch nehmen, der Armee ihre Offiziere zu stellen. Aber der Adel der Gesinnung, der das Offizierkorps zu allen Zeiten beseelt hat, soll und muß demselben unverändert bleiben.«[20]*

Das verstärkte Hineinwachsen des Bürgertums in das Offizierkorps führte indes zu keiner Beeinträchtigung seiner Homogenität, da es vorwiegend die »erwünschten Kreise«, d. h. die bürgerliche Oberschicht, waren, aus denen es sich rekrutierte. Dies betraf auch das seit den achtziger Jahren im Aufbau befindliche Reserveoffizierkorps[21]. Es entsprach der Formel vom »Adel der Gesinnung«, daß für den Offizierberuf neben den geforderten formalen Qualifikationsmerkmalen, zu denen seit 1900 auch generell das Abitur gehörte, vor allem Charaktereigenschaften für ausschlaggebend angesehen wurden[22]. Die Ausbildung war daher geprägt von einer »starke[n] Voranstellung des Erziehungs- und Willensmoments im Verein mit dem reinen Fachunterricht«[23].

Im Kriegsgeschehen der Jahre 1914 bis 1918, das in seinen Dimensionen auf allen Ebenen weit über die Kriege des 19. Jahrhunderts hinausging, bahnte sich ein grundlegender Funktionswandel an. Dieser wurde am offenkundigsten im Typ des Frontoffiziers und des Generalstabsoffiziers, die sich beide gegenüber dem Durchschnittsoffizier des Friedensheeres abhoben. »Der moderne Volkskrieg individualisierte den Offizier in einem ungeahnten Maße. Persönlichkeitswert und fachliche Fähigkeiten bestimmten die Verwendung des einzelnen, nicht die als selbstverständlich vorausgesetzte offiziermäßige Haltung.«[24] Die Fähigkeit des Offiziers zur soldatischen Führung in einem Kriege, dessen Erscheinungsform durch den Einsatz von Massenheeren ebenso geprägt wurde wie durch den Einsatz moderner Kriegstechnik in bisher nie gekanntem Ausmaße, bedurfte somit wesentlich erweiterter Grundlagen, als sie bisher im Frieden gelegt worden waren.

Von nachhaltiger Auswirkung für das Selbstverständnis des Offizierberufes nach der Niederlage des Deutschen Reiches im Ersten Weltkrieg waren die Ablösung der Monarchie durch die parlamentarische Demokratie der »Weimarer Republik« und die nach den Bestimmungen des Versailler Vertrages vorzunehmende drastische Reduzierung des Umfangs des Offizierkorps. Der Sturz der Monarchie bedeutete für das Offizierkorps »den Verlust des ›Königsschildes‹«, d. h. des »Bezugspunkt[es] seiner politischen Loyalität« und zugleich auch der »Basis seiner gesellschaftlichen Selbsteinschätzung als der dem Throne am nächsten stehende Berufsstand, der durch des ›Königs Rock‹ von

allen anderen abgehoben war«[25]. *In der verfügten Reduzierung sah die Führung des neuen Reichsheeres allerdings die Möglichkeit, durch Anwendung
entsprechender Auswahlkriterien ein gut qualifiziertes Offizierkorps zu schaffen. So forderten die Generale Groener und Seeckt:* »*Bei Beurteilung ist der
Hauptwert auf Charakter und Gesinnung, auf militärisches Können, weniger
auf Wissen, zuletzt auf die wirtschaftliche Lage zu legen ... Die Fähigkeit und
das Verständnis in der Behandlung Untergebener ist zu berücksichtigen.«*[26]
*Bei allem Tribut, der aufgrund der neuen Verhältnisse zu entrichten war, hielt
insbesondere Generaloberst Hans von Seeckt, der als Chef der Heeresleitung
von 1920–1926 den Geist der Reichswehr nachhaltig prägte, am Bild eines fest
in den überkommenen Wertvorstellungen und den preußischen Erziehungs-
zielen verankerten Offiziers fest. In diesem Sinne galt es, bewußt* »*an die Formen und das Wesen der alten Armee«* *anzuknüpfen. Diese Einstellung, die
aber auch Ausdruck einer inneren Distanzierung von der neuen Staatsform
war, führte bei gleichzeitiger Unfähigkeit der ersten deutschen Republik, den
entscheidenden innerpolitischen Machtfaktor Militär zu integrieren, dazu, daß
die Demokratie von Weimar dem überwiegenden Teil des Offizierkorps der
Reichswehr ein Fremdkörper blieb, mit dem eine Identifikation nicht möglich
schien. Die eigentliche Sinngebung für den Dienst als Offizier sah man daher
mehr* »*in der [abstrakten] Idee des Vaterlandes«. In diesem Sinne hatten die
Waffenschulen bei der Ausbildung der Offizieranwärter* »*die Grundlage für
den einheitlichen Geist des Offizierkorps«* *zu schaffen und als* »*Pflegestätten
vaterländischen Geistes«* »*in den Herzen ihrer Zöglinge aus der Liebe zu Vaterland und Volk opferbereite Hingabe an den Beruf und unbeirrbare Pflicht-
treue«*[27] *zu entwickeln. Mit der konsequenten Durchsetzung ihrer Erziehungsziele gelang es der Reichswehrführung, ein in seinen Einstellungen höchst ho-
mogenes Offizierkorps aufzubauen. Allen politischen Erschütterungen zum
Trotz zeigte es sich daher auch* »*als eine sozial stabil gebliebene Größe«*[28].
*Die organische Geschlossenheit des Offizierkorps begann sich nach der
Machtergreifung Hitlers im Jahre 1933 und infolge des ab 1934 einsetzenden
Aufbaus einer gegenüber dem 100 000-Mann-Heer um ein vielfaches vergrö-
ßerten Wehrmacht rapide zugunsten eines pluralistisch-offenen Offizierkorps
aufzulösen.*
*Die Entwicklung wurde beschleunigt durch die zur Deckung des großen Offi-
zierbedarfs eintretende* »*soziale Veränderung, ›von unten‹«*[29], *dadurch, daß
zahlreiche ehemalige Offiziere und Reserveoffiziere reaktiviert, sowie auch eine
große Zahl gutqualifizierter Berufsunteroffiziere zu Offizieren befördert wurden. Maßgeblich für die Übernahme dieser Personenkreise waren* »*Charakter,
geistige Auffassungsgabe, Führerbegabung und körperliche Leistungsfähigkeit«*[30]. *Diese Kriterien für die Zulassung zur aktiven Offizierlaufbahn korre-
spondierten mit der am 25. Mai 1934 erlassenen Vorschrift über die* »*Pflichten
des deutschen Soldaten«*[31], *in denen es hieß:* »*Soldatisches Führertum beruht*

19

*auf Verantwortungsfreude, überlegenem Können und unermüdlicher Für-
sorge. Charakter und Leistung bestimmen den Weg und Wert des Soldaten.«
Es ist augenscheinlich, daß diese auch für den Offizier verbindlichen Pflichten, die nach der bis zum Ende des Zweiten Weltkrieges in Kraft bleibenden
Weisung des Reichswehrministers vom 1. Juni 1934 »in regelmäßigen Zeitab-
ständen im Unterricht zu behandeln und von jedem Soldaten im Wortlaut zu
erlernen«[32] waren, noch stark von überlieferten soldatischen Wert- und Tu-
gendvorstellungen geprägt waren. So verwundert es nicht, daß bis unmittelbar
vor Kriegsbeginn in der Wehrmacht Personalpolitik und Personalauswahl für
den Offizierberuf weniger nach spezifisch nationalsozialistischen Normen als
nach traditionellen militärischen Kriterien und Auswahlmustern erfolgte.[33]
Die Notwendigkeiten des Krieges, insbesondere der steigende Offizierbedarf
infolge hoher Verluste und Neuaufstellungen, führten insofern zu einer veränderten Gewichtung, als in allen drei Wehrmachtteilen nunmehr eindeutig
»funktionale Qualifikationen wie Disziplin, Mut, Durchhaltevermögen, konsequente Ausübung der Befehlsgewalt, persönliches Charisma usw.«[34] den
Vorrang vor anderen Anforderungen an den Offizier erhielten. In der Konsequenz dieser Entwicklungen standen daher auch die seit Ende 1942 in Kraft
getretenen Erlasse über die Rekrutierung des Offiziernachwuchses und die be-
vorzugte Beförderung. Jeder junge Deutsche sollte nunmehr nur aufgrund seiner Persönlichkeit und seiner soldatischen Bewährung Offizier werden können. Ebenfalls waren Bewährung vor dem Feind sowie »außergewöhnliche
Persönlichkeitswerte und Leistungen, die zu Verwendungen in maßgebenden
Führerstellen geeignet erscheinen«, Kriterien für schnelle Beförderung »ohne
Rücksicht auf Dienst- und Lebensalter«[35]. Zweifelsohne förderten diese
durchaus militärischen Notwendigkeiten und Sachzwängen entsprechenden
Schritte den Prozeß der Professionalisierung des Offizierberufs. Andererseits
ist auch nicht zu verkennen, daß Hitler und ihm willfährige hohe militärische
Repräsentanten unter dem Deckmantel militärisch begründeter Forderungen
und unter Ausnutzung im Offizierkorps anerkannter Kategorien nachhaltig
bestrebt waren, nationalsozialistisches Gedankengut in der Erziehung der Offiziere zur Geltung zu bringen. Wie weit dieses prägenden Einfluß gewann, ist
heute umstritten. Neuere Untersuchungen haben allerdings dargelegt, daß »die
überwiegende Mehrzahl der Offiziere – wie auch die Masse der realitätsverhaf-
teten Unteroffiziere und Mannschaften – [...] im Nationalsozialismus kein
überzeugendes Glaubensbekenntnis fanden«[36]. Vielmehr seien »nicht die nationalsozialistische Ideologie, sondern eher soziale Praktiken und Verhaltens-
formen innerhalb der militärischen Kampfgruppen die Ursachen für den Zusammenhalt und die Widerstandsfähigkeit der Truppe«[37] gewesen. Die Tragik
des Offizierkorps der Wehrmacht lag darin, daß es von Hitler, dem Staatsoberhaupt und Oberbefehlshaber, dem jeder Soldat und Offizier durch den persönlichen Eid unter Anrufung Gottes zu unbedingtem Gehorsam verpflichtet war,*

»als soldatische Führungssubstanz verwertet und verbraucht«[38] wurde. Der offensichtliche Mißbrauch traditioneller soldatischer Tugenden durch ein totalitäres Regime zu einem verbrecherischen Zweck hat diese bis heute mancherorts in Mißkredit gebracht. Andererseits hat aber gerade das Beispiel der Offiziere, die den »Aufstand des Gewissens« wagten, gezeigt, daß diese Tugenden, so sie in ihrer sittlichen Verankerung fest bleiben, bis heute ihre Gültigkeit nicht verloren haben.

Als am 12. November 1955 die ersten Offiziere der Bundeswehr ihre Ernennungsurkunden erhielten, war man sich in mehr als fünfjähriger Vorbereitungszeit darüber klar geworden, daß »die Stellung des Offiziers nicht mehr durch Standesprivilegien, sondern durch die Funktion des Berufes für das Gemeinwohl, die persönliche Eignung in diesem Beruf und als Staatsbürger«[39] nur bestimmt sein konnte. Die gegenüber der Zeit bis 1945 eingetretenen qualitativen Veränderungen vor allem der politischen und gesellschaftlichen Rahmenbedingungen sowie des Kriegsbildes einten die Väter der Bundeswehr in ihrer Auffassung, »daß . . . heute grundlegend Neues zu schaffen«[40] sei, wie sie es in der »Himmeroder Denkschrift« vom Oktober 1950 formulierten. In einer pluralen, arbeitsteiligen Welt, in der auch »das militärische Strukturgefüge . . . ein komplexer Verbund von Arbeit und Technik«[41] ist, ist das Berufsbild des Offiziers stark differenziert, funktionsbezogen und mit hohen Affinitäten zu Bedingungen nichtmilitärischer Berufsausübung versehen. Dies hebt den Beruf des Offiziers heute vor anderen nicht heraus. Andererseits wurde seit Bestehen der Bundeswehr dem Offizier seine im Laufe der historischen Entwicklung entstandene besondere Aufgabe, »Führer, Ausbilder und Erzieher seiner Soldaten«[42] zu sein, wieder zugewiesen. Daraus ergeben sich seine besonderen Pflichten als Vorgesetzter, deren Grundlage wiederum die Orientierung am Werte- und Normensystem des freiheitlich-demokratischen Rechtsstaates ist. Diese Bindung ist um so unverzichtbarer, als das Berufsbild des Offiziers der Bundeswehr, von seinem Verfassungsauftrag nach Artikel 87a GG abgeleitet, auch die Notwendigkeit der Bewährung im Krieg, dem Verteidigungsfall, einschließt. Hier liegt die ethische Besonderheit des Offizierberufes, daß er Gewalt anwenden bzw. deren Anwendung befehlen muß. Insofern ist die Frage der geistigen und sittlichen Fundierung des Offizierberufes heute von großer Tragweite, nicht zuletzt aufgrund der Tatsache, »daß Soldaten am Ende des Jahrhunderts zwar in völlig neuen Fragestellungen und Herausforderungen zu Hause sein müssen und trotzdem aufs engste an die weltgeschichtlich wirksamen Tugenden und strukturellen Verhaltensweisen des militärischen Rollenträgers traditioneller Art in vielen Punkten gebunden bleiben«[43].

Anmerkungen

1. Ottomar Freiherr von der Osten-Sacken und von Rhein in: Georg von Alten, später Hans von Albert (Hrsg.): Handbuch für Heer und Flotte. Enzyklopädie der Kriegswissenschaften und verwandter Gebiete. Unter Mitwirkung von zahlreichen Offizieren, Sanitätsoffizieren, Beamten, Gelehrten, Technikern, Künstlern usw. 6. Band. »Leisègues – Österreich-Ungarn«. Berlin/Leipzig/Wien/Stuttgart, 1914, S. 846–853 m, hier S. 846

2. Werner Hahlweg: Tradition und historisches Bewußtsein. In: Deutsche Studien. Lüneburg, Sonderheft Januar 1981, hier S. 11

3. Aus der Nassauer Denkschrift von 1807 des Freiherrn vom Stein, zitiert nach Wolf Graf Baudissin: Soldat für den Frieden. München, 1969, S. 11

4. Gerhard Papke: Von der Miliz zum Stehenden Heer. Wehrwesen im Absolutismus. (= Handbuch zur deutschen Militärgeschichte 1648–1939. Bd. 1. Abschnitt 1) München, 1979, S. 1–311, hier S. 184

5. Rainer Wohlfeil: Die Beförderungsgrundsätze. In: Untersuchungen zur Geschichte des Offizierkorps. Anciennität und Beförderung nach Leistung. (= Beiträge zur Militär- und Kriegsgeschichte. Bd. 4) Stuttgart, 1962, S. 15–63, hier S. 20

6. Reglement vor die Königl. Preußische Infantrie von 1726. Faksimiledruck der Ausgabe 1726 mit einer Einleitung von Hans Bleckwenn. (= Bibliotheca Rerum Militarium. Bd IV) Osnabrück, 1968
Ein Auszug aus dem Infanteriereglement Friedrich Wilhelms I. vom 1. März 1726 ist abgedruckt in: Offiziere im Bild von Dokumenten aus drei Jahrhunderten. (= Beiträge zur Militär- und Kriegsgeschichte. Bd. 6) Stuttgart, 1964, Dokument Nr. 16, S. 134–138

7. Siegfried Pelz: Die preußischen und reichsdeutschen Kriegsartikel. Historische Entwickung und rechtliche Einordnung. Hamburg, 1979, S. 109

8. Reinhard Höhn: Revolution Heer Kriegsbild. Darmstadt, 1944, S. 307 ff. und S. 389 ff., zitiert nach R. Wohlfeil, Die Beförderungsgrundsätze, a. a. O., S. 23

9. R. Wohlfeil, Die Beförderungsgrundsätze, a. a. O., S. 24

10. Vorrede Friedrichs II. zum Auszug aus Quincys »Kriegsgeschichte Ludwigs XIV.« 5. Oktober 1771 in: Offiziere im Bild von Dokumenten, a. a. O., Dokument Nr. 29, S. 152 f.

11. Rainer Wohlfeil: Vom Stehenden Heer des Absolutismus zur Allgemeinen Wehrpflicht. In: Handbuch zur deutschen Militärgeschichte, a. a. O., Bd. 1, Abschnitt II, S. 9–188, hier S. 137

12. Manfred Messerschmidt: Einführung in: Offiziere im Bild von Dokumenten, a. a. O., S. 11–104, hier S. 66

13. Der Entwurf der Militär-Reorganisatisationskommission für die Verordnung über Bestrafung der Offiziere vom 8. Juni 1808 ist abgedruckt in: Offiziere im Bild von Dokumenten, a. a. O., Dokument Nr. 41, S. 169–171

14. M. Messerschmidt, Einführung, a. a. O., S. 67

15. R. Wohlfeil, Die Beförderungsgrundsätze, a. a. O., S. 45

16. Reglement Friedrich Wilhelms III. über die Besetzung der Stellen der Portepee-Fähnriche und über die Wahl zum Offizier bei der Infanterie, Kavallerie und Artil-

lerie. 6. August 1808. In: Offiziere im Bild von Dokumenten, a. a. O., Dokument Nr. 42, S. 171–173

17. Gerhard Papke: Offizierkorps und Anciennität. In: Untersuchungen zur Geschichte des Offizierkorps, a. a. O., S. 177–206, hier S. 194f.

18. G. Papke, Offizierkorps und Anciennität, a. a. O., S. 194

19. Detlef Bald: Vom Kaiserheer zur Bundeswehr. Sozial-Struktur des Militärs: Politik der Rekrutierung von Offizieren und Unteroffizieren. Europäische Hochschulschriften. Reihe XXXI. Politikwissenschaft. Bd. 28. Frankfurt am Main/Bern, 1981, S. 7

20. Erlaß Wilhelms II. über die Ergänzung des Offizierkorps anläßlich der Vergrößerung der Armee. 29. März 1890. In: Offiziere im Bild von Dokumenten, a. a. O., Dokument Nr. 59, S. 197

21. Eine ausführliche Darstellung der Geschichte des deutschen Offizierkorps im 19. Jahrhundert findet sich bei Manfred Messerschmidt: Die politische Geschichte der preußisch-deutschen Armee. Ders.: Die preußische Armee. In: Handbuch zur deutschen Militärgeschichte, a. a. O., Bd. 2, Abschnitt IV, 1. Teil S. 9–380 und Abschnitt IV, 2. Teil, S. 10–225

22. Zur Entwicklung unter Kaiser Wilhelm II. siehe Wilhelm Deist: Zur Geschichte des preußischen Offizierkorps 1888–1918. In: Das deutsche Offizierkorps 1860–1960. (= Büdinger Vorträge 1977. Deutsche Führungsgeschichten in der Neuzeit. Bd. 11) Boppard, 1980, S. 39–57

23. Karl Demeter: Das Deutsche Offizierkorps in Gesellschaft und Staat 1650–1945. Gekürzte Sonderausgabe der 3. Auflage. Frankfurt am Main, 1963, S. 89

24. G. Papke, Offizierkorps und Anciennität, a. a. O., S. 197

25. Heinz Hürten: Das Offizierkorps des Reichsheeres. In: Das deutsche Offizierkorps 1860–1960, a. a. O., S. 231–245, hier S. 239

26. Schreiben des Ersten Generalquartiermeisters, Generalleutnant Groener, Nr. 3241 vom 26. März 1919 an den preußischen Kriegsminister, Oberst Reinhardt. In: Bundesarchiv-Militärarchiv (BA-MA) N 46/130, Masch.Abschrift, zit. bei H. Hürten, Das Offizierkorps, a. a. O., S. 234

27. Auszug aus den dienstlichen Anordnungen des Reichswehrministeriums – Chef der Heeresleitung, für die Übergangslehrgänge auf den Waffenschulen, 24. April 1920. In: Offiziere im Bild von Dokumenten, a. a. O., Dokument Nr. 75, S. 223–224, hier S. 223

28. H. Hürten, Das Offizierkorps des Reichsheeres, a. a. O., S. 242

29. D. Bald, Vom Kaiserheer zur Bundeswehr, a. a. O., S. 26

30. Herbert Schottelius und Gustav-Adolf Caspar: Die Organisation des Heeres 1933–1939. In: Handbuch zur deutschen Militärgeschichte, a. a. O., Bd. 4, Abschnitt VII, S. 289–399, hier S. 371

31. Heeresdienstvorschrift 3/4, Marinedienstvorschrift Nr. 15, Luftwaffendienstvorschrift 3/4, Berlin, 1936, S. 3f.

32. So Abs. 2. Satz 2 des Einführungserlasses des Reichswehrministers von Blomberg vom 1. Juni 1934, wie Anm. 31, S. 4

33. Vgl. hierzu die aufschlußreiche Untersuchung von Ingrid Welcker/Fritz F. Zelinka: Qualifikation zum Offizier? Eine Inhaltsanalyse der Einstellungsvoraussetzungen für Offiziere vom Kaiserheer zur Bundeswehr. (= Europäische Hoch-

schulschriften. Reihe XXXI. Politikwissenschaft. Bd. 34) Frankfurt am Main/ Bern, 1982

34. Ebd., S. 113
35. So in der Einleitung des Erlasses vom 4. November 1842 »Förderung von Führer-persönlichkeiten, zur vorzugsweisen Beförderung und zur Verbesserung des Rang-dienstalters im Heer«, zit. bei G. Papke, Offizierkorps und Anciennität, a. a. O., S. 205
36. Rudolf Absolon: Das Offizierkorps des deutschen Heeres 1935–1945. In: Das deutsche Offizierkorps 1860–1960, a. a. O., S. 247–268, hier S. 269
37. Ebd. mit Verweis auf Detlef Bald: Militär und Gesellschaft als Gegenstand der Forschung. In: Wehrwissenschaftliche Rundschau. Herford, 1976, S. 154–161
38. G. Papke, Offizierkorps und Anciennität, a. a. O., S. 204
39. Hans-Jürgen Rautenberg: Planungen zur Offizierausbildung künftiger deutscher Streitkräfte 1950–1954. In: Das deutsche Offizierkorps 1860–1960, a. a. O., S. 367–388, hier S. 378
40. Hans-Jürgen Rautenberg und Norbert Wiggershaus: Die »Himmeroder Denk-schrift« vom Oktober 1950. Politische und militärische Überlegungen für einen Beitrag der Bundesrepublik Deutschland zur westeuropäischen Verteidigung. Karlsruhe, 1977, S. 53
41. Weißbuch 1975/76 zur Sicherheit der Bundesrepublik Deutschland und zur Ent-wicklung der Bundeswehr. Bonn, 1976, S. 134
42. Bundesministerium für Verteidigung, Führungsstab der Bundeswehr (Hrsg.): Handbuch Innere Führung. Bonn, 1957, S. 92
43. Walter Hildebrandt: Soldat und Soldatentum. In: Der Soldat. Herder-Initiative. Nr. 44. Freiburg, 1981, S. 47

Christian Walther

Der Beruf des Offiziers

Eine systematische Erörterung

*Jede systematische Erörterung des Offizierberufs wird heute davon auszuge-
hen haben, daß diejenigen Bezugsgrößen einem fundamentalen Wandel ausgesetzt sind, von denen dieser Beruf traditionellerweise seinen Sinn empfängt.
Ihm widerfährt damit nur ein Geschick, das auch andere Berufe schon in je
ihrer Weise erfahren haben. Es sind vor allem Erscheinungen in der jüngsten
Geschichte, die Rückfragen an die herkömmlichen Begründungen gerade dieses Berufs stellen lassen. Mußten nicht die, insbesondere von der Ethik, bis in
die erste Hälfte des 20. Jahrhunderts hinein immer wieder so ausdrücklich her-
vorgehobenen Beziehungen des Offiziers zu Standesehre, staatlicher Obrigkeit und Nation in dem gleichen Maße seinen Beruf fraglich werden lassen, wie
diese Bezugsgrößen selbst fraglich wurden?*

*Noch bis in die dreißiger Jahre unseres Jahrhunderts hinein war es eine durch-
aus vorherrschende Sichtweise, den Beruf des Offiziers als die Verwirklichung
seiner Idee zu betrachten. Eine Dissertation aus dem Jahre 1933[1] liefert dazu
ein aussagekräftiges Beispiel. Dort heißt es u. a.: »Der Begriff Offizier ist ein
Inbegriff. Durch ihn wird nicht nur ein Berufszweig gegen einen anderen abge-
grenzt, sondern er umfaßt eine Summe von Tätigkeiten, die einer besonderen
Zweckerfüllung dienen. In der Erfüllung dieses Zweckes liegt die Idee des
Offizierberufs. Daher ist der Inbegriff Offizier ein teleologischer zu nennen.«[2]
Unklar bleibt freilich an dieser Definition, was das für ein Zweck ist, dessen
Erfüllung die Idee und d. h. doch den Grund des Offizierberufs bildet. Präzi-
ser gefragt: Wem dient der Offizier, wenn er die Idee seines Berufs zu verwirk-
lichen trachtet?*

*Diese Frage ist in den letzten 150 Jahren durchaus unterschiedlich beantwortet
worden. Es hat Strömungen gegeben, in denen der Begriff der staatlichen Obrigkeit von entscheidender Bedeutung für die Antwort gewesen ist.[3] Als deren
Pflicht wurde es u. a. betrachtet, das Böse in Gestalt eines unrechtmäßigen
oder ungerechten Krieges zu bestrafen. Diese Bestrafung stellte dann den
Zweck dar, in dessen Erfüllung sich die Idee des Offizierberufs verwirklichte.
Sie wurde damit zu einer »Frage des Gehorsams gegen die Obrigkeit«.[4]
Die Ethik des 19. Jahrhunderts hat darüber hinaus aber auch immer deutlich
gemacht, daß die Notwendigkeit der Anwendung von Gewalt nur insoweit ge-
rechtfertigt ist, als damit der Friede und die gestörte Rechtsordnung unter den
Völkern wiederhergestellt werden soll.[5] Der Krieg konnte darum ebenso als
eine »sittliche Abnormität« wie als ein entscheidender Faktor in dem Bemühen*

betrachtet werden, großen politischen Neugestaltungen zum Durchbruch zu verhelfen.[6] Die Verwirklichung der Idee seines Berufs ließ folglich den Offizier auch als einen mindestens indirekten Förderer politischer Gestaltungen erscheinen. Er erhält dadurch Anteil an der Kulturentwicklung überhaupt.

Es kann freilich kaum verborgen bleiben, daß damit eine Spannung in das Selbstverständnis des Offiziers hineingetragen wird, die aber eigentlich unbewältigt geblieben ist.

Im rein militärischen Denken noch des frühen 20. Jahrhunderts wurde sie einseitig aufgehoben. In einer Berufsethik des Offiziers heißt es: »Der Friede ist für den Gehorsam nichts anderes, als die Vorbereitung zum Kriege, seine Aufgabe ist es darum, das Schwert des Vaterlandes scharf zu erhalten und unermüdlich dafür zu sorgen, daß die Liebe zum Heeresdienst und mit ihr das rechte Verständnis für alle militärischen Einrichtungen im ganzen Volke feste Wurzeln schlagen.«[7]

In der Überbetonung der Beziehung Soldat–Krieg liegt zweifellos auch der Grund dafür, daß eine daraus hervorgehende hohe Einschätzung des Soldatenberufs als aufopfervolle »Selbsthingabe an den Staat« und als uneingeschränkte Bereitschaft, »aus hoher sittlicher Begeisterung ... für sein eigenes, wahres, sittliches Leben« zu kämpfen,[8] einem kritischen, jeder Heroisierung abholden Denken suspekt erscheinen mußte. Der Vorwurf des Militarismus legte sich ihm zwangsläufig nahe. Darunter wurde ja ein System massiver Zwangsanpassung aller Lebensbereiche an die vorherrschende, wesentlich militärisch geprägte Grundstruktur des Staates überhaupt verstanden.[9]

Mit dem Ende des Ersten Weltkriegs war eine neue Lage entstanden. Die Ablösung der Monarchie als Staatsform durch die Demokratie veränderte in Deutschland vor allem den Obrigkeitsbegriff fundamental. Darüber hinaus weckten die Kriegsfolgen mit ihren Lasten für die Bürger die Diskussion über das Für und Wider des Soldatseins überhaupt. Das alles konnte nicht anders als verunsichernd auf das Berufsverständnis des Offiziers wirken. So wurde es für unumgänglich gehalten, erneut in eine Klärung einzutreten. Ein beredtes Beispiel dafür, das zugleich auch noch bestimmte Stimmungen der zwanziger Jahre reflektiert, ist eine kleine Arbeit von Werner Elert mit dem beziehungsreichen Titel: »Zur Geschichte des kriegerischen Ethos«[10].

Hier wird nun zunächst sehr prinzipiell im Rückgriff auf Gedanken des 16. Jahrhunderts die These formuliert, daß »Luther ... die Heerespflicht des Einzelnen ... weder ... schlechtweg verneint noch auch im Sinne des ›Obrigkeitsstaates‹ als reine Gehorsamspflicht unter allen Umständen bejaht« hätte.[11] Die soldatische Existenz gründe vielmehr in der »Gliedschaft des Einzelnen in einem größeren Ganzen ...«[12] Dieses »größere Ganze« aber ist das Vaterland. Mit dem Wort Vaterland wird das auszudrücken versucht, was in der Gelehrtensprache des 16. Jahrhunderts »res publica« oder »patria« heißt.[13] Zugleich wird damit aber auch die Ansicht verbunden, daß die im Volkstum gründende soldatische Existenz nur eine frühe Vorwegnahme des Volksheer-Gedankens gewesen sei, wie er nach der französischen Revolution z. B. die preußischen Reformer bewegt habe.[14]

So kann dem obrigkeitlichen wie dem pazifistischen Argumentationsmuster die These entgegengestellt werden, daß »durch das Hinzukommen des Vaterlandsgedankens oder, was im letzten Grunde damit gemeint war, des Volksbewußtseins . . . ein tragfähiges sittliches Fundament des soldatischen Gemeingefühls entstehen« konnte.[15]

Doch reichte auch dieser Ansatz aus, um eine Lösung der mit dem Dasein des Soldaten verbundenen Problematik herbeizuführen? Es läßt sich nicht übersehen, daß sich mit der Einführung des Volks-Gedankens in die Begründung der soldatischen Existenz auch dessen nationalistische Engführung als Gefahr einstellt. Das wird insbesondere daran kenntlich, daß der »Kampf um die Idee der deutschen Nation« darin einen besonderen Akzent bekommt.[16] Hier leuchtet ein instrumentalistisches Mißverständnis der soldatischen Existenz hervor. Denn sie wird implizit zum Beförderungsmittel dessen, was jeweils politisch-konkret als »Idee der Nation« zur Zielvorstellung politischen Handelns erklärt wird. Welche verderblichen Entwicklungen sich im Gefolge des Nationalismus dann einstellen konnten und in welches Zwielicht dadurch gerade auch das Militär gerückt wurde, machten die Jahre 1933–1945 kenntlich.

Im Aspekt der Ethik erwies sich dieser völkische Ansatz aber noch aus einem anderen Grunde als unzureichend. Er versperrte nämlich den Zugang zu einer Anerkennung jener Veränderungen im Völkerrecht und zu deren produktiver Aufnahme in das politische Handeln, die mit der Beseitigung des Rechts auf Krieg die Ausbildung neuer internationaler Kooperationsstrukturen erforderten. Sie bedingten geradezu den Verzicht auf die Vorrangstellung einer nationalen Idee und die ungeteilte Bereitschaft, die durch jene völkerrechtlichen Veränderungen ebenfalls mitbedingte Relativierung nationaler Souveränitätsrechte um eines friedlichen und geordneten Zusammenlebens verschiedener Nationen willen anzuerkennen. Gerade dazu vermag aber die Fassung, die der Vaterlandsgedanke in dem besprochenen Zusammenhang erhalten hat, wenig beizutragen.

Ein weiterer Mangel dieses Ansatzes wird dort sichtbar, wo sich das Problem »Demokratie und Militär« nach dem Ersten Weltkrieg stellte. Es findet hier erstaunlicherweise überhaupt keine Berücksichtigung. Der Grund dafür dürfte in dem eigentümlichen Sachverhalt liegen, daß die Kritik am Obrigkeitsstaat gar nicht prinzipiell gemeint ist, sondern sich lediglich gegen das friderizianische Preußen des 18. Jahrhunderts richtet.[17] Der Obrigkeitsbegriff selber wird offenbar für so unproblematisch erachtet, daß er ohne eine nähere Erläuterung auch auf die neu entstandenen staatlichen Verhältnisse übertragen werden kann. Im Hinblick auf den Soldaten ergibt sich daraus die Forderung einer »Gehorsamspflicht gegenüber der Obrigkeit«.[18] Daß demgegenüber jedoch der demokratische Staat ein spezifisch politisches Ethos verlangt, dessen Beziehungen zum Begriff der Obrigkeit und seinem Vorstellungsgehalt überprüft zu werden verdienten, wird hier noch nicht als eigene Aufgabe wahrgenommen. So bleibt auch die Frage nach dem Verhältnis der soldatischen Existenz zum demokratischen Ethos ungeklärt. Aufs ganze gesehen läßt sich darum nicht der Eindruck vermeiden, daß bei dem zuvor dargestellten Ansatz an die Stelle der vergangenen monarchischen Obrigkeit jetzt die Idee der Nation als eigentliche neue »Obrigkeit« tritt, die dem entstandenen demokratischen Staatswesen noch übergeordnet wurde. Die aus einer solchen Überordnung hervorgehende Gefahr, den Staat nur noch als ein Werkzeug für die Verwirklichung der »Idee der Nation« zu betrachten, hat die aufmerksamen Beobachter der politischen Entwicklung in Europa gerade im Hinblick auf den erstarkenden Nationalismus und Faschismus besorgt gemacht.[19] *Dies bildete den Anlaß, auf die ständigen Möglichkeiten des Mißbrauchs nationalen oder völkischen Bewußtseins nachdrücklich aufmerksam zu machen. Das, was als Kampf um die Idee der Nation erscheint oder ausgegeben wird, kann im Lichte der aktuellen politischen Prozesse in den dreißiger Jahren auch nichts anderes als der Ausdruck eines nationalen Egoismus sein. Die »Liebe zum eigenen Volk« wird mißbraucht und ethisch nicht zu rechtfertigendes politisches Handeln, beispielsweise im Hinblick auf die »Unterdrückung anderer Völker oder nationaler Minderheiten«, mit dem Gehorsam gegen eine höhere Ordnung legitimiert.*[20]

Diesen Gefahren einer überbetonten nationalen Idee und eines zur letzten Richtschnur gemachten Volksgedankens unterliegt dann auch das Verständnis der soldatischen Existenz. Sie droht hier ebenfalls nur zu einem bloßen Werkzeug bei der Verwirklichung der Idee der Nation und des Volksgedankens zu werden.

Die Berufsproblematik des Offiziers trat mit einer unerhörten Schärfe nach dem Zweiten Weltkrieg hervor. Konnte, ja durfte es im Blick auf die geschehenen und die aufgrund technologischer Entwicklungen zu erwartenden Verwüstungen gigantischen Ausmaßes überhaupt noch Soldaten geben? Und wenn diese Frage bejaht wird, läßt sich das begründen?

In diesem Zusammenhang verdient eine Bemerkung immer noch Beachtung, die gegen Ende der fünfziger Jahre gemacht wurde. Damals formulierte Otto-Heinrich von der Gablentz im Hinblick auf die Entwicklung der Bundeswehr und in der Rückerinnerung an den militärischen Widerstand im NS-Staat folgende Forderung: »Die Führung des Offizierkorps, das jetzt gebildet wird, kann nur in Anknüpfung an diese Überlieferung des Widerstandes das werden, was der Führung des Offizierkorps in der Weimarer Zeit mißglückt ist: ein Glied, das sich treu einfügt in eine neu sich bildende politische Führungsschicht des deutschen Staates.«[21]

Diese Bemerkung enthält zwei Momente, die festgehalten zu werden verdienen. Im Hinblick auf den Widerstand sind dies einmal das Prinzip der Freiheit und das der Verantwortung, die sich durch ihn zur Geltung brachten. Sodann aber ist es die angesprochene Beziehung von politischem Ethos und Soldatsein. Die Frage nach dem Sinn des Offizierberufs findet im Zusammenhang von Freiheit und Verantwortung eine Beantwortung. Das, was diesem Beruf Sinn verleiht, was ihn verstehbar werden läßt, ist als Dienst an der Freiheit zu begreifen.

Von dieser Sinnhaftigkeit fällt dann auch ein Licht auf das Ethos des Offiziers. Es erhält als »Dienst am Gesamtwohl und am Nächsten unter persönlicher Verantwortung des einzelnen gegenüber dem Mitmenschen bei Freund und Feind« seine nähere Kennzeichnung.[22] Darin liegt zweifellos, daß dieses Ethos in einem größeren Zusammenhang zu sehen ist, als es in seiner Beschränkung auf eine individualistische Tugendlehre schon zum Ausdruck kommt. Es ist gar nicht zu bestreiten, daß das soldatische Ethos auch Tugenden umgreift. Dazu gehören Gehorsam, Tapferkeit, Sachlichkeit und mitmenschlich orientierte Ritterlichkeit.[23] Aber es geht darin ebensowenig auf, wie eine bloße Einschränkung auf Kämpfertum und Kampfmoral ihm bereits angemessen wäre.[24] Daß das Soldatsein auch das Kämpfen mit einschließt, ist eine notwendige Folge. Die Frage ist indessen nur, ob sich darin das Ethos erschöpft. Täte es das, dann entstünde die Gefahr, daß es lediglich zu einem Motivationsinstrument würde, mittels dessen Kampfgeist erzeugt oder das Grauen eines bewaffneten Konflikts überspielt werden sollen. Logisch kann zudem etwas, was sinnhaft ist, nicht schon selbst das Sinngebende sein, sondern immer nur darauf verweisen.

Es sind die historischen Wandlungen im Verhältnis von Militär und Gesellschaft, die das Ethos des Offiziers in jene neuen, übergreifenden Zusammenhänge gestellt haben, so daß es seine Rolle als Manifestation eines im Grunde rein elitären Berufsverständnisses verloren hat. Die Formel vom »Bürger in Uniform« hat diesen Wandel auszudrücken versucht, ohne daß darin liegende Forderungen bereits in jedem Fall und immer zureichend erfüllt worden wären. Gerechterweise muß allerdings hinzugefügt werden, daß es auch äußerst schwierig ist, ihnen genüge zu tun. Denn die Voraussetzung dafür ist ein Umdenkungsprozeß, durch den ein Jahrhunderte alter Dualismus zugunsten einer flexibleren, auf Zusammenwirken gerichteten Sichtweise abgelöst werden kann. Dieser Dualismus findet seinen Niederschlag darin, daß die Garantie der äußeren Sicherheit und damit einer von außen nicht durch gewaltsame Aktionen beeinflußten politischen, wirtschaftlichen, sozialen und kulturellen Selbstbestimmung für eine selbstverständliche Aufgabe des Staates angesehen wird, während dabei gleichzeitig derselbe Staat etwas Fremdes, nicht zu meiner eigenen Sache Gehöriges bleibt. Solange sich das aber nicht grundlegend ändert, solange demzufolge der Staat nicht auch zur je eigenen Sache wird, muß auch die Bewahrung seiner nationalen Integrität und der politischen Selbstbestimmung immer wieder als etwas erscheinen, das außerhalb der je eigenen Verantwortung liegt.

Reinhold Niebuhr hat darauf aufmerksam gemacht, daß es sich hierbei um die Ausbildung eines Grundkonsenses handelt, ohne den eine freie, demokratische Gesellschaft nicht zu verwirklichen ist. »Sie ist unmöglich, wenn die verschiedenen Formen des Consensus nicht stark genug sind, um die Einheit und Festigkeit des Gemeinwesens trotz des freien Spiels von konkurrierenden Ideen und Kräften zu gewährleisten.«[25] Als eine »für traditionale und demokratische Gemeinwesen in gleichem Maße« notwendige Form des »Consensus« bezeichnet er das »Gefühl der Verbundenheit mit dem Gemeinwesen« und das »Vertrauen, daß die Regierung oder der Staat der legitime Sprecher des Gemeinwesens ist.«[26] Auf diese Verbundenheit mit dem freiheitlich-demokratischen Staat weist die soldatische Existenz als ein weiteres Moment, das ihr Sinnhaftigkeit verleiht. Fehlt sie, dann kann die soldatische Existenz unter diesem Aspekt günstigenfalls damit rechnen, innerhalb individueller Lebensentwürfe als sinnhaft anerkannt zu werden.

Der Schlüssel für die Lösung der aus den historischen Wandlungen sich ergebenden Probleme zwischen Militär und Gesellschaft, zwischen soldatischer und staatsbürgerlicher Existenz, liegt damit im politischen Ethos der Staatsbürger. Ohne dieses kann es in letzter Konsequenz auch kein soldatisches Ethos geben, das insbesondere der nach dem Zweiten Weltkrieg entstandenen Lage – auch in den internationalen Beziehungen – gerecht würde. Insofern signalisiert diese Lage und vor allem das aus ihr hervorgegangene demokratische Gemeinwesen einen totalen Wechsel. Es ist nicht mehr, wie teilweise in den traditionalen Gesellschaften vergangener Jahrhunderte, das soldatische Ethos, das über militärische Vorstellungen und ihre Vermittlungsmechanismen das politische Ethos formt und bestimmt, sondern es ist jetzt das demokratisch-politische Ethos, das seinen bestimmenden Einfluß auf das soldatische geltend macht.

Dieser Sachverhalt wurde schon in den frühen zwanziger Jahren unseres Jahrhunderts erkennbar, wenn vom Ende des Militarismus gesprochen wurde,[27] obwohl sich damals die Konsequenzen noch nicht in der Radikalität zu erkennen gaben, die sie im letzten Viertel des 20. Jahrhunderts bekommen haben. Es verdient in diesem Zusammenhang aber auch ein Gedankengang weiter in die Erinnerung gerufen zu werden, der in einem zunächst völlig gegensätzlichen Kontext entwickelt wurde und der doch in besonders eindringlicher, wenn auch indirekter Weise bestätigt, daß das politische Ethos das soldatische einschließt und sich demzufolge nicht prinzipiell gegensätzlich zu ihm verhält. Gemeint sind die Erwägungen, die William James bereits 1910 in seinem Aufsatz: »The Moral Equivalent of War« angestellt hat, der zu einer inspirierenden Quelle für einen reflektierten Pazifismus wurde.[28]

James geht durchaus von der Grundannahme aus, daß der Gehalt an soldatischem Ethos im politischen Ethos auch in ein Staatswesen eingebracht werden muß, das sich nach aufgeklärten und reflektierten pazifistischen Grundsätzen organisiert. Auf dem Hintergrund einer subtilen Kritik des naiven und un-reflektierten Pazifismus seiner Zeit gesteht er allerdings ein, daß auch seine Hoffnung in »the reign of peace and in the gradual advent of some sort of a socialistic equilibrium« genauso utopisch ist wie die Erwartung: »that war be-comes absurd and impossible from its own monstrosity.«[29]

Aber so direkt sich James als Mitglied der antimilitaristischen Partei verstand, so wenig war er bereit, seinen Realismus preiszugeben. Er nötigte ihn anzuer-kennen, »that peace either ought to be or will be permanent on this globe, unless the states pacifically organized preserve some of the old elements of army discipline. A permanently successful peace economy can not be a simple pleasure-economy. In the more – or – less socialistic future toward which man-kind seems drifting, we must still subject ourselfes collectively to those sever-ities, which answer to our real position upon this only partly hospitable globe. We must make new energies and hardihoods continue the manliness to which the military mind so faithfully clings.«[30]

Da auch nicht von Ferne angenommen werden darf, daß William James, gleichsam durch die Hintertür, erneut einen Militarismus einführen wollte, kann man seine Aussage nur so verstehen, daß er darauf hinweisen wollte, welche Bedeutung dem soldatischen Ethos im politischen Ethos trotz aller pa-zifistischen Kritik unter den kontingenten Bedingungen zukommt, unter de-nen sich alles staatliche Wirken vollzieht. Für ein auf die Eigenständigkeit des Militärs bedachtes Denken allerdings, das zudem der Differenz von Militär und Gesellschaft den Vorzug gibt, um jedweder zivilen Überfremdung von vornherein zu wehren,[31] muß es sich dabei um einen nur schwer zu akzeptie-renden Wandel handeln.

Für die nähere Kennzeichnung des politischen Ethos indessen ist es wesentlich zu erkennen, daß es auf eben den gleichen sinngebenden Grund weist, der auch für die soldatische Existenz als sie sinnhaftig machend angegeben werden kann. Es ist die Freiheit, die als entscheidende Voraussetzung in der Gestaltung des demokratischen Gemeinwesens zur Geltung kommen will. Das politische Ethos findet dann seinen besonderen Ausdruck in einem von den Prinzipien der Wahrheit, der Gerechtigkeit, der Solidarität und des friedlichen Ausgleichs von Interessengegensätzen geleiteten, verantwortlichen Handeln. Aber darin schließt es eben immer auch das Vermögen ein, das soldatische Ethos aus sich zu entwickeln. Denn die Gestaltung des politischen Gemeinwesens in freier Selbstbestimmung zu wollen, muß notwendigerweise auch die Behinderung oder gar das Nichtzulassen ihrer Verwirklichung durch Gewaltanwendung von außen nicht wollen. Darin liegt die Notwendigkeit ebenso wie der Ermög-lichungsgrund für die soldatische Existenz und damit auch für den Beruf des Offiziers.

Trotz alledem läßt sich aber nicht übersehen, daß der historische Wandel, der die Beziehungen zwischen Gesellschaft und Militär so nachhaltig in den letzten

200 Jahren verändert hat, eine Relativierung der Stellung des Militärs im Gefolge gehabt hat: Es ist keineswegs mehr der einzige, Sicherheit verbürgende Faktor – wenngleich auch ein unerläßlicher. Daneben haben sich zunehmend noch andere Faktoren herausgebildet. Unter ihnen spielen internationale zwischenstaatliche Beziehungen ebenso eine hervorragende Rolle wie wirtschaftliche. Alle diese Faktoren, in gegenseitigem, unterstützendem Zusammenwirken, dienen dem einen Ziel, Frieden zu bewahren und zu fördern, um die dramatische Form der Gewaltanwendung von außen, den Krieg, ebenso abzuwehren, wie die subtileren Formen der Gewalt: die politische Erpressung durch Vernichtungsandrohung, mittels derer der Vollzug der Selbstbestimmung eingegrenzt und in eine dem Drohenden genehme Richtung gelenkt werden soll.[32]

In alledem liegen die Gründe, warum das soldatische Ethos heute in Dimensionen weist, die in seinem traditionellen Verständnis wenig oder überhaupt nicht mitbedacht worden sind. Es läßt sich eben, um dies noch einmal hervorzuheben, nicht auf einen lediglich im System »Militär« angesiedelten, »funktionalen« Aspekt einschränken. Weil das soldatische Ethos vielmehr im Gefolge der historischen Entwicklung der Neuzeit nicht mehr nur neben dem politischen Ethos in einem freiheitlich-demokratischen Gemeinwesen sein Dasein führt, sondern recht verstanden in diesem wurzelt, auch wenn historische Ereignisse, wie vor allem in der Restaurationsepoche des 19. Jahrhunderts und in den Diktaturen des 20., diesen Sachverhalt bisweilen zu verdunkeln drohten, müssen sich das politische Ethos und seine Probleme in ihm widerspiegeln. Das funktionale Element im Dasein des Soldaten erhält erst in diesem Kontext seine Sinnhaftigkeit. Es muß demzufolge geradezu das Bestreben des soldatischen Ethos sein, dieses Element nicht aus demjenigen Sinnzusammenhang herausfallen zu lassen, in dem die soldatische Existenz und mit ihr der Offizierberuf jetzt ihre Rechtfertigung und Fraglosmachung erfahren.

Anmerkungen

1. Hans Nuber: Wahl des Offizier-Berufs. Heidelberg/Berlin, 1935
2. A. a. O., S. 12
3. Vgl. dazu statt vieler Hinweise Karl Burger: Artikel Krieg. In: Realencyclopädie für protestantische Theologie und Kirche (RE). Bd. 8. Leipzig, [2]1881, S. 283 ff.
4. A. a. O., S. 284 f.
5. Beispielhaft für diese Sicht ist z. B. einer der bedeutendsten Ethiker des 19. Jahrhunderts, Richard Rothe. Vgl. ders.: Theologische Ethik. 3. Bd. 2. Abt. Wittenberg, 1848, S. 951 ff.
6. A. a. O., S. 955

7. Camill Schaible: Standes- und Berufspflichten des deutschen Offiziers. Berlin, [10]1919, S. 183

8. R. Rothe, a. a. O., S. 964 f.

9. Vgl. dazu beispielsweise Herbert Spencer: Works. (Nachdruck. Osnabrück, 1966) Vol. VII. S. 588 ff. und S. 602; ferner auch Vol. VIII. S. 584 ff.

10. In: Festausgabe für Theodor Zahn. Leipzig, 1928

11. A. a. O., S. 133; zum Begriff Vaterland und seiner Geschichte vgl. Horst Zilleßen: Volk, Nation, Vaterland. Die Bedeutungsgehalte und ihre Wandlungen. In: Horst Zilleßen (Hrsg.): Volk – Nation – Vaterland. Gütersloh, 1870, S. 13–47

12. A. a. O., S. 134

13. A. a. O., S. 139 f.

14. A. a. O., S. 145 f.; vgl. dazu ferner auch Werner Elert: Morphologie des Luthertums. München, [2]1958, S. 369

15. Werner Elert: Zur Geschichte des Kriegerischen Ethos. In: Festausgabe für Theodor Zahn. Leipzig, 1928, S. 140

16. A. a. O., S. 148

17. Vgl. dazu a. a. O., S. 149 ff.

18. A. a. O., S. 134

19. Ein besonders eindrückliches Beispiel dafür bietet die vom damaligen Ökumenischen Rat der Kirchen einberufene Weltkirchenkonferenz über Kirche, Volk und Staat, die 1937 in Oxford stattfand. In dem Bericht über diese Konferenz heißt es dazu:»Der Faschismus vertritt eine Auffassung des Volkes unter politischem Gesichtspunkt. Der Deutsche faßt den Staat als das Werkzeug auf, das Volk als eine fortdauernde ständig wachsende Kraft zu gestalten und zu erhalten.« Kirche und Welt in ökumenischer Sicht. Bericht der Weltkirchenkonferenz von Oxford über Kirche, Volk und Staat. Genf, 1938, S. 89 f.

20. Vgl. dazu auch a. a. O., S. 91 f.

21. Das preußisch-deutsche Offizierkorps. In: Bundesministerium für Verteidigung (Hrsg.): Schicksalsfragen der Gegenwart. 3. Bd.: Über das Verhältnis der zivilen und militärischen Gewalt. Tübingen, 1958, S. 70

22. Ulrich Mann: Lorbeer und Dornenkranz. Eine historische und theologische Studie über das Wehrverständnis im deutschen Soldatentum. Stuttgart, 1958, S. 210

23. Vgl. dazu a. a. O., S. 209 f.

24. Es gehört zu den bemerkenswerten Sachverhalten, daß die Behandlung des soldatischen Ethos immer wieder auf den Kämpfer-Aspekt eingeschränkt zu werden in der Gefahr steht. In der Bundesrepublik Deutschland wird das bereits in den fünfziger Jahren sichtbar. Vgl. dazu z. B. Walter Maas: Die Erziehungsfrage in einer neuen Wehrmacht. In: Wehrkunde. München, 2/1953. S. 16 ff.; Wolf Dietrich Freiherr von Schleinitz: Über die Kunst des Ausbildens. In: Wehrkunde. 6/1953, S. 1 ff.; Oldwig von Natzmer: Der Ballast der Erlebnisse. In: Wehrkunde. 9/1953, S. 21 ff.; Friedrich von Stülpnagel: Vom künftigen deutschen Soldaten. In: Wehrkunde. 10/1954, S. 364 ff. Die Hervorhebung des Kämpfer-Aspektes ist allerdings nicht auf die Bundesrepublik beschränkt. Vgl. beispielsweise Charles J. Lichtensteiger: Militärische Erziehung und Ausbildung. In: Allgemeine Schweizerische Militärische Zeitschrift. 115. Jg. Bern, 1949, S. 32 ff. Ebenfalls hebt Morris Janowitz: The Professional Soldier. London/New York, 1966, S. 36, für die US-Armee

hervor, daß der Kampfgeist nach wie vor das entscheidende Moment sei. Vgl. ferner auch Adam Yarmolinsky: The Military Establishment. New York/Evanston/ S. Francisco/London, 1971, S. 4: »... the martial purpose ... is still paramount, although the deterrent preventive roll may gradually replace it.« – Kritisch setzt sich mit der Hervorhebung bloßen Kämpfertums Ludwig Schulte: Wehrmotive und Kampfmoral. In: Wehrkunde. 17/1968, S. 15 ff., auseinander. – In den frühen fünfziger Jahren waren aber auch andere Stimmen zu hören. So z. B. Erich Dethleffsen: Wehrmacht und Demokratie. In: Wehrkunde. 3/1953, S. 1 ff., der vom demokratischen Staatsverständnis und einem ihm entsprechenden Ethos her bereits weitgehende Forderungen an eine Neuorientierung der Ausbildung stellte (bes. a. a. O., S. 9 f.). In die gleiche Richtung gehen auch Überlegungen von Karl Janssen: Der Erziehungsauftrag einer neuen Wehrmacht. In: Wehrkunde. 7/1953, S. 19 ff.

25. Reinhold Niebuhr: Consensus. In: Heinz-Dietrich Wendland/Theodor Strohm (Hrsg.): Politik und Ethik. Wege der Forschung. Bd. CXXXIX. Darmstadt, 1969, S. 188; vgl. aber auch seine ältere Arbeit: Die Kinder des Lichts und die Kinder der Finsternis. München, 1947, bes. S. 35 ff. N. gab dieser für das Verständnis des Demokratiebegriffs so bedeutungsvollen Arbeit den Untertitel: »Eine Rechtfertigung der Demokratie und eine Kritik ihrer herkömmlichen Verteidigung«.

26. R. Niebuhr, Consensus, a. a. O., S. 189

27. Ernst Troeltsch: Spektator-Briefe. Aufsätze über die deutsche Revolution und die Weltpolitik 1918–1922. Nachdruck. Aalen, 1966, S. 4 ff.

28. In: Leon Bramson/George W. Goethals (Hrsg.): War-Studies from Psychology, Sociology, Anthropology. New York/London, o. J., S. 21 ff.

29. A. a. O., S. 27 f.

30. A. a. O., S. 28

31. Dies tritt besonders eindrücklich hervor bei James H. Toner: The Military Ethic: On the virtue of an Anachronism. In: Military Review. Fort Leavenworth, Kansas, 12/1974, bes. S. 11 ff. und dürfte nicht nur für die Mentalität in bestimmten US-Offizierkreisen repräsentativ sein.

32. Zum außerordentlich komplexen Bereich der Sicherheitspolitik vgl. jetzt vor allem die verdienstvolle Dokumentation, die Klaus von Schubert (Hrsg.): Sicherheitspolitik der Bundesrepublik Deutschland. 2 Teile. Bonn, 1977, herausgebracht hat, insbes. seine Einleitung, Teil I, S. 15 ff. Seine Definition – »Sicherheitspolitik umfaßt die Gesamtheit der politischen Ziele, Strategien und Instrumente, die der Kriegsverhinderung bei Wahrung der Fähigkeit zur politischen Selbstbestimmung dienen.« (S. 16) – umgreift exakt den Sachverhalt, wie sich in der geschichtlichen Perspektive das Verhältnis von politischem und soldatischem Ethos darstellt.

I. Führen

Friedrich Wilhelm I., der Soldatenkönig
König in Preußen (geb. 1688, reg. 1713–1740)

Der Officier schuldet Gehorsam, es sei den, es geht gegen die Ehre.

Mein lieber Successor bitte ich umb Gottes willen kein ungerechten krihg anzufangen und nicht ein agressör sein; den Gott die ungerechte Krige verbohten und Ihr jemahls müsset rechenschaft gehben von jedem Menschen, der dar in ein ungerechten Krig geblieben ist. Bedenkt was Gottes gericht scharf ist.

Friedrich II., der Große
König von Preußen (geb. 1712, reg. 1740–1786)

Der Geist der Armee sitzt in ihren Offiziers.

Wollt Ihr Euch die Liebe Eurer Soldaten erwerben, so überanstrengt oder opfert sie niemals, ohne daß sie selbst einsehen, daß es notwendig ist. Seid ihr Vater und nicht ihr Henker.

Werner von Scheven

Führen

Militärische Beschreibung

Offiziere sind die Führungskräfte in den Streitkräften. Unteroffiziere sind ihre wichtigsten Gehilfen. Führungskräfte haben einen handlungsorientierten und zugleich geistigen Beruf. Die meisten Offiziere gehören der Laufbahn des Truppendienstes an. Sie führen »die Truppe«. Sie stellen auch die höheren Dienstgrade vom Major bis zum Oberst (Stabsoffiziere) und die Generale.

Offiziere auf Zeit führen am Ende ihrer – im allgemeinen zwölfjährigen – Dienstzeit als Hauptleute Einheiten; in der Marine auch Boote, in der Luftwaffe auch Teile von Einheiten. Stabsoffiziere sind Berufsoffiziere. Sie stellen die Führer und nächsten Führungsgehilfen für die größeren Truppenteile bis zur Regimentsebene. Generäle führen Großverbände, leiten Bildungseinrichtungen, Ämter und andere Dienststellen der Streitkräfte. Reserveoffiziere vom Leutnant bis zum Oberst »d. R.« führen die zahlreichen Truppenteile, die im Frieden gekadert sind.

Offiziere mit Führungsaufgaben müssen ihre Führungsfähigkeit in stufenweisen Ausbildungsgängen und Verwendungen mit aufsteigender Verantwortung erlernen und erweitern. Sie müssen Führungsfähigkeit, Fachkenntnisse, Befehls- und Disziplinarbefugnisse nach den Grundsätzen der Inneren Führung und dem Prinzip der Delegation von Teilverantwortung anwenden. Durch Dienstaufsicht (§ 10, 2 Soldatengesetz [SG]) werden sie ihrer nicht teilbaren Gesamtverantwortung gerecht.

Offiziere mit Führungsaufgaben sollen sich so verhalten, daß sie vom Vertrauen und der aktiven Loyalität der Geführten getragen werden. In einer 40-Stunden-Woche ist dies nicht zu leisten.

Mit den Führern der Einheiten, d. h. den Chefs von Kompanien, Batterien, Staffeln, beginnt die Hierarchie der Disziplinarvorgesetzten. Ihnen ist mit der Anwendung der Wehrdisziplinarordnung ein bedeutendes Führungsmittel an die Hand gegeben. Ihnen sind außerdem die Vertrauensmänner (§ 35 SG) und Personalräte (§ 35 a SG) zugeordnet, übrigens auch die Militärgeistlichen.

Disziplinarvorgesetzte haben im Frieden eine besondere Verantwortung für die Einsatzbereitschaft von Soldaten und Material. Sie haben im Kriege eine besondere Verantwortung für die Erfüllung des Einsatzauftrages. Auf dem Gefechtsfeld, in der Kampfanlage oder auf hoher See müssen sie den Auftrag ihrer Truppe gegen die gewaltsame Einwirkung von der Feindseite erzwingen. Sie nehmen daher maßgeblich am Kampf teil. Führen bedeutet somit auch Kämpfen, ja Vor-kämpfen. Hierfür muß der Offizier geistig, seelisch und körperlich gerüstet sein.

Führer mit Disziplinargewalt haben besonderen Einfluß auf das Wohlergehen, ja auf Leben und Gesundheit der ihnen anvertrauten Menschen. Menschenführung ist daher die vornehmste ihrer Aufgaben und der Schlüssel zum Erfolg. Die Disziplinarvorgesetzten sind darüber hinaus Hauptträger der Öffentlichkeitsarbeit und Repräsentation der Streitkräfte sowie der Traditionspflege und der Partnerschaftsaufgaben zwischen den Truppen der Verbündeten.

Die Autorität der Disziplinarvorgesetzten wird traditionell durch besondere militärische Formen unterstützt.

Peter H. Blaschke

Führen

Theologische Überlegung

»Erkennet doch, daß der Herr seine Heiligen wunderbar führt.«

Psalm 4,4

Gott führt. Er führt Abraham in ein Land, das er ihm zeigen will. Er führt das
Volk Israel aus Ägypten durch das Schilfmeer, durch die Wüste in das gelobte
Land. Er führt Jesus von Nazareth in sein Reich. Es sind keine leichten
Wege, die Gott führt. Abraham muß durch mancherlei Bedrohung seiner
Existenz hindurch. Das Volk Israel macht in der Wüste immer wieder die
Erfahrung der Gefährdung und Verlassenheit, es schreit zu Gott, es klagt
Gott an. Und Jesus wird hindurchgeführt durch Anfeindung und Verspot-
tung, durch Versuchung und Hosianna-Geschrei bis hin zum letzten »Kreu-
zige, kreuzige ihn!«
Gott führt keine einfachen, gefahrlosen, geraden Wege. Aber wo Gott führt,
ist nicht der Weg entscheidend, sondern das Ziel. Die, die sich bedingungslos
der Führung Gottes anvertrauen, tun das in dem unbedingten Vertrauen, das
Ziel zu erreichen. Gott führt durch alle Widerstände hindurch, ja wenn es
sein muß, trägt Gott hindurch. Und die Geführten erfahren immer wieder,
daß Gott mit unterwegs ist, genau so, wie er mit am Ziel ist. Ja er selbst ist das
Ziel. Und Gott, das heißt Leben. Das Land, das Abraham verheißen ist, das
gelobte Land des Volkes Israel, das Reich Christi sind immer Bilder für
Leben.
Menschliche Führung kann und darf nie mit dem absoluten Anspruch Gottes
geschehen. Menschen können sich immer nur ein Ziel vornehmen. Sie sind
nicht sicher, ob sie es erreichen. Sie sind nicht einmal ganz sicher, ob es das
richtige Ziel ist. Menschen sind auch nicht sicher, ob sie auf dem richtigen
Weg sind. Und selbst wenn sie auf dem richtigen Weg sind, wissen sie nie
genau, wie der Weg in Zukunft weitergeht.
Menschliche Führung bedeutet immer das Eingeständnis eigener Begrenztheit der Erkenntnis und der Handlungsfähigkeit. Wo aber Grenzen in den
Blick kommen, hat der Mensch es mit der Angst zu tun. Es ist die Angst, an
eben diese Grenzen zu stoßen, so, daß es nicht mehr weitergeht.
Die Geschichte der Menschen kennt nicht nur die guten Führer. Sie kennt
vielleicht in größerer Zahl die Verführer, die Irreführer. Sie führen am Ende
immer in den Tod.
Wer heute Führungsverantwortung übernimmt, der braucht vor allem Ver-

trauen. Das aber bedeutet: Es reicht nicht aus, daß allein der Führer überzeugt ist und weiß, daß er auf dem richtigen Weg zum richtigen Ziel ist. Auch die Geführten müssen davon überzeugt sein, müssen davon überzeugt werden. Sie müssen so sehr davon überzeugt sein, daß sie auch allein weitergehen könnten und würden, ja, daß sie selbst Führer sein könnten. Und das Vertrauen des Führers muß so groß sein, daß er sich notfalls von denen führen lassen könnte, die ihm anvertraut sind.

Dieses Vertrauen ist letztlich wohl nur möglich, wenn man sich in seinem eigenen Leben gerade angesichts der Begrenztheit der Erkenntnis und Handlungsfähigkeit geführt weiß zu einem Ziel, das man nicht selbst bestimmen muß, so wie Abraham, so wie das Volk Israel, so wie Jesus Christus.

Ulrich de Maizière

Persönliche Erfahrungen zu Fragen der Menschenführung im Frieden, in Krisen und im Kriege

I. Einführung

Die Bundeswehr kennt seit ihrer Aufstellung nur den militärischen Dienst in einem Friedenszustand. Einen Einsatz im Gefecht hat sie noch nicht erlebt, und wir hoffen alle, daß sie einen solchen Einsatz auf lange Zukunft hin nicht erleben muß. Das allerdings birgt für die Bundeswehr die Gefahr in sich, daß die Gedanken ihrer Führer allzu einseitig auf das Bestehen des Dienstes im Frieden, auf technische Effizienz, auf das »Funktionieren« unter normalen Bedingungen ausgerichtet sind, die Forderungen des Kampfes aber und seine vielfältigen Imponderabilien mehr und mehr aus dem Blickfeld verschwinden.

Man spricht so leichthin von der Bundeswehr als einer »Friedensarmee«. Das trifft jedoch ihre Aufgabe nicht genau. Sie ist vielmehr eine »Armee zur Erhaltung des Friedens«. Das ist mehr als ein semantischer Unterschied.

Armee zur Erhaltung des Friedens

Ich will versuchen, den Unterschied zwischen der Führung im Frieden und im Kriege in seinem Kern zu definieren.

Führung im Frieden:

Die vordringlichen Ziele für die militärische Führung im Frieden sind die Herstellung der Einsatzbereitschaft der Truppe und die Planung für ihre zukünftige Entwicklung. Für die erstere haben Ausbildung und Erziehung Priorität. Manche theoretische, wenn auch auf die Praxis bezogene Unterweisung ist dabei notwendig. Hinzu tritt die Pflege und Erhaltung des Materials, damit dieses für einen möglichen Einsatz jederzeit verwendbar ist. Planerisch denkt man in die Zukunft hinein, und zwar über längere Zeiträume hinweg; je höher die Führungsebene, desto länger der Planungszeitraum (lang- und mittelfristige Planung). Die in Friedenszeiten immer begrenzten Finanzmittel zwingen zu Sparsamkeit und Kosteneffizienz. Um genügend Spielraum für Investitionen zu behalten, wird oft an Betriebsmitteln gespart, selbst wenn das in Widerspruch zu den Forderungen der Ausbildung gerät (Munition, Betriebsstoff, Übungen). Alle diese Forderungen tendieren zur Zentralisierung und Reglementierung. Nur zu leicht überwiegen dabei die statischen Elemente. Es besteht daher auch die Tendenz zur Routine (»Das haben wir immer so gemacht«).

Führung im Kriege:

Jede Lage
ist anders
Im Kriege steht der Einsatz im Mittelpunkt, d. h. also die Operation und das Gefecht. Es muß taktisch geführt werden. Jede Lage ist anders. Routine wäre dabei tödlich; sie muß dem Einfallsreichtum und der Improvisation weichen.

Das persönliche Beispiel, der Führungswille auf allen Ebenen, die Kampfbereitschaft der Soldaten, das Zusammengehörigkeitsgefühl, die Kameradschaft sind die bestimmenden Faktoren. Das Material wird voll eingesetzt, oft bis zum äußersten beansprucht, wohl auch manchmal aufs Spiel gesetzt. Der Truppenführer denkt in der Gegenwart, die Planungen erfolgen in kurzen Zeiträumen. Je tiefer die Führungsebene, um so gegenwartsbezogener das Denken. Die »Stimmung der Truppe« bedarf besonderer Beobachtung und Pflege (Fürsorge). Das Geld spielt eine geringere Rolle. Volle Übereinstimmung von Verantwortung und Befugnissen, d. h. die Einheit der Führung ist Voraussetzung für den Erfolg. Im Kriege überwiegen die dynamischen Elemente. Sie verlangen eine dezentrale Führungsstruktur, d. h. eine Delegation von Verantwortung.

Diese Spannungen zwischen den jeweils berechtigten Forderungen des Friedens und des Krieges müssen erkannt und die Widersprüche gemildert werden. Denn für eine in Präsenz gehaltene Truppe, die auf jeden Angriff rasch reagieren soll, muß der reibungslose Übergang in den Verteidigungsfall erleichtert werden. Ich möchte hier den Schwerpunkt meiner Ausführungen auf die Menschenführung im Kriege legen.

Ich beginne mit zwei Vorbemerkungen:

1) Meine persönlichen Erfahrungen stammen überwiegend aus dem Heer. Im Heer habe ich den Krieg erlebt, und im Heer der Bundeswehr bin ich Truppenführer gewesen, trotz der langen Jahre, die ich im Gesamtstreitkräfterahmen Dienst getan habe.

Erfahrungen
im Heer
Das Heer aber ist durch unser Thema auch besonders betroffen. Einmal stellt es zahlenmäßig den weitaus größten Teil der Gesamtstreitkräfte, im Mobilmachungsfall noch mehr als im Frieden. Zum anderen: Die Kampftruppen des Heeres unterliegen mehr als andere Verbände einer Dauerbelastung über längere Zeit hinweg. Sie kämpfen außerhalb fester Anlagen im freien Gelände. Sie haben in aller Regel den geringsten Komfort und führen nur ein Minimum an persönlichem Eigentum mit. Die Ruhepausen sind meist nur kurz und oft durch technischen Dienst ausgefüllt.

Die Luftwaffe kämpft in der Regel aus bodenständigen Anlagen heraus (Flugplatz, Raketenstellungen). Der Einsatz ihrer Kampfverbände vollzieht sich meist in allerhöchster Konzentration, aber jeweils auf eine kürzere Zeit begrenzt. Dazwischen liegen Zeiten der Entspannung in einer gewohnten Umgebung, die meist etwas größeren Komfort bietet, als er dem Feldheer zur Verfügung steht.

Die Marine liegt dazwischen. Auch sie hat auf See lange Perioden des ununterbrochenen Einsatzes; aber der Matrose bleibt immer auf seinem Schiff und in seinem Boot. Er genießt die Kontinuität seiner nächsten, wenn auch sehr bescheidenen Umgebung; sie vermittelt ihm leichter ein Gefühl der Nähe, des Bekannten und Gewohnten, als es der »vagabundierende« Heeressoldat erleben kann.

Wenn ich also in meinen praktischen Beispielen auf das Leben im Heer und in einem langdauernden Krieg zurückgreife, so bitte ich das zu verstehen. Ich meine aber, daß man daraus durchaus Erfahrungen auch für die Menschenführung in der Luftwaffe und in der Marine und natürlich auch für die Anfangsphase eines Krieges ableiten kann.

2) Wir Deutschen haben im Zweiten Weltkrieg nur verhältnismäßig kurze Zeit den Kampf des Heeres im eigenen Lande erlebt. Nur in den Schlußmonaten waren deutsche Soldaten in allerdings z. T. erbittert geführten Kämpfen vor solche Situationen gestellt. Diese waren aber schon eng verwoben mit dem Zusammenbruch des Reiches und können daher nur bedingt als typisch angesehen werden. Auch die Untersuchungen von Elmar Dinter in seinem bemerkenswerten Buch »Held oder Feigling« werten Erfahrungen aus den Kämpfen um Calais, Stalingrad und Monte Cassino aus, Kampfschauplätzen außerhalb des Heimatlandes.

Und zum anderen: Keine Armee der Welt besitzt Erfahrungen in der Menschenführung in einem Krieg unter atomarer Bedrohung oder gar bei Einsatz von Atomwaffen.

II. Die Sicht der Mannschaft

In dem folgenden, überwiegend praxisorientierten Hauptteil meiner Ausführungen möchte ich mich zunächst mit den Geführten beschäftigen, der Mannschaft also; dann mit denen, die militärische Führungsaufgaben wahrzunehmen haben, den Führern also; und abschließend mit einigen Erfahrungen aus dem Gebiet der taktischen Führung, soweit diese durch Menschenführung wesentlich beeinflußt wird.

Beginnen wir also mit der Mannschaft.

Im Frieden sprechen wir oft und zu Recht von der Bedeutung der Motivation der Soldaten. Sie ist ein wichtiger Teil der Politischen Bildung; es geht dabei um die Fragen der Bedrohung, des »Wofür« der Verteidigung, der Werte unserer freiheitlichen Ordnung, der politischen und ethischen Legitimation der Verteidigung und manches andere mehr. Die überzeugende Beantwortung dieser Fragen ist im Frieden für die gewissenhafte Erfüllung des Wehrdienstes von großer Bedeutung. Im Kriege aber verlieren sie an Gewicht. Es geht dann weniger um Ideologien und große politische Ziele, vielleicht noch

Verteidigung wofür?

um die Heimat oder um den Schutz der eigenen Familien. Die Primärbedürfnisse des Soldaten, auf die ich noch zu sprechen komme, spielen die erste Rolle – mit einer Ausnahme allerdings. Der Soldat an der Front muß das Gefühl haben können, daß die Menschen zu Hause, das eigene Volk, die eigene Familie, den Sinn der Verteidigung bejahen, daß er von der Zustimmung seiner Angehörigen getragen wird. Bleibt diese aus, läßt die Schlagkraft, vor allem in Wehrpflichtarmeen, schnell nach. Ein überzeugendes Beispiel dafür ist der Kampf in Vietnam. Als die Mehrheit der Bevölkerung in den USA den Sinn des Krieges in Vietnam nicht mehr einsah, war es kaum möglich, die Wehrpflichtigen, die in Vietnam kämpfen sollten, dafür zu motivieren. Warum sollten sie ihre Gesundheit riskieren, wenn ihre Leute zu Hause den Kampf für sinnlos hielten? Die Kampfmoral verfiel. Das positive Gegenbeispiel ist der Kampf um die Falkland-Inseln. Die britischen Berufssoldaten wurden von der Zustimmung und den Erwartungen des ganzen Volkes getragen. Man war stolz auf sie. Ihre soldatischen Leistungen waren daher auch bemerkenswert.

Im übrigen aber stehen die Primärbedürfnisse der Soldaten – wie ich sie eben nannte – im Mittelpunkt des Denkens und Fühlens der Mannschaft.

Jeder Soldat hat Angst

Jeder Soldat hat Angst. Mir kann niemand erzählen, er habe im Krieg keine Angst gehabt: Angst vor dem Tod, vor einer schweren Verwundung, vor einer etwaigen Gefangenschaft, Angst vor dem »Alleingelassen werden«. Tapferkeit ist kein Gegensatz zur Angst. Sie ist vielmehr eines der Mittel, mit der Angst fertig zu werden; es gibt auch andere.

Zunächst einmal hilft die Beherrschung des eigenen Handwerkszeugs, der Waffen vor allem. Die Routine des handwerklichen Tuns, die durch immer sich wiederholende Einübung bestimmter Griffe oder Verfahren erlangt wird, gibt Sicherheit und lenkt von der Angst ab. Das gleiche gilt für den Einsatz der Waffen. Wer schießt, also sich wehrt, hat schon einen Teil der Angst überwunden. Einer Truppe, die in Panik geraten ist, muß zuerst befohlen werden, ihre Waffen wieder zu benutzen, selbst auf das unscheinbarste Ziel hin. Das gibt wieder Selbstvertrauen. Ich habe es selbst erlebt.

Gruppen-moral

Wichtiger noch ist die Solidarität in der kleinen Gruppe, nennen wir es einmal die Gruppenmoral. Der Wunsch, sich nicht zu blamieren, nicht der einzige Schwache, der »Waschlappen« in der eigenen Gruppe zu sein, hilft Angst zu überwinden. Das Vertrauen, von den Kameraden nicht im Stich gelassen zu werden, verbindet sich mit der Verpflichtung, selbst die Kameraden in der Not nicht im Stich zu lassen. Die kleine Kampfgemeinschaft, die Primärgruppe, und darüber hinaus die Einheit (die Kompanie, die Batterie) sind der eigentliche Halt der Mannschaft; sie sind ihre »Heimat«. Wo man sich nicht kennt, wo man nicht weiß, ob man sich auf den anderen wirklich verlassen kann, da läßt die Kampfmoral rasch nach: Das Versagen der in

Krisen improvisiert zusammengewürfelten Alarmeinheiten im Zweiten Weltkrieg ist ein Beweis dafür. Ebenso sollte eine Truppe nicht in ein schweres Gefecht geworfen werden unmittelbar nach einer Auffüllung mit Ersatz aus der Heimat, ehe Mannschaft und Führer sich richtig kennengelernt haben: Sie wird nur selten den Belastungen gewachsen sein.

Was ist daraus zu folgern:

Jeder Führer sollte für die Kontinuität der menschlichen Beziehungen sorgen, so lange wie nur möglich. Jedes Auseinanderreißen einer gewachsenen Gemeinschaft bringt Nachteile mit sich. Nicht immer allerdings sind sie zu vermeiden.

Gruppe nicht auseinanderreißen

Man sollte beobachten, ob sich Störenfriede in einzelnen Gruppen breitmachen, die den Zusammenhalt gefährden. Ein solcher Störenfried ist sofort herauszuholen und in eine solide gefügte Gruppe zu stecken, wo er nicht den Ton angeben kann, sondern sich einfügen muß. Das gilt übrigens auch, wie so manches andere, im Frieden.

Man sollte gefährliche Aufträge möglichst nicht an einen einzelnen geben. Es sollten wenigstens zwei sein (z. B. Feldposten).

Wichtig ist auch die Wiederverwendung der nach einer Verwundung genesenen Soldaten in ihrer alten Einheit. Dies entspricht auch in aller Regel dem Wunsch des Genesenen. Wir haben im Krieg oft gegen diesen Grundsatz verstoßen, immer mit nachteiligen Folgen.

Lassen Sie mich im Zusammenhang mit der Angst noch auf zwei Erlebnisse hinweisen, die wohl niemandem im Krieg erspart bleiben. Ich meine einmal die Feuertaufe – den Augenblick, in dem man zum ersten Mal beschossen wird – und dann den Moment, bei dem zum ersten Mal neben einem ein guter Kamerad fällt und stirbt. Dies sind in der Tat sehr prägende Erlebnisse. Wie sich der Mann dabei verhält, hängt wesentlich von seinem Führer ab. Der Zug- und der Kompanieführer dürfen keine Angst zeigen: Sie müssen Beispiel geben und ihre Untergebenen zum Handeln zwingen.

Aktivität überwindet Angst am schnellsten. Passivität steigert sie. Im übrigen wird dem Führer das Überwinden seiner eigenen Angst dadurch erleichtert, daß er weiß, daß alle Augen auf ihn gerichtet sind, daß er jetzt ein Beispiel geben muß. Ich jedenfalls habe dies als einen Ansporn empfunden. Und um so höher ist die Tapferkeit derer zu bewerten, die ohne ein Beispiel geben zu müssen oder ohne einer Kontrolle zu unterliegen, ihre Angst überwinden müssen. Ich meine den Spähtrupp, den weit abgesetzten Feldposten, den einzelnen Kradmelder, aber auch die ein oder zwei Mann einer Flugzeugbesatzung.

Aktivität überwindet Angst

III. Forderungen an den Offizier

Wenn ich die motivierende Bedeutung der kleinen Kampfgemeinschaft und der Kameradschaft so deutlich herausgestellt habe, so haben wir zugleich gesehen, daß seitens der Mannschaft auch ein Bedürfnis nach Führung besteht. Man wünscht sich einen Führer, der keine Angst zeigt, der überlegen ist, der sein Geschäft versteht, der Mensch ist, dem man vertrauen kann und dem man auch gerne gehorcht. Und damit wende ich mich nun denen zu, die militärische Führungsaufgaben zu erfüllen haben, in erster Linie also den Offizieren.

Die Erwartungen, die an die militärischen Führer gestellt werden, sind hoch. Zunächst setzt man voraus, daß er sein Fach beherrscht; er muß etwas können. Darin begründet sich die Notwendigkeit einer soliden Friedensausbildung, die auch ein der jeweiligen Tätigkeit angemessenes Maß von theoretischem Wissen einschließt.

Aber dies ist nur die Voraussetzung oder Ausgangsbasis. Wichtiger, ja zwingend notwendig sind positive charakterliche Eigenschaften.

Zuerst persönliches Beispiel

Allen voran steht das persönliche Beispiel. Wenn schon im Frieden Erziehung nur in einer Kombination von Beispiel, Herz und Konsequenz erfolgreich sein kann, so tritt im Gefecht das Beispiel an die oberste Stelle. Beispielhaftes Verhalten reicht von der persönlichen Tapferkeit über die Pflege der äußeren Erscheinung (soweit das möglich ist) bis hin zur Zurückhaltung in den eigenen materiellen Bedürfnissen. Für den preußischen Leutnant gab es im Friedensdienst die Devise: »Beim Waschen der Erste, beim Essen der Letzte«. Dies gilt auch heute noch. Im Kriege nur müßte die Devise ergänzt werden mit dem Zusatz: »Im Einsatz der Tapferste«.

Beispielhaftes Verhalten verstärkt die Überzeugungskraft. Wer seine Untergebenen von dem Sinn und der Notwendigkeit von Befehlen überzeugen kann, findet auch leichter Gehorsam, ohne Zwang anwenden zu müssen. Wenn Zeit für das Erläutern von Maßnahmen zur Verfügung steht, sollte man sie nutzen. Sie ist niemals verloren. Kooperativer Führungsstil ist auch im Kriege die beste Führungsmethode, wenn es dabei auch Ausnahmen gibt. Ich komme darauf zurück.

Beispiel und Überzeugungskraft schaffen Vertrauen. Nichts ist gefährlicher, als Vertrauen aufs Spiel zu setzen. So wichtig z. B. für den Soldaten die Hoffnung ist – Hoffnung auf Pause, Schlaf, Ablösung, Urlaub, Frieden –, der Führer sollte niemals etwas versprechen und in Aussicht stellen, was er nicht zu halten in der Lage ist oder dessen Eintreffen er selbst für unwahrscheinlich hält.

Weiter: Der Untergebene muß sich darauf verlassen können, daß im Kampf nur so viele Opfer gefordert werden, wie unerläßlich sind. Ein leichtfertiges Risiko einzugehen aus persönlichem Ehrgeiz, aber auf Kosten der anvertrauten Menschen – und das hat es im Kriege immer wieder gegeben – untergräbt Vertrauen und Leistungswillen.

Vertrauen zu schenken und zu gewinnen, erfordert Zeit. Auch darin begründet sich die Notwendigkeit personeller Kontinuität so lange wie möglich.

Die charakterlichen Forderungen an den militärischen Führer sind um so schwerer zu erfüllen, je größer die körperlichen und nervlichen Belastungen sind. Militärische Führer im Kriege müssen belastbar sein. Dabei spielt auch das Lebensalter eine Rolle. Jüngere Führer können in der Regel mehr ertragen als ältere. Ein Beispiel: Ich erlebte den ersten Winter in Rußland als Ib (G4) einer Infanteriedivision (mot) im Raume südlich von Leningrad. Ende Oktober brach ohne Übergang hartes Winterwetter mit Dauertemperaturen von −25 Grad und tiefer ein. Die Division verlor innerhalb von vierzehn Tagen alle Bataillonskommandeure, die älter als 45 Jahre waren, nur aus gesundheitlichen Gründen. *Belastungen aushalten*

Die körperliche Leistungsfähigkeit wird allerdings ergänzt und erhöht durch die innere Haltung. Erst in Krisen und Belastungen zeigt sich der wahre Kern der Menschen. Und dieser wird geprägt durch Elternhaus, Schule, überlieferte Vorstellungen, Jugendkreise, Vereine, Kirche, Glauben u. a. m. Innere Haltung ist unabhängig von Rang, Namen und Alter. Menschliche Bewährung und Versagen gab es und gibt es in allen Schichten und in allen Rängen. Dies ist für mich eine schmerzliche Erfahrung gewesen, vor allem in der Kriegsgefangenschaft.

Es gibt auch Grenzen der Belastbarkeit. Auch hierzu ein Beispiel: In einem langdauernden Großkampf in Rußland waren die Zug-, Kompanie- oder Bataillonsführer der Kampftruppe, der Pioniere oder die vorgeschobenen Beobachter der Artillerie in aller Regel nicht länger als drei Monate im Einsatz, ohne zu fallen oder eine Verwundung zu erhalten. Dies wußten die Betroffenen natürlich auch. Ich habe nun erlebt, daß tapfere und hochdekorierte Feldwebel und Offiziere, die nach der vierten, fünften, sechsten Verwundung genesen zur Truppe zurückkehrten, auf einmal versagten. Das gleiche galt wohl auch für fliegende Besatzungen nach vielen gefährlichen Feindflügen. Ein solches Versagen darf dem Betroffenen nicht negativ angerechnet werden. Die seelischen Kräfte sind eben einmal zu Ende. Man zog solche Offiziere deshalb aus der Front heraus und verwendete sie eine Zeitlang als Ausbilder, als Lehrer auf Schulen, in rückwärtigen Stäben. Später haben sie sich dann an der Front wieder hoch bewährt. Das Gegenstück dazu kann »Wurstigkeit« sein. Man hat sich an die Gefahr gewöhnt, nimmt sie nicht mehr ernst und gefährdet sich unnötig durch Leichtsinn.

Zu den Belastungen gehört auch die Einsamkeit. Jeder Führer ist in einem gewissen Grade einsam. Je höher der Rang, um so größer die Einsamkeit. Der Führer läßt sich nicht in die jeweiligen Gruppen der Untergebenen integrieren. Er darf es wohl auch nicht. »Kumpanei« ist fehl am Platz. Der Füh- *Führer braucht Distanz* rer braucht Distanz für harte Entscheidungen und für die Erhaltung der Disziplin gerade in Krisen. Der Führer muß ja auch befehlen zu töten und zu sterben. Und dazu braucht er eben Abstand. Aber er muß zugleich menschliche Wärme besitzen und sie erkennbar machen können. Und das ist eine schwere Kunst.

Ich möchte dazu ein Beispiel erzählen, das mich seinerseit stark beeindruckt hat und mir heute noch vor Augen steht.

Es war in Rußland 1944. Ich war Ia der 10. PzGrenDiv (heute etwa dem Chef des Stabes vergleichbar). Mein Divisionskommandeur war ein hochdekorierter Troupier, ein kräftiger, lebensnaher Franke. Er war in der gleichen Division schon vor dem Kriege Regimentskommandeur gewesen, dann Regimentskommandeur in Polen und Frankreich und schließlich seit zwei Jahren Divisionskommandeur in Rußland. Da er aus der Division hervorgegangen war, besaß er große Personalkenntnisse.

Die Division befand sich im Rückzug hinter den Dnjepr, der von der Division unter starkem Druck nachfolgender sowjetischer Verbände über eine Kriegsbrücke zu überwinden war. Der zunächst noch verhältnismäßig große Brückenkopf mußte und konnte im Zuge der Operation verkleinert werden. Bei dem Lagevortrag schlug ich dem Kommandeur vor, das verstärkte Kradschützenbataillon mit der Bildung des verkleinerten Brückenkopfes zu beauftragen mit dem strikten Befehl, die Stellung so lange zu halten, bis die Division wieder Bewegungsfreiheit geben konnte, d. h. bis die Masse der Division den Strom überschritten hatte. Es war jedem klar, daß dies ein schwerer und verlustreicher Auftrag war.

Mein General saß lange schweigend am Tisch, den Kopf in die Hände gestützt. Plötzlich schlug er mit der Faust auf den Tisch und sagte: »Verdammt noch mal, Sie haben ja recht, ich muß das tun. Aber Sie haben es gut, Sie brauchen mir das nur vorzuschlagen. Ich aber muß es befehlen. Und ich muß dann die Briefe an die Hinterbliebenen schreiben. Und ich kenne diese Frauen doch alle.«

Damals habe ich gelernt, welch ein Unterschied besteht zwischen dem Berater und dem, der als Entscheidender die letzte Verantwortung trägt. Man sollte nie etwas empfehlen, was man nicht auch zu befehlen bereit wäre. Ich habe aber auch gelernt, wie eng militärische Führung mit dem Begriff der Fürsorge verbunden ist.

Zentrale Bedeutung: Fürsorge

Ist Fürsorge schon im Frieden für den Vorgesetzten gesetzliche Pflicht (§ 10 Abs. 3 SG: »Er hat für seinen Untergebenen zu sorgen«), so hat Fürsorge im Krieg für die Kampfmoral einer Truppe eine Bedeutung, die kaum überschätzt werden kann. Man denke daran: Man lebt ja immer zusammen, Tag und Nacht. Es gibt keine Freizeit, die sich der einzelne nach seinen Wünschen einrichten kann. Er ist immer im Dienst, immer unter den Augen seiner Vorgesetzten.

So beginnt die Fürsorge bei den einfachsten Bedürfnissen: Essen und Trinken. Ein hungernder Soldat ist wenig leistungsfähig. Dem Kompaniefeldwebel fällt die wichtige Rolle zu, für die Zuführung von warmen Mahlzeiten und Getränken auch im Gefecht zu sorgen. Selbstverständlich ist, daß der Führer nicht eher und nicht mehr versorgt wird als der Mann.

Schlaf. Eine übermüdete Truppe fällt in Apathie. Wir kennen im Frieden starke Beanspruchung aus Übungen und Manövern. Sie aber dauern höchstens eine Woche. So lange kann man vielleicht mit zwei Stunden Schlaf je Nacht auskommen, auch mal ein oder zwei Nächte ganz auf Schlaf verzichten. Man weiß ja, das Manöver ist bald zu Ende, dann kann man wieder ausschlafen. Großkampf im Krieg aber kann viel länger dauern. Wochen, ja Monate. Für Ruhe und Schlaf zu sorgen ist eine unerläßliche Fürsorgemaßnahme zur Erhaltung der Kampfkraft. Wir nannten das in der Praxis die »Organisation der Ruhe«. Sie ist ein unverzichtbares Führungsmittel.

Ruhe und Schlaf unerläßlich

Zur Ruhe im weitesten Sinne gehört es auch, wann immer möglich für Gelegenheit zur körperlichen Pflege zu sorgen (waschen, rasieren, Wäsche wechseln). Eine Dusche oder ein Bad nach Wochen des Drecks kann ein »Erlebnis« sein, das entspannt und belebt.

Hinzu kommt die Fürsorge für die Verwundeten. Der Kämpfer muß darauf vertrauen können, daß für ihn gesorgt wird, wenn ihm etwas passiert. Es gibt zwar großartige Beispiele von Soldaten, die auch nach einer Verwundung noch Erstaunliches leisteten. In der Regel aber läßt sich der verwundete Soldat, vor allem, wenn er keine Führungsaufgaben wahrzunehmen hat, rasch fallen. Er wird passiv und erwartet, daß man sich um ihn kümmert. Wenn Verwundete vernachlässigt werden, wird das die Gesunden nicht zur Tapferkeit motivieren.

Die Anteilnahme an den persönlichen Sorgen der Soldaten, insbesondere an der Sorge um die Familie, ist im Krieg nicht weniger wichtig als im Frieden. Feldpost in beiden Richtungen ist ein Lebenselexier. Auch jede andere Möglichkeit zur Übermittlung von Nachrichten sollte genutzt werden. Die Regelung des Urlaubs erfordert absolute Gerechtigkeit, aber auch Gespür für den richtigen Zeitpunkt. In aller Regel wird es akzeptiert, wenn Soldaten, die verheiratet sind, Verantwortung für Kinder oder für andere Menschen zu tragen haben, bei der Urlaubserteilung vorrangig bedacht werden.

Auch die Belohnung von Leistungen ist ein nicht zu unterschätzendes Führungsmittel. Das Bedürfnis nach Anerkennung ist gerade nach besonderen Anspannungen groß. Mündliches oder schriftliches Lob, zusätzlicher Urlaub, Orden und Ehrenzeichen sind Mittel solcher Anerkennung. Sie machen dem Kompaniechef und Bataillonskommandeur viel Arbeit, gerade auch in den Gefechtspausen, bedürfen sie doch oft schriftlicher Anträge und Begründungen. Man darf diese Arbeit nicht scheuen. Auch hierbei ist Gerechtigkeit Voraussetzung für die richtige Wirkung. Man berücksichtige ge-

Bedürfnis nach Anerkennung

rade bei Orden nicht nur die Wagemutigen, die Draufgänger oder diejenigen, deren Erfolg man quantifizieren kann, wie z. B. die Zahl von abgeschossenen Panzern, von zerstörten Flugzeugen, von eingebrachten Gefangenen, versenkter Tonnage usw. Auch das beharrliche Durchhalten in Krisenlagen ohne spektakuläre, nach außen sichtbare Erfolge kann kampfentscheidend wirken.

Auch das bedarf der Anerkennung. In meiner Zeit als Kampfgruppen- und Brigadekommandeur 1958/59 unterstand mir ein Bataillonskommandeur, der im Krieg mit dem Ritterkreuz zum Eisernen Kreuz ausgezeichnet worden war. Er hatte Mühe, im Frieden einen Bataillonsbefehl gut zu formulieren. Er war auch nicht gerade zupackend und erst recht nicht »clever«. Aber er war ein »Fels in der Brandung«, an den sich alle klammern konnten, wenn es drüber und drunter zu gehen schien. Auch solche Führer werden benötigt. Man kann sie im Frieden nur schwer erkennen.

Umgang mit Fehlern

Immer wieder wird es Pannen geben. Es geht etwas schief, es werden Fehler gemacht, nicht aus bösem Willen, sondern aus Unerfahrenheit, Unüberlegtheit oder aus Nachlässigkeit. Das erste, was der Vorgesetzte dann tun sollte, ist zu helfen, daß die Dinge wieder ins Lot kommen, daß nachteilige Folgen gemindert werden. Die Truppe wird es danken. Die Schuldfrage kann man – vielleicht! – später klären. Leider habe ich im Krieg oft genug umgekehrtes Verhalten erlebt. Das ermutigt nicht, sondern bremst die Risikobereitschaft der Untergebenen.

Gibt es schon im Frieden viel Gerede und Gerüchte, wie viel mehr im Kriege. Nur zu oft schwirrt die Luft von sogenannten »Scheißhausparolen«. Meist sind sie falsch, selbst tendenziell falsch, und trotzdem werden sie nur allzu gerne geglaubt. Der militärische Führer darf auf solches Gerede nicht selbst hereinfallen, er muß ihm auch energisch entgegentreten und damit schlechte Folgen verhindern helfen.

Schließlich kann auch hartes Durchgreifen gegen Störer, gegen Unkameradschaftlichkeit, ja auch gegen offensichtliche Versager ein Mittel der Fürsorge sein. Es schützt die guten und leistungswilligen Soldaten vor unnötigen Rückschlägen. Denn das Versagen einzelner kann viele andere Leben und Gesundheit kosten.

Ein militärischer Führer ist der Vielfalt seiner Aufgaben am besten gerecht geworden, wenn seine Leute ihn als »anständigen Kerl« bezeichnen, auf den man sich fachlich und vor allem menschlich verlassen kann, dem man Vertrauen schenkt und gern gehorcht. Ein höheres Lob ist kaum denkbar.

IV. Taktische Führung

Erlauben Sie mir, noch einige Erfahrungen aus dem Bereich der taktischen Führung vorzutragen, soweit sie auf den Menschen Bezug haben.

– Der Ende März 1983 ausgeschiedene Generalinspekteur, General Jürgen Brandt, hat immer wieder darauf hingewiesen, daß in der Gefechtsführung nicht alles berechenbar ist. Das Unerwartete ist die Regel. Hat man es doch mit einem Gegner zu tun, der selbst denkt und handelt und damit die eigenen Pläne durchkreuzen kann. Es gehört zu den Ausnahmen, daß ein Operationsbefehl unverändert so durchgeführt werden kann, wie er geplant war. Im Gegenteil, er bedarf ständiger Anpassung und Änderungen an die wechselnden Lagen, ohne allerdings das eigentliche Ziel des Auftrages aus dem Auge zu verlieren. Im Sommer 1941, als ich Ib (G4) einer motorisierten Infanterie-Division war, die beim Vormarsch in Rußland ein weites Gebiet sumpfartigen Waldgeländes (Pripjet-Sümpfe) zu durchqueren hatte, funkte mir der Ia (Chef und G3) einmal nach hinten durch: »Immer wieder Brückenbruch. Ablauf unberechenbar.« Das ist das tägliche Brot im Kriege. Mit Recht sprach Moltke von der »Taktik als dem System der Aushilfen«. Improvisation und Intuition müssen Planung und Organisation ergänzen. Die Auftragstaktik wird dieser Erfahrung am besten gerecht.

Das Unerwartete ist die Regel

Es gibt begnadete Führer, die intuitiv erfassen, wie der Feind wahrscheinlich handeln oder reagieren wird. Feldmarschall von Manstein gehörte zu ihnen. Seine Operationspläne beruhten auf zutreffenden Feindbeurteilungen. Es gibt auch in der Truppenführung aller Ebenen Männer, die ein instinktives Gespür dafür haben, wo es gefährlich ist, wohin man einen Gefechtsstand legt und wohin nicht, welches Gelände zu vermeiden ist, aber auch, wie und wo man den Feind überraschen kann. Man soll sich ihnen getrost anvertrauen. Rommel gehörte zu ihnen – schon als Zugführer und Kompanieführer im Ersten Weltkrieg.

Eines allerdings ist leichter als im Frieden: Man lebt ständig in der »echten Lage«, durch Tage, Wochen und Monate hindurch. Man braucht sich nicht für eine begrenzte Zeit in eine von Vorgesetzten erdachte Lage hineinzudenken. Die Lage ist die Wirklichkeit. Und dann denkt man von allein an viele Dinge, die man im Manöver leicht vergißt.

– Wo immer möglich, sollte man sich beraten lassen, von den Angehörigen des eigenen Stabes und von unterstellten oder auf Zusammenarbeit angewiesenen Führern. Gerade die Spezialisten können eine Entscheidung stark beeinflussen. Aber die Beratung darf kein Kriegsrat, kein Palaver werden. Der verantwortliche Führer soll zuhören, fragen, abwägen. Und dann muß er entscheiden und befehlen. Bei Zeitmangel kann es nötig sein, auch ohne Beratung zu entscheiden.

Sich beraten lassen

– Eine Entscheidung muß klar sein und mit Kraft durchgeführt werden.

Selbst falsche Entscheidungen können noch zu einem Erfolg führen, wenn sie energisch durchgesetzt werden, während richtige Entscheidungen, zaghaft realisiert, in einem Mißerfolg enden können.

Klare Entscheidung treffen

Wichtig ist der Zeitpunkt der Entscheidung. Nicht auf jede Meldung oder Information muß sofort reagiert werden, wie man das bei Planspielen und im Manöver so gerne tut. Im Kriege kommt auch kein »Leitender« und erwartet einen Entschluß zu einem bestimmten Zeitpunkt. Man muß selbst bestimmen, wann zu reagieren, zu entscheiden und zu befehlen ist. Das kann zu früh, aber auch zu spät sein. Es kann zu viel, aber auch zu wenig Befehle geben. Der Führer darf nicht hektisch und aktionistisch sein. Er muß auch warten können. Andererseits sollte er auch nicht zaudern und zögern. Die Erfahrung ist hierbei ein guter Lehrmeister, der das eigene Temperament zügeln oder animieren kann.

– Man darf sich nicht damit zufrieden geben, einen Befehl erteilt und abgesetzt zu haben. Man muß sich auch überzeugen, daß der Befehl wirklich angekommen ist. Dies ist eine ganz wichtige Erfahrung. Und man vergesse nicht die Meldungen nach oben. Wir sind im Frieden nachlässig geworden mit Vollzugsmeldungen. Im Gefecht sind sie unverzichtbar. Auch Zwischenmeldungen sind nötig. Wie sonst könnte die Führung sich ein zuverlässiges Lagebild erarbeiten?

Meldungen überprüfen

Andererseits ist größte Vorsicht bei der Auswertung von Meldungen geboten. Nach meiner Erfahrung sind mehr als 50 % aller Gefechtsmeldungen ungenau oder sogar falsch. Das muß kein böser Wille sein: Oft ist der Grund nur mangelnde Übersicht oder eigene Schwäche. Hierzu ein mehrfach erlebtes Beispiel: Ein total aufgelöster Mann kommt auf den Gefechtsstand zurückgelaufen und meldet: »Ich bin der letzte Mann der Kompanie. Die ganze Kompanie ist zersprengt oder tot.« In Wirklichkeit war er der einzige, der weggelaufen war. Er hatte nach einem feindlichen Feuerüberfall die Kameraden aus den Augen verloren, fühlte sich plötzlich allein und lief davon.

Meldungen müssen also geprüft, verglichen, bewertet werden. Es gehört eine gute Portion Menschenkenntnis dazu, Meldungen richtig einzuordnen.

– Die nüchterne Einschätzung der Stärken und Schwächen der unterstellten Führer und des Kampfwertes ihrer Einheiten und Verbände erleichtern ihren sachgerechten Einsatz. Nicht jede Kompanie kann jeden Auftrag gleich gut lösen. Mancherlei ist zu bedenken, z. B. die personelle Zusammensetzung, aber auch die Frage, ob die Einheit gerade einen beflügelnden Erfolg oder einen verlustreichen Rückschlag erlebt hat.

Auf der anderen Seite darf man einer guten Truppe nicht ständig die schwersten Aufgaben übertragen. Man muß auch wechseln. Und einer jungen Truppe sollte man, wenn irgend möglich, zunächst Aufgaben geben, die sie erfüllen kann, durch die sie Zutrauen erhält.

Hierbei kann auch eine der jeweiligen Situation angepaßte Befehlssprache helfen. Folien mit Angriffs- und Zwischenzielen, mit Pfeilen und Kringeln reichen nur selten aus. Auf das gesprochene und geschriebene Wort sollte man nicht verzichten. Schon die Formulierung der Feindziffer kann antreiben oder zur Vorsicht mahnen. Ein Befehl zur Fortführung eines erfolgreichen Angriffs muß ein Lob über die bisherige Leistung enthalten. Nach einem Mißerfolg dagegen muß der Befehl wieder aufrichten und ermutigen. Eine junge, unerfahrene Truppe braucht trotz Auftragstaktik mehr Durchführungshilfen als alte Kampfhasen. Man hat uns diese Differenzierung in der Befehlssprache schon auf der Offizierschule in den Jahren 1932/33 beigebracht, allerdings erst, nachdem uns die klassische Befehlstechnik eingebleut, ja fast einexerziert worden war. Ich habe davon bis zum Ende meiner Laufbahn gezehrt.

Befehl ist nicht gleich Befehl

Und nicht zuletzt: Die Sprache muß einfach, nüchtern und verständlich sein. – Im Krieg wird man oft vor außergewöhnliche Lagen und Entscheidungen gestellt, die man weder auf der Offizierschule, noch an der Führungsakademie lernen oder lehren kann. Der Krieg bringt immer Überraschungen.

Hierzu zwei Erlebnisse aus den Rückzugskämpfen während des Zusammenbruchs der 6. Armee in Rumänien 1944. Ich war Ia einer Panzergrenadierdivision. Wir befanden uns seit Tagen im Rückzug durch schwieriges Gelände in eine völlig ungewisse Lage hinein, den Feind nicht nur im Rücken, sondern auch in den Flanken, gelegentlich sogar von vorn. Dabei hatten wir einen Flußlauf zu überqueren. Zur Verfügung stand nur eine Brücke mit geringer und nicht genau zu ermittelnder Tragkraft. Um möglichst viele Fahrzeuge an das andere Ufer zu bringen, haben wir den Flußübergang nicht nach taktischen Überlegungen, sondern nach Gewichtsklassen der Fahrzeuge organisiert. Die Fahrzeuge der Verbände wurden entsprechend ihrer Gewichtsklasse am diesseitigen Ufer geordnet und bereitgestellt. Dann wurden erst die leichten und danach immer schwerere Fahrzeuge abgerufen, so lange die Brücke hielt. Erst auf dem anderen Ufer wurden die Verbände wieder taktisch zurückgegliedert. Die gesamte Operation wurde vom Ia der Division selbst geleitet. Glücklicherweise brauchten wir nur wenige Fahrzeuge zurückzulassen. Dieses Manöver war allerdings nur möglich, weil sich zu diesem Zeitpunkt keine russischen Flugzeuge in der Luft zeigten.

Aber es kam noch schlimmer. Nach einiger Zeit hatten wir keinen Betriebsstoff mehr. An Nachschub war nicht zu denken. Die Division befahl daraufhin, nur noch Führungs- und Funkfahrzeuge und die Zugmittel von schweren Waffen weiter mitzuführen. Diese hatten den Sprit von den übrigen Fahrzeugen zu übernehmen. Die leer gemachten Fahrzeuge wurden in der Nacht von ihren Fahrern mit Hämmern zerstört. Wir durften sie nicht anzünden, um die Verfolger nicht auf uns aufmerksam zu machen. Dann ging es zu Fuß weiter.

Für solche Situationen kann man im Frieden nicht ausbilden. Für sie gibt es auch keine Vorschriften. Wohl aber kann man zur Flexibilität im Denken ausbilden, um außergewöhnlichen Lagen gewachsen zu sein.

V. Grundsätzliche Gedanken

Zum Schluß meiner Ausführungen kehre ich von der Praxis zum Grundsätzlichen zurück.

Wir haben gesehen, es gibt viele Gemeinsamkeiten der Führung im Frieden und im Krieg, aber es gibt auch bemerkenswerte Unterschiede.

Führungs-
fähigkeit
mehr als
Management

Im Frieden glaubt man nur zu oft, Probleme der Truppenführung durch organisatorische Maßnahmen oder durch betriebswirtschaftliches Management lösen zu können oder zu müssen. Man übersieht dabei die letztlich entscheidende Frage, ob mit solchen Lösungen auch die Führungsfähigkeit erhöht wird. Ein Beispiel aus der Frühzeit der Bundeswehr mag erläutern, was ich meine. Als im Oktober 1956 die Sowjets in Ungarn einmarschierten, ließ mich Verteidigungsminister Franz Josef Strauß zum Vortrag kommen, – ich führte damals die Unterabteilung Militärpolitik und Führung im Führungsstab der Streitkräfte. Zu jener Zeit verfügten wir noch nicht über ständig geschaltete Fernsprechverbindungen zu den höheren Kommandobehörden. Die Haushaltsabteilung hatte vorgerechnet, daß es vorerst noch billiger sei, die noch nicht so zahlreichen Gespräche mit der Post einzeln abzurechnen, als eine ständige Leitung zu mieten. Bundeswehreigene Fernmeldeverbindungen gab es noch nicht. Ich nutzte die Gelegenheit, um den Minister darauf aufmerksam zu machen, daß nicht einmal ein sofortiges Telefonat mit dem Wehrbereichskommando in München garantiert sei, wenn dort jemand die öffentlichen Telefonleitungen zum Wehrbereichskommando blockiere. Ich wies darauf hin, daß Fernmeldeverbindungen ein genauso wichtiges Mittel der Führung seien wie Panzer, Kanonen und Flugzeuge. Man könne sie nicht mit dem Maßstab der Kosteneffizienz bewerten. Auch ein Panzer sei volkswirtschaftlich unrentabel. Wenige Tage später bewilligte der Minister die Vorschläge der militärischen Führung im Fernmeldebereich.

Organisation
ist nicht
alles

Die Lehre daraus heißt: Nicht alles, was im Frieden kosteneffizient oder betriebswirtschaftlich sinnvoll ist, erhöht die Führungsfähigkeit. Das soll nicht heißen, daß man im Frieden nicht auch in betriebswirtschaftlichen Kategorien denken muß. Die Bundeswehr hatte in den sechziger Jahren darin in der Tat einen großen Nachholbedarf. Aber es gibt dabei Grenzen. Im Kriege jedenfalls steht die Führung im Vordergrund. Ausbildung, Organisation und Personalangelegenheiten, Logistik und Geld sind nichts anderes als Methoden und Mittel, die helfen sollen, die erteilten Aufträge zu erfüllen. Deswegen sind Lösungen, die im Frieden erwünscht erscheinen mögen, oft nur scheinbar kostengünstig, scheinbar hilfreich, gemessen an den Erfordernissen des Gefechts. Es ist eine meiner wichtigsten Erkenntnisse als Vorsitzender der »Kommission zur Stärkung der Führungsfähigkeit und Entscheidungsverantwortung in den Streitkräften« (1978/79) gewesen, daß die Bundeswehr zur Überbetonung organisatorischer und betriebswirtschaftlicher Lösungen neigt; und diese Tendenz verbindet sich zudem mit einer zu starken Betonung der Theorie in Ausbildung und Erziehung.

Die Bundeswehr steht übrigens mit dieser Entwicklung nicht allein. In den Memoiren von Kissinger habe ich folgenden bemerkenswerten Absatz gefunden:

»Es entstand eine ganz neue Offiziergeneration, Männer, die den neuen Jargon gelernt hatten, die in der Lage waren, die jetzt so beliebten Argumente der Systemanalyse deutlicher zu formulieren als die ältere Generation, und die geschickter bürokratisch zu manövrieren wußten. Auf manchen Ebenen erleichterte das die Beziehungen zwischen Zivilisten und Militärs. Auf tieferer Ebene verhinderte es einfache, vielleicht gröbere, aber unter Umständen viel zutreffendere Lagebeurteilungen, die letztes Endes notwendig werden, wenn es zu einer bewaffneten Auseinandersetzung kommt.«

Natürlich beziehen sich die Ausführungen auf amerikanische Offiziere. Aber müssen wir uns nicht auch an die eigene Brust schlagen?

Im November 1978 war ich gebeten worden, in der Führungsakademie der Bundeswehr an einem Seminar über die Verantwortung des militärischen Führers teilzunehmen und das Schlußreferat zu halten. Während des Seminars hörte ich einer Arbeitsgruppe zu, die sich mit der Frage des richtigen Führungsstils in den Streitkräften beschäftigte. Erwartungsgemäß entschied sich die Arbeitsgruppe für einen kooperativen Führungsstil. Sie begründete dies mit der Übereinstimmung dieser Führungsmethode mit dem Geist unseres Grundgesetzes, unserer rechtlichen Ordnung und unseren gesellschaftspolitischen Vorstellungen. Auf meine Frage, wie weit man untersucht hätte, ob der kooperative Führungsstil auch den militärischen Notwendigkeiten entspräche, erhielt ich die Antwort: Dies habe man nicht vorgehabt, man habe sich bewußt auf die genannten Aspekte beschränkt. Ich meine, so darf man nicht vorgehen. Der Weg sollte umgekehrt sein. Zuerst wäre zu untersuchen gewesen, welche Forderungen der militärische Auftrag an den Führungsstil stellt. Dann wäre zu prüfen, wie diese militärischen Erfordernisse mit den politischen, rechtlichen und gesellschaftlichen Vorstellungen unseres Staates in Übereinstimmung gebracht werden können. Aber selbst wenn man von Verfassung und Gesellschaft ausgehen wollte, müssen die militärischen Bedürfnisse doch wenigstens in die Diskussion eingebracht und bei der Suche nach der richtigen Lösung Berücksichtigung finden. So hat es im übrigen auch der Gesetzgeber im Soldatengesetz gemacht (§ 6 SG).

Menschenführung im Kriege hat den beiden Elementen Priorität zu geben,

Maßstab: militärischer Auftrag

55

aus dem sich das Wort zusammensetzt, nämlich dem Menschen und der Führung. Alle anderen Komponenten sind Hilfsmittel; sie dienen der Erleichterung der Führungsfähigkeit und Führungstätigkeit sowie der Stärkung der inneren Kräfte des Soldaten. Das Ziel bleibt die Erfüllung des jeweils gestellten militärischen Auftrages.

(mit freundlicher Genehmigung des Verlages abgedruckt aus »Truppenpraxis«, Heft 10/1983, Verlag Offene Worte, Bonn)

Harald Schulz

Vom Tragen der Verantwortung – wer hilft, was hilft?

Es besteht heute allgemein die Neigung, alles negativ zu sehen. So kennen wir die Worte »verantwortungsscheu«, »sich vor der Verantwortung drücken«, »Verantwortung abschieben«, »Flucht aus der Verantwortung«, »Verantwortung rückdelegieren« u. a. Ich meine, ein wenig darstellen zu sollen, daß es auch heute noch eine erstrebenswerte Aufgabe ist, Verantwortung zu übernehmen und zu tragen.

Verantwortung tragen – Bürde oder Freude

Ich möchte meinen Beitrag unter drei Hauptthesen stellen:
- Verantwortung tragen ist etwas Alltägliches!
- Es gibt Besonderheiten der Verantwortung des Soldaten!
- Militärische Verantwortung – Bezüge zu Erziehung und Ausbildung – Was hilft?

Zu Beginn noch eine kleine, aber wahre Geschichte: 1978 unterzog ich mich einer freiwilligen Grunduntersuchung im Bundeswehrkrankenhaus in Koblenz. Ein junger Stabsarzt (Restant) behandelte mich – damals Oberst – anhand eines langen Befragungsbogens fast wie einen Geisteskranken. Alle meine Versuche, auf meinen normalen Zustand hinzuweisen sowie auf den Anlaß der freiwilligen Untersuchung, waren ohne Erfolg. Als die Prozedur endlich zu Ende war und ich erneut nachfragte, war seine Antwort schließlich: »Was meinen Sie, Herr Oberst, wie viele Offiziere Ihres Dienstgrades hier eingeliefert und behandelt werden, weil sie unter der Last der ihnen übertragenen Verantwortung leiden?«

Verantwortung tragen ist etwas Alltägliches

Noch bevor ich meine Verantwortung als Soldat betrachte, sollte ich mir zunächst einmal folgender Dinge bewußt sein:

Verantwortung auf vielen Ebenen

- Ob ich mich als einzelnes Individuum sehe mit Verantwortung nur für mein Leben, für mein Überleben,
- oder mich sehe im Verhältnis zu einem/meinem Partner, wo Verantwortungen sich ergeben in bezug auf Kameradschaft, Liebe, Fürsorge, Vernachlässigung,
- oder im Verhältnis zu meiner Familie, wo sich die Fragen der Zuneigung, der Erziehung, der Ausbildung, der Versorgung im Blick auf die Verantwortung stellen,

- oder im Verhältnis zur allgemeinen Umwelt, z. B. der Gruppe im Sportverein, der Gruppe in der Kirche, der Gruppe in der Nachbarschaft, wo Bereitschaft zur Mitarbeit, zur Gemeinschaft, zur Hilfe, zum Gespräch, zur Beteiligung an irgendwelchen Dingen möglich ist oder erwartet wird,
- oder im Verhältnis zu meiner politischen Umgebung, wo in Gemeinde, Stadt, Gesellschaft oder Staat meine Mitarbeit, die Mitwirkung durch Vorschläge, das Mittragen von Lasten, die Wahl, das Zahlen von Steuern usw. Verantwortung ausmachen,
- oder schließlich im Verhältnis zu meinem Beruf – und dazu gehört eben auch der Beruf des Soldaten – wo ich Verantwortung für Menschen, Verantwortung für Sachen, Verantwortung für Abläufe und Verfahren trage,

stets ist der Begriff »Verantwortung« im Spiel, läßt er mich nicht los.

- Ob ich mir dessen bewußt bin,
- ob ich die Verantwortung erkenne oder erkennen kann,
- ob ich sie wahrnehme und annehme,
- ob ich mir des Umfangs, des Ausmaßes und der Folgen der Verantwortung bewußt bin,
- ob ich Verantwortung freiwillig übernehme,
- ob ich sie fröhlichen Herzens trage,
- ob ich mich davor drücke,
- ob ich sie auf andere abschiebe,
- ob ich überhaupt die Befähigung dafür besitze, Verantwortung zu tragen,

darüber ist zunächst nichts ausgesagt. Es bleibt für mich die Feststellung, überall da,

- wo ein Mensch einen Entschluß faßt,
- wo er sich entscheidet,
- wo er führt,
- wo er handelt oder
- wo er etwas an sich Notwendiges unterläßt,

Verantwortung – Antworten geben

ergibt sich für ihn immer die Frage nach der Verantwortung. Er muß, ob er das will oder nicht, die Folgen seines Tuns oder Lassens vor irgendeiner Instanz vertreten.

In vielen Dingen des Lebens wird der Mensch vordergründig direkt danach gefragt. Das sind dann meist die »einfachen Antworten«. Aber es gibt viele Bereiche und Dinge, da wird er nicht sofort oder nicht direkt befragt. Dennoch muß er die Antwort von Anfang an parat haben. Denn irgendwann kommt die »Frage« doch auf ihn zu oder wieder auf ihn zu.

Als Abschluß möchte ich hier noch einen Satz vortragen, den ich in einem Handbuch für Führung gefunden habe:

»Führen heißt, große Verantwortung zu übernehmen. Deshalb dürfen nur Verantwortungsbewußtsein und die Bereitschaft zur Übernahme von Verantwortung, nicht aber Faszination der Macht und des Privilegs Katalysatoren sein.«

Ich meine, dieser Satz ist besonders wichtig im Hinblick auf unser Tun als militärische Führer.

Die Besonderheiten der Verantwortung des Soldaten

Meiner Ansicht nach kann der Bereich der Verantwortung des Soldaten nicht voll beschrieben werden, wenn man nicht deutlich wahrnimmt, daß die Streitkräfte zwei Teilaufträge haben: *Auftrag des Soldaten*

- den Teilauftrag einer Kriegsverhinderungsarmee, d. h. im Frieden zur Erhaltung des Friedens für die politische Führung einen Machtfaktor abzugeben, der jeden potentiellen Gegner davon abhält, politisch oder militärisch Macht auf einen anderen Staat auszuüben. Das schließt grundsätzlich die Vorbereitung auf den Kriegsfall ein, wenn es glaubhaft sein soll;
- den Teilauftrag einer Kriegsführungsarmee, d. h. für uns, Streitkräfte zu sein, die im Kriegsfall, also wenn alle politischen Möglichkeiten versagt haben und unser Staatswesen in seinem Bestand von außen angegriffen wird tatsächlich in der Lage sind, das Territorium dieses Staates zu verteidigen.

Ich will damit sagen, daß mit dem Schlagwort »Soldat für den Frieden« und dem bewußten oder unbewußten Ausklammern des Kriegsfalles weder die Berufsfindung noch die berufliche Ausbildung des Offiziers, weder sein tägliches Handeln im Frieden noch das im Krieg bezogen auf die Probleme der Verantwortung erfaßt werden können.

Hier wäre anzufügen, daß diese Betrachtungen natürlich nicht nur für den Berufssoldaten, sondern ebenso für den wehrpflichtigen Soldaten gelten, denn auch er ist den gleichen Bedingungen unterworfen, wenn er Dienst leistet.

Ich höre auch oft, daß dies nicht für alle Aufgaben des Soldaten zuträfe. Natürlich ist der Lehrstabsoffizier für irgendein Fachgebiet oder der mit reiner Verwaltungstätigkeit betraute Offizier – allein in der isolierten Aufgabe betrachtet – fast ohne Unterschied zu einem vergleichbaren zivilen Dienstposteninhaber. Aber bei dem Thema »Verantwortung des Soldaten« geht es nicht um diese zeitweise übernommenen Teilaufgaben des militärischen Berufsfeldes, sondern es geht um den militärischen Führer, gleich welcher Ebene und Postion. Für diese Führer gelten meiner Ansicht nach erhebliche Besonderheiten, und zwar im Frieden bereits, vor allem aber im Krieg. Auch der Soldat ist in unserem Rechtsstaat voll einbegriffen in die verfassungsmäßige Ordnung. Das Prinzip der Inneren Führung mit seinen Forderungen nach politischer Bildung und zeitgemäßer Menschenführung als Grundlage für das Verhalten aller Soldaten stellt dies ausdrücklich dar. *Auftrag mehr als Aufgabe*

Macht des militärischen Führers

Aber diese Rechtsordnung gibt dem Soldaten bereits im Frieden ein besonders hohes Maß an Macht und Verfügungsgewalt. Macht nicht nur über Sachen, gefährliche Sachen, sondern vor allem über Menschen, und zwar über freie Staatsbürger der Bundesrepublik Deutschland. Diese Macht wird am augenfälligsten verdeutlicht in dem – durch unsere Rechtsordnung voll gedeckten – Prinzip von Befehl und Gehorsam, das in keinem anderen Bereich der Exekutive in so konsequenter Weise zur Anwendung kommt. Diese Macht und diese Befehlsgewalt sind geschaffen – bewußt geschaffen und dem militärischen Führer übertragen – damit er bereits im Frieden die Vorbereitungen für den Ernstfall treffen und damit die Erfüllung des Auftrages im Kriegsfall sicherstellen kann. Mit anderen Worten: damit die Institution der Streitkräfte im Sinne der politischen Zielsetzung und der politischen Führung jederzeit funktionsfähig ist.

»Der Vorgesetzte trägt eine Verantwortung, die über das im Augenblick sachlich Erforderliche noch weit hinausreicht. Ihm sind Menschen anvertraut. Das verlangt seine ständige Sorge für diese Menschen, eine der schönsten Pflichten, die an der Macht des Befehls hängen.«[2]

Streitkräfte – Teil der Gesellschaft

Eine weitere Besonderheit in bezug auf die Verantwortung des Soldaten ergibt sich daraus, daß sich aus dem Handeln der Streitkräfte große Rückwirkungen auf andere Bereiche ergeben, z. B. auf:

– den Bereich der Wirtschaft dadurch, daß ihr Menschen entzogen werden, daß Material und Versorgung aus der Wirtschaft kommen, daß im Krisenfall die Wirtschaft erhebliche Einschränkungen erfährt;

– die Gesellschaft; die Soldaten, die als Wehrpflichtige, als freiwillige Soldaten oder als Berufssoldaten dienen, üben Einflüsse aus durch ihr Denken, durch ihr Handeln, durch ihre Haltung; die Streitkräfte als Organisation haben ähnliche Wirkung, wie wir 1980 besonders erleben konnten;

– die politische Führung; deshalb auch der Primat der Politik als unbestrittener Leitsatz vor dem militärischen Handeln.

Rückwirkungen ergeben sich auch auf andere Teile in den Streitkräften selbst. Andererseits stehen die Entwicklungen in diesen aufgezählten Bereichen auch ständig im Widerstreit mit den Erfordernissen der militärischen Aufgabenstellung. Ein augenfälliges Beispiel ist der Bereich der zeitgemäßen Menschenführung, wo die gesellschaftliche Entwicklung, die z. B. nach Freizeit, großen Freiräumen, Selbständigkeit und Bequemlichkeit geht, den Zwängen, die sich aus der militärischen Aufgabenerfüllung ergeben, entgegensteht, und wo ein angemessener Anpassungsprozeß durchgeführt werden muß, wenn der gegebene Auftrag erfüllbar bleiben soll.

Ernstfall – Entscheiden und Handeln

Im Krieg aber stellt sich die Besonderheit vollends heraus. Zur Erfüllung des Auftrags muß sich der Führer im vollen Bewußtsein des hohen Risikos entscheiden, Befehle erteilen, schließlich handeln und dabei Leib und Leben der unterstellten Soldaten, anderer Menschen und seiner selbst bis zur Aufopferung gefährden.

»Alles Militärische erwächst aus der Situation der Gefahr und ist eine Antwort auf mögliche oder tatsächliche Bedrohungen von außen. Die Tätigkeit des Soldaten wird in erster Linie bestimmt durch die Maßnahmen des präsumtiven Feindes, nicht durch den Inhalt von Gesetzen, Verträgen, Regierungserklärungen. Hier liegt der fundamentale Unterschied zur übrigen Exekutive. Alles ist auf die Sicherheit der Allgemeinheit ausgerichtet, auf ihr Überleben. Aber im Gegensatz zum bürgerlichen Leben bedeutet das Wohl des Ganzen keinesfalls das Wohl des einzelnen, sondern häufig genug Opfer.«[3]

Die Situation des Krieges erst – ganz anders als im Frieden – wird viele Führer in die schwere Prüfung beim Tragen der Verantwortung bringen.

Mit der Beschreibung der Verantwortung eines Offiziers heute – dargestellt in einem Vortrag über die Ausbildung zum Offizier – will ich diesen Teil beenden.

»Der junge Offizier ist nicht nur Führer einer Teileinheit oder Einheit und verantwortlich für den ihm unmittelbar unterstellten Bereich. Er ist Bestandteil der militärischen Führung schlechthin. Er muß in der Lage sein, im Gesamtzusammenhang der militärischen Führung zu denken, denn er muß Führungsentscheidungen in seinem Bereich wie auch nach außen überzeugend vertreten können. Er trägt mit – nolens volens – an der Verantwortung der militärischen Führung als ganzer. Dafür ist er vorzubereiten.

Mitverantwortung für das Ganze

Offizier zu sein, heißt nicht nur Verantwortung zu tragen für Menschen, denen er als Führer, Ausbilder, Erzieher vorgesetzt ist, eine Verantwortung, die die Sorge um das persönliche Wohl der Untergebenen in Friedenszeiten ebenso einschließt wie Entscheidungen über Leben und Tod im Kriege.

Offizier zu sein heißt heute auch, diese Verantwortung zu tragen – und zwar bewußt zu tragen – in einer Wehrpflichtigenarmee, d. h. jungen Männern gegenüber, die nicht freiwillig ihren Dienst leisten, sondern weil ein Gesetz, das auf einem Verfassungsauftrag beruht, sie dazu verpflichtet.

Es heißt, Offizier zu sein in einer Zeit, in der – aus welchen Gründen auch immer – das Bewußtsein von der Existenz und der Bedeutung dieses Verfassungsauftrages einem sich in besorgniserregender Weise ausbreitenden Erosionsprozeß zu unterliegen scheint.

Es heißt, Offizier zu sein in einer Zeit, in der wesentliche Grundlagen unserer Sicherheitspolitik in immer weiteren Bereichen der Gesellschaft zweifelnden Fragen unterzogen werden; in einer Zeit, in der Sorgen, Ängste, hervorgerufen durch das rasche Anwachsen nuklearer und konventioneller Machtpotentiale in der Welt, vor einer sich abzeichnenden Beschleunigung der so gefürchteten Rüstungsspirale in steigendem Maße politisches Kalkül zu beeinflussen scheinen.

Verant-
wortung
im geteilten
Land

Es heißt, Offizier zu sein in einem Staat, dessen Staatsvolk nur ein Teil einer gewaltsam gespaltenen Nation ist, in einem Staat, dessen Verfassung das Streben nach Wiedervereinigung dieser Nation – mit friedlichen Mitteln – zum Gebot erhebt, in dem der Zielkonflikt zwischen diesem Gebot und der Entschlossenheit, die verfassungsmäßige, freiheitliche, demokratische Grundordnung zu bewahren, ein permanentes innen- wie außenpolitisches Konfliktpotential verursacht. Es heißt, Offizier zu sein in einer politischen Situation, die wegen ihrer Komplexität nur noch von wenigen Bürgern dieses Landes erfaßt und gedanklich durchdrungen werden kann ...
Der Offizier von heute muß in der Lage sein, Antwort auf die hiermit zusammenhängenden Fragen zu geben. Er muß überzeugen können. Überzeugen kann nur, wer selbst überzeugt ist. Dies setzt die Auseinandersetzung mit den Grundfragen dieses Berufs, der politischen und damit auch der moralischen Legitimation dieses Berufs voraus.«[4]

Verantwortung im militärischen Bereich – wer hilft, was hilft?

Ich tue mich sehr schwer, die Frage »wer hilft?« zu beantworten und werde mich deshalb auf »was hilft?« konzentrieren.

Prüfen,
worauf es
ankommt

Um zu prüfen, was hilft, muß zunächst noch einmal klargestellt werden, worauf es ankommt.
Aus meiner Sicht geht es bei Verantwortung um folgendes:
– daß man sich der Verantwortung überhaupt bewußt wird,
– daß man das Ausmaß, den Umfang, die Folgen und die Gefahren der Verantwortung erkennt,
– daß man die sachlichen Fähigkeiten besitzt (Wissen, Können, Information),
– daß man moralische, seelische, sittliche, innere Sicherheit hat, um die mit der Verantwortung verbundene Belastung tragen/ertragen zu können.
Mit eigenen Worten: Man muß
– innere Fähigkeiten und
– äußere Fähigkeiten
besitzen, wenn man Verantwortung tragen und der Verantwortung gerecht werden will oder soll.
Aus der Sicht der militärischen Führung, aber auch vom Standpunkt des einzelnen Führers oder des einzelnen Soldaten her gesehen kommt es darauf an, diese Fähigkeiten aufzudecken, dann entsprechend zu entwickeln und später ständig zu trainieren!
Grundvoraussetzung dafür ist aus meiner Sicht das Vorhandensein eines ent-

sprechenden Maßes an Veranlagung und Intelligenz. Bei den inneren Fähigkeiten sehe ich folgende Notwendigkeiten:

– Fähigkeit und Bereitschaft zum Führen, Entscheiden und Handeln (unter Zurückstellung der eigenen Person, nicht aus Macht- oder Prestigegründen).

– Moralische Bindung durch Vertrauen auf die Rechtmäßigkeit der Verfassung und aller daraus folgenden Anordnungen.

– Moralische Bindung an Werte und sittliche Normen, die sich für uns aus Verfassung, Rechtsordnung, der pluralistischen Gesellschaft, Grundsätzen der Inneren Führung ergeben.

– Moralische Bindung an Menschen durch Vertrauen in/auf sie.

– Moralische Bindung an etwas über dem Menschen Stehendes – für mich persönlich an Gott.

Dabei spielt m. E. das Gewissen eine große Rolle, das uns von Natur aus gegeben ist und in einem lebenslangen Prozeß ständig weiterentwickelt, geschärft, vielleicht aber auch unterdrückt wird.

Die inneren Fähigkeiten werden, wie ich meine, entwickelt durch Erziehung. Das heißt:

– Die charakterlichen, veranlagungsmäßigen und geistigen Fähigkeiten zum Tragen von Verantwortung müssen herausgefunden, herausgefordert und herausgefiltert werden (Führerauswahl). Verantwortung muß bewußt gemacht werden (feststellen, daß es überhaupt Verantwortung gibt).

– Es muß immer wieder ein Überblick gewonnen und geschaffen werden über Ausmaß und Umfang der Verantwortung (Folgen des Handelns, Blick auf andere Bereiche, was bedeutet Verantwortung tragen/übernehmen). Dabei ist es besonders wichtig, dies jeweils nach Ebene und Höhe neuer Aufgaben mit den Anforderungen, den Folgen und den Gefahren im Laufe eines Lebens zu wiederholen oder fortzuführen.

Es geht in diesen ersten Strichaufzählungen darum, Verantwortungsbewußtsein zu entwickeln und die ständige, möglichst stufenweise Fortentwicklung sicherzustellen.

Das heißt weiter:

– Eine positive Einstellung zur Verantwortung zu entwickeln (Verantwortungsbereitschaft entwickeln und fördern, Verantwortungsscheu abbauen);

– Selbstbewußtsein/Selbstsicherheit in dieser Hinsicht zu fördern;

– so früh wie möglich in Verantwortung zu stellen;

– vom kleinen zum großen Verantwortungsbereich hochzuziehen, wachsen zu lassen;

– ständig in Anforderung/Übung zu bleiben;

– die Möglichkeit zu geben, eigene Lebens- und Berufserfahrungen und die Erfahrungen anderer zu reflektieren bzw. einzubringen;

Verantwortung bedeutet moralische Bindung

Verantwortung einüben

- deutlich zu machen und zu schulen die Grenzsituationen von Verantwortung, sei es
  * in bezug auf Mißbrauch der Macht durch sich selbst oder durch andere;
  * in bezug auf die Fähigkeit/Unfähigkeit, weiter mitzumachen bei entsprechendem Handeln anderer;
- Zivilcourage zu entwickeln, um fähig zu sein, Widerstand zu leisten;
- moralische Bindungen an Werte, an eine übergeordnete Kraft immer wieder zu verdeutlichen und zu verstärken;
- eine innere Unabhängigkeit herzustellen;
- eine innere Ruhe herzustellen;
- mit der Einsamkeit fertig zu werden, die sich mit steigender Verantwortung (Aufgabenstellung) ergibt.

Grenz-
situationen
Nun sind noch ein paar Worte zu den Grenzen, zu den Grenzsituationen im Zusammenhang mit Verantwortung anzufügen. Wann handelt man verantwortungslos? Was ist normal – was ist der Ausnahmefall? Eine Selbstbegrenzung ergibt sich aus der Tatsache, daß die militärische Befehlsgewalt keine in sich selbständige, sondern eine abgeleitete, auftragsgebundene und deshalb begrenzte Befugnis ist. Ansonsten sind die Grenzen für Verantwortung in gewissem Maße gleich mit denen für Gehorsam.

Hier könnte man Fälle wie
- verbrecherische Befehle oder
- selbständiges Handeln ohne Befehl oder Handeln gegen zeitlich überholten Befehl (z. B. bei Insellagen ohne Verbindung)

aufzählen.

Aber es bestehen keine Regeln für den Ausnahmefall. Seeckt soll gesagt haben: »Ob wir richtig gehandelt haben, das wissen nur in fünfzig Jahren die Kriegsschüler ganz genau.«[5]

Der ehemalige Generalinspekteur der Bundeswehr, General Trettner, äußerte sich 1969 so – und das gilt sicher heute noch in gleicher Weise: »Wenn ich unter den oben skizzierten Bedingungen eines Normalzustands den ganzen komplexen Bereich heutiger militärischer Verantwortlichkeit Revue passieren lasse, etwa die Verantwortung gegenüber den Streitkräften, gegenüber der Gesellschaft, der Wissenschaft und vor allem gegenüber der politischen Staatsführung, dann kann ich mir keine Situation vorstellen, die ein Handeln gegen Befehl rechtfertigen könnte.«[6]

Und auf den Kriegsfall bezogen sind sicher folgende Aussagen von ihm auszuwerten:

»Es ist offensichtlich, daß hier (im Krieg) jede der führenden militärischen Persönlichkeiten weit über ihr fachliches Gebiet hinaus mit Verantwortung beladen sein wird und ein Höchstmaß an politischem Verständnis und moralischer Kraft entwickeln muß.«[7] – Was ihn zu der Forderung führt, daß militärische Führerpersönlichkeiten erforderlich sind, »die ohne Rücksicht auf ihr persönliches Wohlergehen den schweren Widerstreit der Loyalitäten in sich austragen und in Taten umsetzen«[8].

Nun zu äußeren Fähigkeiten.

Sie umfassen jene Fähigkeiten eines Menschen, die man durch Ausbildung formen kann. Es gilt also, den allgemeinen Bildungsfundus zu entdecken und zu fördern, damit der Führer den Anforderungen der inneren Fähigkeiten, d. h. also den geistigen und moralischen Ansprüchen, gerecht werden kann, damit er die notwendigen Voraussetzungen dafür in sich aufnehmen und verarbeiten kann. Hier liegt ein lebenslanger Lernprozeß vor.

Voraussetzung: gute Ausbildung

Aus dieser Zielsetzung ergeben sich hohe Anforderungen an die Auswahl der Offiziersanwärter sowie die Ausbildung zum Offizier und deren Weiterbildung. Daraus folgen aber auch besondere Anforderungen bei der Führerauswahl entsprechend steigender Aufgaben- und Verantwortungshöhe.

Bezogen auf die Aufgabe, Wissen, Können und aktuelle Informationen zu schaffen, zu verbessern und auf dem neuesten Stand zu halten als Grundlage für Sachverständnis sowie für Entscheiden, Handeln und Tragen von Verantwortung, gilt es ebenso,

Sachkenntnis und Kooperation notwendig

– die Fähigkeit zu entwickeln zur Zusammenschau, zum Überblick, zum Koordinieren eigenen Wissens mit dem verschiedener anderer Menschen als Basis für eigene Verantwortungsübernahme;

– ständiges Üben von Führung, von Entscheiden und Handeln an Modellen aus Frieden und Krieg zu gewährleisten, um von vornherein möglichst vielen Fällen eines Ernstfalles so gut wie möglich gewachsen zu sein.

Dabei sind nicht nur Sachkenntnis und Beherrschen der Verfahren entscheidend, sondern auch das Training der eigenen körperlichen und seelischen Kräfte.

Ich habe nun Erziehung und Ausbildung unter dem Gesichtspunkt »Was hilft?« beleuchtet. Für die militärische Institution, aber auch für den einzelnen Soldaten liegt hier ein großer Acker, der bearbeitet werden muß, wenn die Führer zur Verantwortung befähigt sein sollen.

In einem Gespräch über Verantwortung der militärischen Führung fand ich dazu folgende, aus meiner Sicht treffende Aussage: »So sind Versetzungen und Beförderungen nicht als Anerkennung geleisteter Dienste anzusehen, sondern sind Antworten auf die Frage: Wird der Offizier der Verantwortung seiner Dienststellung im Hinblick auf den Kampfauftrag gewachsen sein? – Hieraus leiten sich Forderungen an Charakter, Intelligenz und körperliche Leistungsfähigkeit ab. Personalentscheidungen sind daher Führungsentscheidungen von großer Tragweite, die hohe Verantwortung auferlegen.«[9]

Für mich bleibt nun die Frage – und damit möchte ich schließen: Woher kommt die Kraft, Verantwortung zu übernehmen und Verantwortung zu tragen oder zu ertragen?

Ich persönlich meine, es sind sechs Faktoren, die hier entscheidend sind:

- Genaue Kenntnis und Beurteilung der Lage und das ständige Behalten des Überblicks. (Das setzt harte Arbeit voraus!)
- Überzeugung von der Tragfähigkeit der verfassungsmäßigen Ordnung unseres Staates und von deren Übereinstimmung mit dem Willen des Volkes.
- Vertrauen auf Menschen und deren richtiges Verhalten, ob es Untergebene, Vorgesetzte oder z. B. die politischen Führer sind. Dabei geht es um das Gefühl des Getragenwerdens und zugleich auch des Nichtbetrogenwerdens.
- Vorhandensein einer Basis, auf die ich mich immer wieder zurückziehen kann. Diese Basis ist das Getragenwerden durch die eigene Familie oder durch die Gruppe engster Freunde bei und trotz möglicher innerer Not und Einsamkeit.
- Und letztlich ist es für mich das Vertrauen in Gott, was mir meine innere Ruhe, meine innere Ausgeglichenheit gibt, mit der ich dann in der Lage bin, Verantwortung zu tragen.

Meine Auffassung ist es, daß Verantwortung im militärischen Bereich auch heute noch tragbar ist, und ich persönlich bin überzeugt, daß Übernehmen und Tragen von Verantwortung einen äußerst positiven Teil der militärischen Führungsaufgabe darstellt.

Anmerkungen

1. Josef E. Klausnitzer: So teste ich meine Führungsqualitäten. In: Heyne Kompaktwissen. Nr. 16. München, 1973, S. 188
2. Schriftenreihe Innere Führung
3. Heinz Trettner: York und die Eigenverantwortung der militärischen Führung heute. In: Die Verantwortung der militärischen Führung. Ein Cappenberger Gespräch. Band 2. Köln/Berlin, 1969, S. 44
4. General Ausbildung Heer in einem Vortrag über Ausbildung für Offiziere am 16. Juni 1980
5. Heinz Trettner, a. a. O., S. 53
6. Heinz Trettner, a. a. O., S. 45/46
7. Heinz Trettner, a. a. O., S. 50
8. Heinz Trettner, a. a. O., S. 55/56
9. Herbert Plötz: Diskussionsbeitrag in: Die Verantwortung der militärischen Führung. Ein Cappenberger Gespräch. Band 2. Köln/Berlin, 1969, S. 75

Reinhard Gramm

Macht und Verantwortung des militärischen Führers

Um eine Verständigungsgrundlage herzustellen, bedarf es zunächst der Klärung der Begriffe.

Unter Macht verstehe ich – in Anlehnung an Max Weber – »die – wie auch immer funktionierende – Chance eines Menschen, andere Menschen zu einem Verhalten zu veranlassen, das sie ohne solche Veranlassung nicht an den Tag legen würden«. Macht meint das lateinische »potestas«, also das Vermögen, das Tun und Lassen anderer mehr oder weniger zu beeinflussen, zu bestimmen und mitzubestimmen. Daß es bei der Ausübung von Macht ein breites Spektrum verschiedenster Möglichkeiten gibt, sei an dieser Stelle einstweilen nur andeutungsweise vermerkt. *Macht verändert menschliches Verhalten*

Dabei ist Macht ein Wesensmerkmal menschlicher Gemeinschaft. Solange Menschen mit unterschiedlichem Vermögen, unterschiedlichen Fähigkeiten, unterschiedlichen Erfahrungen, unterschiedlichen Interessen und unterschiedlicher Verantwortung miteinander leben, gibt es Macht. Und da sich an diesen Unterschieden qualitativ nie etwas ändern wird, wird es trotz der Sehnsucht nach sogenannten herrschaftsfreien Räumen und Zeiten auch immer Macht geben. Zum Kennzeichen menschlicher Gemeinschaften gehören also Machtverhältnisse. – Blickt man tiefer, so wird einsichtig, daß jeder Mensch ein Machtfaktor ist und Macht ausübt. Machtträger sind also nicht nur die in diesem Zusammenhang gern genannten Berufe wie Ärzte, Richter, Politiker, Erzieher, Soldaten, Polizisten, Pfarrer, Lehrer und ähnliche. Schon wer innerhalb der Familie Einfluß ausübt, bewußt oder unbewußt, ist ein Machtträger, und sei es als schutzbedürftiger Säugling oder als Rücksicht fordernde Großtante. Demnach kann man Leben beschreiben als einen Verfügungszusammenhang. Denn Menschen stehen in vielfältigen Beziehungen zueinander und beeinflussen sich ständig durch Macht im Sinne unserer Definition von Max Weber. Wer Machtträger ist oder Macht hat – kein Mensch macht hier eine Ausnahme – verändert die Konstellationen der Welt und die Situationen zwischen Menschen. Leben heißt also zutiefst, Macht über andere Menschen zu haben und zugleich der Macht anderer ausgesetzt zu sein. Das ethische Problem ist also nicht, ob wir Macht ausüben, sondern wie wir es tun. Das meint die Formel vom »Leben als Verfügungszusammenhang«. *Jeder übt Macht aus*

Verantwortung ist der Sache nach schon im Römischen Recht verankert: »respondere« meinte, daß nach der Anklage die Verteidigung »Antwort geben« mußte, Rede und Antwort zu stehen hatte.

Die mit dem Begriff Verantwortung gemeinte Sache findet sich schon in der Bibel. Bereits auf den ersten Seiten ist von der Verantwortlichkeit des Menschen die Rede durch zwei Fragen, die Gott an den Menschen richtet. Die eine Frage steht in der Geschichte vom Sündenfall und lautet: »Adam, wo bist du?« Die andere Frage steht in der Geschichte von Kain und Abel. Als Kain seinen Bruder Abel erschlagen hatte, rief Gott den Kain zur Verantwortung mit der Frage: »Kain, wo ist dein Bruder Abel? Die Stimme des Blutes deines Bruders schreit zur mir von der Erde.«

Auch im Neuen Testament findet sich der Gedanke der Verantwortung. In der Luther-Übersetzung von 1. Petrus 3 Vers 15 heißt es: »Seid allezeit bereit zur Verantwortung vor jedermann ...«

Dabei enthält der Begriff Verantwortung zwei Dimensionen.

1. Es gibt Verantwortung für etwas, das ist die Frage nach dem Inhalt der Verantwortung.
2. Und es gibt Verantwortung vor etwas, das ist die Frage nach der Instanz, vor der ich Rede und Antwort zu stehen haben.

Verantwortung für

1. Ich trage Verantwortung für, also Verantwortung für Menschen im Nah- und Fernbereich, für Menschen in Ehe und Familie, für Freunde, Kameraden, Vorgesetzte, Untergebene, Gesinnungsfreunde und politische Gegner, ebenso – wenn auch abgestuft und begrenzt – für Hungernde in Indien, Soldaten des Warschauer Paktes, für Flüchtlinge in Kambodscha. Dazu trage ich Verantwortung für Sachen, also für Computer, Geräte, Waffen, Aufgaben und Dienstpflichten, Durchführung einer Maßnahme, Weisung, Befehl.

   Meist jedoch sind bei sogenannter Sachverantwortung menschliche Schicksale mit einbezogen. Es gibt also keine chemisch-reine Trennung der Verantwortung für Menschen und Sachen.

Verantwortung vor

2. Verantwortung vor: Auch hier sind verschiedene Antworten möglich. Ich trage Verantwortung vor Menschen (Frau, Kinder), vor Vorgesetzten und Untergebenen, vor Gericht, Parlament, Wehrbeauftragtem, vor der Geschichte oder der Gesellschaft (Fahneneid der Sowjetarmee: Selbstverfluchung, Haß und Verachtung der Werktätigen), schließlich Verantwortung vor mir selbst, Verantwortung vor meinem Gewissen. Als Christ trage ich Verantwortung vor Gott.

Macht und Verantwortung im militärischen Bereich

Schon die Bibel weiß, daß ein Offizier mit erheblichen Machtbefugnissen ausgestattet ist. So sagt der Hauptmann von Kapernaum zu Jesus (Matthäus 8, Vers 9): »Ich bin ein Mensch, der Obrigkeit untertan, und habe unter mir Kriegsknechte; und wenn ich sage zu einem: ›Gehe hin!‹ so geht er; und zum anderen: ›Komm her!‹ so kommt er; und zu meinem Knecht: ›Tu das!‹ so tut er's.«

Diese Aussage des Hauptmanns von Kapernaum gilt in differenzierter Weise ebenso für den Offizier der Bundeswehr. Er hat seinen Platz in der mit Ab-

68

Johann David Ludwig Graf Yorck von Wartenburg
Preußischer Generalfeldmarschall (1759–1830)

*Der Schritt, den ich getan, ist ohne Befehl Ew. Majestät geschehen. Die Um-
stände und wichtige Rücksichten müssen ihn aber für die Mit- und Nachwelt
rechtfertigen, selbst dann, wenn die Politik erheischt, daß meine Person verurteilt werden muß.*

Gerhard Johann David von Scharnhorst
Preußischer Generalleutnant und Heeresreformer (1755–1813)

Der Soldat hat sich als Bürger eines Staates, in welchem er lebt, zu betrachten. Diesem hat er unzählig viel Gutes zu verdanken und eben deshalb liegt ihm die Erfüllung großer und wichtiger Pflichten ob.

stand stärksten Gruppe der staatlichen Exekutive, eben der Streitkräfte. Er dient im Großbereich des staatlichen Gewaltmonopols.

Daß der Staat als Monopolist physischer Gewalt auftritt, ist ein zutiefst abendländischer Gedanke. Im 16. Jahrhundert haben es sich die europäischen Staaten verbeten, daß es selbständige, physische Gewaltträger von Relevanz in ihrem Territorium gäbe. Die Geburtsstunde staatlichen Gewaltmonopols ist immer eine Stunde gewesen, in der nach einem Bürgerkrieg die Einsicht wuchs, daß jetzt eine Gewalt entstehen muß, die sich neutral verhält, und die im übrigen so stark ist, daß sie jeder anderen Kraft überlegen ist. Das war die schlichte Friedensaufgabe des Staates und damit die Geburtsstunde der Vorstellung, daß es in jedem Land nur ein Zentrum physischer Gewalt geben könne.

Trotz anderslautender Vorstellungen aus revolutionären Kreisen sollten wir unter allen Umständen dabei bleiben, daß Androhung und Ausübung von Gewalt allein den staatlichen Organen zusteht zur Aufrechterhaltung der öffentlichen Ordnung. Dieses staatliche Gewaltmonopol schließt in unserem Lande jedenfalls private und auch revolutionäre Gewaltausübung aus.

Auch die EKD wie ihre Gliedkirchen haben sich nach 1945 wiederholt aus theologischen Gründen zum Gewaltmonopol des Staates bekannt, indem sie an die V. These der Barmer Erklärung von 1934 erinnert haben, in der es u. a. heißt: »Die Schrift sagt uns, daß der Staat nach göttlicher Anordnung die Aufgabe hat, in der noch nicht erlösten Welt, in der die Kirche steht, nach dem Maß menschlicher Einsicht und menschlichen Vermögens unter Androhung und Ausübung von Gewalt für Recht und Frieden zu sorgen. Die Kirche erkennt in Dank und Ehrfurcht gegen Gott die Wohltat dieser seiner Anordnung an. Sie erinnert an Gottes Reich, an Gottes Gebot und Gerechtigkeit und damit an die Verantwortung der Regierenden und Regierten. Sie vertraut und gehorcht der Kraft des Wortes, durch das Gott alle Dinge trägt.« Die Verantwortung innerhalb dieses Teils der staatlichen Exekutive, innerhalb dieses Teils des staatlichen Gewaltmonopols – eben der Streitkräfte – ist durch die rasante technische Entwicklung allein auf dem Gebiet der konventionellen Waffen erheblich gewachsen. Auch konventionelle Waffensysteme – von den atomaren spreche ich an dieser Stelle gar nicht – gehören heute schon zu den Höllenhunden, die enorme und verheerende Schäden anrichten können.

Aufgabe des Staates: Sorge für Recht und Frieden

Von hier ist es verständlich – um im Bild zu bleiben –, daß mit diesen Höllenhunden höchst verantwortlich umgegangen werden muß, daß sie angekettet werden und daß im Zweifelsfall jede Drohgebärde, jedes Knurren, jedes Beißen und Zufassen sorgfältig und verantwortlich reflektiert, kontrolliert und entschieden wird.

Darum müssen Streitkräfte dem Gesetz von Befehl und Gehorsam unterliegen. Darum müssen Verantwortungsträger innerhalb der Streitkräfte mit Machtbefugnissen ausgestattet sein.

Methoden der Macht- ausübung

Die Ausübung militärischer Macht wie ihre Begrenzung ist auch beim Offizier durch klare, gesetzliche Regelungen festgelegt. Schon der Staat bedient sich bei der Ausübung seiner Macht eines breiten Instrumentariums, um den Bürger zum freiwilligen oder auch unfreiwilligen Einschwenken auf seine Linie zu bewegen. Vorrangig gehören dazu die Methoden des Informierens, des Argumentierens, des Überzeugens, des Appellierens an Einsicht, Loyalität und Gehorsam. Daß hierbei ganz stark die Autorität des Staates – also seine Glaub- und Vertrauenswürdigkeit – eine Rolle spielt, muß angemerkt werden.

Weitere höchst wirksame Mittel von Machtausübung sind zahlreiche wirtschaftliche Anreize oder auch Sanktionen, die für bestimmtes Verhalten in Aussicht gestellt werden. Die Hinweise auf Steuererleichterung für Eigenheime oder auch besondere Steuern für Luxusgüter mögen genügen.

Beim militärischen Führer ist es nun ganz ähnlich. Auch er verfügt über eine breite Skala von Möglichkeiten, Macht auszuüben und dabei (Max Weber) Soldaten ... »zu einem Verhalten zu veranlassen, das sie ohne solche Veranlassung nicht an den Tag legen würden«.

So erinnere ich beispielsweise an die Zentrale Dienstvorschrift (ZDv) 10/1 »Hilfen für die Innere Führung«. Hier begegnen wir differenziert dem, was ich eben allgemein andeutete: dem Problem Lohn-Strafe, Motivation, Information, Überzeugung, Vertrauen, Fürsorge, Autorität des Vorgesetzten bis hin zur Durchsetzung von Befehlen. Dabei sollte man nicht, wie es manchmal Mode geworden ist, vorschnell die sogenannte Amtsautorität abwerten. Natürlich muß zur Amtsautorität die personale Autorität hinzukommen. Personale Autorität kann man sich selbst nicht geben. Sie wird einem bestenfalls verliehen. Sie wird einem Vorgesetzten von seinen Untergebenen zuerkannt. Dennoch kann auf Amtsautorität nicht verzichtet werden. Sie ist vielmehr die Voraussetzung dafür, daß sich dann hoffentlich auch personale Autorität bilden kann. Außerdem gibt sie dem Vorgesetzten in schwierigen Situationen Freiheit des Handelns. Amtsautorität ist aber vor allem in Krisensituationen unerläßlich, in denen ein rascher Wechsel in den Kommandostellen wahrscheinlich ist.

Folgen der Macht- ausübung

Nach diesem ersten kleinen Durchlauf – und ich sprach bisher nur von militärischer Macht und Verantwortung im Frieden – scheint alles transparent, wohlgeordnet und konfliktfrei zu sein, geht es doch – im Bild gesprochen – nur darum, den Höllenhund an der Kette und ihn dabei in jeder Beziehung in gutem Zustand und in guter Stimmung zu halten (Satte Löwen kann man kraulen).

Zwei einschränkende Hinweise sind aber notwendig.

Schon im Frieden ist trotz aller Begrenzung die militärische Machtausübung erheblich, ich behaupte sogar weiter: Ich kenne kaum einen Beruf, der derartige Machtkompetenzen besitzt wie der militärische Führer. Das bedeutet –

und ich weiß nicht, ob das immer hinlänglich erkannt ist –, daß der Offizier tief in den Persönlichkeitsraum der ihm anvertrauten Soldaten eingreift.

Dazu ein paar Beispiele:

1. Weil der junge Mann mit Eintritt in die Bundeswehr meist zum ersten Mal dem Phänomen Staat begegnet, genauer den Organen des Staates in Form seiner militärischen Vorgesetzten, entscheiden diese 15 Monate positiv oder negativ über seine Grundeinstellung gegenüber dem Staat, die er dann als Multiplikator wieder im positiven oder im negativen Sinn wahrscheinlich ein Leben lang vertritt und so oder so verbreitet.

2. Streicht ein Vorgesetzter aus »guten Gründen« einem Wehrpflichtigen die Heimfahrt am Wochenende – das wird heute meist als die empfindlichste und schärfste Bestrafung angesehen – so trifft er nicht nur die Interessen des Soldaten, sondern genauso das Kommunikationsgeflecht derer, die sich am Wochenende auf ihren Soldaten gefreut haben (Frau, Eltern, Geschwister, Freunde, Freundin, Gruppe, usw.). Wer einen solchen Befehl gibt, sollte sich darum zuvor die Zahl der Mitbetroffenen vor Augen halten. (Starfighter-Bild: Einer fliegt, und dreißig warten).

3. Wer physische und psychische Überforderung seiner Soldaten im Manöver zuläßt, muß um das Risiko wissen, das er eingeht, das im Grenzfall zu Unfällen u. ä. führen kann.

Dies waren nur ein paar Beispiele, die an die Folgen und Auswirkungen militärischer Machtausübung erinnern sollen. Im übrigen sei nochmals betont, daß es die chemisch-reine Unterscheidung der Verantwortung für Menschen und für Sachen nicht gibt. Meist sind beide miteinander verknüpft.

Hinzu kommt, daß der Vorgesetzte schon in Friedenszeiten in mannigfache Konfliktsituationen hineingerät, in denen er verantwortlich entscheiden muß. Konfliktsituationen sind immer dann gegeben, wenn wir uns gleichzeitig zwei gleichberechtigten ethischen Forderungen gegenübersehen, deren Erfüllung sich aber gegenseitig ausschließt. Erfülle ich die eine Forderung, verstoße ich gegen die andere Forderung und umgekehrt. Es bleibt also immer ein Rest, eine Last, eine Qual, die es zu tragen gilt. Die Rechnung geht im Konflikt nie glatt auf. *Konflikt-situation und Kollision der Normen*

Um deutlich zu machen, was gemeint ist, genügen ein paar Andeutungen.

1. Bin ich bei der Abfassung der dienstlichen Beurteilung eines Untergebenen wahrhaftig, oder verschweige ich seine Schwächen, um ihm bei seiner persönlichen Förderung keine Steine in den Weg zu legen?

2. Nenne ich wiederholt erkannte Mängel bei einem Untergebenen beim Namen, oder schaue ich darüber hinweg, um den Mann nicht vollends zu zerstören?

3. Lehne ich ein Versetzungsgesuch um der Truppe willen ab, muß ich damit rechnen, die Privatsphäre des Soldaten zu beeinträchtigen.

4. Wie verhalte ich mich – ganz allgemein gesprochen – in Konfliktlagen zwi-

schen Befehl und Gehorsam, bei einem bestehenden Mißverhältnis von Auftrag und Mittel, im Vorschriftendschungel, der mich zu selektivem Gehorsam verführt, beim Gesamt-Ausbildungsplan (GAP), dessen Normen ich kaum erfüllen kann?

5. Wie werde ich mit diesen Überforderungen und ständigen Unvollkommenheiten fertig, und dies alles in einer Zeit des Verwendungs- und Beförderungsstaus, in der Bruchteile von Prozenten über meine Beförderung oder Nichtbeförderung entscheiden?

6. Schöne und färbe ich nach oben hin, überfordere ich meine Soldaten, um für mich nach oben hin Ärger zu vermeiden und um persönlich Pluspunkte zu gewinnen, oder leiste ich es mir, Mißstände aufzudecken, sie beim Namen zu nennen und mich vor meine Soldaten zu stellen?

Die Aufzählung dieser schon jetzt gegebenen Konflikte ließe sich gewiß fortsetzen.

Dabei fehlt es nicht an Versuchen, aus dieser Verantwortung zu entfliehen:

Abschieben der Verantwortung

Zwar erkenne ich als Vorgesetzter einen Konflikt, ein Dilemma. Ich spüre auch, ich müßte jetzt etwas tun! Zugleich aber erkenne ich das Risiko, die Last, die Unannehmlichkeiten oder auch die Mehrarbeit, die sich für mich ergeben würden. Also schiebe ich die Verantwortung von mir ab, nach oben oder nach unten. Ich erkläre mich – formal vielleicht sogar korrekt – für nicht zuständig. Andere sind hier gefordert, mögen die zusehen, wie sie damit fertig werden.

Untertauchen in der Masse

Es gibt gewiß eine ansteckende Mentalität des Zeitgeistes. Fachleute reden von der Außenleitung des Gewissens. Was die Mehrheit tut, muß richtig sein. Ich passe mich ein in die Mentalität des Herrn Jedermann. – Sicher gibt es auch in den Streitkräften, unter Offizieren, bestimmte Mehrheitsmentalitäten. Wenn beispielsweise die Mehrheit meiner Kameraden um der Karriere willen Anpassung betreibt und fünf gerade sein läßt, dann schafft das für mich ein Stück Entlastung, es ähnlich oder ebenso zu tun und in der sogenannten »Man-Hörigkeit« unterzutauchen. Ob Verantwortungsfreude heute noch ein hervorragendes Merkmal des Offiziers ist, vermag ich nicht zu beurteilen.

Flucht in die Resignation

Resignation ist der innere Rückzug aus der Verantwortung, weil man sich scheinbar in einer Lage befindet, die man nicht mehr ändern kann. Dabei ist Resignation das schleichende Gift unserer Zeit. Weder Pädagogen, Politiker, Offiziere noch Pfarrer sind davon ausgenommen. Ein Pfarrer, den ich kürzlich traf und bei dem ich mich nach seinem Befinden erkundigte, antwortete: »Ich marschiere täglich mit meinem Kameraden Frust.« Gemeint war die sogenannte Frustration, das Gefühl also, es hat keinen Sinn, ich habe keine Erfolge.

Auch unter Offizieren findet man diesen Kameraden Frust. Besonders gefährdet sind u. a. diejenigen, die relativ jung ihren letzten Dienstgrad erreicht haben und spüren müssen, daß es nicht mehr weitergeht, und diejenigen, die im Verwendungsstau hängen. Bei allen diesen Resignationserscheinungen macht man zwar äußerlich weiter, weil es eben weitergehen muß, aber das innere Engagement, die Einsatzfreude, die Ziele, die man einmal hatte, sind dahin; jeder von uns kennt solche Phasen. Entscheidend ist nur, daß man darin nicht untergeht, sondern daß wir uns wieder fangen und mit neuem Mut unsere Verantwortung angehen.

Wenn nun versucht werden soll, den Verteidigungsfall anzusprechen, dann nicht darum, weil ich den Krieg in unmittelbarer Nähe sähe – davon kann für mich überhaupt keine Rede sein, und für die hysterische Kriegsangst in Teilen unseres Volkes habe ich kein Verständnis –, sondern weil es die Redlichkeit des Berufs als Offizier der Bundeswehr erfordert, ebenso wie die des Offiziers der Schweizerischen Armee. Indem wir Macht und Verantwortung auf den Verteidigungsfall anzuwenden versuchen, betreten wir eine gefährliche Tabuzone. Eines aber ist jetzt schon deutlich: Die schon in Friedenszeiten angedeuteten Auswirkungen militärischer Macht im Blick auf Menschen, wie auch die schon in Friedenszeiten vorhandenen ethischen Konflikte würden in einem Verteidigungsfall um ein Vielfaches eskalieren und wahrhaft erschreckende Ausmaße annehmen.*Aspekte des Verteidigungsfalles*

Wenn ich sagte: »Wir betreten jetzt eine Tabuzone«, dann gibt es dafür verschiedene Gründe. Man sprach so lange davon, der Offizier sei ein Beruf wie jeder andere auch, bis man es schließlich glaubte. Dabei verschwieg man aber die sogenannten Berufseigentümlichkeiten des militärischen Führers. Dazu hat die eingängige Formel »Soldat für den Frieden« die differenzierte Aufgabe des Soldaten teilweise verschleiert. Zu Recht haben wir eine Friedenspolitik durch Abschreckung betrieben. Der Verteidigungsfall schien damit in immer weitere Fernen gerückt zu sein. Natürlich fanden und finden Manöver und Übungen statt. Sie können aber nur höchst bedingt einen Ernstfall simulieren. Ich persönlich bedauere es, daß in der Offizierausbildung diese letzten, ethischen Fragestellungen kaum angesprochen und weithin verdrängt werden.*Berufseigentümlichkeiten des militärischen Führers*

Die evangelische Militärseelsorge hat freilich in den letzten Jahren – gleichsam gegensteuernd – vermehrt und verstärkt von der herausgehobenen Verantwortung des Soldaten für Töten und Sichtötenlassen gesprochen. Denn genau an dieser Stelle liegt die besondere Berufseigentümlichkeit des Offiziers. Er muß sich auf Befehl töten lassen (der einfache Soldat allerdings auch). Der Offizier aber muß Befehl zum Töten geben und diesen Befehl verantworten. Und er muß Befehl zum Sichtötenlassen geben und eben diesen Befehl genauso verantworten.

Was diese herausgehobene Verantwortung des militärischen Führers für Töten und Sichtötenlassen bedeuten kann, soll durch den bekannten Text von Wolfgang Borchert in Erinnerung gerufen werden (»Draußen vor der Tür«):*Befehl zum Töten*

73

Unteroffizier Beckmann, der Heimkehrer, besucht im zerstörten Hamburg seinen Oberst. Es kommt zu folgendem Gespräch:
»Oberst: Was wollen Sie denn von mir?
Beckmann: Ich bringe sie Ihnen zurück.
Oberst: Wen?
Beckmann (beinahe naiv): Die Verantwortung. Ich bringe Ihnen die Verantwortung zurück. Haben Sie das ganz vergessen, Herr Oberst? Den 14. Februar? Bei Gorodok. Es waren 42° Kälte. Da kamen Sie doch in unsere Stellung, Herr Oberst, und sagten: Unteroffizier Beckmann. Hier, habe ich geschrien. Dann sagten Sie, und Ihr Atem blieb an Ihrem Pelzkragen als Reif hängen – das weiß ich noch ganz genau, denn Sie hatten einen sehr schönen Pelzkragen –, dann sagten Sie: Unteroffizier Beckmann, ich übergebe Ihnen die Verantwortung für die zwanzig Mann. Sie erkunden den Wald östlich Gorodok und machen nach Möglichkeit ein paar Gefangene, klar? Jawohl, Herr Oberst, habe ich da gesagt. Und dann sind wir losgezogen und haben erkundet. Und ich – ich hatte die Verantwortung. Dann haben wir die ganze Nacht erkundet, und dann wurde geschossen, und, als wir wieder in der Stellung waren, da fehlten elf Mann. Und ich hatte die Verantwortung. Ja, das ist alles, Herr Oberst. Aber nun ist der Krieg aus. Und nun will ich pennen, nun gebe ich Ihnen die Verantwortung zurück, Herr Oberst, ich will sie nicht mehr. Ich gebe sie Ihnen zurück, Herr Oberst.
Oberst: Aber mein lieber Beckmann, Sie erregen sich unnötig. So war es doch nicht gemeint.
Beckmann (ohne Erregung, aber ungeheuer ernsthaft): Doch. Doch, Herr Oberst. So muß das gemeint sein. Verantwortung ist doch nicht nur ein Wort, eine schäbige Formel, nach der helles Menschenfleisch in dunkle Erde verwandelt wird. Man kann doch Menschen nicht für ein leeres Wort sterben lassen. Irgendwo müssen wir doch hin mit unserer Verantwortung. Die Toten – antworten nicht. Gott antwortet nicht. Aber die Lebenden, die fragen. Die fragen jede Nacht, Herr Oberst. Wenn ich dann wach liege, dann kommen sie und fragen. Frauen, Herr Oberst, traurige, trauernde Frauen. Alte Frauen mit grauem Haar und harten rissigen Händen – junge Frauen mit einsamen, sehnsüchtigen Augen. Kinder, Herr Oberst, Kinder, viele kleine Kinder. Und die flüstern dann aus der Dunkelheit: Unteroffizier Beckmann, wo ist mein Vater, Unteroffizier Beckmann? Unteroffizier Beckmann, wo ist mein Sohn, wo ist mein Bruder, Unteroffizier Beckmann, wo ist mein Verlobter, Unteroffizier Beckmann? Unteroffizier Beckmann, wo? wo? wo?«
Nachdem wir in der Sprache der Dichtung gehört haben, was militärische Macht und Verantwortung bedeuten und wie sie zur unerträglichen Last werden können, sollen sich noch einige grundsätzliche Gedanken anschließen. Wenn man dieses letzte, sehr ernste Feld bedenkt, muß man wissen, daß

keiner Patentrezepte oder Patentantworten bereithalten kann. Zukunft ist immer nur bedingt voraussehbar. Darum sind auch ethische Sandkastenspiele nur bedingt machbar. Dennoch sind Grundüberlegungen notwendig. Denn es ist ein Unterschied, ob ich von einer Situation völlig überrumpelt werde und dann unschlüssig, wie gelähmt dastehe oder gar leichtfertige Entscheidungen treffe. Oder ob ich mich jedenfalls geistig vorbereite, mich auf mögliche Grundmuster einstelle, um fähig zu werden, auch dann noch verantwortliche Entscheidungen zu treffen.

Es ist also ein Unterschied, ob ein Offizier von den schweren Konflikten, die Machtanwendung mit sich bringt, überrascht wird oder ob er diese Möglichkeit und ihre Konsequenzen im Rahmen seiner Fähigkeiten schon vorher durchdacht hat. Es ist ebenso ein Unterschied, ob ein Mensch meint, in allen Fällen eindeutig zwischen Gut und Böse unterscheiden zu können, oder ob er gelernt hat, daß er in Konfliktfällen nur noch die Möglichkeit hat, zwischen »schlecht« und »weniger schlecht« zu entscheiden. *Der ethische Konflikt*

Ein weiterer Gedanke. Weil die militärische Machtausübung des Offiziers ganz erhebliche Auswirkungen hat, muß der Verantwortungsträger Maßstäbe kennen, nach denen er handelt.

Natürlich gilt für den Soldaten der Primat der Politik. Er wird darauf vertrauen dürfen, daß alle im Zusammenhang mit einem Spannungs- und Verteidigungsfall eingeleiteten Maßnahmen auf dem Boden der Rechtsstaatlichkeit getroffen werden. – Zusätzlich verweise ich auf die einschränkenden Maßnahmen des Kriegsvölkerrechts und dabei auch auf die Zusatzprotokolle zu dem Genfer Abkommen vom 12. August 1945, die in der Bundeswehr kaum bekannt sind, von der Bundesrepublik Deutschland am 23. Dezember 1977 zwar gezeichnet, aber noch nicht ratifiziert worden sind. *Maßstäbe*

Trotz aller dieser den Verantwortungsträger absichernden und ihn entlastenden staatsrechtlichen Regelungen bleibt der Offizier gerade im System der Auftragstaktik in hoher Weise eigenverantwortlich. Er wird im Umgang mit militärischer Macht – auch in Gedanken – alle Konsequenzen bedenken und verantworten müssen. Noch deutlicher gesagt: Er muß wissen, was er tut und was er nicht tut. Er muß wissen, wann er etwas tut und wann er etwas nicht tut.

Die evangelische Militärseelsorge hat mit einem sogenannten Bedingungsrahmen für militärische Gewaltanwendung solche ethischen Maßstäbe zu setzen versucht. Hiernach wäre militärische Gewaltanwendung nur möglich, denkbar, notwendig *Bedingungsrahmen militärischer Gewaltanwendung*

1. als allerletztes Mittel,
   also nach Ausschöpfung aller anderen Möglichkeiten;
2. im ausschließlichen Dienst der Verteidigung,
   also lediglich zum Zweck der Notwehr und Nothilfe im Rahmen kollektiver Selbstverteidigung;

3. mit angemessenen militärischen Mitteln,

   also unter Begrenzung des eingesetzten Potentials auf das, was notwendig ist, um den Angreifer an der Erreichung seines Zieles zu hindern;

4. bei maximaler Schadensbegrenzung,

   also unter dem Gesichtspunkt, daß das, was verteidigt wird, möglichst weitgehend erhalten bleibt;

5. in verantwortbarer Zielsetzung,

   also im Rahmen einer vertretbaren Relation stehend: zwischen dem Ziel des Einsatzes und seinen Kosten und Folgelasten;

6. zum Zweck der Wiederherstellung des Friedens,

   also nicht, um einen Gegner zu besiegen oder sein Land im Gegenzug zu besetzen, sondern um ihn an den Verhandlungstisch zu zwingen;

7. in ständiger Bereitschaft zur Verhandlung, Verständigung und Versöhnung,

   also unter Vermeidung von Rache und Vergeltungshandeln.

Nur die durch die Beachtung dieser Voraussetzungen gezügelte und begrenzte militärische Gewaltanwendung kann für sich in Anspruch nehmen, ultima ratio einer dem Frieden verpflichteten Macht- und Gewaltausübung zu sein.

Warntafeln und Grenzmarkierungen

Leider kann nicht ausführlicher auf diesen Bedingungsrahmen eingegangen werden. Aus Kirche und Theologie wird man weithin vergebens auf Antworten warten müssen. Beiden Bereichen fehlen existentielle Einblicke, Sachkunde, Betroffenheit und seelsorgerische Verantwortung, in die im Gegensatz dazu die Militärgeistlichen durch ihr Amt gestellt sind. – Dennoch gibt es hier und da im Raum der Kirche Verständnis für die Fragestellung von Militärseelsorge und Bundeswehr. So sagt beispielsweise Vizepräsident i. R. Erwin Wilkens: »Es ist voll verständlich, daß Politiker und Soldat über generelle Warnungen hinaus nach einem möglichst konkreten Bedingungsrahmen für die Ausübung militärischer Gewalt im nuklearen Zeitalter suchen, um das Feld des für die Kriegführung Erlaubten zu verkleinern. Derartige Warntafeln sind als Grenzmarkierungen und Dienstanweisungen unentbehrlich, um durch eine Minimierung militärischer Gewaltanwendung das Äußerste zu verhindern.«

Mit und ohne Bedingungsrahmen aber werden im Verteidigungsfall ethische Konflikte eskalieren und sich potenzieren. Der Soldat – und vorrangig der Offizier – steht zwei gleichberechtigten, ethischen Forderungen gegenüber:

1. Er soll nichts tun, was anderen Menschen schaden oder gar den Tod bringen kann.

2. Er soll denen, die in Gefahr sind, beistehen, also alles tun, um sie vor Schaden oder gar Tod zu bewahren.

Risiko der Entscheidung

Zugespitzt stellt sich der Konflikt des Soldaten so dar: Er fügt Menschen Schaden zu, um Schaden von anderen fernzuhalten. Zusätzlich steht sein

Handeln unter dem Risiko, daß die, für die er kämpft, dennoch – oder vielleicht sogar dadurch – zu Schaden kommen.

Trotz dieser unvorstellbar großen Verstrickung in Konflikte und damit in Schuld vor Gott bleibt das Gebot der Liebe dennoch bestehen. Dieses Gebot der Liebe weist sogar mitten hinein in die Schuldhaftigkeit der Welt. Freilich nicht so, daß man nun sagt: Wir sind sowieso alle Sünder, auf ein bißchen mehr oder weniger kommt es nicht mehr an. Vielmehr gilt auch in dieser Lage noch das Gebot der Liebe, das uns wählen läßt zwischen größerem und kleinerem Übel, um auch in Konflikten noch verantwortlich zu handeln.

Der Christ wird dies nur so tun können, daß er um das Maß der Schuld vor Gott weiß, das er sich aufbürdet, ja er wird glauben dürfen, daß Gott ihm diese Schuldübernahme sogar zumutet. *Schuldverstrickung und Schuldübernahme*

Er wird sich darum als Offizier auf Stunden vorbereiten müssen, in denen er nur noch sprechen kann: »Herr Gott, was läßt Du mich tun!«

Und in denen er zugleich sprechen darf: »Herr, erbarme Dich meiner!«

Er wird auch in diesen Strudeln eine Entscheidung vor Gott treffen müssen, eine Entscheidung, die ihm kein Mensch abnehmen kann, die möglicherweise sogar nicht unbedingt die richtige sein muß.

Zugleich aber darf er sich trösten, daß Gott diese seine Entscheidung kennt und weiß, daß er sich auch in dieser schweren Stunde von Gottes Treue umgeben sieht, die ihn nicht fallen und untergehen läßt. Er wird als Christ kein gutes Gewissen, aber ein getröstetes Gewissen haben dürfen.

Denn nur in dieser Hoffnung auf Vergebung kann ich als Christ überhaupt Verantwortung übernehmen. Ich bin auf diese Hoffnung – wo auch immer – angewiesen Tag für Tag. Und wenn ich so Verantwortung trage und aushalte und dabei schuldig werde, darf ich zugleich auf Gottes Verheißung hoffen. Ich, der Soldat, ebenso wie alle anderen Menschen, deren Erkenntnis im Grund nur Stückwerk und deren Liebe nur unterbrochene Lieblosigkeit ist.

Am Ende dieser Überlegungen zu Macht und Verantwortung soll darum ein bekanntes Wort von Dietrich Bonhoeffer stehen.

»Während alles ideologische Handeln seine Rechtfertigung immer schon in seinem Prinzip bei sich selbst hat, verzichtet verantwortliches Handeln auf das Wissen um seine letzte Gerechtigkeit. Die Tat, die unter verantwortlicher Abwägung aller persönlichen und sachlichen Umstände im Blick auf die Menschwerdung Gottes geschieht, wird im Augenblick ihres Vollzuges allein Gott ausgeliefert. Das letzte Nichtwissen des eigenen Guten und Bösen und damit das Angewiesensein auf Gnade gehört wesentlich zum verantwortlichen geschichtlichen Handeln. Der ideologisch Handelnde sieht sich in seiner Idee gerechtfertigt, der Verantwortliche legt sein Handeln in die Hände Gottes und lebt von Gottes Gnade und Gunst.« *Angewiesensein auf Gnade*

(mit freundlicher Genehmigung des Verlages abgedruckt aus: »Truppenpraxis«, Heft 1/1984, Verlag Offene Worte, Bonn)

Werner von Scheven

Fremdes Leben verantworten

Einem Bericht zufolge soll ein amerikanischer Sergeant einem deutschen Inspekteur auf dessen Frage, wofür er Soldat sei, geantwortet haben: »To kill the enemy!« Irgendwann hörte ich ein Rundfunkinterview mit Angehörigen der Bundeswehrhochschule in Hamburg. Ein studierender Offizier wurde gefragt, wie er dazu stehe, daß seine Berufsaufgaben auch einmal das Töten anderer Menschen mit umfassen könnten. Der junge Offizier antwortete darauf, über solche Fragen habe er noch nicht nachgedacht.

Wenn diese Aussage stimmt, müßte der Vorwurf erhoben werden, daß die Bundeswehr dem befragten Offizier etwas schuldig geblieben ist. Unverzichtbar ist die Hilfe zur Bildung eines beruflichen Selbstverständnisses, das neben den fachlichen nicht nur die historisch-politischen, rechtlichen und sozialwissenschaftlichen Bezüge der beruflichen Aufgaben berücksichtigt, sondern darüber hinaus auch die ethisch-moralischen Bezüge bis in die Grenzsituationen hinein umfaßt. Das Bedenken der Konsequenzen eines rechtmäßigen eigenen Handelns in Gegenwart und Zukunft ist eine verantwortungsethische Kategorie. Schließlich erheben wir den Anspruch, daß auch die Entscheidung für den Wehrdienst eine Gewissensentscheidung ist und nicht nur jene, den Kriegsdienst mit der Waffe zu verweigern.

Verdrängungs-prozeß   Die Geschichte der Bundesrepublik Deutschland seit Schaffung der Bundeswehr verzeichnet manche spektakuläre Verdächtigung, die den Soldaten in die Nachbarschaft von Henkern und Mördern versetzte. Einzelaktionen gewiß, aber auch Einzelmeinungen? Wer wagt es, die Größenordnung von Dunkelziffern derartiger Meinungsbilder in dem bundeswehrindifferenten Großteil unserer Bevölkerung abzuschätzen? Es scheint festzustehen, daß in der Bevölkerung der Bundesrepublik Deutschland die geistige Auseinandersetzung mit den Möglichkeiten »Krieg« und »Katastrophe« in so starkem Maße verdrängt wird, daß selbst Politiker darauf Rücksicht nehmen und das Thema nach Möglichkeit vermeiden.

Nach Lothar Rühl werden Worte wie Abschreckung, Gleichgewicht, Entspannung, Armee (Soldat) für den Frieden von einer gewissermaßen »narkotisierten« Öffentlichkeit als therapeutische Formeln angenommen. Die Hoffnung auf ein Leben ohne Krieg wird so durch regelmäßige Scheinbestätigung zur Quasi-Gewißheit. Gegeninformationen wie »SS 20« oder »Afghanistan« führen gleichsam zu unangenehmen Entzugserscheinungen. Kein Wunder, daß sich selbst unter den Soldaten die Vorstellung ausgebreitet hat, die Bundeswehr sei ja ein Instrument der Abschreckung; diese werde im Rahmen des Bündnisses auch funktionieren; die Krise werde »gemanaged«;

78

der Krieg sei dadurch keine ernstzunehmende Eventualität. Warum also sollte sich ein Leutnant an der Bundeswehrhochschule mit einer solchen Eventualität auseinandersetzen? Warum sollte er die Gewaltanwendung im Rahmen des Verfassungsauftrags Verteidigung als problematisch wahrnehmen?

Sicherheitspolitik, Strategie der Abschreckung und Verteidigung zielen darauf, einem möglichen Gegner jede Chance zu nehmen, unserem Staat und seinen Bürgern mit Hilfe militärischer Macht seinen Willen aufzuzwingen. Ein begrenztes und humanes Ziel. Erstmals in der deutschen Geschichte des zwanzigsten Jahrhunderts schließt es nicht von vornherein den Weg ein, die gegnerische militärische Macht durch Sieg zu vernichten, den Gegner also wehrlos zu machen.

Das Ziel ist darauf beschränkt, den gegnerischen Sieg auf unsere Kosten nicht zuzulassen, dem Angreifer sein Kriegsziel also zu verweigern. *Kriegsziel verweigern*

Voraussetzung, daß mit einer solchen Strategie der Krieg verhindert werden kann, ist die Glaubwürdigkeit aller Vorkehrungen. Glaubwürdig muß freilich auch die Entschlossenheit sein, eine militärische Aggression nicht hinzunehmen, sondern die für ein Zurückweichen des Angreifers unvermeidlichen Opfer einer militärischen Verteidigung zu erbringen. Eine solche Entschlossenheit ist in der Zeit großer Gefahr oft unausgesprochen und irrational vorhanden. Sie kann aber auch das Ergebnis einer bewußten Güter- und Pflichtenabwägung sein. Sie kann aus der Gewißheit erwachsen, daß die Leiden eines Verteidigungskrieges zur schnellen Wiederherstellung des Friedens das kleinere Übel seien im Vergleich zur Unterwerfung, d. h. zur Preisgabe der Menschenwürde und des Rechts auf eigenverantwortliche Daseinsgestaltung. Die politisch-ethische Entscheidung für das voraussehbar kleinere Übel ist im Grundgesetz verankert (Art. 87 a i. V. m. Art. 24, 25, 26). Sie setzt die allgemeinen Orientierungsmarken für ethisches Handeln des Soldaten im Verteidigungskrieg. Sie markiert auch Grenzen, die jedoch nicht im vorhinein bestimmt werden können.

Der Soldat wird dem Problem des Tötens oder Sterbenlassens im Krieg auf unterschiedliche Weise begegnen. Am stärksten wird der Soldat betroffen sein, der Tod und Verwundung von Soldaten oder gar Zivilpersonen der Feindseite durch Betätigung seiner Waffen miterlebt. Es ist anzunehmen, daß auch in einem modernen »Krieg ohne Fronten« nur eine Minderheit aller Soldaten in solche Kampfsituationen geraten wird. Der Militärsoziologe Marshall machte bei der US-Infanterie in Korea 1950/51 die Beobachtung, daß im Gefecht ein bedeutender Teil der Kampfsoldaten in einer Einheit trotz reichlicher Gelegenheit von der Waffe keinen Gebrauch machte. Er vermutete, daß neben Angstlähmung und mangelhafter Ausbildung auch die Tötungshemmung beim Menschen einer modernen Industriegesellschaft eine Rolle gespielt habe. *Eigene Betroffenheit*

79

Die Masse der Soldaten hat Funktionen mehr oder weniger weit vom Ort des Waffeneinsatzes oder der Waffenwirkung abgesetzt. Diese Soldaten werden ihre Betroffenheit vom Sterben auf der Feindseite im allgemeinen weniger oder gar nicht wahrnehmen. Auch dann, wenn die Waffenwirkung ohne ihre zahllosen Teilfunktionen nach Art oder Intensität gar nicht gedacht werden kann. Aber auch diese Soldaten können nach dem modernen Kriegsbild durch Überfälle auf Gefechtsstände, rückwärtige Einrichtungen und Transporte in Selbst- oder Objektverteidigungslagen geraten und so dem Imperativ des Tötens begegnen. Die Unterscheidung von Soldaten als Kämpfer und als Funktioner ist weder praktisch noch ethisch relevant.

Verantwortung für die anvertrauten Menschen

Ein neuer Aspekt taucht auf, wenn wir die taktischen Führer betrachten. Sie werden sich mit aufsteigender Verantwortung in wachsenden Dimensionen mit dem Sterben beim Feind und in der eigenen Truppe zu identifizieren haben, hängt dieses doch nach Zeit, Raum und Umfang oft unmittelbar von ihren Entscheidungen ab.

Wer als militärischer Führer gelernt hat, daß Führen Handeln am Menschen ist, wird das Sterben in den eigenen Reihen als verantwortungsethischen Konfliktfall empfinden. Je mehr der Führer mit seiner Truppe vertraut ist – und das sollte er in hohem Maße sein – je schwerer wird dieses Erlebnis auf seinem Gewissen lasten. Dies wird in der Literatur des Zweiten Weltkrieges übrigens eindrucksvoll bestätigt. Demgegenüber erscheint das soldatische Massenopfer der »Blutmühle« von Verdun im Ersten Weltkrieg den Menschen von heute unbegreiflich.

Opfer in den eigenen Reihen der Truppe belasten den Führer noch stärker in den Fällen, wo Fehler und Irrtümer wie schlechte Ausbildung, falsche Personalauswahl, ungenügende Information oder banale Mißverständnisse im Zustand der Erschöpfung – um nur wenige Beispiele zu nennen – als Ursache für vermeidbare Opfer angenommen werden müssen. Hervorragende Ausbildung und kompromißlose Auswahl der Führer in der Truppe sind daher wesentliche Voraussetzungen für ethisch verantwortbares und seelisch ertragbares Führungshandeln im Kriege. Die Lösung des drohenden Überalterungsproblems unter den Offizieren im Truppendienst ist auch vor diesem Hintergrund dringend.

Schutz der Schutzbedürftigen

Ein weiterer Aspekt des gewaltsamen Sterbens im Kriege darf nicht ausgelassen werden. Die im Vergleich zum NATO-Beitrag vernachlässigten Aufgaben der Landes- und Zivilverteidigung in der Bundesrepublik Deutschland werden im Verteidigungsfall für alle Soldaten eine ethische Konfliktlage schaffen, deren Bewältigung fraglich erscheint. Der Soldat kann einen Sinn im gewaltsamen Widerstand gegen den militärischen Angreifer unter Einschluß des Lebensopfers doch nur solange erkennen, wie er sein Handeln als Schutz- und Nothilfefunktion gegenüber der schutzbedürftigen Bevölkerung, ja gegenüber seinen eigenen Angehörigen erfährt. Auch bei einer angenommenen Symmetrie des Wehrmotivs in unserem Lande kann eine Asymmetrie der relativen Überlebensfähigkeit zwischen Truppe und Zivilbevölkerung die ethische Grundlage der militärischen Verteidigung erschüttern und den Soldaten mit einem schweren Gewissenskonflikt belasten; den Politiker übrigens nicht minder. Hier kann eine »moralische Rüstung« nur auf handfesten politischen Vorsorgemaßnahmen aufgebaut werden. Diese Maßnahmen wären nicht damit zu begründen, daß wir uns auf einen europäischen Krieg in absehbarer Zeit besser vorbereiten müssen, sondern damit, daß unser Wille glaubwürdig sein muß, den Krieg in Europa durch Abschreckung und Verteidigung sinnlos zu machen.

Als Zwischenbilanz ist festzuhalten, daß trotz unterschiedlich wahrgenommener Betroffenheit alle Soldaten im Kriege an einem zerstörerischen Geschehen beteiligt sind, das die Vernichtung menschlichen Lebens einschließt. Jeder Soldat übt eine Teilfunktion in einer Organisation aus, die sich als Instrument der politischen Leitung des Staates versteht. Mit diesem Instrument will die Staatsführung im Kriege dem Angreifer gerade soviel Schaden zufügen und ihn an seinen Kriegshandlungen so wirkungsvoll behindern, daß er die Beendigung des bewaffneten Konfliktes noch vor Erreichung seiner Ziele als das geringere Übel vorzieht.

Instrument von Staat und Gesellschaft

Die militärische Organisation ist Teil der staatlichen vollziehenden Gewalt, der Soldat Teil der Gesamtgesellschaft unseres Staates. Die Wehrethik kann daher kein Fremdkörper der ethischen Kultur der Gesellschaft sein. In einem Verteidigungskrieg stehen Staat und Gesellschaft im Kampf um ihre Existenz. Der Soldat übernimmt in diesem Kampf den Widerstand mit Waffengewalt gegen Waffengewalt; er ist dabei als Staatsbürger im Wehrdienst nicht von der zivilen Gesellschaft isoliert. Im Gegenteil, er ist mit ihr auf das engste verbunden. Ohne die Legitimation der Gesamtgesellschaft ist dem Soldaten die gewissenhafte Erfüllung seines Auftrages nicht möglich. So kann der Soldat der Bundeswehr kein eigenes Ethos der gewaltsamen Verteidigung, kein eigenes Tötungsethos haben.

Der Soldat der Bundeswehr kann daher auch nicht als Tötungsroboter ausgebildet, d. h. mit einer Killermentalität erzogen werden. Der sich verteidigende Staat hindert den gegnerischen Staat daran, seinen unrechtmäßigen Willen mit Gewalt durchzusetzen. Der Soldat in den Verteidigungsstreitkräften hindert den Soldaten der Angriffsstreitkräfte nach besten Kräften und allen Regeln der Kriegskunst daran, seinen Kampfauftrag wirkungsvoll auszuführen. Dazu muß das Waffenarsenal des Gegners zerstört und sein Militärpersonal gefechtsunfähig gemacht werden.

Notwehr statt Rache

Der Tod des Feindsoldaten ist dazu nicht unabweisbares Ziel, aber oft unvermeidliche Auswirkung. Dieser Unterschied mag praktisch unbedeutend erscheinen, er ist ethisch erheblich und markiert die Kluft zwischen Notordnung und Chaos, Notwehr und Rache, Wächter und Mörder. Das Gebot der

Verhältnismäßigkeit und das Verbot des Übermaßes bei der Ausübung staatlicher Macht sind ein wichtiges Verfassungsprinzip in unserer staatlichen Ordnung. Es ist auch für das Handeln des Soldaten im Kriege von Belang. Es kann zudem aus der Strategie der flexiblen Reaktion abgeleitet werden, die dem Verteidigungskonzept des Bündnisses zugrunde liegt. Es sei angemerkt, daß schon Carl von Clausewitz in seiner Theorie des Krieges dem Verhältnis von Zweck, Ziel und Mitteln große Bedeutung zuerkannt hat.

In der Ausbildung des Soldaten ist die Möglichkeit ethisch verantwortlichen Handelns im Kriege vorzubereiten, ohne der Illusion zu verfallen, dem Soldaten könne ein Katechismus berufsethischer Verhaltensregeln vermittelt oder verordnet werden.

Hierzu ist natürlich eine ausreichende Unterrichtung über Zweck, Ziel und Mittel der Sicherheitspolitik notwendig. Mehr noch ist eine politische Bildung und Erziehung notwendig, die auf Wertbewußtsein zielt; auf ein gemeinsames Verständnis der politischen Grundwerte, von denen die freiheitliche Existenz unseres Gemeinwesens im Kern abhängig ist. Innere Führung zielt zum guten Teil auf Gesinnung. Der wichtigste Bezugspunkt scheint mir dabei das Menschenbild unserer Verfassung zu sein; es ist zwischen Freund und Feind nicht teilbar.

Grenzfragen nicht ausklammern

Hierzu ist auch notwendig, den zukünftigen Führern in der Truppe – auch den höheren Truppenführern – in den wichtigsten Ausbildungsabschnitten konkrete Situationen anzubieten, in denen sie nicht nur fachlich zweckmäßiges und rechtlich vertretbares Handeln erlernen, sondern auch Grenzfragen ethisch verantwortlichen Handelns überdenken und diskutieren können.

Um es zu wiederholen: Das Bedenken der Konsequenzen eines rechtmäßigen eigenen Handelns in Gegenwart und Zukunft ist eine verantwortungsethische Kategorie. Wir können nicht auf sie verzichten, und wir können sie in der Erziehung und Ausbildung des Soldaten nicht ausklammern, weil das Gesetz uns zur Gewissenhaftigkeit im Gehorsam verpflichtet und weil die Grundpflicht des Soldaten von uns die Einhaltung einer gemeinsamen moralischen Basis mit der zivilen Gesellschaft verlangt. Menschenbild und Grundwerte unseres Grundgesetzes bilden diese Basis. Sie begründet die Schutzverantwortung des kämpferischen Republikaners gegenüber den Bedrohungen durch Totalitarismus und Militarismus für eine menschenwürdige Lebensordnung in unserem Staat. Von daher ist der Dienst des Soldaten Friedensdienst mit Waffen.

Der Christ sieht Menschenbild und Grundwerte unserer Gesellschaft im christlichen Glauben legitimiert. Aber auch der Nicht-Christ kann sie als höchste Gemeinschaftsgüter erkennen und für sich an-erkennen.

Ethik Teil der Erziehung

Das Durchdenken ethischer Grenzfragen der militärischen Verteidigung muß Gegenstand der militärischen Erziehung des Soldaten, insbesondere des Berufssoldaten, sein. Militärseelsorge und Wissenschaft können bei diesem Erziehungsprozeß helfen. Wenn ungeteilte Führungs-Verantwortung einen Sinn haben soll, so kann der unmittelbare militärische Vorgesetzte die Aufgabe der ethischen Erziehung seiner ihm anvertrauten Soldaten nicht delegieren, ohne seine Glaubwürdigkeit aufs Spiel zu setzen.

(mit freundlicher Genehmigung des Verlages abgedruckt aus: Offizierbrief. Nr. 13/1981, Verlag Kirche und Mann, Bielefeld)

Sigo Lehming

Mensch und Taktik

Das Phänomen »Auftrags- taktik«
In den über zwölf Jahren meines Dienstes als evangelischer Militärbischof ist mir immer wieder die »Auftragstaktik« als ein Phänomen begegnet. Ich spreche von der »Auftragstaktik« deswegen als einem Phänomen, weil ich den Eindruck habe, daß die »Auftragstaktik« zwar nach wie vor in den Streitkräften ein hohes Ansehen genießt, daß es aber einigermaßen schwierig ist, den zentralen Ort auszumachen, der ihr im Denken und Handeln der Soldaten angesichts ihres Ansehens eigentlich zukommt. Es kann sogar durchaus nicht übersehen werden, daß Tendenzen erkennbar sind, die die Frage aufkommen lassen, ob das hohe Ansehen der »Auftragstaktik« in der Bundeswehr überhaupt noch Allgemeingut ist und ob nicht mehr und mehr unter den Bedingungen etwa neuer Kommunikationsmethoden oder der Prävalenz der Technologie Theorie und Praxis der »Auftagstaktik« in den Hintergrund treten oder sogar ihre Effizienz als fragwürdig geworden angesehen wird. Am wenigstens kontrovers ist die »Auftragstaktik« unter unseren wehrpflichtigen Soldaten wohl deshalb, weil sie ihr kaum in ihrer Dienstzeit wirklich begegnen. Es scheint mir aber durchaus erwägenswert, auch die Geführten mit den Prinzipien der Führung vertraut zu machen, zumal dann, wenn die Auftragsführung bis zum Gruppenführer durchgehalten werden soll.

»Auftrags- taktik« und Seelsorge
Nun ist es ganz gewiß nicht die Aufgabe des Militärbischofs, mit der Bundeswehr in eine Diskussion über Fragen der Taktik einzutreten. Am allerwenigsten ist es seine Aufgabe, die Vorzüge eines bestimmten taktischen Konzepts im Gefecht zu erläutern und der Truppe zu empfehlen, sich diesem taktischen Konzept wegen seiner militärischen Effizienz verpflichtet zu wissen. Wenn aber militärische Grundsätze so unmittelbar, wie es mir bei der »Auftragstaktik« zu sein scheint, das Wesen des Menschen reflektieren, mit dem es eben diese militärischen Grundsätze ebenso zu tun haben wie er mit ihnen, dann geht das die Seelsorge durchaus etwas an und legt ihren Beitrag nahe.

Zur Geschichte der »Auftrags- taktik«
Ich möchte zunächst rekapitulieren, worum es bei der »Auftragstaktik« geht. Dabei bediene ich mich dankbar des Aufsatzes von Dieter Ose, den er unter dem Titel »Der Auftrag – Eine deutsche militärische Tradition« in Heft 6/82 der »Europäischen Wehrkunde« (S. 264f.) veröffentlicht hat.

Dieter Ose belegt die lange Geschichte der »Auftragstaktik« in der deutschen militärischen Tradition mit mehreren Texten. Ich zitiere:

1806
»Weitläufige Dispositionen sind vor einer Bataille nicht zu geben. Man übersieht so viel als möglich das Terrain, gibt den Divisionsgeneralen, wenn hierzu die Zeit ist, die Generalidee mit wenigen Worten an, zeigt ihnen en gros das Terrain, wo sich die Armee formieren soll. Die Art des Aufmarsches

bleibt ihnen überlassen; nur der schnellste ist der beste. Für das Weitere sind sie verantwortlich zu machen.« (Aus dem preußischen Exerzierreglement von 1806)

Und im Jahre 1860 schrieb Prinz Friedrich von Preußen ein Essay »über Entstehung und Entwicklung des preußischen Offiziersgeistes«. Darin heißt es: »... scheint mir ... auch in den preußischen Offizierskorps überhaupt ein ungewöhnlicher Sinn nach Unabhängigkeit von oben und ein auf sich nehmen der Verantwortlichkeit, wie in keiner anderen Armee, (sich) herangebildet zu haben ...

1860

Die preußischen Offiziere vertragen nicht die Einengung durch Regeln und Schema, wie in Rußland, Österreich, England. Mit unseren Offizieren ist es nicht möglich, so regelrecht eine Defensivschlacht zu schlagen, wie Wellington es, den Einzelnen durch Methode und Regeln einengend, eingeführt hatte. Wir lassen, wie die Dinge naturgemäß einmal liegen, dem Ingenium des Einzelnen freieren Lauf, treiben die Kunst laxer und unterstützen jeden Erfolg selbständig selbst da, wo es gegen die Absichten eines Oberfeldherrn, wie Wellington, gewesen sein würde, der da verlangte, daß er jederzeit über jede Truppe freie Disposition haben müsse. Das kann man aber nicht, wenn die Unterbefehlshaber ohne Wissen und Willen der Oberen sich in Unternehmungen in eigene Hand einlassen, wie bei uns, und alle Vorteile ausbeuten.«

Wieder sechzig Jahre später sagt die »Führungsvorschrift von 1921«: »Nr. 6: Die Grundlage für die Führung bildet der Auftrag und die Lage. Nr. 7: Der Auftrag bezeichnet das zu erreichende Ziel. Der Führer darf ihn nie aus dem Auge verlieren. Nr. 9: Aus Auftrag und Lage entsteht der Entschluß ... Der Führer trägt die volle Verantwortung, wenn er einen Auftrag nicht ausführt oder abändert. Stets muß er dabei im Rahmen des Ganzen handeln.«

1921

In der »Truppenführung« von 1933 steht zudem der Satz: »Der Führer muß den Unterführern Freiheit des Handelns lassen, soweit dies nicht seine Absicht gefährdet.«

1933

Und schließlich lesen wir in der Heeres-Dienstvorschrift (HDv) 100/100: Nr. 1005: »Der übergeordnete Führer bestimmt die Zielsetzung der Operation, stellt die Mittel zur Verfügung und koordiniert mit anderen Bereichen. Seine Absicht und der von ihm gegebene Auftrag sind maßgebend für das Denken und Handeln des nachgeordneten Führers, der für die Erfüllung des erteilten Auftrages verantwortlich ist; ihm ist bei der Ausführung soviel Freiheit wie möglich zu lassen.«

HDv 100/100

Diese Zitate aus dem Aufsatz von Dieter Ose sind sowohl eine Erinnerung daran, daß das, was heute gelten soll, schon zu einer Zeit galt, die in der Geschichte unseres Landes und seiner Armeen weit zurückliegt, vermutlich sogar erheblich weiter als der Text aus dem Jahre 1806. Sie sollen aber auch

»Auftrags-Taktik« und Menschenbild

durch ihren Wortlaut deutlich machen, warum ich meine, daß die »Auftrags-taktik« den Menschen reflektiert, mit dem sie es in früheren deutschen Armeen und in der Bundeswehr ebenso zu tun hat wie er mit ihr. So dient mein Beitrag dazu, das Nachdenken über das Selbstverständnis der Menschen in diesen Streitkräften zu fördern und da, wo wir möglicherweise Entwicklungen erkennen, die von der »Auftragstaktik« wegführen, die Frage anzuregen: »Was verändert sich am Verständnis vom Menschen in unserem Lande und in den Streitkräften?« Nicht nur in der Bundeswehr, aber durchaus auch in ihr, ist die Seelsorge, ist die Kirche bei ihrem Thema, wenn es um das Bild vom Menschen geht und um sein Selbstverständnis. Denn bei ihrem Thema geht es ja auch darum, wer der Mensch ist, den Gott durch Christus erlöst hat.

Undelegier-bare Verantwortung

Es ist unübersehbar, daß in den zitierten Texten der Soldat – auf welcher Führungsebene auch immer – in hohem Maße als Träger einer persönlichen, undelegierbaren Verantwortung beschrieben wird, die keinen Rückzug hinter den »Befehl« zuläßt. Ebenso unübersehbar ist aber auch, daß diese Verantwortung keine Beliebigkeit erlaubt, sondern sich am Auftrag messen lassen muß. Mehr noch:

HDv 100/1

»Auch ohne Auftrag müssen die Führer aller Grade jederzeit darauf eingestellt sein, unverzüglich im Sinne der übergeordneten Führung zu handeln, wenn es die Lage erfordert.« (HDv 100/1 von 1962)

Entschluß und Schuldrisiko

Der Führer trägt die volle Verantwortung für seinen Entschluß, den er aus seiner Beurteilung von Auftrag und Lage faßt. Und das heißt doch nichts anderes, als daß er bereit sein muß, das Schuldrisiko einzugehen, wenn er sich angesichts einer veränderten Lage entschließt, den Auftrag nicht auszuführen oder abzuändern (Führungsvorschrift von 1921, Nr. 9). Es heißt aber auch im Umkehrschluß, daß die »Auftragstaktik« ihm zumutet, die Verantwortung für die Durchführung des Auftrags anzuerkennen, wenn er sich angesichts einer veränderten Lage eigentlich zur Nichtdurchführung oder zur Abänderung des Auftrags hätte entschließen müssen.

Würde und Freiheit

Das kann man nicht einfach nur so wollen und in eine Führungsvorschrift schreiben. Dazu braucht man Menschen, die sich in ihrem Selbstverständnis in einer solchen Führungsvorschrift wiederfinden und auch bereit sind, nach ihr zu handeln und die Konsequenzen für sich ohne das Auffangnetz des Befehls gelten zu lassen. Das Menschenbild, das in diesem Selbstverständnis zum Ausdruck kommt, trägt alle Züge unverlierbarer Würde und Freiheit, die auch dann nicht zur Disposition stehen, wenn ihre Inanspruchnahme in Schuld und Gericht führt.

Zugleich ist es von der Gewißheit bestimmt, daß die übergeordnete Auftragsführung auf diese nachgeordnete Auftragsverantwortung angewiesen ist und sich darauf verläßt, daß jederzeit im Sinne des Auftrags gehandelt wird. Das bedeutet aber auch, daß im Selbstverständnis dieses Menschenbildes der individuellen Urteilskraft im Hinblick auf Lage, Auftrag und Entschluß ein hoher Wert zukommt. Und ohne die Überlegenheit der individuellen Urteilskraft gegenüber dem »Befehl« bliebe die »Auftragstaktik« eine vielleicht schöne, aber nutzlose Theorie. Wo der Soldat aber erfährt, daß seinem eigenen Selbstverständnis von Würde, Freiheit und Urteilskraft das Vertrauen der Führung in ihn korrespondiert, da ist die »Auftragstaktik« eine adäquate Voraussetzung dafür, daß Menschen in diesem Lande und für dieses Land unter den Bedingungen der Streitkräfte miteinander Verantwortung tragen.

An dieser Stelle möchte ich an ein Wort Jesu erinnern, das er zu seinen Jüngern in der »Bergpredigt« sprach. Es steht im Matthäus-Evangelium, Kapitel 5, Vers 20, und lautet:

»Wenn eure Gerechtigkeit nicht besser ist als die der Schriftgelehrten und Pharisäer, so werdet ihr nicht in das Himmelreich kommen.« *Die »bessere Gerechtigkeit«*

Diese Worte sind für mich in einer langen Beschäftigung mit der »Bergpredigt« während der gegenwärtigen Friedensdiskussion zum Schlüssel alles dessen geworden, was Jesus seinen Jüngern und damit überhaupt den Christen in seiner »Bergpredigt« sagen will.

Zunächst muß man wissen, daß die Schriftgelehrten und Pharisäer sehr gottesfürchtige Menschen waren, die nichts anderes im Sinne hatten, als den Geboten Gottes, wie sie etwa in den »Zehn Geboten« und in vielen verbindlichen Auslegungen der »Zehn Gebote« im Spätjudentum niedergelegt waren, restlos gehorsam zu sein. Die Gebote Gottes wurden als Befehle verstanden, die ohne Rücksicht auf sich selbst und andere vom einzelnen auszuführen waren und deren bedingungsloses Beachten die Gerechtigkeit der Schriftgelehrten und Pharisäer, von der Jesus spricht, ausmachte. Der Gehorsam dieser frommen Juden war total. Schuld konnte nur im Ungehorsam gegenüber dem buchstäblich verstandenen Gebot Gottes entstehen. Führte aber solcher Gehorsam dazu, daß Menschen unter seinen Konsequenzen leiden mußten, dann lag die Verantwortung dafür irgendwo, niemals aber bei dem so gesetzestreuen Menschen selber. *Die »Gerechtigkeit der Pharisäer«*

Wenn man will, kann man diese Weise des Gehorsams gegenüber den Geboten Gottes als religiöses Gegenüber zur »Befehlstaktik« verstehen. Und niemand soll sagen, daß das in ihr zum Ausdruck kommende Vertrauen in den obersten Befehlshaber nicht auch Achtung verdient. Zudem ist die fraglose Unterordnung des eigenen Lebens und des eigenen Interesses unter die übergeordneten und vom Individuum weder zu begreifenden noch von ihm zu verwirklichenden Pläne Gottes mit der Welt eine Ausformung menschlichen Selbstverständnisses, die manchem auch heute noch Vorbild sein könnte, der sich längst an sich selbst verloren hat. *Religiöses Gegenüber zur »Befehlstaktik«*

Der Gehorsam der Jünger Jesu

Aber Jesus sagt seinen Jüngern, daß ihre Gerechtigkeit größer sein soll als die der Schriftgelehrten und der Pharisäer. Nach allem, was ich von der Gerechtigkeit der Schriftgelehrten und Pharisäer verstanden habe, bin ich weder bereit, diese »größere Gerechtigkeit« so zu verstehen, als beinhalte sie einen noch strikteren Gehorsam gegenüber den Buchstaben der »Zehn Gebote«, noch kann ich diese Aufforderung Jesu verstehen als eine Inpflichtnahme der Jünger zu einem wörtlichen Gehorsam gegenüber den Geboten der Bergpredigt. Im Gegenteil: Diese »größere Gerechtigkeit« muß doch wohl so verstanden werden, daß die Jünger Jesu, die bereit sind, sich seine Predigt gesagt sein zu lassen, sich auch immer wieder aufmachen müssen, den Willen des Einen zu suchen, der sie in seinen Geboten und in der »Bergpredigt« in Anspruch nimmt, und daß sie ebenso immer wieder die volle Verantwortung für ihr Handeln und seine Konsequenzen auf sich nehmen.

Gehorsam und Urteilskraft

Wenn also die Pharisäer und Schriftgelehrten sich auf das »Es ist geschrieben« berufen konnten und wenn ihr Handeln als Ergebnis ihres Gehorsams gegenüber dem, was geschrieben ist, als gerecht anerkannt werden sollte, unabhängig von den Konsequenzen ihres Handelns für sich und andere, dann war ihre Gerechtigkeit eben die der Schriftgelehrten und Pharisäer. Die Jünger Jesu aber müssen das Risiko auf sich nehmen, Gottes Gebote und Weisungen auf den Augenblick hin anzuwenden, in dem sie im Gehorsam zu handeln haben. Deswegen fragen sie immer nach dem Willen des Herrn, der sich in Geboten und Weisungen kundtut und im gegenwärtigen Handeln verwirklicht werden will, und wissen dabei, daß sie als Nachfolger Jesu unter ganzer Inanspruchnahme ihrer Urteilskraft verantwortlich in der Welt zu handeln haben sogar mit dem Risiko, vor Gott und den Menschen das Falsche zu tun und schuldig zu werden.

Gehorsam und Schuld

Wenn also die Jünger Jesu den Weisungen ihres Herrn buchstäblich folgen wollen, dann müssen sie sich fragen lassen, wie sie vor dem Wort Jesu in Matthäus 5,20 standhalten wollen. Und sie müssen sich selber fragen, ob sie nicht von ihrem Wunsch, unschuldig und auf diese Weise gerecht vor Gott und den Menschen zu bleiben, in die Irre geführt werden. Aber die Jünger Jesu, die bereit sind, das Risiko anzunehmen, das Gott ihnen anbietet, indem er sie nach seinem Willen in seinen Geboten und Weisungen fragen läßt, und die dabei auch die Möglichkeit von Irrtum und Sünde einschließen, müssen bereit sein, sich die Hände und auch noch etwas mehr schmutzig zu machen, wenn sie gehorsam handeln wollen.

Religiöses Gegenüber zur »Auftragstaktik«

Wenn man will, kann man diese Weise des Gehorsams gegenüber den Geboten Gottes als religiöses Gegenüber zur »Auftragstaktik« verstehen. Diese Weise des Gehorsams läßt den Menschen vor Gott als verantwortlich Handelnden in seiner unverlierbaren Würde und Freiheit erkennen, zu der ihn Gott durch Christus befreit hat. Die reformatorische Theologie spricht hier von der Rechtfertigung des Sünders, der sich vor Gott nicht darauf beruft, das gute Werk des buchstäblichen Gehorsams geleistet zu haben, sondern der darauf vertraut, daß Christus ihn rechtfertigt, wenn er dem Willen Gottes gehorsam sein wollte und dabei schuldig wurde.

Ich habe mir in all den Jahren oft die Frage gestellt, wie es kommen konnte, daß die »Auftragstaktik« als besondere preußisch-deutsche militärische Tradition entstand. Und ich denke, daß die Antwort auf diese Frage nicht gefunden werden kann ohne Rücksicht auf die Geschichte dieses Landes, die wie die Geschichte keines anderen Landes geprägt war und in den Auswirkungen auch heute noch ist durch die großen geistlichen Auseinandersetzungen des 16. Jahrhunderts. In unserem Lande setzte damals der große geistige Prozeß ein, in dessen einem Mittelpunkt auch die Frage stand, wer der von Gott durch Jesus Christus erlöste Mensch eigentlich ist. Diese Frage entstand nicht im 16. Jahrhundert, sondern begleitete die Kirche von allem Anfang an, wie wir an dem Jesuswort in Matthäus 5,20 sehen konnten. Diese Frage bewegte den Apostel Paulus wie den Kirchenvater Augustin, um nur diese beiden zu nennen. Und sie bewegte viele andere Menschen in der Kirche, bis sie unter den Bedingungen des 16. Jahrhunderts bei Luther und den Männern der Reformation in Deutschland gewaltig aufbrach und mit zum Zerbrechen der Alten Kirche in unserem Lande beigetragen hat. Durchdringt man aber die leidvollen und teilweise bis heute nicht beruhigten Schichten der kontroverstheologischen Auseinandersetzung, dann kann man erkennen, daß der existenzverändernde Glaube an die Rechtfertigung des Sünders durch Christus, wie er die Predigt und die Lehre der Kirche ja auch immer begleitet hat, das Selbstverständnis der Menschen in diesem Lande schon viel früher bestimmte, als es die streitenden Theologen wahrhaben wollten. Dafür war keineswegs der reformatorische Beitrag allein bestimmend, sondern der gesamte Prozeß der geistlichen Auseinandersetzung zwischen katholischer und evangelischer Theologie, an dem die Menschen bewegten Anteil nahmen und wohl auch nehmen mußten; denn es ging ja in diesen Auseinandersetzungen um sie und um ihr Selbstverständnis als Menschen und Christen.

Kein Land ist an diesem Prozeß so beteiligt gewesen wie dieses. Und wenn Prinz Friedrich von Preußen 1860 schreibt: »Die preußischen Offiziere vertragen nicht die Einengung durch Regeln und Schema wie in Rußland, Österreich, England«, dann zieht er, wenn er nur auf die preußischen Offiziere abhebt, den Kreis gewiß zu eng; denn das dem zugrundeliegende Selbstverständnis wird gewiß auch außerhalb Preußens schon längst zuhause gewesen sein. Für die Russen und Engländer und auch für die Österreicher, die zwar zum deutschsprachigen Raum gehörten, aber an dem beschriebenen Prozeß nicht den Anteil hatten wie die Menschen in Deutschland, traf seine Beobachtung aber gewiß zu. Bis auf diesen Tag scheint die »Auftragstaktik« nur in den deutschen Armeen die Art des Führens zu sein, wenn man von der Ar-

*Geistes-
geschichtliche
Voraus-
setzungen der
»Auftrags-
taktik«*

*»Auftrags-
taktik« –
eine deutsche
militärische
Tradition*

mee des Staates Israel einmal absieht und auch nicht der Frage nachgeht, woher die Menschen kamen, die die Führungsgrundsätze für die israelischen Streitkräfte entwickelt haben.

Erosion der »Auftrags-taktik«?

Wenn ich mit Personen in hoher Verantwortung für die Bundeswehr spreche, dann erfahre ich immer wieder, daß nach wie vor die »Auftragstaktik« das Führungsprinzip in unseren Streitkräften sei. Dennoch habe ich manchmal den Eindruck, daß – aus welchen Gründen auch immer – schon seit Jahren eine leise Erosion dieses Prinzips bemerkbar ist und daß der Alltag der Soldaten der Bundeswehr in Gefahr gerät, nicht mehr von der »Auftragstaktik« her geführt zu werden. Vielmehr kann ein schleichender Übergang zur Befehlstaktik nicht mehr ausgeschlossen werden. Das ist eine irrtumsfähige Beobachtung. Sollte sie nicht ganz abwegig sein, dann sollten alle, die es angeht, im Blick behalten, daß man die Gewohnheiten an Führungsprinzipien nicht bei Bedarf vergessen machen und das nicht mehr Gewohnte dagegen in Kraft setzen kann.

Verände-rungen im Menschen-bild?

Und sollte meine beschriebene Beobachtung nicht ganz abwegig sein, dann wäre sie aber auch Anlaß genug, darüber nachzudenken, welchen Anteil neben den Soldaten der Bundeswehr auch die Pädagogen und Theologen, die Schriftsteller und Politiker, die Journalisten und die Künstler und alle anderen, die in unseren Zeiten auf das Selbstverständnis der Menschen Einfluß nehmen, an dieser Veränderung des Menschenbildes in unserem Lande hätten. Denn so wenig das Führungsprinzip der »Auftragstaktik« wirkungsvoll angewendet werden kann, wenn es nicht dem Selbstverständnis der jeweils Führenden und Geführten entspricht, so wenig kann seine Erosion in einem so großen sozialen Organismus, wie es die Bundeswehr nun einmal ist, erklärt werden, wenn nicht Veränderungen im Selbstverständnis der Menschen überhaupt eingesetzt haben. Verlieren wir die bis in die Tiefen des Menschenbildes bei uns eingewurzelten Erkenntnisse der kontroverstheologischen Diskussion des 16. bis 18. Jahrhunderts? Verlieren wir sie unter dem Eindruck geistiger Bewegungen, an denen wir nur noch passiv teilnehmen und die uns doch so absorbieren, daß sich die Tiefen unseres eigenen Selbstverständnisses als Menschen langsam verändern und wir gar nicht merken, wie die freie Bereitschaft zur Verantwortung bis hin zur Schuldübernahme einem Erwarten der Befehle weicht, um ja nicht schuldig zu werden oder auch nur das Gesicht zu verlieren?

Fragen an die Kirche

Sollte das so sein, dann ergäbe sich daraus für mich eine Anfrage vor allem auch an die Kirche beider Konfessionen in unserem Lande, ob sie, die sie selbst entscheidend an der Formung des Selbstverständnisses der Menschen in unserem Lande beteiligt war, in unserer Zeit überhaupt noch das notwendige geistliche Potential im Bewußtsein der Menschen hat, das die Menschen bei dem noch so überzeugenden, weil so eigentlichen Menschenbild bleiben läßt. Hat die Kirche in ihrer gegenwärtigen Predigt und Zuwendung zum

Menschen den uralten Irrtum aufkommen lassen, als sei die Proklamation des in den moralischen Anspruch für wörtlich zu befolgende Anordnungen genommenen Menschen das eigentliche Thema der Kirche? Wenn die Menschen aber aus der Predigt der Kirche nicht mehr die Befreiung zur Verantwortung, sondern die neue Bindung an ein Gesetz erfahren, wie es die Pharisäer und Schriftgelehrten für ihre Gerechtigkeit brauchten, dann sagt die Kirche den Menschen nichts anderes, als was sie auch sonst in dieser Welt erfahren können.

Für die Soldaten der Bundeswehr, auch und insofern sie Christen sind, sollen diese Erwägungen zum Thema »Mensch und Taktik« Erinnerung daran sein, daß sie mit der Sache der »Auftragstaktik« viel mehr in ihre Verantwortung gelegt bekommen haben als nur die für die Effizienz einer Führungsart im Gefecht, die gegebenenfalls austauschbar wäre gegen eine effizientere. Sie haben mit der Vergewisserung der »Auftragstaktik« auch ihren Anteil daran, daß der Mensch in unserem Lande sich durchhalte als der, der er in jenen bewegten Tagen der geistlichen Auseinandersetzung wurde. Dabei geht es nicht darum, andere Länder und deren Menschen mit ihrem Selbstverständnis zu qualifizieren. Es geht darum, daß wir Verantwortung gegenüber unserer uns von Gott zugewiesenen Geschichte tragen. Und diese Verantwortung nimmt auch den Soldaten der Bundeswehr keiner ab, zumal dann nicht, wenn sie Christen sind.

Fragen an die Christen in der Bundeswehr

Die Gedanken dieses Aufsatzes habe ich mehrfach in Offizierarbeitsgemeinschaften besprochen. Für viele wertvolle Hinweise von Offizieren bin ich dankbar.

Notwendiger Nachtrag

Mein besonderer Dank gilt Oberst i. G. Klaus Wittig (G3 im WBK III) dafür, daß er mich zuletzt noch auf das besondere Verständnis aufmerksam machte, von dem die Auftragsführung gegenüber der nachgeordneten Auftragsverantwortung bestimmt sein sollte.

Tatsächlich kann man den am zitierten Text Matthäus 5,20 gebildeten christlichen Gehorsam gegenüber Gott und seinen Geboten als religiöses Gegenüber zur »Auftragstaktik« ebenso verstehen wie das Wort Christi in Lukas 6,36 (»Seid barmherzig, wie auch euer Vater barmherzig ist«) als religiöse Inpflichtnahme der Auftragsführung. Der Schuldträchtigkeit der Auftragsverantwortung müssen Verständnis und Vergebungsbereitschaft auf der Seite der Auftragsführung korrespondieren. Das Menschenbild, in dem die »Auftragstaktik« wurzelt, ist unteilbar.

Werner Lange

Die Autorität des militärischen Führers

Im Umgang mit jungen Menschen wird der militärische Führer schnell deren ungeduldig forderndes Suchen nach wirklicher Autorität und ihre Bereitschaft, berechtigte Autorität anzuerkennen, wahrnehmen.

Autorität braucht Vertrauen

Diese Autorität wird zunächst getragen vom Vertrauen. Danach muß sie sich die Frage stellen lassen, ob sie das ihr gegebene Vertrauen zu Recht in Anspruch nimmt. Autorität kann nur dort sein, wo sie Anerkennung gefunden hat, die der freiwilligen Zustimmung des Untergebenen entsprungen ist. Zwang kann erreichen, daß der äußere Rahmen stimmt, daß der Dienst klappt, nicht aber, daß Aufgaben aus Einsicht erfüllt werden. Auftragserfüllung aus Überzeugung ist das Ziel der Menschenführung in den Streitkräften. Richtig verstandene Autorität ist dazu die Voraussetzung.

Der Begriff Autorität hätte vermutlich in seiner Geschichte keine so große Bedeutung erlangt, wenn er nicht im Laufe der Jahrhunderte zu einer ethischen Vorstellung geworden wäre. Aus der römischen Rechtssprache kommend, wurde die römische »auctoritas« später von der katholischen Kirche integriert und als »divina auctoritas« bekannt, als die mit Schöpferkraft ausgestattete göttliche Macht. Autorität ist aus der Notwendigkeit heraus entstanden, das Zusammenleben in einer Gemeinschaft zu regeln.

Bejahte Abhängigkeit

Wir verstehen heute unter Autorität eine anerkannte Macht, die aufgrund ihrer errungenen und nicht nur machtmäßig behaupteten Stellung für unser Denken, Fühlen und Handeln maßgebend und entscheidend ist. Der Soziologe Max Horkheimer hat Autorität »bejahte Abhängigkeit« genannt.

Im Gegensatz dazu ist Macht ohne ethisch-sittliche Grundlagen das Unterdrückungsmittel, mit dem totalitäre Staaten regieren. Machtmißbrauch, der sich in illegitimer Gewalt ausdrückt, führt unweigerlich zur absoluten Vorherrschaft eines Menschen über andere. Eine solche Form der Gewalt bricht den Willen des anderen. Gewalt dieser Art ist für uns heute undenkbar. Das Grundprinzip für den ethisch rechten Gebrauch der Macht ist, daß sie eine Dienstfunktion am Menschen erfüllt. Jede Macht, die ein Autoritätsträger ausübt, ist solange ethisch richtig, als sie diesem Ziele dient. Dem, der sein Ziel allein nicht erreichen kann, soll die Macht eines anderen dienstbar sein.

Dienst für das Gute

Macht der Autorität hat also keinen Selbstwert. Autorität bekommt ihre Legitimität durch ihr Vermögen, den Untergebenen auf dessen Ziel hinzuführen. Autorität ist folglich eine richtungsbestimmende, legitime Macht. Legitimität erhält sie dadurch, daß sie die Fähigkeit besitzt, das Gute zustande zu bringen. Dieses Gute ist die Vollmacht des Trägers von Amtsautorität.

92

Dem Anspruch desjenigen, der Autorität hat, entspricht die Würde des Unterstellten. Ihr Verhältnis zueinander ist ein gegenseitig verpflichtendes, wenn auch nicht gleiches Vertrauens- und Abhängigkeitsprinzip. Theodor Heuss sah die Autorität erwachsen aus der »moralischen Verbundenheit, die sich freiwillig sachliche Gefolgschaft erzwingt«. Eine solche Gefolgschaft meint nicht, sich nur deshalb nach dem Vorgesetzten zu richten, weil man davon Nutzen oder Vorteil erwarten kann, sondern das freiwillige Folgen, weil man anerkennt, daß der andere in irgendeiner Weise und auf irgendeinem Gebiet überlegen ist.

Freiwilliges Folgen

Wenn man davon ausgeht, daß im Grundsatz alle Menschen gleich sind, handelt es sich hier um eine faktische Überlegenheit, die aus einem Mehr an Einsicht oder Wissen entsteht. Eine solche Autorität findet Anerkennung deshalb, weil sittliche Handlungen bei fehlender Einsicht in die Art und Weise, wie das Ziel erreicht werden kann, nicht zustande kämen. Nur so erhält Autorität die geistig-seelische, fachliche Überlegenheit, die einhergeht mit Hilfsbereitschaft und Verantwortungsübernahme.

Jeder Autoritätserklärung, die nur von der Überlegenheit ausgeht, fehlt die Anerkennung, durch die allein Autorität lebt. Autorität kann nur dort sein, wo sie Anerkennung gefunden hat, die aus dem Freiheitsraum des anderen entspringt. Autorität ist der Freiheit zugeordnet. Nur in der Freiheit kann das rechte Gefühl für Autorität wachsen, und nur in der Freiheit ist erfahrbar, daß dem Vorgesetzten echte Autorität allein durch Leistung und beispielhafte Haltung zuwächst. Nur in der Freiheit ist der Soldat bereit, aus freiem Willen Autorität anzuerkennen und zu respektieren.

Autorität nur in Freiheit

Die Bereitschaft des Soldaten, Autorität anzuerkennen, setzt das Wissen um die Erfordernisse des Krieges mit der Notwendigkeit schneller Entscheidungen und rascher Befehlsausführung voraus, die eine Struktur der Streitkräfte verlangen, die auf dem Prinzip von Befehl und Gehorsam sowie einer hierarchischen Gliederung aufbauen. Die Anerkennung der Autorität des militärischen Führers darf nicht auf der beliebigen Entscheidung des Untergebenen gründen. Zwar darf Autorität die Freiheit des Untergebenen nicht aufheben, andererseits birgt es aber Gefahren in sich, wenn das Maß an Zustimmung einseitig von der freien Entscheidung des Betroffenen abhängig gemacht wird. Verantwortung ist die wechselseitige Bedingung zur Autorität. Autorität verleiht Macht zu bestimmen und zu gebieten sowie handeln zu können und zu dürfen aus höherer Einsicht und größerer Erfahrung.

Ziel der autoritären Weisung ist nicht so sehr, bestimmte Einzelhandlungen zu erreichen. Sie will Einstellungen, eine innere Haltung wecken, die dann ihrerseits zur Grundlage ganz bestimmter Handlungen wird. Autorität will die freie Zustimmung des anderen finden. Dabei ist Kritik an der Autorität nicht nur möglich, sie muß vielmehr dauernd vorhanden sein, wenn der Untergebene nicht in die Abhängigkeit geraten will.

Kritische Begleitung

Solange es menschliche Gemeinschaften gibt, hat es die gleichen Grundprobleme einer Ordnung gegeben, ohne die ein Zusammenleben nicht möglich erscheint. Dazu gehören das Streben nach Recht, der Gegensatz zwischen Unterordnung und Freiheit und nicht zuletzt der Wille und auch die Notwendigkeit, andere Menschen zu führen, sie zu prägen und zu erfüllen. Das sind die Grundvoraussetzungen für Autorität, denn ohne Autorität ist jeder Führungsanspruch vergeblich. Aber jede Autorität bedarf wiederum einer Bindung, um nicht in Willkür auszuarten.

Autorität Gott

Ohne die Anerkennung eines höheren Sinnes des Lebens gäbe es keine Autorität. Karl Jaspers hat gesagt: »Gott ist die einzige Autorität.« Wir Menschen sind auf Gottes Gnade, seinen Rat und seine Hilfe – eben auf seine Autorität angewiesen. Vor dem Angesicht Gottes wird aber auch die Verantwortlichkeit irdischer Autorität deutlich. Nur in dem Maß, in dem der Mensch bereit ist, sich der letzten Autorität Gottes zu beugen und in dem er erkennt, daß sein Handeln gebunden ist in seiner Verantwortung vor Gott, wird er auch irdische Autorität ausstrahlen können.

Persönliche Autorität und Amtsautorität oder Führungs- und Leistungsautorität sind die beiden Formen, in denen sich menschliche Autorität verwirklicht. Wenn Autorität darauf ausgerichtet ist, die freie Zustimmung des anderen zu finden, wenn sie also nicht erzwingbar ist und nur durch Überzeugungskraft ihr Ziel erreichen kann, scheint die Übertragung von Befehls- oder Amtsgewalt dem nicht zu entsprechen.

Ein Staat, der auf jede Macht zur Erhaltung der Freiheit, des Friedens und des Rechts verzichtet, erfüllt jedoch seine Aufgabe nicht. Autorität ist also auch obrigkeitlich.

Der Verfassung unterworfen

Weil die Amtsgewalt an die Verfassung geknüpft ist, hat sie eine moralische Qualifikation. Sie hat eine Legitimität, die einsichtigen Gehorsam auch von seiten des Amtsträgers verlangt. Der Vorgesetzte ist unbedingt und uneingeschränkt einer institutionellen Autorität, nämlich der Verfassung und den Gesetzen, unterworfen.

Genaugenommen hat also nicht der Amtsträger die Autorität, sondern das Amt selbst besitzt sie. Das Amt hat seinen Sinn von der Aufgabe her, menschliche Gemeinschaft funktionsfähig zu erhalten. Vom Amt her bekommt der Amtsträger Autorität. Innerhalb des ihm zustehenden Bereichs hat er Vollmacht und Pflicht. Die Ziele seiner Tätigkeit setzt die Gemeinschaft. Der Amtsträger dient dem Gemeinwohl. Autorität ist ein Vorteil, der ihm zugestanden wird, weil er ein Amt in der Gemeinschaft innehat. Die demokratische Verfassung einer Gemeinschaft ist die beste Gewähr dafür, daß diesen Grundsätzen entsprochen wird.

Autorität durch ein Amt

Im Gegensatz zur persönlichen Autorität entsteht Amtsautorität also allein aus der Tatsache heraus, daß der Vorgesetzte ein Amt innehat. Das Amt räumt ihm eine Überlegenheit ein, die ihm von Natur aus zunächst nicht zukommt. Nicht auf der sicheren Erkenntnis, daß der Vorgesetzte das Richtige besser weiß, sondern auf der Wahrscheinlichkeit baut sich das Gehorsamsverhältnis auf.

Streitkräfte können nicht ohne Amtsautorität existieren. Gehorsam kann nicht davon abhängig gemacht werden, ob der betreffende Vorgesetzte zufällig persönliche Autorität hat oder nicht. Als verpflichtende Handlungsnorm muß folglich das gelten, was vom Vorgesetzten verlangt wird. Und das ist zunächst Gehorsam.

Gehorsam ist die von der Autorität ausgehende Forderung, welche die Freiheit am meisten einschränkt. Deshalb kommt der Achtung vor dem Menschen bei der Anwendung von Amtsautorität und der Verhinderung von Amtsmißbrauch so überragende Bedeutung zu. Erst das menschliche Miteinander ergibt die sittliche Atmosphäre. Jeder Mensch verfügt über ein gesundes Selbst- und Wertgefühl. Wird er darin nicht ernst genommen oder geachtet, nimmt er Schaden oder revoltiert.

So bleibt die Sorge um den Menschen und um das Menschliche vornehmste Pflicht des Vorgesetzten. Niemals darf er im Mißbrauch seiner Amtsgewalt den Untergebenen als Mittel zum Zweck betrachten oder gar behandeln.

»Die Würde des Menschen«, so formulierte das »Handbuch Innere Führung«, »hat noch im geringsten Anspruch auf Achtung und Ehre. Daß der Mensch ursprünglich einmal nach dem Bild Gottes geschaffen wurde, sollte uns bewußt bleiben.«

Würde des Menschen

Für Amtsautorität im militärischen Raum gilt, daß ihr Befehlsgewalt eingeräumt werden muß, wenn die Armee nicht ihre Funktionsfähigkeit verlieren soll. Gemeinsames Handeln ist ohne die Elemente Befehl und Gehorsam nicht möglich.

Gehorsam ist dabei, das zu tun, was der Vorgesetzte will. Dieses Tun baut auf dem Urteil über die Legitimität der Autorität auf. Daraus folgt, daß Gehorsam solange als sittlich erlaubt gelten kann, als dieses Urteil positiv ausfällt.

In der Ausführung, nicht jedoch im Urteil, schließt sich der Untergebene zunächst der Autorität an, wenn er im inneren Widerspruch aufgrund anderer Meinung oder von Zweifeln über die Richtigkeit der Handlung steht.

Gehorsam notwendig

Deshalb fordert die Armee vom Vorgesetzten, daß er sich das Vertrauen der ihm anvertrauten Soldaten erwirbt. Die Autorität, die das Amt, der Rang oder der Dienstgrad verleihen, ist nur ein Gefäß, das mit echter Autorität zu füllen ist. Im Gefecht wird nur Autorität Bestand haben, die sich auf Vertrauen gründet.

Bundesverteidigungsminister Georg Leber hat das bei einem Vortrag vor der »Schule der Bundeswehr für Innere Führung« in Koblenz mit den Worten verdeutlicht: »Befehl und Gehorsam dürfen nicht Ausrede und nicht Ersatz für fehlende Autorität sein, sind keine Rückfallpositionen für schlechte oder unzeitgemäße Menschenführung ... Sie ist die Kunst des Umgangs mit Menschen und des Umgangs miteinander.«

Autorität muß erreichen, daß das Urteil aus Einsicht übernommen wird. Der Vorgesetzte muß seine Gründe offenlegen, er muß sich auch einmal der Kritik aussetzen. Das ist mühevoller als der Rückzug auf die reine Amtsautorität und birgt auch die Gefahr in sich, einmal gegebene Befehle aufheben zu müssen. Aber es schafft Vertrauen.

So unerläßlich also auch Amtsautorität sein mag, der Bezugspunkt echter Autorität liegt im Menschlichen. Nur in dem Maße, in dem der Vorgesetzte Autorität als Beziehungsverhältnis zwischen Menschen anzuerkennen bereit ist, wird er persönliche Autorität gewinnen.

Autorität *als* *Charisma* Es gibt militärische Vorgesetzte, die in beeindruckender Weise Autorität ausstrahlen und Überzeugung, Initiative und Einsatzwillen auslösen können. Dieses »Charisma« ist weder lehr- noch lernbar. Der charismatische Vorgesetzte gilt als der berufene Führer, dem man nicht kraft Gesetzes folgt, sondern weil man an ihn glaubt, weil man ihm vertraut.

Trotzdem ist die persönliche Autorität des Vorgesetzten keine andere als die für jeden Menschen gültige. Jeder, der Menschen ausbildet oder erzieht, muß Autorität besitzen. Autorität gewinnen zu wollen, setzt vor allem Bescheidenheit, Vorbild, Treue, Leistungsbereitschaft und fachliches Können voraus. Der Vorgesetzte muß selbstlos und hilfsbereit, aufrecht und ehrlich sein, er muß Verantwortungsbewußtsein und Sinn für Gerechtigkeit zeigen, und er muß sich den Belastungen des Dienstes zusammen mit seinen Untergebenen stellen.

Hohe *Qualifikation* Die persönliche Autorität setzt Qualifikationsmaßstäbe und entscheidet nach diesen. Der Vorgesetzte muß sich bemühen, seine Persönlichkeit zu festigen, sein Fachgebiet zu beherrschen, sein Können und seine Leistung zu mehren. Führungsautorität entsteht, wenn der Vorgesetzte mehr Einsicht oder Wissen hat. Solche Überlegenheit legitimiert ihn, Weisungen und Anordnungen zu geben. Eine größere Sachkenntnis, die bessere Einsicht in Zusammenhänge und eine größere Entschlußfähigkeit, das sind die Eigenschaften, die demjenigen fehlen, der sich der Autorität des Vorgesetzten unterwirft.

Persönliche Autorität muß errungen werden, und zwar täglich neu. Autorität, die nur auf der Durchführung ihrer Anordnungen besteht und nicht bereit ist, ihre Befehle zu begründen, verwirkt den Anspruch auf persönliche Autorität. Sie beharrt vielmehr auf dem Mittel des Gehorsamsanspruchs, ohne daß die Autorität ihre innere Berechtigung erhält.

Persönliche *Disziplin* Der Vorgesetzte, der Autorität ausübt, muß ein hohes Maß an eigener persönlicher Disziplin zeigen, das zur Ausübung echter Autorität unabdingbar gehört. Je mehr Soldaten ihm unterstehen, um so disziplinierter muß er selber sein. Er darf auch nicht unsicher sein. Er darf keine Angst zeigen; er muß wissen, wie man der Angst Herr wird.

Dazu kommt sein Bemühen, sein Wissen und seine Kenntnisse zu vermitteln, den Untergebenen also auf seine Ebene zu ziehen. Die Vermehrung des Wissens und der Einsicht der ihm Anvertrauten ist letztlich Sinn der Autorität. Der Respektvorschuß, der ihm aufgrund seiner Amtsautorität entgegengebracht wird, muß im Rahmen der personalen Autorität eingelöst werden. Nur so erwächst freiwilliger Gehorsam.

Die Armee verlangt von ihren Vorgesetzten autoritätsgerechtes Verhalten. Denn letztlich wird die Autorität des Staates an der ihrer Träger gemessen. Mit der Autorität verbunden ist die Verpflichtung zu amtsgemäßem und amtswürdigem Verhalten im Dienst und im privaten Leben. Die Armee wirkt nicht aus sich heraus, sondern durch Personen. Autorität ist verletzbar durch das autoritätswidrige Verhalten jener, die sie innehaben. Nicht ohne Grund fordert darum das Soldatengesetz im § 10: »Der Vorgesetzte soll in seiner Haltung und Pflichterfüllung ein Beispiel geben.« *Der Autorität entsprechend verhalten*

Ein wesentliches Beispiel echter Autorität ist darum auch die Fähigkeit zur Menschenführung. Wem diese Fähigkeit abgeht, wird es immer schwer haben, Autorität geltend zu machen. Schüler und Soldaten sind diejenigen Gruppen, die relativ schnell zwischen Lehrern und Vorgesetzten unterscheiden, die Autorität haben, und jenen, denen sie fehlt. Derjenige, der Autorität hat, kommt in der Regel mit einem Minimum an Strafgewalt aus, ohne daß deswegen die Ordnung leidet.

Die Grenze der Autorität liegt dort, wo die freiwillige Zustimmung aufhört. Auch in der Armee gibt es Bereiche, in denen Gehorsam nur durch Strafandrohung erzwungen werden kann. Hier wird die Freiheit eingeschränkt und ein deutlicher Mangel an Autorität sichtbar.

Autorität und Disziplin schließen die Freiheit nicht aus und verletzen auch die Menschenwürde nicht, sondern haben diese zur Voraussetzung. *Hohe Anforderung*

Autorität ist ein Geschenk und ein Auftrag an die Person ihres Trägers. Das gilt in besonderem Maße für die Autorität im militärischen Bereich, dessen hierarchisches Gefüge ihr eine außergewöhnliche Wirkungskraft eröffnet. Der Soldat der Bundeswehr stellt hohe Anforderungen an seine Vorgesetzten, die ihn im Einsatz führen sollen. Er will ihnen begründet vertrauen. Deshalb sind die erzieherische Fähigkeit und das Vorbild des Vorgesetzten von so großer Bedeutung. Der Untergebene sieht seinen Vorgesetzten täglich. Er gewinnt einen klaren Eindruck darüber, ob der Vorgesetzte selbst das lebt und verwirklicht, was er von seinen Untergebenen fordert.

Der Vorgesetzte, der aus der Anonymität heraus führt, der Kühle verbreitet, sich unpersönlich und wenig kontaktfreudig gibt, dem die Fähigkeit fehlt, das rechte Wort im rechten Augenblick zu sagen, wird schwerlich die menschlichen Kräfte seiner Soldaten mobilisieren und auf ein gemeinsames Ziel hin ausrichten können.

Autorität ist zu erwerben und immer aufs neue zu verdienen. Leistung und

Autorität
muß
wachsen

Vorbild sind die Voraussetzungen beständigen Vertrauens in den Träger der Autorität.

Als Ergebnis des Gesagten bleibt für den militärischen Führer festzuhalten: Autorität ruht in menschlichen Werten. Sie wird heute nicht mehr mit dem Alter, mit dem Rang oder der Stellung gegeben, sie muß wachsen und in einem Leben des Lernens und Reifens ständig neu erworben werden. Autorität läßt sich weder organisieren noch befehlen. Sie bleibt letztlich immer mit der Person verbunden und erst dann mit dem Amt. Sie hat neben Charakter und Können die Voraussetzung, daß ihr Träger selbst seiner Sache lebt und mit diesem Wirken ein Beispiel für andere gibt. Denn Soldaten wollen wissen, wo der steht, der sie führt.

Wer nach Autorität verlangt, der muß auch bereit sein, sich ständig vor seinem Gewissen darüber Rechenschaft abzulegen, ob er dem hohen Anspruch, Menschen zu führen, und seiner damit verbundenen Verantwortung vor Gott gerecht wird.

Literatur

Bundesministerium der Verteidigung (Hrsg.): Handbuch Innere Führung. Bonn, 1957

Bruce Clarke – Hubert Walitschek: Leitfaden für Führer und Kommandeure. Regensburg, 1978

Theodor Eschenburg: Über Autorität. Frankfurt/Main, 1965

von Gadow: Die Autorität des Vorgesetzten. In: Information für die Truppe. Bonn, 1959, S. 743 ff.

Theodor Heuss: Politik. Halberstadt, 1927

Karl Jaspers: Die großen Philosophen. Bd. 1. München, 1957

Ulrich Mann: Krise der Autorität. In: Information für die Truppe. 1965, Beilage 2

Ambrosius Karl Ruf: Konfliktfeld Autorität. München, 1974

Wolfgang Schall: Führungstechnik und Führungskunst. Bad Harzburg, 1965

Adam H. Schimmelpfennig: Autorität in der modernen Gesellschaft. In: Information für die Truppe. 1978, 47 ff.

Paul Wacker: Soldatentum in der Demokratie. In: Information für die Truppe. 1962, Beilage 1

Eberhard Wagemann: Der Beruf des Offiziers heute. In: Information für die Truppe. 1961, S. 344 ff.

Was ist Autorität und worauf gründet sie sich? Vortragsmanuskript ohne Verfasserangabe. In: Information für die Truppe. 1960, Beilage 1

Max Weber: Wirtschaft und Gesellschaft. Tübingen, 1956

II. Gehorchen

August Wilhelm Anton Graf Neidhardt von Gneisenau
Preußischer Generalfeldmarschall (1760–1831)

*Hat ein Volk Wohlstand, Aufklärung, Sittlichkeit und bürgerliche Freiheit,
dann wird es sich eher vernichten lassen, als solche aufgeben.*

Carl von Clausewitz
Preußischer Generalmajor und Kriegstheoretiker (1780–1831)

Und so sind denn auch die meisten Gegenstände halb aus physischen, halb aus moralischen Ursachen und Wirkungen zusammengesetzt, und man möchte sagen: die physischen erscheinen fast nur wie das hölzerne Heft, während die moralischen das edle Metall, die eigentlich blank geschliffene Waffe sind.

Werner von Scheven

Gehorchen

Militärische Beschreibung

»Vorgesetzter ist, wer befugt ist, seinen Soldaten Befehle zu erteilen ...
Der Soldat muß seinen Vorgesetzten gehorchen. Er hat ihre Befehle nach
besten Kräften vollständig, gewissenhaft und unverzüglich auszuführen ...«
So heißt es im Soldatengesetz, und dort wird zugleich die Gehorsamspflicht
eingegrenzt (SG § 1, Abs. 4 und § 11).
Jeder Soldat hat einen unmittelbaren und meist zahlreiche weitere Vorge-
setzte mit unterschiedlichen Aufgaben und Befehlsbefugnissen.
Oberster Vorgesetzter ist im Frieden der Bundesminister der Verteidigung,
im Kriege der Bundeskanzler. Kein aktiver Soldat kann Inhaber der höch-
sten Befehls- und Kommandogewalt sein.
Alle Streitkräfte funktionieren nach dem Prinzip von Befehl und Gehorsam.
Komplexität und rascher Ablauf von Gefechtshandlungen, Gefahren und
Risiken, Unübersichtlichkeit und Ungewißheit der Lageentwicklung, der
Gefechtsstreß, vor allem aber die politische Kontrolle über das militärische
Instrument sind wesentliche Gründe.
Bloßes Funktionieren reicht jedoch nicht aus, und Technik funktioniert nicht
nach Befehl und Gehorsam. Schlagkraft und Überlebensfähigkeit erwachsen
erst, wenn zum äußeren Rechtsgehorsam die innere Anerkennung eines ge-
meinsamen Wertebezugs und die aktive »Mitarbeit« hinzukommen.
Aus Zwang wird Disziplin. Sie ist nach alter Erfahrung eine Wohltat für alle.
Offiziere sind für die Disziplin ihrer Untergebenen verantwortlich (SG § 10,
Abs. 2).
Mündiger Gehorsam drückt sich aus in Mitdenken, Initiative, Mut und Hin-
gabe.
Der Offizier darf sich dabei von niemandem übertreffen lassen.

Peter H. Blaschke

Gehorchen

Theologische Überlegung

»Wer hat euch aufgehalten, der Wahrheit zu gehorchen?«

Galater 5,7

Gehorchen können nur Menschen. Gott will. Von Gottes Willen zu reden, ist mehr als von Befehlen zu reden. Wo Gott will, ist es immer schon Realität: Es werde Licht ... Und es ward Licht ... Laßt uns Menschen machen ... Und Gott schuf den Menschen zu seinem Bilde ... (1. Mose 1,3 und 26ff.)

Wo Gott etwas will, werden alle Widerstände überwunden. Menschen, die Gott berief, in seinem Auftrag zu verkündigen, haben immer wieder versucht, sich gegen diesen Auftrag zu wehren. Sie hatten Angst. Sie fühlten sich unfähig. »Wer bin ich, daß ich zum Pharao gehe und führe die Israeliten aus Ägypten?« fragt Mose ängstlich (2. Mose 3,11). Aber Gott setzt sich durch.

Gottes Wille schließt auch das Leiden derer ein, die gehorchen. Jesus betet in Gethsemane: »Vater, willst du, so nimm diesen Kelch von mir, doch nicht mein, sondern dein Wille geschehe.« (Lukas 22,42) Und Gottes Wille heißt Kreuz.

Alle, die Gottes Willen befolgt haben, haben jedoch auch erfahren, daß das Leiden nur das Vorletzte war. Wo Gott will, geht es immer um seinen Heilsplan mit dieser Welt und den Menschen, da geht es immer um das Ziel der Geschichte, um das verheißene Heil. Und das heißt, es geht um Leben. Gott gehorsam zu sein, bedeutet, als ganzer Mensch teilzuhaben an Gottes Heilsplan. Um diese Ganzheit auszudrücken, spricht Jesus nicht von Gehorsam, sondern von der Nachfolge.

Wo Menschen Menschen gehorchen, kann es keinen Gehorsam geben, der sich über alle Widerstände hinwegsetzt, kann es keinen blinden Gehorsam geben. Menschen können, wenn sie Gehorsam fordern, Leben nicht garantieren. Die Geschichte der Menschen ist voll von Beispielen mißbrauchten Gehorsams: von Befehlenden, die ihre Macht und Autorität mißbrauchten und sich selbst absolut setzten, von Gehorchenden, die entmündigt wurden und nicht mehr nach Sinn und Ziel des Gehorsams fragen durften. Die brutale Durchsetzung der Macht der Befehlenden und die Entmündigung der Gehorchenden führt immer in das Leiden hinein, nie aus dem Leiden heraus.

Wo Menschen Menschen gehorchen, muß Sinn und Ziel für beide klar sein. Dann ist Gehorsam nichts weiter als die geistige Leistung, Sinn und Ziel in der Gehorsamsforderung wiederzuerkennen. Ebenso ist der Befehl aber die geistige Leistung, Sinn und Ziel immer zugleich mit deutlich zu machen. Dieses allein schafft das Vertrauen, das für Befehl und Gehorsam notwendig ist. Gehorchen heißt dann, Verantwortung zu übernehmen um des gemeinsam für gut und richtig erkannten Zieles willen. Vielleicht kann nur der wirklich Gehorsam fordern und Gehorsam leisten, der aus der letzten Geborgenheit dessen lebt, der will, daß die Welt und die Menschen heil werden, leben.

Eckart Busch

Staatsverfassung und Wehrverfassung

Aktuelle und historische Bemerkungen

»Die Gewährleistung von Schutz und Frieden im Innern wie nach außen gehört, seit Menschen über den Staat nachgedacht haben, zu den Gründen, die den Staat rechtfertigen und seinen Zweck erklären.« (Stern) In dieser Erkenntnis kommen Legitimation und Funktion des Staates in klassischer Kürze zum Ausdruck. Der Schutz von Staat und Volk gegen äußere Angriffe ist eine der wichtigsten – und in vielen historischen Lagen den Staat als Gemeinschaftsverband begründenden – staatlichen Aufgaben. Artikel 51 der Satzung der Vereinten Nationen bestätigt völkerrechtlich das staatliche Recht der individuellen und kollektiven Selbstverteidigung.

Staat –
Souveränität –
Sicherheit

Der Staat der Neuzeit hat aber nicht nur ein Verteidigungsrecht, sondern im Hinblick auf die ihm anvertrauten Bürger auch eine Verteidigungspflicht, wie sie etwa in der Präambel zur amerikanischen Verfassung zum Ausdruck kommt: »To provide for the common defence«. Diese Verteidigungspflicht beruht auf der Konzentration aller Gewalt beim Staat. Das staatliche Gewaltmonopol – eine Errungenschaft der beginnenden Neuzeit – ist das entscheidende Profil des modernen Staates und grenzt ihn gegen die Gewaltenvielfalt mittelalterlicher Herrschaftsverbände elementar ab. Faustrecht und Fehde, die seinerzeit durchaus rechtlich ausgeformte Institute waren, machen den staatlichen Aufgaben der Bewahrung des Rechtsfriedens und der Gewährleistung der Sicherheit Platz. Am Ende des langwierigen Übergangs der individuellen Gewalt und Rechtsdurchsetzung auf den Staat steht das staatliche Gewaltmonopol als entscheidender Bestandteil und Ausdruck der staatlichen Souveränität. Auf Grund seiner Souveränität, die keine andere Befehls- und Zwangsgewalt neben sich duldet, hat der Staat einerseits Anspruch auf Gehorsam seiner Bürger, andererseits die Pflicht, Leben und Gesundheit, Eigentum und Freiheit seiner Bürger zu schützen. Der Gehorsamsanspruch findet in der staatlichen Schutzgewährung seine Entsprechung, wie sie in der Doppelformel von »protection et obéissance« (Bodin) zum Ausdruck kommt. Militärhoheit und Wehrgewalt sind seitdem unverzichtbare Bestandteile der staatlichen Souveränität.

Der Schutz von Staat und Bürgern gegen äußere Angriffe ist Sache der Streitkräfte und Soldaten. Ihnen ist die »protection« insoweit anvertraut. Damit nehmen sie eine ureigene staatliche Aufgabe wahr, deren politische Relevanz und Wertigkeit zu Beginn einer Prioritätenskala der Staatsziele, Staatszwecke und Staatsaufgaben einzuordnen ist. Für die ethische Bewertung des soldatischen Dienstes kann dieser rechtliche Ansatz und Zusammenhang

104

von Souveränität, Gewaltmonopol, Staatslegitimation und Staatsaufgaben als Grundlage für den Auftrag der Streitkräfte und den Dienst der Soldaten nicht außer Betracht bleiben.

Mit der Existenz von Streitkräften und Soldaten stellt sich die Frage ihrer Einordnung in die Organisation des Staates. Damit ist das große Thema Verfassungsstaat und bewaffnete Macht angesprochen. Ausgangspunkt aller Überlegungen hierzu ist die Tatsache, daß die Streitkräfte das stärkste staatliche Machtpotential sind. Sie haben – weil sie Verantwortung für die Landesverteidigung tragen – die »existentiellste Funktion aller existentiellen Funktionen« (Krüger). Zwei weitere Überlegungen schließen sich an: Zum einen muß die Eingliederung so erfolgen, daß die Streitkräfte ihren Auftrag erfüllen können. Dies bedingt eindeutige Befehlsstrukturen in der politisch-militärischen Spitzengliederung. Zum anderen geht es auch um die Sicherung vor dem Mißbrauch militärischer Macht. Damit rücken der Primat des Politischen und die parlamentarische Kontrolle der Streitkräfte in den Blick.

Verfassungs-staat und bewaffnete Macht

Die politische und rechtliche Stellung der Streitkräfte im Staat hängt entscheidend von der Struktur der Verfassung ab. Dabei kommen die staatsrechtlichen Beziehungen einerseits zwischen Parlament und Regierung und andererseits zwischen Bund und Ländern ins Spiel. Ob konstitutionell oder parlamentarisch, ob zentralstaatlich, bundesstaatlich oder staatenbündisch – diesen strukturellen Weichenstellungen einer Verfassung kommt für die Stellung der Streitkräfte im Staat ausschlaggebende Bedeutung zu. Die Position des Staatsoberhauptes – sei es dynastischer oder präsidialer Prägung – hat hierbei ein besonderes Gewicht. Diese unterschiedlichen verfassungsrechtlichen Ausgangspositionen für die Rezeption der Wehrverfassung sind der entscheidende Grund dafür, daß das Verhältnis der Staatsverfassung zur Wehrverfassung in der deutschen Verfassungsgeschichte eine unterschiedliche Beantwortung erfahren hat.

Im Schnittpunkt der parlamentarischen und föderativen Kraftfelder einer Verfassung liegt der Oberbefehl über die Armee. Der Oberbefehl ist ein Verfassungsbegriff. Er beinhaltet die Summe aller Rechte, die zur Aufstellung, Ausrüstung, Ausbildung und Führung der Streitkräfte in Frieden und Krieg notwendig sind. Dieser Verbund von militärischen und administrativen Befugnissen beinhaltet in letzter Konsequenz die Verfügungsgewalt über die bewaffnete Macht und damit das Recht zur Erteilung des Einsatzbefehls. Der Oberbefehlshaber verkörpert die militärische Macht als Teil der vollziehenden Staatsgewalt. Er steht an der Nahtstelle von politischer und militärischer Führung, von Staatskunst und Kriegshandwerk.

Der Oberbefehl – ein Verfassungs-begriff

Die Frage nach dem Träger des Oberbefehls ist verfassungssystematisch von großer Bedeutung. Das im Oberbefehl verkörperte Machtpotential bedarf einer ausgewogenen verfassungsrechtlichen Zuordnung im Hinblick auf das System von ›checks and balances‹ als Ordnungsprinzip der staatlichen Gewalten untereinander. Die Zuordnung des Oberbefehls ist ein wesentlicher Faktor bei der Zuordnung der Staatsaufgaben an die jeweils zuständigen Staatsorgane. Sie kann nur unter Beachtung von Gesichtspunkten der Systemgerechtigkeit erfolgen.

Ein Musterbeispiel hierfür ist die grundgesetzliche Lösung der Oberbefehlsfrage. In den parlamentarischen Beratungen der Wehrverfassung Mitte der fünfziger Jahre war die Lösung der Oberbefehlsfrage der Schlüsselpunkt für die Stellung der Bundeswehr im parlamentarischen Staat. Den Reformern der Inneren Führung und den Vätern der Wehrverfassung ging es um die Beseitigung der Sonderstellung der Streitkräfte zum Staatsoberhaupt durch ihre Eingliederung in den Bereich der vollziehenden Gewalt und damit zugleich um ihre Einbeziehung in die parlamentarische Kontrolle. Damit rückte das Spannungsfeld Parlamentarismus und bewaffnete Macht in den Blick, das nur auf dem Hintergrund der geschichtlichen Entwicklung abgesteckt werden kann. Im politischen Parallelogramm der Kräfte von Staatsoberhaupt, Parlament, Regierung und Streitkräften, innerhalb dessen der Oberbefehl liegt, hat die Wehrverfassung des Grundgesetzes gegenüber der Weimarer Reichsverfassung von 1919, der Reichsverfassung von 1871 und der preußischen Verfassung von 1850 zu deutlichen Verschiebungen geführt: Der im deutschen Verfassungsrecht traditionelle Oberbefehl des Staatsoberhaupts wurde aufgegeben und seine verschiedenen Kompetenzen auf die nach dem System des Grundgesetzes jeweils zuständigen Verfassungsorgane übertragen. Der Kern des Oberbefehlsbegriffs wurde als Befehls- und Kommandogewalt über die Streitkräfte dem Bundesminister der Verteidigung in Artikel 65 a GG zugeordnet. Die Tradition des Oberbefehls als eine Prärogative des monarchischen oder präsidialen Staatsoberhaupts wurde ersetzt durch die Ministeriallösung der Oberbefehlsfrage.

Verfassungs-rechtliche Vorbedingungen

Verfassungssystematischer Ansatz für diese Lösung war die durch das Grundgesetz erfolgte Stärkung der Stellung der Bundesregierung gegenüber dem Bundespräsidenten. Die Staatsleitung steht Parlament und Regierung zur gesamten Hand zu. Die vollziehende Gewalt und damit die Regierungsgeschäfte sind dabei Sache der Bundesregierung. Diese Machtkonzentration des monistischen Prinzips bei der Bundesregierung hat den Bundespräsidenten von der politischen potestas ausgenommen; das Regieren ist nicht seine Sache. Er ist von Verfassungs wegen eine Institution der nationalen Integration und Repräsentation, nicht der politischen Führung. Die Richtlinienkompetenz des Bundeskanzlers, seine erstmals in einer deutschen Bundesverfassung begründete Wahl durch den Bundestag, die mit absoluter Mehrheit erfolgt, sowie das Erfordernis eines konstruktiven Mißtrauensvotums für einen Regierungswechsel innerhalb einer Wahlperiode sind verfassungsrechtliche Stabilisatoren für Kanzler und Minister. Dabei unterstreicht die Parlamentarisierung der Regierungsbildung durch die Kanzlerwahl, die nach den zuvor getroffenen personellen und sachlichen Koalitionsabsprachen erfolgt, die starke Stellung des Bundestages im Gefüge der Verfassungsorgane. Schließlich ist der Bundestag das einzige direkt gewählte und damit unmittelbar legitimierte Bundesorgan.

Damit ist die verfassungsrechtliche Ausgangslage skizziert, die die Ministeriallösung der Oberbefehlsfrage in Artikel 65 a GG als systemgerechte Folgerung bedingte: Die Verfügungsgewalt über die bewaffnete Macht und die oberste Führung der Streitkräfte müssen im Kraftzentrum der politischen Staatsleitung liegen, das die Bundesregierung darstellt. Ein in Fortsetzung der deutschen Verfassungstradition begründeter Oberbefehl des Bundespräsidenten wäre mit dem Regierungssystem des Grundgesetzes nicht vereinbar gewesen. Ein sachwidriger Dualismus zwischen politischer und militärischer Führung wäre die Folge gewesen.

Mit der Inkorporation der Streitkräfte in die Regierungsexekutive sind sie dem Bundesminister der Verteidigung unterstellt; Bundeswehr und Bundeswehrverwaltung – Artikel 87 a und 87 b GG – bilden seinen Geschäftsbereich. Damit sind zugleich die entscheidenden verfassungsrechtlichen Weichenstellungen für eine Erstreckung der parlamentarischen Kontrolle auf den gesamten Bereich der militärischen Verteidigung erfolgt. Als Ministerialressort unterliegt dieser der Kontrolle durch den Bundestag wie die anderen Ressorts der Bundesregierung.

Dabei mußte aus Gründen der Machtbalance staatlicher Gewalt dem mit der Aufstellung der Bundeswehr verbundenen Machtzuwachs der Regierung ein Kontrollzuwachs des Parlaments entsprechen. In den neuen Parlamentsorganen des Verteidigungsausschusses – Artikel 45 a GG – und des Wehrbeauftragten – Artikel 45 b GG – haben diese Postulate ihren verfassungsrechtlichen Niederschlag erfahren. Um die parlamentarische Kontrolle der militärischen Verteidigung beim Verteidigungsausschuß zu konzentrieren, wurden diesem Ausschuß von Verfassungs wegen auch die Rechte eines Untersuchungsausschusses beigelegt. Im Verhältnis der Ressortgliederung der Bundesregierung und der Ausschußorganisation des Bundestages hat sich seit Ende der fünfziger Jahre das Prinzip der funktionalen Symmetrie herausgebildet: Einem Regierungsressort steht ein Parlamentsausschuß gegenüber. Der Verteidigungsausschuß ist damit der für den Bundesminister der Verteidigung und dessen Geschäftsbereich zuständige Fachausschuß des Bundestages. War er bis zum Abschluß der Wehrgesetzgebung am Anfang der sechziger Jahre stärker im Prozeßablauf des parlamentarischen Gesetzgebungsverfahrens tätig, so ist seitdem das Aufgabenfeld der parlamentarischen Kontrolle der Schwerpunkt seiner Arbeit.

Allgemein bezeichnet Kontrolle die Überwachung staatlicher Tätigkeit im Hinblick auf die Aufgabenerfüllung und die Wahrung von Funktion und Position im gesamtstaatlichen System. Die durch die Verteilung staatlicher Auf-

Parlamentarische Kontrolle: Verteidigungsausschuß

gaben an verschiedene Staatsorgane bewirkte Ausbalancierung staatlicher Macht ist prägendes Strukturprinzip des Rechtsstaates. Dabei hat jede Kontrolle eine doppelte Wirkung: Billigung oder Beanstandung des bisherigen und Empfehlung zukünftigen Handelns. In seiner Kontrollfunktion wird der politische Machtanspruch des Parlaments deutlich. Kontrolle und Ausübung des politischen Führungswillens sind eng miteinander verbunden. Die Staatspraxis hat hierzu über die ursprüngliche parlamentarische Kontrolle ex post hinaus Verfahrensweisen der das Regierungshandeln begleitenden Parlamentskontrolle entwickelt, die dort notwendig sind, wo eine spätere Nachprüfung kaum mehr möglich oder wirksam erscheint.

In diesem Spannungsfeld von begleitender Kontrolle im Sinne einer mitwirkenden Beeinflussung und einer Kontrolle zur nachträglichen Überprüfung von Regierungsmaßnahmen vollzieht sich die Kontrolltätigkeit des Verteidigungsausschusses. Stehen für die erste Kontrollart etwa die Zustimmung des Verteidigungsausschusses zu geplanten Rüstungs- und Beschaffungsvorhaben der Regierung und das haushaltsrechtliche Institut der Verpflichtungsermächtigung als Vorgriff auf künftige Haushalte als Beispiele, so sind es für die letzte vor allem die Anlässe, die zu einer Konstituierung des Verteidigungsausschusses als Untersuchungsausschuß führen. Es gibt keine Agenda von Materien aus dem Verteidigungsbereich, die dem Verteidigungsausschuß vorzulegen wären oder nicht vorgelegt werden dürften. In der Frage des Zugriffs und der Intensität seiner Kontrolle hat der Verteidigungsausschuß politische Ermessens- und Gestaltungsfreiheit.

Parlamentarische Kontrolle: Wehrbeauftragter

Die parlamentarische Kontrolle ist ein von der Staatspraxis und Staatsrechtswissenschaft entwickelter Begriff. In den Text des Grundgesetzes hat er Eingang gefunden bei der Verankerung von Stellung und Aufgaben des Wehrbeauftragten in Artikel 45b. Der Wehrbeauftragte wird »als Hilfsorgan des Bundestages bei der Ausübung der parlamentarischen Kontrolle« tätig. Stehen bei der Kontrolle durch den Verteidigungsausschuß stärker allgemeine Gesichtspunkte im Vordergrund – vor allem die Effektivität des Verteidigungsinstrumentes Bundeswehr –, so sind es beim Wehrbeauftragten individuelle Beschwernisse. Ihm ist der Schutz der Grundrechte der Soldaten und der Grundsätze der Inneren Führung anvertraut. Das außerhalb des militärischen Dienstweges gesetzlich begründete Eingaberecht der Soldaten zum Wehrbeauftragten hat sich insgesamt zu einem Institut der Konfliktregelung entwickelt, bei dem auch strukturelle Aspekte der Institution Bundeswehr ins Spiel kommen.

Dies wird vor allem durch die Jahresberichte des Wehrbeauftragten belegt, in denen sein Amtsverständnis durchgängig – wenn auch bei den einzelnen Amtsinhabern in unterschiedlicher Intensität – ambivalent als »Klagemauer der Soldaten« und »Sachwalter der Streitkräfte« deutlich wird. Die Jahresberichte sind in erster Linie Arbeitsgrundlagen für den Bundestag und den

Verteidigungsausschuß für die parlamentarische Kontrolle. Durch ihre Veröffentlichung tragen sie darüber hinaus zu einer größeren Transparenz des Verteidigungsbereiches und der Bundeswehr bei. Als Wehrpflichtarmee ist die Bundeswehr existentiell auf Integration in Staat und Gesellschaft angelegt. Diese Zielvorstellung der Inneren Führung in einem dynamischen Prozeß zu verwirklichen, ist Sache von Parlament und Regierung, von Gesellschaft und Streitkräften. Dem Wehrbeauftragten, der ungeachtet seiner rechtlichen Einbindung in den Bundestag in der Mitte dieses Beziehungsgeflechts steht, kommt hierbei besonderes Gewicht zu. Zugleich zeigt sich hier ein Wesensmerkmal parlamentarischer Kontrolle: Sie erschöpft sich nicht im Negativen und in der Auflistung erkannter Mängel, sondern dient mit ihren weiterführenden Empfehlungen und Anregungen auch den Belangen des kontrollierten Bereiches, in diesem Fall der Bundeswehr.

Die Wehrverfassung des Grundgesetzes ist eine Leistung ersten Ranges. Sie hat die Institution Streitkräfte in das System des gewaltenteilenden parlamentarischen Rechtsstaates eingeordnet und dabei vor allem der zentralen Stellung des Bundestages im Verfassungsleben Rechnung getragen.

Damit sind die Ausgangspositionen für die geschichtliche Entwicklung gewonnen, auf deren Hintergrund die neue Lösung des Grundgesetzes zum Verhältnis von Staat und Armee Profil und Verständnis gewinnt. Der Oberbefehl über die bewaffnete Macht als einem machtpolitischen Institut von größtem Gewicht lag stets bei der politischen potestas und auctoritas. Der absolutistische Staat war durch die monarchische Staatsspitze exekutiv bestimmt. Der König als Oberbefehlshaber der Armee war deshalb die einzig systemkonforme Lösung. In Preußen war der König nicht nur der erste Diener seines Staates, sondern auch der oberste General seiner Armee. Die Uniform des Monarchen war Ausdruck dieses Selbstverständnisses und damit der Einheit von politischer Staatsleitung und militärischer Truppenführung.

Historische Horizonte

Die deutsche Geschichte des 19. Jahrhunderts ist vor allem durch zwei Kraftfelder geprägt: einerseits vom Nationalstaatsgedanken, der vom Heiligen Römischen Reich deutscher Nation des Jahres 1806 über den Staatenbund des Deutschen Bundes von 1815 zum Norddeutschen Bund von 1867, dem ersten Bundesstaat in der deutschen Geschichte, und zum Deutschen Reich von 1871 führte. Hier ging es um die Ausgestaltung des föderativen Prinzips im Spannungsfeld zentrifugaler und zentripetaler Kräfte. Andererseits vom Verfassungsgedanken, der über die Paulskirchenverfassung von 1849 in Preußen 1850 und im Deutschen Reich 1871 die konstitutionelle Monarchie begründete. Hier ging es um die machtpolitische Auseinandersetzung zwischen der ehedem absolutistischen Staatsspitze und den neuen Gewalten liberaler und demokratischer Prägung, die sich in den Volksvertretungen etablierten. In diesem Kräftefeld von föderativer Ordnung und konstitutionellem Prinzip vollzog sich die politische und rechtliche Einordnung der Armee.

Der
Deutsche
Bund

Der Deutsche Bund war vor allem deshalb ein Staatenbund, weil die Militärgewalt in der Hand der Einzelstaaten verblieb. Der Dualismus zwischen Preußen und Österreich, der die einseitige Bevorzugung eines Staates in der Kriegsverfassung ausschloß, verhinderte ein ständiges Bundesoberfeldherrnamt. Insgesamt entsprach der lose Kontingentcharakter der Kriegsverfassung des Deutschen Bundes seiner staatsrechtlichen Struktur als Staatenbund.

Die
Paulskirchenverfassung

Die Paulskirchenverfassung stellte die gesamte bewaffnete Macht Deutschlands der Reichsgewalt zur Verfügung. Während den Einzelstaaten hinsichtlich des Landheeres noch Befugnisse über das Personalwesen und die Ausbildung verblieben waren, waren Seemacht und Kriegsflotte ausschließlich Reichssache. Diese Differenzierung lag daran, daß die neu geschaffene Flotte nicht in jener dynastischen Abhängigkeit stand, wie sie die Landtruppen der Einzelstaaten auszeichnete und sie zur entscheidenden Stütze des monarchischen Systems werden ließ. Insgesamt waren für Preußen, Österreich und die deutschen Mittelstaaten die Verlagerung ihrer militärischen Kompetenzen in die Zentralgewalt politisch unannehmbar. Die Paulskirchenverfassung scheiterte auch wegen ihrer durchweg zu starken unitarischen Strukturen, die zu große Macht- und Souveränitätseinbußen für die Einzelstaaten zur Folge gehabt hätten.

Föderative
Fragen in
der Wehrverfassung
des Kaiserreiches

Deswegen garantierte die Reichsverfassung von 1871 den Bundesstaaten den Fortbestand ihrer Staatlichkeit. Die Souveränität des Deutschen Reiches lag beim Bundesrat als dem Kollegium der deutschen Fürsten. Damit wurden sie für die Verlagerung einzelner Hoheitsrechte auf das Reich mit der Teilnahme an der Regierung desselben entschädigt. Auf dem Gebiet des Wehrwesens war eine stärkere unitarische Ausgestaltung erkennbar: Der Kaiser war Oberbefehlshaber im Krieg und im Frieden über die Landmacht des Reiches, die von Verfassungs wegen ein einheitliches Heer bildete. Es setzte sich aus den Kontingenten der deutschen Staaten zusammen, wobei die einzelnen Befugnisse des kaiserlichen Militäroberbefehls und der Modellcharakter der preußischen Militäradministration für die anderen Kontingente für die notwendige Einheitlichkeit sorgten. Der Sache nach versah der preußische Kriegsminister weitgehend ein Amt des Reiches. Die bayerische Armee hatte ihre Selbständigkeit weitgehend behalten, in geringerem Maße auch die Armeen der beiden anderen Königreiche Sachsen und Württemberg. Im übrigen verfügten die Kontingentsherren kaum noch über nennenswerte militärische Befugnisse. Insgesamt bestätigte die Wehrverfassung des Kaiserreiches die Hegemonialstellung Preußens im Reich, wie sie auf Grund seiner Größe, seines Stimmenanteils im Bundesrat sowie den Personalunionen zwischen dem preußischen König und dem Deutschen Kaiser und dem preußischen Ministerpräsidenten und dem Reichskanzler politische und rechtliche Realität geworden war.

Da diese im politischen Verkehr zwischen Reich und Bundesstaaten aner- *Konstitutio-*
kannt wurde, führten die föderativen Regelungen der Wehrverfassung des *nelle*
Kaiserreiches durchweg zu keinen Schwierigkeiten. Für die konstitutionelle *Konflikte*
Seite kann dies indes nicht gesagt werden. Hier entbrannte der Kampf zwischen Krone und Kammern um die Armee und damit um die Macht im Staat.
Die Krone betrachtete den ihr vom Absolutismus überkommenen Militär-
oberbefehl im konstitutionellen System als einen »Erbhof«, den es weitgehend frei von parlamentarischen Fesseln zu bestellen galt. Auf Grund seiner
parlamentarischen Bindung war das Amt des preußischen Kriegsministers
der institutionelle Ansatzpunkt für den Einbruch liberaler Gewalten in den
Bereich der königlichen Kommandogewalt. Diesen Einbruch galt es aus der
Sicht der Krone abzuriegeln, wollte sie ihren persönlich ausgeübten Militär-
oberbefehl als absolutistische Freizone erhalten und die Mitwirkungansprü-
che der Volksvertretung in Militärsachen zurückdrängen. Die Unterscheidung zwischen Militärkommando und Militärverwaltung, die Praxis der
ministeriellen Gegenzeichnung monarchischer Akte das Militärwesen betreffend, vor allem aber die Emanzipation der Kommandierenden Generale,
des Generalstabs und des Militärkabinetts vom Kriegsministerium, verbunden mit der Errichtung weiterer militärischer Immediatstellen mit unmittel-
barem Vortragsrecht beim Monarchen, waren die Felder, auf denen dieser
Konflikt ausgetragen wurde. War zu Scharnhorsts Zeiten der Kriegsminister,
bei dem alle Militärangelegenheiten ressortierten, die kommandoführende
Zentralinstanz unter dem König, so wurde er in diesem Prozeß der Parzellie-
rung der Führungsbefugnisse über die Armee durch das Immediatsystem im
wesentlichen auf die Militärverwaltung beschränkt; an der Ausübung des
Kommandos und damit an der eigentlichen militärischen Führung der Truppen war er am Ende des Jahrhunderts nicht mehr beteiligt. Es ist nicht zu
verkennen, daß die Kriege von 1864, 1866 und 1870/71 einen förderlichen
Einfluß auf diese Entwicklung vom Kriegsminister weg zum Kriegsherrn hin
hatten, die auch durch die persönliche Ausübung des Oberbefehls durch den
Monarchen begünstigt wurde. Gleichwohl kamen die entscheidenden Impulse für diese Entmachtung des Kriegsministers zur Erhaltung der monarchischen Befehlsprärogative von der »konstitutionellen Front« zwischen
Krone und Kammern, wie sie vor allem sichtbar wurde im preußischen Ver-
fassungskonflikt der Jahre 1862 bis 1866. Insgesamt gelang es der Krone, im
konstitutionellen System im Bereich des Militäroberbefehls ein Stück abso-
lutistischer Regierungsweise bis 1918 zu bewahren.

Die Reichswehr der Weimarer Republik war weder ein »Staat im Staat« noch *Die Wehr-*
ein »Parlamentsheer«. Sie stand unter dem Oberbefehl des Reichspräsiden- *verfassung*
ten, der mit starken Exekutivbefugnissen ausgestattet war. Die Machtvertei- *von Weimar*
lung zwischen Regierung und Staatsoberhaupt hatte die Weimarer Reichsverfassung dualistisch vorgenommen. Die Rechte des Reichspräsidenten,

den Reichskanzler zu ernennen – ohne vorherige parlamentarische Wahl –, Notverordnungen zu erlassen und den Reichstag aufzulösen, machten seine starke Stellung deutlich, die auch die Zuordnung des Oberbefehls an ihn als systemgemäß erscheinen ließ. Die Einschätzung des Reichspräsidenten als »Ersatzkaiser« war auf Grund seiner umfangreichen Befugnisse staatsrechtlich nicht abwegig.

Unter dem Reichspräsidenten übte der Reichswehrminister von Gesetzes wegen die Befehlsgewalt über die Reichswehr aus. Wie alle Reichsminister unterlag er der Richtlinienkompetenz des Reichskanzlers und war dem Reichstag unmittelbar parlamentarisch verantwortlich. Mit dem Reichswehrministerium verfügte er über den Kommando- und Verwaltungsapparat, der somit in die Regierungsexekutive eingegliedert worden war. Damit waren Ansätze der parlamentarischen Kontrolle der Reichswehr gegeben.

Die Verfassungswirklichkeit nahm jedoch weitgehend einen anderen Verlauf. Durch das Recht der Immediatvorträge, das die militärische Reichswehrführung beim Reichspräsidenten durchsetzte, wurden Reichskanzler und Reichswehrminister häufig bei den militärischen Führungsentscheidungen ausgeschaltet und damit auch die parlamentarische Kontrolle und Einflußnahme verringert. Die Hauptursache hierfür lag in der schwierigen Stellung des Reichswehrministers unter dem Reichspräsidenten, in der Reichsregierung und gegenüber dem Reichstag und damit auch in der Trennung des Trägers des Oberbefehls von dem zur Ausübung desselben notwendigen Apparat.

Die Lösung des Grundgesetzes Genau an diesem Punkt setzt die Wehrverfassung des Grundgesetzes ein. Mit der Befehls- und Kommandogewalt des Bundesministers der Verteidigung über die Streitkräfte hat sie den gefährlichen Dualismus in der militärischen Führung zwischen Staatsoberhaupt und Regierung aufgehoben und die Staatsaufgabe der militärischen Verteidigung durch die Bundeswehr in vollem Umfang zur Kompetenz der Regierung gemacht. Damit hat die Bundeswehr in der staatlichen Ordnung der Bundesrepublik Deutschland den ihr zukommenden Platz erhalten. Für den Auftrag der Streitkräfte und den Dienst der Soldaten sind diese verfassungsrechtlichen Entscheidungen von ausschlaggebender Bedeutung.

Wolfram von Raven

Intelligenz des personifizierten Staates

Essay zum Thema ›Soldat und Politik‹

Soldat und Politik – wann, wo und wie immer dieses Thema in unserem Lande zur Debatte steht, gerät zugleich die Geschichte in die Diskussion. In der Tat läßt sich etliches von dem, was unsere Armee in ihrem soldatischen Kern politisch bewegt, nicht allein aus der Gegenwart erklären, da die Vergangenheit – wenn auch teils verdrängt oder verschüttet – in ihr wirksam bleibt.

Gerade die Bundeswehr konnte sich nicht auf ungebrochene Traditionen stützen, nicht an ungeprüften Verhaltensnormen orientieren, die aus der Wehrmacht stammten. Sie mußte nach dem Schock und der Schmach der politischen, militärischen und moralischen Katastrophe auf Empfindungen Rücksicht nehmen, gegen Empfindlichkeiten Vorsicht walten lassen, Zweifel in fremden Nationen und im eigenen Volke bedenken. Ohne Glanz und Gloria gegründet, um im Frieden gegen den Krieg zu dienen, schleppte die einzige Streitmacht in Deutschland, die ihr Entstehen dem Beschluß eines wirklichen Parlaments verdankte, psychologische Bürden auf ihrem Rücken wie keine ihrer Vorläuferinnen im grauen und im bunten Rock. *Keine ungebrochene Tradition*

Aber war diese deutsche Bündnisarmee, mochte sie mit ihren Männern auch vielerlei verschiedenartige Überlieferungen in sich aufnehmen, nicht doch so etwas wie die Urenkelin des preußischen Königsheeres, das dem Wehrwesen in unserem Lande gleichsam die Grundstruktur vermittelt hatte? Der Weg unserer Militärhistorie wird uns, wenn wir ein Vierteljahrtausend kritisch, nicht beckmesserisch überschauen, auf etlichen Strecken durchaus als eine »via triumphalis«, auf anderen Abschnitten indessen eher als eine »via dolorosa« erscheinen.

Das Kunstwerk der preußischen Armee

»Von der Parteien Gunst und Haß verwirrt, schwankt sein Charakterbild in der Geschichte« – diese Verse, von Friedrich Schiller auf Wallenstein, den Herzog von Friedland, bezogen, dürfen ebenso für jenen König in Preußen gelten, der die »Streusandbüchse« des Ersten Reiches zum Fundament eines Staates werden ließ, aus dem über anderthalb Jahrhunderte nach ihm das Zweite Reich hervorgehen sollte. Friedrich Wilhelm I., der von 1713 bis 1740 in Berlin regierte, wurde von den einen sozusagen als Urheber aller Untugenden angesehen, die Deutschland in den Untergang führten. Und er *Friedrich Wilhelm I.*

113

wurde von den anderen gleichsam als Begründer aller Tugenden betrachtet, für die einst das Glockenspiel der Garnisonskirche zu Potsdam mit dem Lied »Üb' immer Treu und Redlichkeit . . .« symbolisch Zeugnis gab.

Es bereitet fürwahr Mühe, das Wesen dieses seltsamen, ja, absonderlichen Monarchen zu erfassen, über den sich die landläufigen Meinungen in derart krassen Widersprüchen äußern. Er war wohl oder übel ein Fürst seiner Epoche, hatte daher manches mit den anderen Inhabern der Throne Europas gemeinsam. Dennoch unterschied er sich wesentlich von ihnen, da seine Art, sein Amt zu begreifen und zu erfüllen, eben beispiellose Züge verriet. Sie sind weder, wie es mitunter versucht wurde, in die Kategorie des Pathologischen einzuordnen, noch haben sie mit Genialität im üblichen Sinne zu tun, da es ihm an charismatischen Talenten anscheinend ganz und gar gebrach, nichts an ihm daher faszinierte. Die Historiker konnten seine Handlungen und deren Wirkungen deuten, mußten indessen eingestehen, daß seiner Persönlichkeit nur vielleicht ein Dichter gerecht wurde – Jochen Klepper, der ihm mit einer Roman-Biographie anno 1937 ein literarisches Denkmal setzte.

Für Zeitgenossen befremdliches Bild

Der »Soldatenkönig«, wie ihn der Volksmund nannte, bot seinen Zeitgenossen stets ein befremdliches, bisweilen ein erschreckendes Bild. Sein Tabakskollegium, das einzige Vergnügen, das er sich gönnte, wurde in einer Ära, in der die Aristokratie dem koketten Esprit und dem frivolen Amusement zu huldigen pflegte, als barbarisch und ordinär empfunden. Die Welt spottete über das Spektakulum der rohen, groben, ja, gemeinen Späße, die für etliche Teilnehmer Peinigung brachten. Sie lachte über den cholerischen Mann, der Bürger seiner Stadt, die ihn mit Fug und Recht fürchteten, zornbebend mit Prügeln bedachte, damit sie ihn liebten. Sie erboste sich über seine scheinbar absurde Passion, eine Leibgarde aus »langen Kerls« zu unterhalten, die in den Nachbarländern meist gefangen, selten geworben wurden. Und sie empörte sich, als er die Desertion des Kronprinzen mit dessen Exekution bestrafen wollte . . .

Welche Gegensätze vermengten sich in diesem Menschen! Er zwang sein wildes Temperament, das so leicht in jähen Wutanfällen explodierte, in das schwere Joch einer ehernen Disziplin. Seine fast kindliche Frömmigkeit, die dem Pietismus nahestand, verband sich mit nüchternem Sinn für das Nötige. Aus Gewissenshemmung scheute er den Krieg, wahrte daher den Frieden, schuf seiner Dynastie, deren Streubesitz ringsum die Begehrlichkeit weckte, aber eine einzigartige Armee. Die Prunksucht seines Vaters, die das Land an den Rand des Ruins getrieben hatte, ersetzte er durch rigorose Sparsamkeit, die sich in der kargen Schlichtheit seines Hofes spiegelte. Für die Ruhmsucht seines Sohnes, dessen schöngeistiger Idealismus zunächst ein Quell seiner Sorge war, schmiedete er das Schwert, dem Preußen dann seine Stellung in Deutschland und in Europa danken sollte.

»L'état c'est moi!« – diese Formel, die Ludwig XIV. der Epoche des Absolutismus aufgeprägt hatte, war Friedrich Wilhelm I. fremd. Er verstand sich zwar als Herrscher über Untertanen, wußte sich von Gottes Gnaden ausgestattet mit der Allmacht des Souveräns, interpretierte sein Recht jedoch als Pflicht des Landesvaters, sich in rastlosem Eifer der Erziehung seiner Landeskinder und der Förderung ihres Wohlergehens zu widmen. Drakonische Strenge und akribische Genauigkeit wurden zum Ethos der patriarchalischen Ordnung, die im militärischen Bereich nach den Grundsätzen von Befehl und Gehorsam, im zivilen Bereich nach den Prinzipien von Ordre und Subordination funktionierte. Der Staat war hierarchisch in Schichten gegliedert, von denen jede ihre spezifische Aufgabe hatte: Der Adel, seiner einstigen Prärogativen weithin bereits beraubt, stellte die Gutsherren, Offiziere und Beamten; aus dem Bauerntum, dessen allmähliche Befreiung einsetzte, rekrutierten sich Landarbeiter und Soldaten; der Bürgerschaft, die mit merkantilistischen Methoden massive Unterstützung erfuhr, oblagen Handel und Gewerbe.

Pflicht zur Förderung des Wohlergehens

Das System, das dem Heer die Funktion des zentralen Trägers für das Gebäude der staatlichen Gemeinschaft verlieh, bestand die Probe der Schlachten. Trotz seines Genies, seines Feldherrntums, wäre Friedrich II. in den Status des kleinen »Marquis de Brandenbourg« abgesunken, nie zum großen König emporgehoben worden, wenn es ihm an dem perfekten Werkzeug der Streitmacht gemangelt hätte. Das Instrument war zu seiner Zeit rational und modern, hatte indessen – gerade weil es oft wider sämtliche Lehren der Erfahrung Erfolge bescherte – die Eigenschaft, Tendenzen zur Konservierung traditioneller Formen zu begünstigen. In den Siegen der friderizianischen Armee verbarg sich daher schon der Keim für die preußischen Niederlagen gegen die napoleonischen Truppen. Der Glorie von Roßbach und Leuthen folgte logisch der Zusammenbruch von Jena und Auerstedt.

Die tiefen Wurzeln mancher Mißverständnisse

Preußen hatte nicht erfaßt, was in Frankreich geschehen war: die Mobilisierung der Nation in der Konsequenz aus der Demokratisierung der Gesellschaft. Der Sturm aus dem Westen zerfetzte das Gemeinwesen im Osten. Denn die philosophische Toleranz seiner Herrscher gegenüber den religiösen Überzeugungen ihrer Untertanen war nicht zur Liberalität, die Rechtsstaatlichkeit nicht zur Staatsbürgerlichkeit gediehen. Das Heer hatte seine Exklusivität gewahrt, so daß es Gräben vom Volke trennten.

Die Reform, mit der Gerhard von Scharnhorst das erstarrte Gefüge der Armee zuerst aufzulockern vermochte, wich zuletzt der Restauration. Wohl entwickelte das Offizierskorps geistige Kultur, entzog sich aber der gesell-

Keine gesellschaftliche Integration

schaftlichen Integration. Fürderhin dominierte der Typus des Junkers, der – ursprünglich rauh und aufsässig – von Friedrich Wilhelm I. zum Dienste gezähmt und nun durch Bildung verfeinert worden war. Und fürderhin versagte sich die militärische Führung, die sich stets durch Tapferkeit ausgezeichnet und jetzt ihre Tüchtigkeit gesteigert hatte, dem politischen Denken. Während sich die Staatsform allmählich von der absoluten zur konstitutionellen Monarchie verwandelte und die Verwaltung, eine loyale, überaus korrekte, obwohl ungemein bürokratische Institution, gleichsam in die Hand der Regierung fiel, blieb die Streitmacht sozusagen ein Krongut des Königs.

Darin wurzelten zweifellos manche Übel, die gefährliche Früchte trugen:

- Das Mißverhältnis zwischen der politischen Lenkung und dem militärischen Apparat, das nicht erst im republikanischen, sondern bereits im monarchischen Reich das Heer zu einem Staat im Staate gemacht hat.
- Das Mißvertrauen zwischen Demokraten und Soldaten, das angesichts einer Armee, die eine geschlossene Gemeinschaft innerhalb einer offenen Gesellschaft repräsentierte, gewiß unvermeidlich gewesen ist.
- Das Mißverständnis, daß in der Streitmacht das Potential für den Putsch verborgen liege, im Gemüt der Generale also das Gelüst niste, die Truppe im passenden Moment zur Errichtung einer Diktatur zu verwenden.

Militaristische Gesinnung

Die Überhöhung der Streitkräfte im Staate und die Überschätzung der Soldaten in der Gesellschaft produzierten zwar militaristische Gesinnungen in Deutschland, tatsächlich aber kaum bonapartistische Neigungen in der Generalität. Gewohnt zu befehlen und Befehle zu empfangen, Gehorsam zu verlangen und zu gehorchen, zeigte sie eigentlich Scheu vor der politischen Verantwortung, keine Gier jedenfalls nach einer Macht, die sich nicht nach militärischem Reglement wahrnehmen ließ. Doch der Irrtum, der das Gegenteil argwöhnt, pflanzte sich bis in unsere Tage fort.

Das dokumentierte jenes Schauspiel, das im Spätsommer 1966 unter dem reißerischen Titel »Aufstand der Generale« – beinahe im Stil eines Kolportagestücks im Provinztheater – über die Bonner Bühne ging. Die Hauptrolle schien zunächst mit einem Gespenst besetzt worden zu sein: mit Hans von Seeckt, der sich, nach Meinung etlicher Schlagzeilen, in Gestalt einer Reinkarnation anschickte, die Bundeswehr wie einst die Reichswehr zu kommandieren. Rasch aber stellte sich heraus, daß die Sphinx der Weimarer Republik, von der Öffentlichkeit gemeinhin – ob zu Recht oder Unrecht – als Symbolfigur für den Machtwillen des Militärs verurteilt, ebenso wenig in die Szene paßte wie die Jungfrau von Orleans in Wallensteins Lager. Denn vom direkten oder indirekten Widerstand maßgeblicher Soldaten gegen den Vorrang der Politik, gar von einer Offizierverschwörung, durfte überhaupt nicht gesprochen werden. Der Konflikt zwischen der politischen Führung und der militärischen Spitze, der aus kontroversen Ansichten von unterschiedlicher Motivation herrührte, schloß folglich mit sauberen und sachlichen Entscheidungen; General Heinz Trettner und Generalleutnant Werner Panitzki, die den Abschied von ihren Ämtern begehrten, wurden in allen Ehren vorzeitig in den Ruhestand versetzt, ohne daß zuvor an irgendeinem Augenblick die Gefahr einer Rebellion, die eine Bedrohung der Bundesrepublik Deutschland bedeutet hätte, gegeben gewesen wäre.

Im Abstand von zwei Jahrzehnten mag es nicht mehr ganz einleuchten, warum die damaligen Ereignisse landauf-landab so viel Aufregung stifteten. Dennoch muß der Annahme, daß sich Ähnliches kaum jemals wieder zutragen kann, mit Vorsicht begegnet werden. Da die Beurteilung der Beziehungen des Militärs zur Politik in unserem Land nicht frei ist von Ressentiments, heischt die Frage immer wieder Antwort, was es mit dem Primat der Politik über das Militär eigentlich auf sich hat. Weithin verzerrte sich das Wissen, so daß sich Deutung und Mißdeutung, Verständnis und Mißverständnis des Prinzips noch immer miteinander vermischen.

*Primat
der Politik*

Degeneration und Perversion des Prinzips

Mit kristallreiner Klarheit, die seinen Formulierungen über seine Zeit und seine Umwelt hinaus Widerhall verschaffte, definierte Karl von Clausewitz die Politik als »die Intelligenz des personifizierten Staates« und das Militär als eines ihrer Instrumente. Der Geist somit, der im Maße des Möglichen und des Nützlichen das Gesamtinteresse der Gemeinschaft abwägt, sollte das Werkzeug der Gewalt beherrschen, um zu hindern, daß es zu einem »sinn- und zwecklosen Ding« entartet. Der Krieg, damals die ultima ratio regis, mußte demnach logisch als »die Fortsetzung des politischen Verkehrs mit Einmischung anderer Mittel« gelten, durfte sich nicht selbständig machen, konnte – obwohl er einer eigenen Grammatik gehorcht – keiner eigenen Logik folgen.

*Werkzeug
der Gewalt
beherrschen*

Helmut von Moltke, diesem Denken ursprünglich nahe verwandt, gab, von seinem Genius verführt, der richtigen Lehre eine Wende in die falsche Richtung. Während der Philosoph im Rock des Generals die Einwirkung der Politik noch in jeder Phase des Krieges gewährleistet wissen wollte, drängte der Marschall ihren Einfluß zurück. Er gestand der Politik zwar zu, Anfang und Ende des Krieges zu bestimmen, auch ihre Ansprüche in dessen Verlauf zu steigern oder zu mindern, meinte indessen, daß die Strategie des Militärs der Politik am besten dann in die Hand arbeite, wenn sie wohl nur für deren Zweck, aber im Handeln völlig unabhängig von ihr agiere.

Mit dem Plan des Grafen Albrecht von Schlieffen triumphierte sodann der militärische über den politischen Gedanken, weil sich die Staatsführung als unfähig erwies, den politischen Irrweg des Dispositivs für die militärische Operation zu erfassen. Schon in der Vorbereitung entglitt mithin die kriegerische Begegnung dem politischen Griff, so daß danach, als die Schlacht um Europa alle personellen und materiellen Energien der Völker mobilisierte, Erich Ludendorff die Politik in den Dienst des Krieges preßte. Von der Herrin zur Magd des Militärs degradiert, konzentrierte sich die Strategie von nun an allein auf die Vernichtung des Feindes. Nicht allerdings nur in Deutschland, sondern auch anderswo setzte sich die Vorstellung durch, daß die Politik aufhöre, wenn der Krieg beginne, über die politische Regelung des Streitfalles mithin erst nach der militärischen Exekution des Gegners gesprochen werden solle.

Umkehrung der Hierarchie

Diese Umkehrung der Hierarchie ließ die Staatskunst in der Erfüllung ihrer vornehmsten Aufgabe verkümmern, Friedensordnungen zu zeugen und zu bewahren, während das Kriegshandwerk mit Problemen fertig werden mußte, die es nicht lösen konnte. Bei uns vor allem schuf die Entwicklung einem Militarismus Raum, der Adolf Hitler die Möglichkeit gab, die Wehrmacht dem Vorrang einer Politik zu unterwerfen, die sich im Streben nach Sieg, und zudem in der tödlichen Konsequenz rassistischen Irrsinns, jedweden Verbrechens bediente und eben darum die totale Niederlage bewirkte. Der Einsatz des Galgens erzwang den Gehorsam, als die Moral gegen die Macht aufstand.

Die Historie einer Ära, in der die Degeneration des Prinzips in dessen Perversion überging, bietet die Lektion,

– daß die schwache Ausübung des politischen Primats weder den Streitkräften noch gar dem Staate frommt, dem sie zur Verfügung stehen,

– daß aber die starke Ausübung des politischen Primats für den Staat und für die Streitkräfte stets der ethischen Begründung bedarf.

Auf das Maß und den Inhalt kommt es an, weshalb die These, die der Politik die Dominanz über das Militär zuweist, durchaus nicht lediglich den Anspruch des Staatsmannes meint, die Armee zu führen, sondern ebenso den Anspruch des Soldaten ausdrückt, vernünftig geführt zu werden. Wie der Meister danach trachten muß, das Mittel sicher und fest zu fassen, braucht das Mittel den Meister, der mit ihm umgehen kann. Die Erinnerung an historische Prozesse, wie sie hier knapp und gewiß allzu grob skizziert wurden, erschwert freilich weiterhin eine einfache Auslegung des Grundsatzes, da psychologische Barrieren den Zugang zum schlichten Sinn der Sache verschließen.

Die Konzeption vom Staatsbürger in Uniform

Es erscheint ratsam, das verfilzte Knäuel aufzurollen, dessen Faden zu dem Entschluß zurückgeht, die Bundesrepublik Deutschland aufzurüsten. Mit ihrer politischen Bereitschaft, einen militärischen Beitrag für das Bündnis zu leisten und so zugleich den Preis für die Souveränität des besetzten Landes zu zahlen, gab sie sich erst den Status der Staatlichkeit. Aus Trümmern zusammengefügt, hatte sie sich bis dahin bloß als Provisorium bezeichnet und begriffen, war sie ausschließlich damit beschäftigt gewesen, das Fundament ihrer materiellen, sozialen und rechtlichen Existenz zu legen. Die Bürger hatten zaghaft gehofft, den Belastungen eines Engagements in der Politik für immer entronnen zu sein, waren in dem vagen Wunsch befangen gewesen, sich als Konsumgesellschaft mit beschränkter Haftung auf eine Insel der Seligen gerettet zu haben, ein Militär daher nicht wiederum zu benötigen. Der Ruf zu den Waffen traf sie wie ein Donner aus heiterem Himmel, vertrieb sie aus dem Paradies der Träume. »Ohne uns!« – hallte durch Stadt und Land ihre erschreckte Parole gleich dem Wutschrei einer rebellierenden Nation.

Wieder Streitkräfte in der Bundesrepublik Deutschland

Als die Streitkräfte, umtost vom Mißfallen, ihren Marsch antraten, konnte erwartet werden, daß sie dazu verdammt sein mußten, ein Gegenstand des Streites zu bleiben, anstatt Kräfte zu entfalten. Die »Gnade des Nullpunktes« wurde ihnen in Wahrheit nicht zuteil; sie starteten aus dem Minus der Ablehnung. Wenn es der Bundeswehr trotzdem gelang, vom Plus der Erfahrungen aus der Vergangenheit für die Zukunft zu profitieren, so verdankte sie das dem geläuterten Sachverstand einiger Männer, wie Wolf Graf von Baudissin und Ulrich de Maizière, die unbeeinflußt von Stimmungen ein Konzept für die innere Struktur der Truppe und deren äußere Beziehung zum Staat entwarfen, das der politischen, soziologischen und militärischen Realität entsprach.

Neue Beziehung zum Staat

– Die Streitmacht sollte als Teil der Exekutive der Regierung eindeutig unterstellt und der Kontrolle durch die Legislative zugänglich sein, so daß sie in das Gemeinwesen eingeordnet blieb, also nicht von ihm abgesondert, zu einem isolierten Eigenleben verleitet würde.

– Der Soldat sollte als Staatsbürger in Uniform seinen Dienst zum Schutze der Freiheit tun, die ihm, weil er sie selbst gleichsam am eigenen Leibe erlebte, als schutzwürdiger Wert unserer Gesellschaft, der auch den Einsatz des Lebens lohnend macht, deutlich bewußt würde.

Diese politische Forderung deckte sich mit der militärischen Notwendigkeit. Denn in einer Zeit, die ideologische Kontroversen erschüttern, wird nur kämpfen, wer weiß, zumindest spürt, daß er für die bessere Sache ficht. Zudem steht der Soldat einsam in der Leere des Schlachtfeldes, das drei Dimensionen eines unendlich scheinenden Raumes umfaßt. Ihm mangelt meist der unmittelbare Kontakt auf Wink oder Zuruf mit dem, der ihn führt, so daß allein der Mann, der als Partner selbständig seinem Auftrag gemäß handelt, seine spezielle Funktion in der komplizierten Kooperation von Technik und Taktik optimal erfüllt. Darin zeigt sich die Erneuerung und Fortführung der traditionellen Auftragstaktik, wie die Reform ja überhaupt nicht mit Traditionen bricht, sondern an sie anknüpft.

Spannung zwischen Staatsbürger und Staatsdiener

Den Soldaten wurde freilich im Gegensatz zum Gewohnten das Recht gegeben, zu wählen und gewählt zu werden, damit auch die Möglichkeit geboten, sich in Parteien und für Parteien zu engagieren, zugleich aber die Pflicht auferlegt, die Kameradschaft der Truppe und die Loyalität zum Dienstherrn zu wahren. Das zeugt zweifellos manche Spannungen, da es zuweilen den Staatsbürger in Uniform mit dem Staatsdiener in Uniform kollidieren läßt. Hier wird weniger der Gesetzgeber, mehr der Erzieher gefordert, da es selten um Rechtsfragen geht, die zweifelsfreie Antworten erlauben, meist auf akzeptable Antworten auf Stilfragen ankommt. Allmählich bilden sich Konventionen, die Traditionen schaffen, daher die Schwierigkeit überwinden helfen.

Da die insgesamt gute Konzeption in einer schlechten Atmosphäre entstand, wurden die richtigen Einsichten, denen sie folgte, mitunter auch falsch interpretiert. Anfänglich bildeten sich Irrtümer aus wie zum Beispiel der mittlerweile überwundene Gedanke, daß die Verwaltung einer zusätzlichen Überwachung der Streitmacht diene, eine Idee, die unnütze Spannungen zwischen Beamten und Soldaten zeitigte. Ärger indessen noch wirkte der Eindruck, die Bundeswehr sei über das Maß des Unvermeidlichen hinaus der Lenkung durch eine abstrakte und anonyme Maschinerie anheimgegeben, so daß sie, die wie jede Armee eine konkrete und personale Autorität über sich benötigt, kaum die Aussicht habe, Führung zu merken.

Primat der Politik – Gefängnis für Generale?

Der Primat der Politik, die unten den mündigen, zwar nicht mitbestimmenden, doch mitdenkenden Soldaten verlangte, schien oben ein Gefängnis für Generale zu sein, schien insbesondere dem Generalinspekteur und den Inspekteuren nur Rollen am Rande einzuräumen, die ihnen keine wesentliche Befugnis ließen. Ganz so, wie es manchmal den Anschein hatte, war es in Wirklichkeit zwar nicht, denn die Stellung der höchsten Offiziere drückte diese nicht in den Stand des stumpfen Vollstreckers, sondern verpflichtete sie stets, ihre militärische Auffassung dem politisch Verantwortlichen vorzutragen, sich dann den Entscheidungen zu fügen oder um Pensionierung nachzusuchen. Aber es blieb nötig, den Einflüssen nach oben Kompetenzen nach unten beizugesellen.

Blankeneser Erlaß

Mit dem Blankeneser Erlaß zur Spitzengliederung, mit der diesem Erfordernis Rechnung getragen wurde, orientierte sich Minister Helmut Schmidt als

Inhaber der Befehls- und Kommandogewalt am »divide et impera«, da er, indem er die Rechte des Generalinspekteurs und der Inspekteure gegeneinander abgrenzte und auswog, zwar Verantwortung delegierte, aber militärische Macht darum nicht auf einem Platz vereinte. Mit der Teilung der militärischen Befugnisse schwächte er sich nicht in seiner politischen Kompetenz, sondern stärkte seine Herrschaft. Von der Last befreit, das Kleine selber entscheiden zu müssen, versetzte er sich in die Lage, besser als vorher das Große besorgen zu können, ohne befürchten zu brauchen, daß ihm die Zügel der Armee aus den Fingern rutschten.

Der Generalinspekteur, mit vier goldenen Sternen der ranghöchste Soldat im nationalen Bereich, fungiert als der erste militärische Gehilfe der politischen Führung. In dieser Eigenschaft besitzt er das Recht, den Inspekteuren des Heeres, der Luftwaffe und der Marine Weisungen zu erteilen, die der Entwicklung und Verwirklichung des Gesamtkonzeptes der Verteidigung gelten, und die Truppe zu kontrollieren. Doch ist er als Hauptabteilungsleiter des Verteidigungsministeriums kein Truppenvorgesetzter, wie die Disziplinargewalt über seinen Führungsstab auch nicht er, sondern sein ständiger Stellvertreter hat, der im übrigen gleichsam als Geschäftsführer amtiert, da die Vertretung nach außen nicht ihm, sondern dem jeweils dienstältesten Inspekteur zusteht.

Erster militärischer Gehilfe der politischen Führung

Es würde folglich verfehlt sein, im Generalinspekteur, dem Minister Manfred Wörner nun auch die Planungskompetenz zuteilte, lediglich eine Art Zierstück, also einen Tafelaufsatz ohne sichtbaren Gebrauchswert, zu sehen. Sein Stab agiert als zentrale Ministerialinstanz, die das Gemeinsame der drei Teilstreitkräfte zusammenfaßt. Am runden Tisch des Führungsrates schließlich sucht der Generalinspekteur mit den Inspekteuren einen Ausgleich divergierender Interessen zu finden, damit der Minister nicht dauernd als Schiedsrichter in Anspruch genommen wird.

Den Inspekteuren indessen wurde in ihren Gebieten die Zuständigkeit von Truppenvorgesetzten verliehen – die Disziplinargewalt vor allem – und die Befugnis, im eigenen Namen Befehle zu erteilen, die ihr präzise abgezirkeltes Terrain betreffen. Ferner obliegt es ihnen, unter den Anordnungen, die früher direkt von der Verwaltung zur Truppe liefen, die Spreu vom Weizen zu sondern.

Im eigenen Namen Befehle

Relikte aus einer Aufbauphase der Armee, in der das Mißtrauen eine bedeutsame Rolle spielte, haben sich dennoch als ungemein zählebig erwiesen, da zaghafte Versuche, sie zu beseitigen, immer wieder abgewiesen worden sind. Warum zum Beispiel bleibt der höchste Soldat, der Vier-Sterne-General, in der Besoldungsordnung, die gleichsam eine heimliche Hierarchie dokumentiert, eine Stufe unter dem höchsten Beamten, dem Staatssekretär? Nicht um ein finanzielles, sondern um ein psychologisches Manko geht es dabei.

121

Militärische Führung – nicht nur Management

Nicht allein an diesem Punkt, doch dort auf symptomatische Weise, wird ein Defizit in der Betrachtung und Behandlung der Bundeswehr sichtbar, das bei der Analyse der Wechselwirkungen im Verhältnis der Soldaten zur Politik und der Politik zu den Soldaten Beleuchtung verdient:

Funktio-nalistisches Denken

In einer Epoche der »Macher« trat funktionalistisches Denken die Herrschaft an. Die Änderung des Führungsstils, die sich fast unmerklich vollzog, rührte teilweise zwar aus der durchaus positiven Ursache einer allergischen Ablehnung von Pose und Phrase her; sie erzeugte jedoch teilweise eben auch die negative Wirkung, daß die Führungssubstanz auf einem Gebiet zu verkümmern droht, auf dem es über die Sache hinaus um die Seelen geht.

Führung, zumal militärische Führung, ist nicht allein Management, wie es heute weithin behauptet und geglaubt wird. Sie hat wohl das Amt, den komplizierten Mechanismus aus Menschen und Maschinen, den eine moderne Armee darstellt, mit rationalen Verfahren – dem politischen Auftrag entsprechend – zu steuern. Aber sie kann die emotionalen Bedingungen nicht mißachten, unter denen dieser Prozeß geschieht. Sie muß sich daher gleichermaßen wie an die Gehirne an die Gefühle wenden, da die Energie und die Richtung des Handelns nicht nur vom Verstand, sondern ebenso von der Seele bestimmt werden.

Gehirne und Gefühle

Wer sich der Sache zuliebe nicht stetig müht, die Gefühle zu gewinnen, sie somit links oder rechts liegen läßt, wird daher auf die Dauer die Gehirne verlieren. Dann wird widerspruchslos den Alten eine sentimentale Verklärung der Vergangenheit gestattet, den Jungen eine romantische Verkündigung der Zukunft erlaubt, was sie beide von den Erfordernissen der Gegenwart entfernt. Um es krass zu skizzieren: Die Gegensätze, die zwischen ihnen entstehen, berühren sich zunächst in ihren Extremen, vereinigen sich schließlich in dem konkurrierenden Willen zur Zerstörung der Gemeinschaft, die den einen verdorben und den anderen verkommen erscheint. Der Unmut, den die sentimentalen Reaktionäre wie die romantischen Radikalen entwickeln, birgt das natürliche Bedürfnis nach Bindung, weshalb Gefahr für das Ganze droht, wenn die Führung diesen Zusammenhang übersieht oder geringschätzt.

Wenden wir uns nach dem Blick auf das Allgemeine wieder zum Besonderen der Streitmacht:

Appelle an die Vernunft mögen in der Armee zwar vielleicht Überzeugungen wecken, genügen aber nicht, die Soldaten zum Einsatz ihres Lebens anzuregen. Dem Gesetz zu gehorchen, das Opfermut bis zum Sterben befiehlt, verlangt eine ethische Haltung, die das Vorbild und das Sinnbild braucht.

Lebendige Menschen

Eine Truppe ist keine tote Maschine, die lediglich mit technischem und taktischem Verfahren, wie es in einem Werbeslogan heißt, Sicherheit produziert.

Eine Streitmacht hat lebendige Menschen in ihren Reihen, die auch mit dem Gemüt für ihre Aufgabe ermutigt werden müssen, die sie sonst, falls die Stunde der Wahrheit schlägt, nicht erfüllen können. Ihrem überaus prosaischen Auftrag gebührt der Schmuck eines poetischen Ornaments, das freilich nicht nur äußere Form bedeuten darf, sondern sozusagen als Ausstrahlung des inneren Wesens gefühlt werden sollte. Nicht allein die Throne ruhen, um Neithard von Gneisenau zu zitieren, auf Poesie. Staaten, ob monarchische oder republikanische, lassen sich auf Prosa, wie sie in der Formel von der »Notordnung des Chaos« ausgedrückt wird, nicht dauerhaft gründen.

Gerhard Wachter

Soldat und Politik

Grenzen der Verantwortung und des Gehorsams

Im Gegensatz zu weiten Epochen deutscher Militärgeschichte ist in der Bundesrepublik Deutschland seit Aufstellung der Streitkräfte bis heute der Primat der Politik nie ernsthaft in Frage gestellt worden. Die Bundeswehr hat als Mittel einer an Friedenserhaltung orientierten Politik die äußere Sicherheit unseres Landes zu gewährleisten. Der Soldat handelt im Rahmen dieser politischen Zielsetzung.

Diese ganz selbstverständlich gewordene Anerkennung des Primats der Politik durch die Streitkräfte muß als ein Verdienst der Männer der ersten Stunde herausgestellt werden, die in der Legislative die Grundlagen für die Einbindung der Streitkräfte in die Demokratie gelegt haben und die innerhalb der Streitkräfte als Soldaten mit dem Konzept der Inneren Führung die Werte einer demokratischen Grundordnung erlebbar gemacht haben. Beiden muß bescheinigt werden, daß sie konsequent ihre Lehren aus der deutschen Militärgeschichte gezogen haben.

Zweifel am Primat der Politik von Moltke bis Ludendorff
Es darf ja nicht übersehen werden, daß in einer der erfolgreichsten Epochen deutscher Geschichte und Militärgeschichte, als Bismarck infolge des deutsch-französischen Krieges 1870/71 die Vereinigung des Reiches gelang, die Anerkennung der Vorrangstellung der Politik durch den entscheidenden militärischen Führer Moltke durchaus nicht gegeben war. Ganz im Gegenteil war Moltke schon vom Prinzip her völlig konträrer Auffassung; während für Bismarck Krieg nur ein Hilfsmittel verantwortlicher Staatskunst darstellte, bedeutete für Moltke Krieg ein festgefügtes Glied in Gottes Weltordnung.

In der konkreten Situation des Friedensschlusses mit Frankreich war Moltke durchaus nicht gewillt, sich der politischen Führungsentscheidung Bismarcks zu beugen. Vom König verlangte Moltke die volle Gleichberechtigung des Generalstabschefs neben dem Reichskanzler, um seine konträren Vorstellungen durchzusetzen. Nur weil der König diesem Ansinnen nicht nachgab, wurde der Friede mit Frankreich gemäß den politischen Vorstellungen Bismarcks und nicht nach den militärischen Ideen Moltkes geschlossen.

Diese Haltung der deutschen militärischen Führung ist bis zum Ende des Ersten Weltkrieges nicht mehr aufgegeben worden; sie kulminierte dann in der Auseinandersetzung zwischen Ludendorff und Bethmann Hollweg, in der militärisch vermeintliche Sachzwänge politische Entscheidungen über-

124

steuerten und im Endeffekt für das Scheitern des Kanzlers Bethmann Hollweg verantwortlich waren.

Der in der Weimarer Republik den Streitkräften auferlegten absoluten politischen Abstinenz, die dann für die kritiklose Unterstützung des Nationalsozialismus durch viele Soldaten der Wehrmacht mitverantwortlich war, wurde bei der Aufstellung der Bundeswehr ganz bewußt entgegengewirkt: Das Konzept der Inneren Führung und des »Staatsbürgers in Uniform« macht den Soldaten unserer Streitkräfte das politische Engagement zur Zielvorgabe. Ohne Beurteilungsvermögen, Verständnis, Augenmaß für politische Zusammenhänge kann der Soldat seine Aufgabe in der Demokratie nicht ausfüllen. Das politische Engagement des Soldaten der Bundeswehr in der Bundesrepublik ist gewollt.

Politische Abstinenz in der Weimarer Republik

Unter diesem Aspekt soll Stellung bezogen werden zu einigen in unseren Tagen sowohl innerhalb der Streitkräfte als auch im politischen Raum kontrovers diskutierten und noch nicht abschließend beurteilten Vorgängen, die die Frage nach den Grenzen von Verantwortung und Gehorsam des Soldaten in seinem politischen Engagement aufwerfen.

Die Festlegung militärstrategischer Konzepte zur Konkretisierung des Verteidigungsauftrages im Bündnis geschieht zwar unter Einschaltung der militärisch sachkundigen Berater, liegt jedoch eindeutig in der Verantwortung der Politiker. Es ist daher besonders in der intensiv geführten Phase der Strategie-Diskussion im Jahre 1983, aber auch bis heute, immer wieder die Auffassung vertreten worden, daß es nicht die Aufgabe der Soldaten sein könne, vor der Öffentlichkeit den verfassungsmäßig begründeten Verteidigungsauftrag der Streitkräfte oder die im Rahmen des NATO-Konzepts gültige Militärstrategie der »Flexible Response« zu erklären oder gar zu rechtfertigen. Diese Aufgabe liegt unzweideutig in der Verantwortung der Politiker.

Engagement von Soldaten in der Strategiediskussion

Ohne an dieser Verantwortung der Politiker deuteln zu wollen, ist dazu festzustellen, daß der Soldat ganz grundsätzlich aus Interesse an seinem Beruf mit der gültigen Militärstrategie, auf deren Basis er Einsatz- und Verteidigungsbereitschaft erzielen muß, vertraut zu sein hat. Dadurch gewinnt er eine Sachkompetenz und Urteilsfähigkeit, die nicht mit in die öffentliche Diskussion einzubringen eine Vergeudung von Kapazitäten bedeuten würde. Diese Urteilsfähigkeit läßt ihn die Überzeugung gewinnen, daß die Verteidigung der Bundesrepublik auf der Basis der gültigen Militärstrategie eine der wesentlichen Voraussetzungen für die Erhaltung der demokratischen Grundordnung ist, und der Gefährdung dieser Voraussetzung hat er im Rahmen seiner soldatischen Pflichten entgegenzutreten. Außerdem kann der Soldat, wenn er sich der Diskussion stellt, diese strukturieren und auf das Wesentliche, aber auch auf das real Mögliche lenken.

Es ist also festzuhalten: Der Soldat steht in der Teilnahme an der Strategiediskussion nicht nur in einer unmißverständlich staatsbürgerlichen Verantwortung, sondern nimmt auch eine soldatische Pflicht wahr und nutzt Einflußmöglichkeiten, die von niemandem sonst wahrgenommen werden könnten.

§ 8 SG macht dem Soldaten die Anerkennung der freiheitlichen demokratischen Grundordnung im Sinne des Grundgesetzes und sein Eintreten für ihre Erhaltung zur Dienstpflicht. Diese Pflicht ist im Sinne aktiven Handelns zu verstehen, wenn es darum geht, Beeinträchtigungen der Grundlagen des Staates abzuwehren. Der Soldat darf eine Gefährdung der Grundordnung nicht schweigend geschehen lassen, sondern muß dagegen auftreten.

Verantwortung von Soldaten für demokratische Grundordnung

Dies hat er auch dann zu bedenken, wenn – besonders in Friedenszeiten – der demokratischen Grundordnung von innen heraus Gefahren drohen; auch angesichts der Tatsache, daß er von Berufs wegen lediglich die äußere Sicherheit zu gewährleisten hat.

Das staatsbürgerliche Engagement und die Verantwortung des Soldaten sind daher auf den Plan gerufen, wenn – um exemplarisch eines von vielen Beispielen herauszugreifen – eine Organisation, die für Bildung und Erziehung Verantwortung übernommen hat, eine einseitige Beeinflussung einer ganzen Schülergeneration zu Lasten der Wahrnehmung staatsbürgerlicher Aufgaben und zu Gunsten einer inneren Distanzierung von den unsere Verfassung tragenden Pflichten propagiert. Wenn diese Organisation erklärt, Schule habe in erster Linie dafür zu sorgen, daß die Schüler befähigt werden, Grundrechte wahrzunehmen, wozu natürlich auch die Wahrnehmung des Grundrechts auf Kriegsdienstverweigerung gehört, jedoch die staatsbürgerliche Aufgabe, den Schutz unserer freiheitlichen Lebensordnung sicherzustellen, nicht mit einem Wort erwähnt, dann ist hier vom Ansatz her Gefahr im Verzuge, die die Soldaten nicht einfach hinnehmen können. Die für die politische Erziehung der jungen Generation Verantwortlichen (außerhalb der Streitkräfte) müssen daran erinnert werden, daß auch sie in einem demokratischen Staat Freiheiten nur genießen können, wenn sie bereit sind, im Rahmen des Grundgesetzes für die Aufrechterhaltung der Freiheit etwas zu tun.

Wenn die Errungenschaften und Freiheiten unserer Verfassung von Erziehern für so selbstverständlich genommen werden, daß sie nur noch als Gegenstand der Verbesserung oder Kritik angesehen werden, dann wird hier die Entfaltung der Mündigkeit der jungen Bürger gegen den eigenen Staat gezielt angestrebt; zu einem solchen Sachverhalt darf der Soldat als Staatsbürger nicht schweigen.

Nachdenken über Strategie in der Bundeswehr

Seit kurzer Zeit gibt es ein für die Streitkräfte der Bundesrepublik noch nicht dagewesenes, völlig neues Phänomen: Es treten Offiziere auf, die lautstark Zweifel an der gültigen offiziellen – also durch die Bundesrepublik Deutschland mitgetragenen und durch sie selbst auch mitverwirklichten – Sicherheitspolitik des westlichen Verteidigungsbündnisses anmelden, was sie zusätzlich dadurch unterstreichen, daß sie sich in einer Partei engagieren, die den

126

Austritt aus der NATO und einseitige Abrüstung zu ihren wesentlichen außenpolitischen Zielen erhoben hat.

Wenn es sich hierbei auch um ein neues, ungewohntes Phänomen handelt, so ist doch zunächst zweierlei festzuhalten:

Erstens darf es auch einem Offizier, der dazu nicht von Amts wegen bestellt ist – also nicht etwa in einem Referat für Militärpolitik des Führungsstabes der Streitkräfte Dienst tut – nicht verwehrt sein, über militärstrategische Konzepte – auch über noch gültige und praktizierte – nachzudenken, auch laut nachzudenken, um nach besseren Wegen zu suchen; zum Nachdenken auch in dieser Richtung ist er sogar im Sinne kreativen Mitdenkens herausgefordert. Die Lautstärke des Nachdenkens allerdings ist eine Frage des Stils und der Bescheidenheit. Zweitens kann es einem Offizier, der grundsätzlich zu politischem Engagement angehalten ist, nicht zum Vorwurf gemacht werden, wenn er sich bei einer politischen Partei engagiert, deren demokratische Grundhaltung offiziell nicht in Frage gestellt ist, auch wenn diese neben anderen Zielen die o. a. außenpolitischen Ziele vertritt.

Deshalb ist zum Beispiel auch die kategorische Aussage eines Brigadekommandeurs, daß ein Offizier lediglich wegen der Mitgliedschaft zu dieser politischen Partei in seiner Brigade nicht Kompaniechef werden könne, nicht haltbar. Jedoch ist es etwas völlig anderes, ob ein Offizier Zweifel an der gültigen Verteidigungspolitik hat und über wirkungsvollere andere Konzepte nachdenken will oder ob er die NATO-Mitgliedschaft der Bundesrepublik Deutschland erklärtermaßen nicht mehr bereit ist mitzutragen und z. B. erklärt, daß er absolut gegen »First Use« von Atomwaffen sei und diesen vor seinem Gewissen nicht verantworten könne.

Politische Entscheidung mittragen

Es braucht hier wohl kaum verdeutlicht zu werden, daß mit dem »Nicht-mehr-Mittragen-können« eines Elementes der Triade der »Flexible Response« die gesamte Triade aus den Angeln gehoben ist.

Wenn ein Offizier diese letztgenannten Auffassungen vertritt, dann sind folgende schwerwiegenden Tatbestände erfüllt:

1. Der Offizier erkennt die den Streitkräften durch politische Entscheidung vorgegebene Basis für ihren Einsatzauftrag nicht mehr an. Das heißt, er verletzt den Primat der Politik.

2. Der in staattragender Verantwortung stehende Politiker, dem die Streitkräfte Garant und Mittel für die Sicherheit sind, wird in diesem Offizier einen Unzuverlässigkeits- und Risiko-Faktor sehen müssen, den er in den Streitkräften nicht wird dulden können.

3. Der militärische Vorgesetzte muß, wo immer dieser Offizier eingesetzt ist, besonders aber, wenn er in irgendeiner Führungsfunktion steht, damit rechnen, daß der Betreffende einen Einsatz- und Kampfauftrag nicht befolgt. Die Einsatzbereitschaft des Truppenteils des Offiziers wird unterwandert, sein Beitrag zur Abschreckung unglaubwürdig.

Die Schlußfolgerung aus diesem Tatbestand ergibt sich zwingend:

Konsequenzen ziehen

Der Offizier hat von sich aus die Konsequenzen zu ziehen und die Streitkräfte zu verlassen. Wenn er dazu nicht bereit ist, muß der Dienstherr seinerseits auf seine Dienste verzichten und ihn entlassen.

Ein Offizier, der sich bei einer Partei aktiv engagiert, die in o. a. Sinne außenpolitische Ziele vertritt, muß sich die Gretchenfrage gefallen lassen:

»Wie hältst Du es mit den Programmpunkten NATO-Austritt und einseitige Abrüstung Deiner Partei?« Wenn er diese Programmpunkte unterstützt, kann er mit der gleichen o. a. Logik diesen Streitkräften nicht mehr weiter angehören.

Einleitend ist festgestellt worden, daß der Primat der Politik in den Streitkräften der Bundesrepublik nie ernsthaft in Zweifel gezogen worden ist.

Angesichts dieser neuen Situation muß allerdings die Frage gestellt werden, ob diese These heute noch uneingeschränkt Gültigkeit hat.

Winfried Sixt

Von der Loyalität des Offiziers

Es gibt mancherlei Gründe und recht unterschiedliche Motive, die zu benennen wären, wenn es um die Frage geht, warum einer Offizier geworden ist. Wird die Frage aber tatsächlich gestellt, dann werden manche Gründe und Motive, auch wenn sie für die Berufswahl ausschlaggebend waren, nicht erwähnt, weil sie den Erwartungen hinter einer solchen Frage wohl nicht genügen können. Erwartet wird ja eigentlich eine Auskunft über das gegenwärtig gültige Selbstverständnis des Offiziers und weniger über die Entwicklung, die zu seiner Berufswahl führte. Deshalb können sonst durchaus anerkannte und vernünftige Erwägungen wirtschaftlicher Absicherung und beruflichen Fortkommens allein als Begründung dafür, daß einer Offizier geworden ist, nur schwer akzeptiert werden. Denn vom Offizier erwartet man, daß er ein »Mehr« an Motivation mitbringt, daß er das, was er tut, zuerst aus innerer Überzeugung von der Unverzichtbarkeit, der Wichtigkeit und Richtigkeit seiner Aufgabe tut und sich dabei der Gemeinschaft, der er dient, im Kern seiner Person verpflichtet weiß.

Ein »Mehr« an Motivation

Um dieses »Mehr« geht es, wenn von der Loyalität zu reden ist. Es mag mancherlei persönliche Beweggründe geben, warum einer Offizier geworden ist. Ist er aber Offizier geworden, dann muß man von ihm Loyalität erwarten können. Denn darauf zielt der freiwillig geleistete Diensteid und das durch ihn begründete Treueverhältnis. Darauf gründet sich auch der Vertrauensvorschuß, den die Gemeinschaft dem Offizier mit der Übertragung von Mitverantwortung für den Bestand des Rechtsstaates entgegenbringt. Sie geht davon aus, daß der Offizier die ihm anvertraute physische Gewalt des Staates nicht mißbrauchen, sondern loyal verwalten und in Zeiten höchster Existenzgefährdung des Ganzen zur Rettung des Staates erfolgreich einsetzen wird.

Gewalt loyal verwalten

Ein Offizier, der die so begründete besondere Verpflichtung zur Loyalität nicht innerlich bejahen und aus eigenen Stücken für sich übernehmen kann, sollte auch nicht das Amt des Offiziers ausüben und lieber seinen Abschied nehmen. Denn Offiziersein heißt immer, auch in hoher und höchster Verantwortung: Teilverantwortung übernehmen in einem Bereich, in dem ein anderer volle Verantwortung trägt. Immer also geht es um loyale Auftragserfüllung, um ein Handeln im Sinne dessen, der den Auftrag erteilt hat. Es geht letztlich um treue Pflichterfüllung unter ständigem Zurücknehmen der eigenen Person, um willigen, aber auch verständigen und mündigen Gehorsam.

Befehlsgewalt ist eingebunden

Dies muß gegenüber landläufigen Vorstellungen, die mit dem Offizier vor allem seine Befehlsgewalt und die Macht über Menschen verbinden, zunächst einmal betont und klargestellt werden: Seine Befehlsgewalt ist eingebunden in seinen Gehorsam, und seine Macht ist ihm unter Verpflichtung zu treuem Dienst verliehen. Es sind nicht nur die militärischen Erfordernisse, die den strengen hierarchischen Aufbau der Streitkräfte und die Strukturen von Befehl und Gehorsam begründen. Gerade der demokratische Staat muß sich darauf verlassen können, daß seine Soldaten den ihnen gegebenen Auftrag erfüllen und zum Wohle der demokratischen Gemeinschaft dienen. Deshalb müssen auch die Soldaten der Streitkräfte einer Demokratie gehorchen. Ihre Offiziere aber müssen darüber hinaus loyal sein, denn wirksamer als jede parlamentarische Kontrolle verhindert deren Loyalität gegenüber Grundgesetz und Grundordnung, daß sich im Alltag der Streitkräfte Denkweisen und Handlungsmuster entwickeln, die die Demokratie und ihre Ziele verraten oder den Auftrag der Friedenssicherung durch Verteidigungsbereitschaft verkehren.

Grundgesetz gibt Maßstäbe

Nur in diesem größeren Rahmen wird deutlich, welchen hohen Rang die Loyalität des Offiziers einnimmt. Hier wird aber auch erkennbar, daß die Loyalität gegenüber der Sache, dem Auftrag, dem Grundgesetz und der Demokratie immer auch Maßstäbe für die kritische Berurteilung eigenen und fremden Verhaltens mit sich bringt und das Mißverständnis von Loyalität als einer absoluten und bedingungslosen Unterwerfung ausschließt. Die geforderte Loyalität gegenüber dem Grundgesetz muß im Zweifelsfalle schwerer wiegen als die Gehorsamspflicht und Solidarität gegenüber dem Vorgesetzten. Darum verbietet etwa die Mitverantwortung für den Schutz der Menschenwürde die Erteilung oder die Ausführung von Befehlen, die diese Würde mit Füßen treten. Und die Mitverantwortung für den demokratischen Rechtsstaat untersagt es, Befehle zu geben oder zu befolgen, die eine strafbare Handlung mit sich brächten. Schließlich kann und soll auch der Offizier nicht zu Handlungen bereit sein oder sich zwingen lassen, die die auch ihm grundgesetzlich garantierte Gewissensfreiheit verletzen.

Vor der letzten Instanz

So wird ein Offizier, der sich zum christlichen Glauben bekennt, die Grenze seiner Loyalität und aller überkommenen Verpflichtungen dort gesetzt sehen, wo er gezwungen wäre, die Bindung seines Handelns an den Willen Gottes, wie er diesen in seinem Gewissen erkennen kann, aufzugeben oder Gottes Gebot zu brechen. Eine solche Grenze festzustellen und die Loyalität aufzukündigen, kann freilich keine leichte und schnell getroffene, sondern nur eine abgerundete Entscheidung sein. Sie setzt einerseits den Willen zum Durchhalten der Loyalität voraus, andererseits aber einen überwältigend klaren Widerspruch des Gewissens, dem zu folgen man trotz aller denkbaren Konsequenzen genötigt ist. Nicht das Hören auf eigene Gedanken, sondern wirklich nur das Hören auf Gott und der Gehorsam gegenüber dem von ihm

130

gesetzten vorstaatlichen Recht kann solchen Widerstand begründen. Dann gilt:

»Man muß Gott mehr gehorchen als den Menschen.«

Daß die Loyalität ihre Grenzen hat und haben muß, ändert aber nichts an ihrer grundsätzlichen Gültigkeit. Und wer nicht bewiesen hat, daß er loyal ist, kann kaum glaubwürdig von diesen Grenzen reden. Daß dieser Beweis nicht allein schon durch den Eid angetreten ist, sondern in der kleinen Münze des Alltags erst erbracht wird, liegt auf der Hand. So gesehen ist die Ernennung zum Offizier ein Akt der Bestätigung dafür, daß der Offizierbewerber nicht nur für fähig, sondern auch für loyal gehalten wird. Dieser Anerkennung und dem damit verbundenen Vertrauensbeweis am Beginn der Offizierlaufbahn gilt es, gerecht zu werden. Die Loyalität des Offiziers gilt zuerst und vor allem der Sache, dem Auftrag. Festzumachen ist sie aber am persönlichen Verhalten gegenüber Vorgesetzten und Untergebenen. Da der Offizier immer zwischen »oben« und »unten« steht, immer Untergebener und Vorgesetzter zugleich ist, wird sich seine Loyalität auch in beiden Richtungen bewähren müssen: *Loyalität im persönlichen Verhalten erweisen*

– Er wird von »oben« wie von »unten« ins Vertrauen gezogen,
– beide Seiten erwarten solidarisches Verhalten und
– gleichzeitig wird er zum jeweils anderen Lager gerechnet.

Eine Herausforderung besonderer Art, ein Dauertest auf die Fähigkeit zur Loyalität.

Wohl jeder Offizier wird am Anfang seiner Laufbahn die Abstufung der Verantwortung in der Hierarchie zunächst als Hilfe und Entlastung empfinden. Nicht die volle Verantwortung zu haben und doch an der Führung teilzunehmen, das setzt frei, in Zuarbeit und Teilaufgabe Fähigkeiten weiterzuentwikkeln, in der Teilnahme an Entscheidungsprozessen Erfahrungen zu sammeln und durch kritische Beobachtung des Führungsverhaltens der Vorgesetzten eigenes Profil zu entwickeln. *Abgestufte Verantwortung*

Dabei hilft anfänglich die Nähe zu der Mehrzahl der Untergebenen, auch darüber Erkenntnisse zu sammeln, wie unterschiedliches Führungsverhalten sich im unterstellten Bereich auswirkt. Freilich lassen sich solche Erfahrungen und Erkenntnisse nicht in einer Art »Beobachterstatus« sammeln, sondern immer nur in den wechselnden Rollen des mitverantwortlichen Führungsgehilfen oder des mitbetroffenen Untergebenen. Solange man sich mit den Entscheidungen und Anordnungen des Vorgesetzten im Einklang sieht, ist Loyalität leicht durchzuhalten.

Was aber, wenn man mit den Anordnungen, dem Führungsstil, dem persönlichen Verhalten des Vorgesetzten nicht einverstanden ist? Die Versuchung ist groß, in der Position zwischen »oben« und »unten« beide Ebenen gegeneinander auszuspielen und die sich anbietenden Möglichkeiten zu nutzen, um selbst zum informellen Führer zu avancieren. Der zunehmende Durch- *Loyalität in der Bewährung* blick und die mit den Erfahrungen wachsende Kritikfähigkeit geben ja einen scharfen Blick für die Fehler und Unzulänglichkeiten des Vorgesetzten und machen hellhörig für versteckt und offen geäußerte Kritik an seinem Führungsverhalten. Sie verstärken mit der Zeit den Eindruck, daß man es eigentlich selbst besser könne. Was liegt näher als der Versuch, sich auf beiden Seiten »lieb Kind« zu machen: Mit dem Vorgesetzten über die »uneinsichtigen« Untergebenen zu klagen und den Untergebenen Solidarität gegenüber dem »unverständlichen« Vorgesetzten anzudeuten. Mit Loyalität hat solches Verhalten allerdings wenig zu tun. Im übrigen ist es meistens ein Trugschluß, wenn man die Kritik am Vorgesetzten von dritter Seite als Anerkennung der eigenen Person wertet oder andererseits Kritik des Vorgesetzten an Untergebenen nicht auch auf sich bezieht. Ein Offizier ist gut beraten, wenn er sich vor dem Gefühl warnen läßt, besser, klüger und fähiger zu sein als der Vorgesetzte.

Es führt in der Regel zu Selbsttäuschung und Fehlverhalten und schließt loyales Verhalten nahezu aus. Daß man einen anderen Standpunkt und andere Ansichten hat, ist weder verboten, noch macht es einen unbedingt besser. Handelt es sich um wichtige und erhebliche Differenzen, verlangt die Loyalität es, den eigenen Standpunkt dem Vorgesetzten vorzutragen.

Auftrag nicht aus dem Auge verlieren

Ansonsten aber zeigt sich die Mitverantwortung des Offiziers in der Führung daran, daß er sich bemüht, den Auftrag seines Vorgesetzten zu verstehen und sich der Art der Durchführung nach Möglichkeit anzupassen, Kontinuität und Geschlossenheit zu wahren, um zu helfen und nicht zu hindern, um die Möglichkeiten des Vorgesetzten zu erweitern und zu untermauern, nicht aber zu untergraben und zu schmälern. Loyalität erweist sich in Aufrichtigkeit und Uneigennützigkeit. Sie läßt weder den Vorgesetzten noch den Untergebenen im Stich, noch verliert sie über den Schwierigkeiten und Spannungen des Alltags den übergreifenden Auftrag aus den Augen. Der loyale Offizier wird sich zwischen »oben« und »unten« als Mittler verstehen. Er wird bei den Untergebenen für den Vorgesetzten und beim Vorgesetzten für die Untergebenen eintreten. Er wird erläutern und erklären, wo es nötig und möglich ist, und vor Unterstellungen und unangemessener Kritik in Schutz nehmen; ebenso aber wird er auch berechtigte Kritik und aufkommenden Unmut zur Sprache bringen. Und wo es um des Auftrags willen nicht anders geht, wird er auch die offene Konfrontation nicht scheuen.

Loyalität kein Verdienst

Gewiß, immer auch wird es Vorgesetzte geben, die von ihrem Verhalten her Zweifel an ihrer eigenen Loyalität wecken und damit loyales Verhalten der Untergebenen schwermachen. So wahr es ist, daß Loyalität auf Dauer keine einseitige Sache bleiben kann, so muß sie doch auch tiefer gegründet sein, als daß sie nur Reaktion sein könnte. Nicht, ob der Vorgesetzte Loyalität verdient, kann hier die Frage sein (und wie oft täuscht hier der erste Eindruck), sondern ob man selbst loyal sein will! Und sollte sich wirklich ergeben, daß Loyalität sich verbietet, dann werden um so mehr die Untergebenen Loyali-

Heinrich Wilhelm Adalbert Prinz von Preußen
Admiral und Oberbefehlshaber der preußischen Marine (1811–1873)

*Ich habe Veranlassung, die Officiere der Marine dringend darauf aufmerksam
zu machen, wie der wahrhaft militairische Gehorsam den entschiedensten Willen der pünklichen Ausführung der Befehle ohne Gedanken des Vorbehalts,
der spitzfindigen Klügelei, die Verbannung jeder Lauigkeit verlangt; andererseits ihre Pflicht als Officier durchaus erheischt: sich mit dem Geist der ihnen
ertheilten Befehle und Instructionen vertraut zu machen, damit sie ihnen einen
Anhalt für nicht darin vorgesehene Fälle gewähren.*

Helmuth Graf von Moltke
Preußischer Generalfeldmarschall
und Chef des Großen Generalstabes (1800–1891)

Bei der Mannigfaltigkeit und dem raschen Wechsel der Situationen im Kriege ist es unmöglich, bindende Regeln zu geben ...
Nur die Befähigung und Gewöhnung der Führer aller Grade zu selbständigem Handeln geben die Möglichkeit, große Massen mit Leichtigkeit unter Verhältnissen zu bewegen, die bei dem Fehlen dieser Eigenschaften Zeitverlust und Friktionen aller Art herbeiführen müssen.

tät brauchen. Ihnen menschliches Verständnis entgegenzubringen, ohne den Vorgesetzten bloßzustellen, ihnen zur Seite zu stehen und sie nach »oben« zu beschirmen, wird dann die Aufgabe sein. Sie erfordert Anstand und Lauterkeit des Herzens. Denn um der Sache willen darf weder die Position des Vorgesetzten grundsätzlich untergraben werden, noch darf das Vertrauen der Untergebenen verspielt werden.

Loyalität ist keine leichte Sache, sondern eine große menschliche Leistung, die mit viel innerem Ringen verbunden ist und Selbstüberwindung erfordert. Darin liegt ihre Würde. Ihren Wert erhält sie aber nicht aus sich selbst. Sie ist eine »Sekundär«-Tugend. Entscheidend ist, wem wir loyal sind und warum. Und damit schließt sich der Gedankenkreis: Offizier sollte man nur werden, wenn man davon überzeugt ist, damit einer Sache zu dienen, die es lohnt, die im Extremfall den Einsatz des eigenen Lebens lohnt! Wenn man aber nur um eines solchen Wertes willen Offizier geworden ist, dann muß man als Offizier auch loyal sein!

*Selbst-
überwindung*

Heinrich Walle

Gehorsam im Konflikt

Die Szenerie war gespenstisch: Im grellen Licht geparkter LKWs werden in den ersten mitternächtlichen Minuten des 21. Juli 1944 vier Offiziere einzeln in den Hof des Oberkommandos der Wehrmacht in der Bendlerstraße 13 in Berlin vor einen Sandhaufen geführt und von einem Kommando von zehn Unteroffizieren unter dem Befehl eines Leutnants erschossen.

20. Juli 1944 General der Infanterie Friedrich Olbricht, Oberst i. G. Claus Schenk Graf von Stauffenberg, Oberst i. G. Albrecht Ritter Mertz von Quirnheim und Oberleutnant d. R. Werner von Haeften waren am 20. Juli 1944 gegen 23.00 Uhr durch ein Standgericht zum Tode verurteilt worden.

Oberst i. G. Graf von Stauffenberg hatte an diesem Tage gegen 12.30 Uhr im Führerhauptquartier »Wolfsschanze« in der Nähe des ostpreußischen Städtchens Rastenburg den Zünder einer Sprengladung in Gang gesetzt, welche zehn Minuten später in unmittelbarer Nähe Hitlers, in dessen Lagebaracke, detonierte. Wider Erwarten blieb der »Führer« am Leben, während vier Teilnehmer der Lagebesprechung ihren Verletzungen erlagen und die meisten der übrigen zwanzig Anwesenden teilweise schwere Verletzungen erlitten.

Stauffenberg und sein Adjutant von Haeften, der ihn bei dieser kühnen Aktion begleitet und unterstützt hatte, glaubten fest, daß Hitler dem Sprengstoffanschlag erlegen war. So wurde am Nachmittag des 20. Juli 1944 nach Rückkehr Stauffenbergs in Berlin gegen 16.00 Uhr der Staatsstreich ausgelöst, mit dem die Verschwörer die vollziehende Gewalt im Reich übernehmen und das Unrechtregime des Nationalsozialismus beseitigen wollten.

Durch den Tod Hitlers, dem alle Soldaten der Wehrmacht unter Anrufung Gottes »unbedingten Gehorsam« zu schwören gezwungen waren, hofften die Widerstandskämpfer den »eidfreien« Zustand herbeizuführen, der es der Mehrheit der deutschen Soldaten ermöglichen sollte, ohne Gewissenskonflikte eine Abkehr von den nationalsozialistischen Machthabern vollziehen zu können.

Hitler hatte jedoch das Attentat, wenn auch leicht verletzt, überlebt. Sobald diese Nachricht bekannt wurde, brach der Staatsstreich in sich zusammen. Generaloberst Ludwig Beck, geistiger Vater der Verschwörung und designiertes Staatsoberhaupt, starb kurz vor Mitternacht, nachdem er vergeblich versucht hatte, sich selbst zu töten, durch die Kugel eines Feldwebels.

Diese ersten fünf Opfer bildeten den Auftakt einer grausamen Abrechnung des nationalsozialistischen Terrorsystems, dem etwa 250 Offiziere als unmittelbar Beteiligte zum Opfer fielen. Gleichzeitig wurden aus Anlaß der Niederschlagung der Verschwörung nahezu 7000 Personen verhaftet und etwa 5000 davon umgebracht.

Dieses Attentat und der Versuch des Staatsstreiches vom 20. Juli 1944 waren tragische Höhepunkte und Ausdruck äußerster Illoyalität gegenüber einem verbrecherischen System, das Deutschland in einen Weltkrieg verwickelt hatte, der dann nach weiteren neun Monaten zum »finis Germaniae« führte. Dieses Ende hatte Ludwig Beck bereits 1938 in einer seiner berühmten Denkschriften vorausgesagt. Wenn die Bundeswehr das Andenken der Männer des militärischen Widerstandes ehrt und sie als Vorbilder für Soldaten sieht, die einen Staat, in dessen Grundgesetz die Menschenrechte unverrückbar verankert sind, verteidigen sollen, so wird zu fragen sein, warum diese Männer nicht doch Meuterer oder Revolutionäre waren, die in einer Art dialektischem Umkehrschluß zu Helden hochstilisiert werden.

Vorbilder oder Meuterer

Die zentralen Überlegungen aller am militärischen Widerstand Beteiligten richteten sich auf das Problem, inwieweit aufgrund des geleisteten Eides eine Treuepflicht bestand. Die am 2. August 1934 unmittelbar nach dem Tod des Reichspräsidenten Paul von Hindenburg durchgeführte erneute Vereidigung der Soldaten mit der bis 1945 gültigen Eidesformel:

»Ich schwöre bei Gott diesen heiligen Eid, daß ich dem Führer des Deutschen Reiches und Volkes, Adolf Hitler, dem Oberbefehlshaber der Wehrmacht, unbedingten Gehorsam leisten und als tapferer Soldat bereit sein will, jederzeit für diesen Eid mein Leben einzusetzen«,

war in der deutschen Militärgeschichte etwas Ungeheuerliches. Als Neuerung wurde die Anrufung Gottes für alle Soldaten, unabhängig von ihrer Konfession oder ihrem Glauben, obligatorisch. Noch weitergehend und später so verhängnisvoll aber war die Formulierung »unbedingten Gehorsam leisten« gegenüber einer Person, die keinerlei Einschränkungen aus Gewissensgründen zuließ.

Die Soldaten der Reichswehr hatten »Treue der Reichsverfassung« geschworen und, daß sie »das Deutsche Reich und seine gesetzmäßigen Einrichtungen jederzeit schützen« wollten. Damit war eine eindeutige Festlegung auf eine Rechtsordnung vorgesehen, welche die Grundrechte enthielt und damit auf dem naturrechtlich begründeten Sittengesetz beruhte.

Ein Vergleich von Eidesformeln bis zu den Anfängen stehender Heere im 16. und 17. Jahrhundert zeigt, daß ein uneingeschränkter Gehorsam de jure nie verlangt wurde. Der Eid war eine Beteuerung gegenseitiger Verpflichtung. Jede Eidesformel, bis hin zu der bei der Reichswehr gültigen, enthielt den Hinweis auf eine rechtliche Bindung. Früher waren das in der Regel die Kriegsartikel, die immer einen Bezug auf das christliche Sittengesetz enthielten, wodurch im Prinzip Grenzen von Befehl und Gehorsam festgelegt waren. Umgekehrt war auch der Eidnehmer (bis 1918 der jeweilige Landesherr) zur Einhaltung seiner Verpflichtungen gegenüber den Soldaten angehalten,

Kein unbedingter Gehorsam

135

die in den Kriegsartikeln oder in den Gesetzen niedergelegt waren. So handelte es sich beim militärischen Eid immer um ein Treueversprechen auf Gegenseitigkeit.

Wenngleich die Vereidigung der Reichswehr auf die Verfassung seit 1919 von vielen Soldaten, die aus der alten Armee kamen, als etwas Abstraktes und nicht Greifbares empfunden wurde, so war die neue Vereidigung auf Hitler durch ihren Absolutheitsanspruch keineswegs ein Wiederanknüpfen an die persönliche Bindung an einen Souverän wie vor 1918. Zu den wenigen, die das damals (1934) schon in der vollen Tragweite erkannten, gehörten vor allem Soldaten, die später beim militärischen Widerstand eine führende Rolle spielen sollten. Offiziere wie Ludwig Beck, Henning von Tresckow oder Hans Oster haben den Eid auf Hitler nur unter größten Bedenken geleistet. Sie hofften, daß Hitler in seiner Forderung nach unbedingtem Gehorsam nicht die Verübung von Verbrechen verlangte.

Treue als sittlicher Wert

Durch den Charakter des militärischen Eides als einem Treueversprechen waren also die Grenzen militärischen Gehorsams von jeher festgelegt. – Treue als ein sittlicher Wert darf nicht zur Befolgung unsittlicher und damit verbrecherischer Befehle mißbraucht werden.

Das Offizierkorps, dessen Tradition zum großen Teil aus dem mittelalterlichen Rittertum herrührte, war einem strengen Ehrenkodex verpflichtet, der ebenfalls starke Elemente der christlichen Sittenlehre enthielt. So finden wir in damaligen sogenannten Offizierspiegeln zum Beispiel Anweisungen, daß der Offizier die Befehle des Königs auszuführen habe, sofern sie nicht seine Ehre verletzen.

Die Folge dieser Verhaltensregeln war, daß Offiziere in deutschen Heeren – in den übrigen europäischen Armeen war das kaum anders – sich immer eine gewisse Unabhängigkeit bewahrt haben. Der willenlose, total funktionierende Erfüllungsgehilfe war nie das Idealbild des deutschen Offiziers. So konnte sich auch aus dieser Haltung heraus jene Auftragstaktik entwickeln, deren wichtigste Säule der loyale, treue und mitdenkende Offizier ist.

Sanktionen gegen Ungehorsam

Nun beruht eine Armee seit jeher auf dem Prinzip von Befehl und Gehorsam. Auch in der Vergangenheit war man sich durchaus darüber im klaren, daß menschliche Schwäche und Unzulänglichkeit eine starke Quelle für Ungehorsam ist. So waren die Sanktionen für militärischen Ungehorsam auch gegenüber den Offizieren aller Dienstgrade hart. Dennoch hat es in der deutschen Militärgeschichte eine Reihe von Beispielen des »Ungehorsams« gegeben.

In der Ballade »Das Königsduell« wird eine Begebenheit geschildert, bei der Friedrich der Große bei einer Truppenrevue einen Leutnant für eine Ungeschicklichkeit über Gebühr tadelt und ihn dadurch vor der Front in seiner Ehre kränkt. Der junge Mann tritt vor den König, nimmt Haltung an und fordert den König zur Wiederherstellung seiner Ehre zum Duell. Er zieht eine seiner Pistolen und ruft: »Majestät haben den ersten Schuß. Da ich jedoch Majestät nicht zu befehlen habe, gebe ich ihn für Eure Majestät ab.« – Der Leutnant feuert in die Luft und zieht seine zweite Pistole. »Der zweite Schuß gehört mir«, ruft er dem König zu. »Da ich aber Majestät die Treue geschworen habe, kann ich nicht auf den König feuern!« – Nach dieser Erklärung erschießt sich der Leutnant selbst.

Mag diese Anekdote auch nur erfunden sein und mögen wir heute die Reaktion des in seiner Ehre gekränkten Offiziers als überzogen empfinden, so ist sie andererseits für die Haltung und Auffassung eines Mannes, der eine freiwillige Bindung eingegangen ist und für eine entsprechende Behandlung eintritt, bezeichnend. Darüber hinaus zeigt diese Begebenheit, wie der absolutistische Herrschaftsanspruch eines Monarchen des 18. Jahrhunderts mit dem Recht auf ehrenhafte Behandlung in Konflikt geraten konnte. Von Friedrich dem Großen ist bekannt, daß er sich gegenüber seinen Offizieren durchaus willkürlich verhalten konnte und es keine Instanz der Beschwerde gab. Dennoch wurde von den Betroffenen ehrenvolles Verhalten erwartet, das sie dann fast ausnahmslos teuer bezahlen mußten.

Ähnlich, wenngleich nicht so dramatisch, verhielt es sich im Fall des Freiherrn von der Marwitz, der dem Befehl Friedrichs des Großen, das Schloß des sächsischen Ministers, Baron Brühl, zu plündern, nicht nachkam, da er dies mit seiner Ehre nicht vereinbaren konnte. Diese drastische Maßnahme sollte eine Vergeltung für die Plünderung Berlins und des Schlosses Sanssouci sein, an der sich sächsische Truppen beteiligt hatten. Friedrich von der Marwitz mußte seinen Abschied nehmen und starb verbittert. Auf seinen Grabstein ließ er meißeln: »Ich wählte Ungnade, wo Gehorsam nicht Ehre brachte!«

Auch der bekannte General von Yorck hatte sich schon als Leutnant geweigert, die Befehle eines Stabskapitäns zu befolgen, der im bayerischen Erbfolgekrieg 1778 eine Altardecke gestohlen hatte. Er wurde deshalb 1780 zunächst aus der Armee entlassen. Er hatte es mit seiner Ehre nicht vereinbaren können, Befehle eines Plünderers auszuführen. Auch die Konvention von Tauroggen, durch die sich der spätere General 1812 – mitten im Krieg – mit seinen Truppen auf die Seite des Gegners schlug und dadurch maßgeblich zur Rettung Preußens und zur Wiedererringung seiner Großmachtstellung beitrug, wurde ihm vom König nie verziehen. Bei der Erhebung in den Grafenstand erhielt er deshalb nicht den Titel nach seiner bedeutendsten geschichtlichen Leistung, sondern nach seinem historisch weniger bedeutsamen Schlachtenerfolg bei Wartenburg.

Nicht von ungefähr erscheint in der Zeit der Napoleonischen Kriege ein Theaterstück des ehemaligen preußischen Leutnants Heinrich von Kleist, in dem die Problematik des Ungehorsams zur Erreichung eines übergeordneten Zieles literarisch behandelt wird. »Der Prinz von Homburg«, so der Name des Schauspiels, wurde in Berlin von der Zensur zunächst verboten.

Befehl nicht befolgt

Der eigenmächtig vollzogene Wechsel der Allianz zur Rettung des Staates vor dem sicheren Untergang und der im Kleistschen Drama gegen den Befehl durchgeführte Angriff, der das Kriegsglück wendete, waren extreme Beispiele eines unabhängigen und sittlichen Werten verpflichteten Handelns. Das Kleistsche Beispiel war gar nicht so weit hergeholt, denn solche freien und ungeplanten Entscheidungen hat es im Siebenjährigen Krieg mehrfach gegeben. Letztlich ist daraus die Auftragstaktik entstanden, die bewußt bis auf die unterste Ebene einen Durchführungsspielraum zugestand. Entscheidend war aber, daß diese Aktionen von Erfolg gekrönt waren.

Auftragstaktik Wer den Unterführern einen gewissen Freiraum in der Methode der Auftragsdurchführung zugestand, riskierte zwangsläufig auch Pannen. Andererseits gewährte dieses System bei gut ausgebildeten und vor allem loyalen Offizieren eine große Flexibilität in der Führung. Dieser Vorteil überwog. Prinz Friedrich Karl von Preußen, einer der bedeutenden Heerführer in den Einigungskriegen von 1864 bis 1871, war stolz auf die Unabhängigkeit des preußischen Offizierkorps und sah darin eine wichtige Wurzel für dessen überlegene Führungsqualitäten. Er soll zu einem Major, der auf allzu starrer Ausführung taktischer Befehle beharrte, gesagt haben, daß der König ihn nicht zum Stabsoffizier ernannt habe, damit er Befehle ausführe, sondern damit er wisse, wann er einen Befehl nicht auszuführen habe.

Es hat in der Kriegsgeschichte bis 1945 immer wieder Fälle gegeben, wo auf der taktischen Ebene aufgrund der aktuellen Lage anders gehandelt wurde, als ursprünglich befohlen war. Die Fälle, wo ausdrücklich gegen einen eindeutigen Befehl gehandelt wurde, waren durchaus selten.

Wie man diese Dinge allgemein sah, dafür kann ein 1939 erschienener Aufsatz des Marburger Rechtsprofessors Erich Schwinge mit dem Titel: »Soldatischer Gehorsam und Verantwortung« gelten. (Von Schwinge stammt auch der offizielle Kommentar zum Militärstrafgesetzbuch, der von 1936 bis 1944 sechsmal aufgelegt wurde.)

In diesem Aufsatz wird deutlich, daß seinerzeit die Grenzen von Befehl und Gehorsam im Grunde genommen nicht eindeutig definiert waren, wenngleich Abweichungen von gegebenen Befehlen im Extremfall gebilligt wurden. Jedoch war das entscheidende Kriterium der Erfolg. Dies war bereits im Kleistschen Drama der springende Punkt. Jeder, der eine dezidierte Nichtbefolgung eines gegebenen Befehles auf sich nahm, riskierte damit sein Leben und wurde nur durch den Erfolg gerechtfertigt. Interessant an Schwinges Ausführungen ist der Umstand, daß einer konsequenten moralischen Diskussion aus dem Weg gegangen wird.

Grenzen des Die Fälle in Schwinges Aufsatz, wo es um vorwiegend sittlich begründete
Gehorsams Abweichungen vom Befehl oder von Befehlsverweigerungen ging, lagen alle in der Zeit der Befreiungskriege oder davor. Bei späteren Beispielen ging es mehr um taktische Fragen. Eindeutig verbrecherische Befehle wurden nicht

diskutiert. Das Militärstrafgesetzbuch kannte im § 47 den Tatbestand der Verletzung eines Strafgesetzes durch einen dienstlichen Befehl. Hier wurden bereits, ähnlich wie im § 11 des Soldatengesetzes der Bundeswehr, die Grenzen einer Verbindlichkeit militärischer Befehle angesprochen. Auch in der Auflage von 1944 wird dies noch eingehend behandelt. Jedoch im Gegensatz zum heutigen Soldatengesetz gab es keine eindeutige Abgrenzung, da damals der Begriff der Erfüllung eines Tatbestandes im Sinne des Strafrechts sehr verschwommen war. Im Grunde genommen ist das im § 11 des Soldatengesetzes festgelegte Verbot der Erteilung und Befolgung von Befehlen, die ein Vergehen oder Verbrechen zur Folge hätten, die bisher eindeutigste Festlegung der Grenzen von Befehl und Gehorsam.

Was den militärischen Widerstand gegen Hitler und das NS-Regime betrifft, muß festgestellt werden, daß, soweit bekannt ist, bei allen Diskussionen der § 47 des Militärstrafgesetzbuches nie herangezogen wurde. Die Rechtfertigung für die Putsch-Versuche von 1938, 1939 und dann von 1944 wurde vornehmlich aus dem Notwehrrecht abgeleitet. Bereits 1938 hatte Generaloberst Ludwig Beck in seiner Vortragsnotiz vom 16. Juli festgestellt: »Ihr soldatischer Gehorsam hat dort eine Grenze, wo ihr Wissen, ihr Gewissen und ihre Verantwortung die Ausführung eines Befehls verbietet.« Anlaß zu dieser mutigen Äußerung war seine Befürchtung, daß Deutschland durch Hitlers verantwortungslose Politik in einen Weltkrieg verwickelt werde, der letztlich das »finis Germaniae« bedeuten mußte. Insofern befanden sich die Männer des militärischen Widerstandes durchaus in einer alten Tradition des Offizierstandes, die letztlich aus dem christlichen Rittertum herrührte.

In schweren Gewissenskämpfen haben sie sich zu der Erkenntnis durchgerungen, daß der Treueschwur, der von einem verbrecherischen Tyrannen mißbraucht wurde, keine Gültigkeit mehr besaß.

Die Männer des Widerstandes befanden sich in einem Dilemma: Der Krieg, in den Hitler das deutsche Volk geführt hatte, wurde von den Gegnern mit dem Ziel der Vernichtung Deutschlands geführt. Deshalb sollte in jedem Falle verhindert werden, daß der Staatsstreich zu einer Schwächung der Front führte. Den Männern des Widerstandes ging es um die Rettung Deutschlands und um die »Wiederherstellung der Majestät des Rechts«, wie es in ihrer vorbereiteten Regierungserklärung hieß. Deshalb sind diese Männer von jenen Kräften zu unterscheiden, die aus anderen Gründen die Niederlage Deutschlands herbeizuführen suchten.

Wiederherstellung des Rechts

Die Männer des Widerstandes haben klar erkannt, daß nur durch die Beseitigung Hitlers viele ihrer Kameraden, die das nationalsozialistische Unrechtssystem ablehnten, von einem schweren Gewissenskonflikt befreit, am Werk der Erneuerung Deutschlands mitzuwirken bereit waren. Die Tötung Hitlers ist deshalb nicht als politischer Mord zu werten, sondern eher als Hinrichtung eines todeswürdigen Verbrechers.

Der militärische Widerstand war nicht allein auf die Männer der Verschwörung beschränkt. Denn ihnen war klar, daß sie den Umsturz nur mit hinreichenden Erfolgsaussichten wagen konnten, wenn sich ein Personenkreis aus entscheidenden Führungspositionen für ein solches Vorhaben gewinnen ließ. So ist der militärische Widerstand im Spektrum der verschiedensten Aktivitäten zu sehen, durch die sich Soldaten aller Dienstgrade auf unterschiedliche Weise dem Unrecht widersetzt und dafür ihr Leben riskiert und auch geopfert haben:

Beispiele des Widerstandes

— Aus der Verantwortung des Truppenführers haben Männer wie Generaloberst Hoepner militärisch sinnlos gewordene Durchhaltebefehle nicht befolgt.
— Im Namen der Menschlichkeit haben sich Soldaten geweigert, Judenerschießungen durchzuführen oder in besetzten Gebieten Repressalien gegenüber der Zivilbevölkerung auszuüben.
— Aus christlicher Verantwortung haben Soldaten eingegriffen, wenn die Militärseelsorge behindert wurde, oder sich gegen gottlose Aufrufe der NS-Propaganda gewehrt.
— Wehrdienstleistende Studenten, wie die Mitglieder der »Weißen Rose«, die als Sanitätssoldaten an der Front standen, haben durch Flugblätter das Gewissen der Bevölkerung aufzurütteln gesucht.
— Und am Ende des Krieges haben Soldaten gegen ausdrückliche Befehle den sinnlos gewordenen Kampf eingestellt.

Sie alle fühlten sich letztlich ihrem Gewissen verantwortlich und haben deshalb dem Tyrannen den »unbedingten« Gehorsam aufgekündigt.

Dem Sittengesetz treu

Ihr Vermächtnis für uns Soldaten der Bundeswehr liegt nicht darin, unter dem Vorwand eines Gewissenskonfliktes die militärische Ordnung von Befehl und Gehorsam leichtfertig aufs Spiel zu setzen.

Die Männer des Widerstandes mögen durch ihr Handeln in den Augen mancher oberflächlicher Betrachter militärischen Ungehorsam begangen und die Treue gegen Volk und Vaterland verletzt haben. In der Tat haben sie jedoch dem Gesetz die Treue gehalten, das Grundlage aller durch Menschen geschaffenen Gesetze ist, dem göttlichen Sittengesetz. Dies wird in erschütternder Weise aus den Worten von Generalmajor Henning von Tresckow deutlich, die er kurz vor seinem Tode am 21. Juli 1944 seinem Adjutanten und Mitverschworenen Oberleutnant Fabian von Schlabrendorff anvertraute:

»Jetzt wird die ganze Welt über uns herfallen und uns beschimpfen. Aber ich bin nach wie vor der felsenfesten Überzeugung, daß wir recht gehandelt haben. Ich halte Hitler nicht nur für den Erzfeind Deutschlands, sondern auch für den Erzfeind der Welt. Wenn ich in wenigen Stunden vor den Richterstuhl Gottes treten werde, um Rechenschaft abzulegen über mein Tun oder Unterlassen, so glaube ich, das vertreten zu können, was ich im Kampf gegen Hitler getan habe. Wenn einst Gott Abraham verheißen hat, er werde Sodom nicht verderben, wenn auch nur zehn Gerechte darin seien, so hoffe ich, daß Gott auch Deutschland um unseretwillen nicht vernichten wird. Niemand von uns kann über seinen Tod Klage führen. Wer in unseren Kreis getreten ist, hat damit das Nessushemd angezogen.

Der sittliche Wert eines Menschen beginnt erst dort, wo er bereit ist, für seine Überzeugung sein Leben hinzugeben.«

(mit freundlicher Genehmigung des Verlages abgedruckt aus: Offizierbrief. Nr. 17. Verlag Kirche und Mann, Bielefeld, 1984, S. 28 ff.)

III. Dienen

Werner von Scheven

Dienen

Militärische Beschreibung

Der Offizier hat den sozialen Status eines Beamten des mittleren gehobenen oder – ab Major – des höheren Dienstes. Dem »Dienst-Grad« entsprechen Besoldungsgruppen.

Als Soldat ist der Offizier vollgültiger Staatsbürger (§ 6 SG). Er hat die Pflicht, der Bundesrepublik Deutschland treu zu dienen (§ 7 SG).

Als Berufssoldat oder Soldat auf Zeit leistet er einen Diensteid auf die Erfüllung der Treuepflicht (§ 9 SG).

Wie jeder Soldat muß er durch sein gesamtes Verhalten für die Erhaltung der freiheitlichen demokratischen Grundordnung eintreten (§ 8 SG).

Und er hat auch hier wie jeder militärische Vorgesetzte in seiner Haltung und Pflichterfüllung ein Beispiel zu geben (§ 10, Abs. 1 SG).

Treues Dienen verlangt vom Offizier, wie übrigens auch vom Unteroffizier, innerhalb und außerhalb des Dienstes bei seinen Äußerungen die Zurückhaltung zu wahren, die erforderlich ist, um das Vertrauen als Vorgesetzter zu erhalten (§ 10, Abs. 6 SG). Das kann persönliche Lebensführung und Familie einschließen.

Als äußerste Form des treuen Dienens fordert Gesetz und Eid die Tapferkeit bis zur Hingabe des Lebens (§§ 7 und 9 SG).

Der Offizier hat im Gefecht die Aufgabe, die ihm anvertrauten Soldaten zu tapferem Handeln zu bewegen und zu tapferem Aushalten zu ermutigen. Dieses vorzuleben und mitzuleiden legitimiert ihn, fremdes Leben zu verantworten.

So dient der Offizier gleichermaßen dem Vaterland, den Menschen und seinen Soldaten.

Peter H. Blaschke

Dienen

Theologische Überlegung

»Dienet einander, ein jeglicher mit der Gabe, die er empfangen hat.«

1. Petrus 4,10

Dienen ist ein Akt hoheitlicher Anerkennung. Auf dem »Landtag zu Sichem« stellt Josua das Volk Israel vor die Entscheidung: »...so wählet heute, wem ihr dienen wollt: den Göttern, denen eure Väter gedient haben jenseits des Stromes, oder den Göttern der Ammoniter, in deren Land ihr wohnt!« Und Josua entscheidet für sich: »Ich aber und mein Haus wollen dem Herrn dienen.« (Josua 24,15)

Auch das Volk Israel entscheidet sich für den Herrn. Dienen ist die Antwort auf Gottes Heilstaten und Machterweise: Er ist es, der das Volk Israel aus der Knechtschaft gerettet hat und gnädig durch die Wüste in das gelobte Land geführt hat. Dienen ist die Anerkennung dafür, daß allein dieser Gott Garant für das Leben ist.

Im Neuen Testament antwortet Jesus dem Satan, nachdem dieser ihn dreimal versucht hatte und ihm alle Macht über die Welt angeboten hatte: »Du sollst anbeten Gott, deinen Herrn, und ihm allein dienen!« (Matthäus 4,10) Und noch deutlicher sagt Jesus an anderer Stelle: »Ihr könnt nicht Gott dienen und dem Mammon.« (Matthäus 6,24)

Dienen kann man nur Gott. Denn Dienen ist totale Inanspruchnahme. Und nur Gottes Macht über die Menschen ist lebenserhaltend.

Wo Menschen Menschen dienen, besteht immer wieder die Gefahr, daß Menschen sich als Gott aufspielen und verehren lassen. Dann aber werden die Diener degradiert zu Sklaven, Knechten, Arbeitstieren, Objekten. Die Geschichte der Menschen ist voll von mißbrauchten Dienern und selbsternannten Herren. Und immer wieder verstecken sich die Herren auch hinter Ideen: Volk, Vaterland, Staat, Partei.

Mißbrauchter Dienst bedeutet: Es geht nur um das Leben der Herren. Für die Diener heißt das: Unfreiheit, Unterwerfung, Ausbeutung, Not, Angst, Elend, Tod.

Es gibt nur eine Möglichkeit für den Dienst von Menschen an Menschen, zu der der Dienst Gottes befreit. »Dienet einander...« schreibt der Apostel. Einander, das bewahrt davor, daß die einen Herren werden und die anderen Knechte. Das bewahrt vor Machtmißbrauch.

Gott selber hat auf seine Macht verzichtet, indem er Mensch wurde und, wie der Apostel Paulus schreibt, »Knechtsgestalt« annahm (Philipper 2,7). Und

Jesus sagt von sich selbst: ».. .des Menschensohn ist nicht gekommen, daß er sich dienen lasse, sondern daß er diene...« (Matthäus 20,28)

Einander dienen, das ist das Gebot Christi. Jeder ist immer zugleich in der Rolle des Dienenden und des Bedienten. Jeder läßt Anteil nehmen an den eigenen Gaben und darf Anteil nehmen an den Gaben der anderen. Das heißt Leben. Dienen ist ein Akt hoheitlicher Anerkennung: Gott begegnet mir im Nächsten, in ihm diene ich Gott.

Peter H. Blaschke

Ich schwöre ...

Ethische und theologische Aspekte des Treueeides

I.

In diesem Beitrag kann es nicht darum gehen, die Diskussion wiederaufzunehmen oder fortzusetzen, die seit 1955 in Abständen immer wieder darum geführt wurde, ob Berufs- und Zeitsoldaten der Bundeswehr überhaupt einen Eid ablegen sollen oder ob dieser nicht sinnvollerweise ersetzt werden sollte durch eine – wie auch immer zu gestaltende – Inpflichtnahme oder ähnliches. Vielmehr kann es nur darum gehen, ausgehend von der gegenwärtigen Eidpraxis, theologische und ethische Aspekte in den Blick zu bekommen, Fragen zu stellen und Antworten zu suchen, die Hilfe sein können in der gegenwärtigen Situation.

II.

Im § 9 des Soldatengesetzes heißt es nüchtern: »(1) Berufssoldaten und Soldaten auf Zeit haben folgenden Diensteid zu leisten: ›Ich schwöre, der Bundesrepublik treu zu dienen und das Recht und die Freiheit des deutschen Volkes tapfer zu verteidigen, so wahr mir Gott helfe.‹« Es wird sodann erläutert, daß der Eid auch ohne die Worte »so wahr mit Gott helfe« geleistet werden kann.

Das Karlsruher Urteil von 1972

In diesem Zusammenhang muß auf das Urteil des Bundesverfassungsgerichts vom 11. April 1972 hingewiesen werden, dessen erster Satz lautet: »Der ohne Anruf Gottes geleistete Eid hat auch nach Vorstellung des Verfassungsgebers keinen religiösen oder in anderer Weise transzendenten Bezug.«[1] Mit diesem Urteil soll das Argument gegen den Eid außer Kraft gesetzt werden, daß der Staat durch die Eidforderung religiös manipuliere oder vereinnahme. In der Begründung des Urteils des Bundesverfassungsgerichts heißt es, daß der Eid ohne die religiöse Formel nur »die Bedeutung eines besonders ernsten, jedenfalls aber rein weltlichen Gelöbnisses« habe. Er bindet »allein im Hinblick auf die Verantwortung vor der im Staat vereinigten Volksgesamtheit und die ihr gegenüber bestehenden Pflichten«.

Es ist notwendig, sich klarzumachen, was das im Blick auf die Eidesformel bedeutet, und die Frage zu beantworten, welche ethische Relevanz ein solcher Eid hat und ob er als sinnvoll und ausreichend bezeichnet werden kann. Der Soldat schwört, »der Bundesrepublik Deutschland treu zu dienen ...«

Dienst am Volk

Was heißt das? In der Eidesformel im Entwurf der Bundesregierung von 1955 hieß es: »... das Grundgesetz der Bundesrepublik zu wahren, treu zu dienen ...« Es ist von daher aber wohl nicht ausreichend festzustellen, daß es bei der Bundesrepublik um das Grundgesetz gehe, ganz abgesehen davon, daß

148

man einem Gesetz nicht dienen, sondern es allenfalls befolgen kann. Dienen kann man nur Menschen. Es geht also um die Menschen in der Bundesrepublik Deutschland, um das deutsche Volk in diesem Teile unseres Vaterlandes.

Es geht um das deutsche Volk, von dem die Präambel des Grundgesetzes feststellt, daß es »im Bewußtsein seiner Verantwortung vor Gott und den Menschen ... kraft seiner verfassunggebenden Gewalt dieses Grundgesetz der Bundesrepublik Deutschland beschlossen« hat.

Von daher ergeben sich nun zunächst Schwierigkeiten, Eidnehmer und Eidgeber zu unterscheiden. In einem demokratischen Staat ist es anders als etwa in einem absolutistischen oder totalitären, wo es ein Gegenüber von Staat und Untertanen gibt. Im demokratischen Staat geht alle Gewalt vom Volke aus. Wenn also der Soldat schwört, dem Volk zu dienen, dann ist er selbst in diesen Dienst immer mit eingeschlossen. Er dient auch sich selbst. Und er schwört sich selbst. Der Soldat ist ja nach eigenem Verständnis »Staatsbürger in Uniform«. Er hat nach § 6 des Soldatengesetzes die gleichen staatsbürgerlichen Rechte wie jeder andere Staatsbürger auch.

Das bedeutet nun aber, die Frage nach den Maßstäben zu stellen. Oder genauer: Wenn der Soldat immer zugleich auch sich selbst dient, ist er dann nicht auch in der Gefahr, seine eigenen Interessen vor die Interessen des Gemeinwohls zu stellen und die eigene Interpretation der Maßstäbe über die allgemein gültige? Auch der Maßstab für den Dienst des Soldaten ist im Grundgesetz der Bundesrepublik Deutschland niedergelegt, das sich das deutsche Volk gegeben hat. Damit dieser Maßstab aber nun eben nicht der Beliebigkeit der Interpretation oder gar einer ungewünschten oder ungewollten Veränderung ausgeliefert ist, heißt es in Artikel 20 des Grundgesetzes (2), daß alle Staatsgewalt vom Volke ausgeht und »durch besondere Organe der Gesetzgebung, der vollziehenden Gewalt und der Rechtsprechung ausgeübt« wird. Die Gewaltenteilung ist der Versuch des demokratischen Staates, seine eigenen Maßstäbe zu kontrollieren und zu bewahren. Im Soldateneid ist dieser Maßstab in die beiden Begriffe »Recht« und »Freiheit« des deutschen Volkes zusammengefaßt.

Maßstab Grundgesetz

Von diesen Überlegungen ausgehend ergeben sich drei Antworten auf die Frage nach der Bedeutung und ethischen Relevanz des Soldateneides ohne religiöse Formel.

1. Im Eid wird das Prinzip der Gewaltenteilung als Grundlage demokratischer Staatsordnung anerkannt. Das bedeutet auch die Anerkennung des demokratischen Prinzips der Gültigkeit von Mehrheitsentscheidungen und die Bereitschaft, solche Entscheidungen auch dann anzuerkennen und mitzutragen, wenn man selber anders entschieden hätte.

Anerkennung der Gewaltenteilung

2. Im Eid anerkennt der einzelne seine dienende Rolle gegenüber der Gemeinschaft des Volkes. Für den Soldaten wird diese dienende Rolle unterstrichen dadurch, daß nach § 6 des Soldatengesetzes »seine Rechte im

Anerkennung des Dienstes am Volk

Rahmen der Erfordernisse des militärischen Dienstes durch seine gesetzlich begründeten Pflichten beschränkt« sind. Im Artikel 17a des Grundgesetzes heißt es dazu ausführlicher, daß es dabei z. B. um die Einschränkung des Grundrechtes der freien Meinungsäußerung, der Versammlungsfreiheit oder des Grundrechtes der Freizügigkeit geht. Diese Einschränkung ist Bestandteil des Dienstes des Soldaten, die im Eid bekräftigt und anerkannt wird.

Dienst heißt aber für den Soldaten vor allem, daß er die ihm von der Gemeinschaft des Volkes anvertrauten Machtmittel immer nur zum Dienst an der Gemeinschaft einsetzt, nämlich »... Recht und Freiheit des deutschen Volkes tapfer zu verteidigen«. Das bedeutet Anerkennung des Primats der Politik, Verzicht darauf, daß der Soldat eigene politische Zwecke verfolgt bzw. andere als die des deutschen Volkes und ihnen seine Machtmittel zur Verfügung stellt.

Zeichen der
Verbundenheit

3. Der Eid ist schließlich ein öffentliches Zeichen der Verbundenheit des einzelnen mit der Gemeinschaft des Volkes. Solche öffentlichen Zeichen und Symbole sind Grundbestandteil menschlichen Lebens und Zusammenlebens. Die Öffentlichkeit bedeutet dabei zugleich einen Schutz für den, der den Eid ablegt. Es gibt Zeugen für das, was hier versprochen wird.

III.

Bei alledem aber bleiben eine Fülle ungeklärter Fragen und Probleme.

1. Ein Problem hat die Eiddiskussion von Anfang an mitbestimmt. Und es besteht auch noch heute. Es ist umschrieben dadurch, daß es keine Kongruenz gibt zwischen den in der Eidesformel gebrauchten Begriffen »Bundesrepublik Deutschland« und »deutsches Volk«. Dieses Problem ist im Grunde nur etwas mehr verschleiert dadurch, daß der im Regierungsentwurf von 1955 vorgesehene Begriff »Vaterland« nicht in die Eidesformel aufgenommen wurde. Die Möglichkeit, daß in einem Ernstfall Deutsche auf Deutsche schießen müssen, bleibt bestehen. Kein Soldat kann an dieser Tatsache vorbeisehen und an der Frage, wie er damit fertig wird. Reicht es zur Rechtfertigung aus, daß die Verteidigung von Recht und Freiheit des deutschen Volkes nach der Präambel des Grundgesetzes auch denen gilt, die heute in Unfreiheit und Unrecht leben müssen? In der Präambel heißt es ja, daß das deutsche Volk auch für jene Deutschen gehandelt hat, »denen mitzuwirken versagt war«.

Schuld-
verstrickung

Hier kommt die Frage nach der Schuldverstrickung in den Blick, die für den Soldaten ja immer schon darin besteht, daß er möglicherweise töten muß, um das »deutsche Volk« zu verteidigen, zu schützen, die für den deutschen Soldaten aber eine besondere Dimension dadurch bekommt, daß es Deutsche, vielleicht sogar eigene Verwandte sein können, die auf der anderen Seite »verteidigen«.

2. Auch die Begriffe »Recht« und »Freiheit« bedeuten ein Problem für den, der den Eid ablegt. Dabei geht es heute wohl nicht so sehr wie in der Vergangenheit um die Frage, ob diese Begriffe eindeutig genug seien, um darauf einen Eid abzulegen. Es geht vielmehr um den Konsens über diese Begriffe in der Gemeinschaft unseres Volkes. Die Frage, ob Freiheit in unserem Lande überhaupt verteidigungswert ist, wieviel wir uns diese Verteidigung kosten lassen können und dürfen, ob Verteidigung überhaupt noch möglich ist, wird von verschiedenen Gruppen sehr unterschiedlich beantwortet. Die seit Jahren in diesem Lande geführte Diskussion über Legalität und Legitimität oder über das Widerstandsrecht im demokratischen Staat macht ebenso die Pluralität unseres Rechtsbewußtseins deutlich wie die Tatsache, daß das Bundesverfassungsgericht zunehmend als letzte Instanz angerufen wird, über die Rechtmäßigkeit politischer Entscheidungen zu urteilen. An dieser Unsicherheit hat selbstverständlich der Soldat als Staatsbürger in Uniform auch teil. Das bedeutet für den, der den Eid ablegt, nicht nur die Frage, welches Recht und welche Freiheit er eigentlich verteidigt, sondern die Frage, ob sein Dienst, das Recht und die Freiheit des deutschen Volkes tapfer zu verteidigen, noch mitgetragen wird von der Gemeinschaft des Volkes. *(Konsens über Recht und Freiheit)*

3. Es ist schon immer die Frage gestellt worden, ob durch den Eid wirklich die Verbundenheit zum Staat, in dem wir leben, gestärkt wird und der Eid wirklich ein öffentliches Zeichen der Verbundenheit ist. Dabei wird man nicht nur auf die Wehrpflichtigen blicken dürfen, die allerdings nur ein feierliches Gelöbnis ablegen, von denen aber durch zahlreiche Untersuchungen bekannt ist, daß Motivation zum Dienst, Wissen um die Notwendigkeit des Dienstes und Inhalt des feierlichen Gelöbnisses weit auseinanderklaffen. Gerade angesichts der oben geschilderten Probleme ist die Versuchung groß, auch den Eid nur als eine äußere Forderung des Gesetzes zu erfüllen, die innere Einstellung aber dem eigenen Ehrgeiz und Karrierestreben unterzuordnen oder ihm mit nicht ausgesprochenen Vorbehalten abzulegen. *(Forderung des Gesetzes)*

4. Schließlich muß noch auf das schon immer diskutierte Problem hingewiesen werden, daß der Eid in keiner Weise rechtskonstitutiv ist. Der Status des Berufs- und Zeitsoldaten wird nicht durch den Eid begründet, sondern durch das Aushändigen der Urkunde. Die Pflichten der Soldaten sind in den Gesetzen, vor allem im Soldatengesetz niedergelegt. Bestraft wird eine solche Pflichtverletzung. Treuebruch ist nur über solche Pflichtverletzung und damit Gesetzesübertretung definiert, nicht expressis verbis. *(Rechtliche Relevanz des Eides)*

Alle aufgezeigten Probleme bedeuten für den, der den Eid abzulegen hat, ein Höchstmaß ethischen und moralischen Bewußtseins von der Verantwortung seines Dienstes. Aber einen letzten Halt, eine letzte Instanz, vor der diese Verantwortung zu tragen ist, die diese Verantwortung vielleicht

151

sogar mitträgt, kann der pluralistische und weltanschaulich neutrale Staat nicht bieten. Es bleiben am Ende immer die nackten Artikel des Grundgesetzes und die Menschen, die sie auslegen und mit Leben erfüllen. Und der Eidgeber wird im Grunde auf das reduziert, was diese Gesetze von ihm aussagen und verlangen.

IV.

Die Frage nach der letzten Instanz Damit ist nun aber die Frage nach der letzten Instanz außerhalb jeder menschlichen Ordnung und Gesetzmäßigkeit gestellt. Und damit die Frage, ob der Eid nicht ohne eine solche letzte Instanz ohne Qualität ist.[2] Damit ist aber auch die Frage gestellt nach einem letzten Maßstab, der über alle menschlichen Gesetze hinausgeht. Denn der im Eid bekräftigte Dienst an der Gemeinschaft des Volkes und die Regelung dieses Dienstverhältnisses durch Gesetze und das Grundgesetz können nicht selbst letzter Maßstab sein. Es bedarf einer dritten, unabhängigen, diesem allen vorgeordneten Größe.

Nicht von ungefähr haben die Väter des Grundgesetzes im Wissen darum in der Präambel des Grundgesetzes formuliert: »Im Bewußtsein seiner Verantwortung vor Gott und den Menschen ...« Und wie zwangsläufig sich daraus als Konsequenz ergebend, ist der religiöse Zusatz beim Eid »...so wahr mir Gott helfe« der im Gesetz vorgesehene Normalfall. Hier geht es nicht um die Überschreitung der Kompetenz des weltanschaulich neutralen Staates, auch nicht um eine religiöse Manipulation oder Vereinnahmung, sondern um die Konsequenz der Erkenntnis, daß weltliche Instanzen immer nur vorletzte, der Veränderung und der eigenen Begrenztheit unterworfen sein können.

Damit müssen wir uns nun mit der Frage beschäftigen, was die Anrufung Gottes im Eid für den, der den Eid ablegt, bedeutet über das hinaus, was bisher schon gesagt wurde. Bevor wir jedoch darauf eingehen, müssen wir eine grundsätzliche Bemerkung machen zur Stellung von Bibel und Kirche zum Eid. An dieser Stelle können jedoch weder eine vollständige Auslegung der Bibelstellen noch eine theologiegeschichtliche Darstellung der Eiddiskussion in der Kirche eingebracht werden. Vielmehr kann es nur um einige Aspekte gehen, die für die gegenwärtige Frage nach dem Eidverständnis von Bedeutung sind.

Biblischer Befund Die Frage, ob überhaupt ein Eid abgelegt werden darf oder nicht, war immer schon umstritten. Auch der neutestamentliche Befund gibt keine eindeutige Antwort auf diese Frage. Sowohl in Matthäus 5,34 als auch in Jakobus 5,12 wird ein Eidverbot ausgesprochen, in Hebräer 6,16 dagegen wird der Eid wie selbstverständlich vorausgesetzt. Bei einigen anderen Bibelstellen streiten die Exegeten, ob sie im Blick auf den Eid positiv oder negativ ausgelegt werden können. Zu der bekanntesten neutestamentlichen Stelle Matthäus 5,34 werden unten weitere Ausführungen gemacht werden müssen.

Nach den reformatorischen Bekenntnisschriften wird der Eid für zulässig erklärt. In der Confessio Augustana XVI heißt es im Zusammenhang mit der von Gott geschaffenen Obrigkeit, »daß alle Christen mögen ... aufgelegte Eide tun«. Martin Luther begründet den Eid im Zusammenhang der Zwei-Reiche-Lehre. Der Eid gehört in das Reich der weltlichen Notordnungen. Interessant ist, daß Luther den Eid im Zusammenhang mit dem zweiten Gebot im Großen Katechismus ähnlich begründet wie an anderer Stelle den Gebrauch des Schwertes. Vom Schwert hatte Luther ja gesagt, daß kein Christ es für sich selber gebrauchen solle, sondern nur um des Nächsten willen zu seinem Schutze. Ähnlich heißt es nun vom Eid im Großen Katechismus: »Und in Kürze ist das die Meinung: Schwören soll man nicht zum Bösen, das ist zu lügen, und wenn es nicht not noch nütz ist; aber zum Guten und des Nächsten Besserung soll man schwören ...«[3] Das bedeutet, daß der Schwörende nicht nur im Eid seinen Dienst an der Gemeinschaft verspricht, sondern daß der Eid selbst als Dienst an der Gemeinschaft verstanden werden muß. Luther drückt das in der Erklärung zum zweiten Gebot so aus: Der Eid »ist ein rechtes gutes Werk, dadurch Gott gepriesen, die Wahrheit und Recht bestätigt, die Lügen zurückgeschlagen, die Menschen zum Frieden gebracht, Gehorsam geleistet und Hader beigelegt werden ...«[4] Für alle Reformatoren, aber nicht nur für sie, gilt: Eide schwören setzt den Glauben an Gott voraus.

Reformatorische Aspekte

Im Mittelpunkt der katholischen Eidlehre steht nicht so sehr die Frage nach der Begründung des Eides, sondern die Frage nach dem gerechten Gebrauch oder Mißbrauch des Eides. Für den rechten Eid gibt es drei Kriterien:[5]

Katholische Aspekte

1. veritas in mente – hier ist die Wahrhaftigkeit des Willens des Eidgebers gemeint.
2. judicium in iurante – es muß die subjektive Eidfähigkeit da sein. Sie ist nicht vorhanden bei Minderjährigen, Geisteskranken, Trunkenen, auch nicht, wenn kein Gottesbewußtsein beim Schwörenden da ist.
3. iustitia in objecto – der Gegenstand, der beschworen wird, muß rechtmäßig sein.

Für die Rechtmäßigkeit eines Eides ist vor allem das zweite und dritte Kriterium wichtig. Wenn dagegen verstoßen ist, ist die Übertretung des Eides weder ein Treuebruch noch ein Meineid. Vielmehr ist der Eid selber als ungültig zu betrachten. Die Kriterien dieser katholischen Eidlehre wurden im 17. Jahrhundert auch Bestandteil der Lehre der lutherischen Orthodoxie.

Auffällig ist nun auch hier einmal die Parallelität zur Lehre vom Gerechten Krieg. Es geht offensichtlich auch hier um das Bestreben, den Christen handhabbare Maßstäbe zu geben, die sie die Möglichkeiten und Grenzen des Eides erkennen und danach handeln lassen. Erstaunlich ist jedoch auf der anderen Seite, wie gering die Relevanz sowohl der Lehre vom Gerechten Krieg als auch der Lehre vom rechten Eid in der Geschichte war. Insbeson-

Lehre und Wirklichkeit

dere die Männer des Widerstandes im Dritten Reich hätten nach diesen Kriterien erkennen können, daß sie an ihren Eid dem Führer gegenüber nicht mehr gebunden waren.

Jesu Eidverbot

Nach diesen Informationen können wir uns nun jener neutestamentlichen Stelle zuwenden, deren Auslegung nicht nur in der Kirchen- und Theologiegeschichte kontrovers war, sondern die zugleich den Schlüssel bietet für ein neutestamentliches Eidverständnis: Matthäus 5,34. Unter Bezugnahme auf das zweite Gebot geht die Forderung Jesu hier – wie an anderen Stellen der Bergpredigt – weit über dieses Gebot hinaus: »Ich aber sage Euch, daß Ihr überhaupt nicht schwören sollt, weder beim Himmel, denn er ist Gottes Thron; noch bei der Erde, denn sie ist seiner Füße Schemel; noch bei Jerusalem, denn sie ist des großen Königs Stadt ... Eure Rede aber sei: Ja, ja; nein, nein. Was darüber ist, ist von Übel.« Wenn es richtig ist, daß die Bergpredigt nicht unmittelbar in den politischen Bereich des Staates hinein übertragen werden kann, nicht einfach neue, radikale Gesetze verkündigt, die befolgt werden sollen, sondern die Verkündigung des Reiches Gottes und die Frage der Zugehörigkeit der Menschen zu diesem Reich zum Inhalt hat, oder die »Auslegung der Vollkommenheit Gottes«,[6] dann bedeutet das für unsere Frage nach dem Eid: Auch hier geht es nicht einfach um ein neues radikales Gesetz für den politischen Alltag des Staates. Vielmehr kann die radikale Forderung Jesu erst in ihrer vollen Bedeutung erkannt werden, wenn man der staatlichen Eidesforderung Folge leistet. Jesus verbietet ja den Eid nur deshalb, weil Gott keinerlei öffentliche Zeichen der Verbundenheit benötigt.

Eid und Gottes Vollkommenheit

Die Vollkommenheit Gottes besteht ja gerade darin, daß der Mensch nicht erst dadurch zu Gottes Reich gehört, nicht erst von Gott angenommen ist, wenn er bestimmte Gesetze und Gebote erfüllt hat und sich dadurch als würdig erwiesen hat. Nein, Gottes Ja zum Menschen geht bedingungslos allen Gesetzes- oder anderen Forderungen, die erfüllt werden müssen, voraus.

Das bedeutet für unsere Eiddiskussion: Der Staat, die Gemeinschaft der Menschen, fordert den Eid und mißt mit den bestehenden Gesetzen den Menschen und sein Versprechen ohne Ansehen der Person, unbarmherzig, gnadenlos. Fehler, Versagen, Verschulden, werden bestraft nach dem Buchstaben des Gesetzes. Durch die Anrufung Gottes aber kommt jene Instanz ins Spiel, die den Menschen auch dann noch trägt und hält, auch dann, ja gerade dann immer, wenn er versagt. Damit erst wird der Mensch frei, seine eigene Unvollkommenheit eingestehen zu können. Dadurch erst erkennt der Mensch, daß er durch den Eid nicht besser wird, als er vorher schon immer gewesen ist. Denn in der Unvollkommenheit, in der menschlichen Schwäche, im menschlichen Versagen liegen die Grenzen jeden Eides.

Befreiung zum Eid

Die Befreiung zum Bekenntnis der eigenen Unvollkommnenheit macht es zugleich möglich, daß der Mensch dem Eidversprechen auch innerlich voll zustimmen kann, weil er sich vor Gott auch zu seinen letzten inneren Ängsten und Sorgen bekennen kann. Vor Gott ist nichts verborgen. Und die bedingungslose Annahme durch den barmherzigen Gott macht jeden Vorbehalt überflüssig.

Schließlich aber bedeutet die Anrufung Gottes im Eid, daß der Mensch einen Maßstab anerkennt, der außerhalb aller menschlichen Gesetzlichkeit liegt und jedes Gesetz transzendiert. Jesus hat diesen Maßstab in das eine Gebot zusammengefaßt: Du sollst deinen Nächsten lieben wie dich selbst. Von hier aus wird das Gewissen des Menschen jenseits allen Pluralismus und jenseits aller Interpretation die Grenzen erkennen lassen, wo Recht in Unrecht und Freiheit in Unfreiheit umschlägt und damit jedes Eidversprechen aufhebt. Der Mensch geht nicht auf in staatlichen Forderungen und Nützlichkeitsdenken der Gemeinschaft. Ja, die Würde hat der Mensch auch schon, bevor das Grundgesetz sie ihm als Recht zuerkennt. Und der Umgang mit menschlicher Schuld geht nicht auf in der Handhabung staatlicher Gesetze. Das Gewissen des Menschen kann sehr wohl schuldig sprechen angesichts der Schuldverstrickung und Güterabwägung, wo menschliche Gesetze schon lange nicht mehr anklagen. In Gottes vorlaufendem Ja zum Menschen kommen alle Gesetze an ihr Ende, liegt die letzte Geborgenheit für den, der sich der Gemeinschaft zum Dienst verpflichtet, liegen aber auch zugleich die Grenzen dieses Dienstes und die Grenzen der Forderung an diesen Dienst.

Schließlich bedeutet die Anrufung Gottes im Eid das Eingeständnis, daß *Gott –* nicht menschliches Tun oder Dienen die Welt vollenden und die Geschichte *Herr der* an ihr Ziel bringen. Gottes bedingungsloses Ja zum Menschen ist Ausdruck *Geschichte* seiner Herrschaft über die Menschen und die Welt. Er ist der Herr der Geschichte. Sein Reich ist das Ziel der Geschichte. Es wird nicht von Menschen geschaffen. Aber es nimmt seinen Anfang dort, wo Menschen aus diesem bedingungslosen Ja heraus leben und handeln.

Erst die Bitte im Eid um Gottes Beistand, das heißt das Wissen um Gottes Barmherzigkeit, läßt jene Verantwortung tragen, die der Soldat mit seinem Dienst auf sich nimmt, sie läßt zugleich die Verstrickung in Schuld tragen, in die er sich hineinbegibt. Kein einzelner, keine Gemeinschaft, kein Gesetz, nur Gott allein kann jene letzte Geborgenheit geben, Gewissen trösten: Gott trägt auch da, hält an seinem Ja fest, wo Menschen verurteilen.

Erst an dieser Stelle können wir einige dieser Problemfelder aufzeigen, in die *Gott läßt* der Soldat hineingestellt ist, wenn er seinen Eid ablegt. Dessen muß er sich *Verantwortung* bewußt sein, wenn er heute schwört, »der Bundesrepublik Deutschland treu *tragen* zu dienen und das Recht und die Freiheit des deutschen Volkes tapfer zu verteidigen«. Ohne Gott müßte der Mensch an dieser Verantwortung zerbrechen.

1. Der Soldat muß sich des atomaren Dilemmas bewußt sein, des Problems also, daß die Möglichkeit nicht auszuschließen ist, daß er alles zerstört,

was er eigentlich verteidigen will. Die Heidelberger Thesen von 1959 sprechen in diesem Zusammenhang mit Recht davon, daß der Christ die atomare Katastrophe nicht anders denn als Gericht Gottes verstehen kann.

2. Der Soldat muß sich nicht nur der Probleme bewußt sein, die sich, wie schon ausgeführt, aus der Nicht-Kongruenz von »Bundesrepublik Deutschland« und »deutschem Volk« ergeben, sondern auch, daß Recht und Freiheit ohnehin nicht mehr allein im nationalen Rahmen verteidigt werden können.

3. Der Soldat muß sich immer wieder klarmachen, daß die Verteidigung von Recht und Freiheit auch die Verteidigung derer einschließt, die Recht und Freiheit mißbrauchen. Denn nur, wo es Recht und Freiheit nicht gibt, können sie auch nicht mißbraucht werden. Dabei muß zugleich immer wieder politisch darum gerungen werden, was Recht und Freiheit für jeden einzelnen und das Volk bedeuten.

4. Der Soldat muß sich der Tatsache stellen, daß die zunehmende Technisierung den Menschen verführt, die Verantwortung von sich abzuschieben auf Sachzwänge und Mechanismen. Aber von dieser Verantwortung kann letztlich nichts entbinden, wenn der Mensch sich nicht selbst aufgeben will.

5. Der Soldat muß sich klarmachen, daß nicht der Soldat allein in diesem Lande, der Bundesrepublik Deutschland, treu dient und Recht und Freiheit tapfer verteidigt. Der Soldat tut es nur an einer besonders exponierten Stelle, die besondere Verantwortung erfordert, die ohne letzten inneren Halt nicht getragen werden kann.

Anmerkungen

1. Zitiert nach: Evangelisches Kirchenamt für die Bundeswehr (Hrsg.): Sonderstundenbild für den lebenskundlichen Unterricht »Eid und feierliches Gelöbnis«. Bonn, 1981, Beilage, S. 33 ff.
2. Siehe auch Helmut Thielicke: Theologische Ethik. Tübingen, [2]1959, Band II, 1, S. 217 ff., Band II, 2, S. 460 ff.
3. Zitiert nach Kurt Aland (Hrsg.): Luther deutsch. Stuttgart/Göttingen, [3]1969, Band 3, S. 31
4. Ebd.
5. Nach Martin Honecker: Der Eid heute angesichts seiner reformatorischen Beurteilung und der abendländischen Eidestradition. In: Gottfried Niemeier (Hrsg.): Ich schwöre. München, 1968, 2 Bde., hier Band 1
6. Siehe dazu Trutz Rendtorff: Wie Gott die Welt regiert. Beiträge aus der evangelischen Militärseelsorge. Heft 39/September 1982, S. 11 ff.

Günter von Steinaecker

Dienen – Verdienen

Brief eines Vaters an seinen wehrpflichtigen Sohn

Mein lieber Sohn!
Auch mir hat das gestrige Gespräch mit Euch beiden »Jung-Artilleristen«
gefallen. Vor allem freue ich mich über Eure zunehmende Neigung, Offizier
zu werden.
Doch rate ich dazu, Eure Batterie und Euer Bataillon noch etwas länger mit
den Augen wehrpflichtiger Bürger zu betrachten, bevor Ihr Euch endgültig
entscheidet.
Zwei Gründe veranlassen mich dazu:
Einmal war es die auf mich bezogene Bemerkung Deines Freundes, man
verdiene doch als Oberst ganz gut; was ihm als Berufsmerkmal wesentlich
erschien. Zum anderen halte ich die Erlebnisse und Erfahrungen auf der
untersten Stufe unserer Hierarchie für die beste berufsorientierende Lehr-
zeit. Man sollte sie mit offenen Augen und Ohren aufnehmen, um ganz sicher
zu sein, im Dienst des Offiziers auch dauernde Befriedigung zu finden.
Beide Gründe will ich Dir darlegen; allerdings nicht als wissenschaftliche
Analyse, sondern aus ganz persönlicher und familiärer Sicht.
Ich beginne mit dem zweiten Aspekt, dem Berufsverständnis.
Keine Sorge, der Gelöbnisunterricht soll nicht wiederholt werden! Wir waren uns ja auch über Sinn und Ziel von Verteidigung einig: Sie muß ethisch
und technisch auf Friedenserhaltung ausgerichtet sein. Paradox ausgedrückt:
Wir üben täglich das, was wir mit unserem Üben verhindern, und nutzen
dazu Mittel, die schützen, was sie gefährden. Auftrag und Aufgabe der Bundeswehr im Bündnis empfandet Ihr jedenfalls genügend legitimiert.
Und doch muß ich auf einen Schlüsselbegriff des Gelöbnisses zurückkom-
men: das treue Dienen. Er erscheint mir als Drehscheibe unseres Aufgaben-
und Berufsverständnisses, denn er umreißt gesetzlich vorgegebenen Verhal-
tensauftrag und subjektive Berufsauffassung zugleich.
Eure wehrpflichtigen Kameraden werden sich hierbei vom Berufssoldaten
unterscheiden. Denn unter Deinen Kameraden wirst Du etliche finden, die
dem Gelöbnis skeptisch gegenüberstehen, weil sie den Grundwehrdienst
nicht freiwillig ableisten, sondern sich als Zwangsgäste empfinden. Doch halte
ich ihre Auffassung für nur bedingt stichhaltig. Wir leben in einer wehrhaften
Demokratie. Unser Volk bestätigt dieses Demokratieverständnis alle vier
Jahre über seine gewählten Vertreter, die wiederum jährlich Streitkräften und
Wehrform ihre Zustimmung geben, wenn sie den Verteidigungshaushalt

Klarheit über
Sinn und Ziel

157

beschließen. Auch Deine skeptischen Kameraden sind Bürger unseres Staates, die in weit überwiegender Zahl hinter unserer Lebensordnung stehen, wie Meinungsumfragen und Wahlanalysen deutlich ergeben. Damit befürworten sie aber auch ihren eigenen Wehrdienst!

Insofern dürfte weniger das Gefühl »Ich bin Opferlamm unserer Gesellschaft« ihre Haltung bestimmen, als vielmehr ein allgemeines Mißvergnügen darüber, 15 Monate lang der eigenen beruflichen Planung und Gestaltung enthoben zu sein. Das ist aber eine leichtere Qualität als die grundsätzliche Opposition gegen den Wehrdienst.

Dienst wird ernst genommen

Im übrigen läßt die Praxis der Kriegsdienstverweigerung in den vergangenen Jahren schon fast den Schluß zu, daß wir nur noch »Freiwillige« in der Bundeswehr haben. Gerade deshalb bin ich jedesmal erfreut (fast erstaunt!), wie ernst die meisten jungen Wehrpflichtigen den »Dienst beim Bund« nehmen und wie sehr sie über seine Vielschichtigkeit nachdenken. Zahlreiche längerdienende Soldaten könnten sich breite Scheiben abschneiden!

Wichtig scheint mir aber die Erkenntnis, daß wir nicht von Wehrpflichtigen und Berufssoldaten die gleiche Einstellung zum Dienst erwarten dürfen.

Weil Ihr Berufssoldaten werden wollt, beschränke ich mich auf den Offizier, der sich mit dem »treuen Dienen« auseinandergesetzt haben muß und dem die Pflichtenvorgabe des Soldatengesetzes zur Lebenseinstellung werden sollte. Nur so wird er m. E. dauernde Berufszufriedenheit erreichen.

Dienen als Berufsein- stellung

Wie kann ich denn bei meinem Vorgesetzten derartige Berufseinstellung erkennen, wirst Du fragen. Natürlich nicht an der sauberen Uniform und der klaren Befehlsgebung. Vielmehr handelt es sich um die persönliche Reflexion und Wiedergabe dieser normativen Verhaltensanweisungen des Gesetzes, die in jedem Menschen unterschiedliche Resonanz finden und daher als individuelle moralische Prinzipien hervortreten.

Das gilt einmal für die innere Beziehung zum Dienstherrn, der Bundesrepublik Deutschland. Zum anderen gilt es für das Verständnis vom Dienen gleichwertiger Menschen und Bürger nebeneinander innerhalb der hierarchischen Sozialstruktur der Streitkräfte. Und drittens betrifft es das persönliche Führungsverhalten des Offiziers. Sicher lassen sich noch weitere Perspektiven anführen, ich will mich jedoch hierauf beschränken.

Vieles selbst- verständlicher

»Früher war alles besser« ist eine unsinnige Behauptung. Dennoch war die Position des Dienstherrn in der Monarchie klarer gezeichnet als heute und vor allem ad personam erkennbar. Man diente eben dem König, alles andere hatte sich zu fügen. Deshalb konnte z. B. auch der junge General von Seydlitz, den Friedrich II. vor der Schlacht bei Rosbach an die Spitze der gesamten preußischen Reiterei gestellt hatte, zu den ihm unterstellten, aber viel älteren Generalen sagen: »Meine Herren, ich gehorche dem König, Sie gehorchen mir!« Punktum. Damit waren alle Erfordernisse eines funktionierenden Vorgesetztenverhältnisses auch ohne die vielschichtige Hilfe eines modernen Soldatengesetzes geregelt. Oder anders ausgedrückt: Es war die Zeit, in der man auch strittige Erziehungsfragen im Elternhaus mit dem knappen Facit: »Das tut man nicht«, glaubwürdig beenden konnte.

Natürlich war diese Moral – im Sinne der Summe der in einer Gesellschaft als bindend angesehenen Werte und Normen – auch damals nicht vom Himmel gefallen. Zwar war sie ihm über Gottesgnadentum und Religionsausübung durchaus verbunden, doch diente sie vorrangig der politischen Regulierung des Staatswesens und wurde vermittelt, oktroyiert, tradiert.[1]

Aber schon damals verschmolzen im Tugendkatalog des guten Staatsdieners objektive Voraussetzungen (z. B. Landeskind, soziale Herkunft, Lebensalter etc.) mit der individuellen moralischen Haltung Souverän und Staat gegenüber.[2] Das letzte war entscheidend. Insofern kann man sagen, daß die persönliche Einstellung und Zustimmung der Beamten und insbesondere der Soldaten zu den geltenden Werten der Gesellschaft seit der Entstehung des modernen Staatswesens bei uns dessen Existenz bedingen.

Der Monarch personifizierte die Summe der Werte und Normen. Darin lag die Gefahr, aber auch die Kraft dieses Staatswesens. Der Dienstherr war ein Mensch, mit dem man als Mensch korrespondierte (selbst wenn man ihm feindlich gesonnen war).

Zwischen Souverän und Staatsdiener konnte ein personales Treueband entstehen, welches Sinnfragen über persönliche Glaubwürdigkeit löste und sich daher auch emotional besonders reißfest knüpfen ließ.[3]

Ich schreibe Dir dies nicht aus einem nostalgischen Anfall heraus, sondern weil ich meine, daß unsere demokratisch-republikanische Grundordnung diese wichtige persönlich-emotionale Bindung ihrem »Staatsdiener« nicht ganz einfach macht. Staatsrechtlich spricht man heute von einer »überpersönlichen Treueverpflichtung«, die dem Dienstherrn geschuldet wird. Umgekehrt verpflichtet sich der Dienstherr, dem Beamten und Soldaten einen angemessenen Lebensunterhalt zu gewährleisten.[4]

Überpersönliche Treueverpflichtung

Diese juristisch-nüchternen Grundlagen schaffen zwar geordnete Rechtsbeziehungen, aber wenig greifbare Gestalt, mit der man sich auch emotional identifizieren kann. An genau dieser Stelle liegen Stärke und Schwäche unseres Gemeinwesens zugleich.

Menschen müssen abstrakte Rechtssätze erst zum Leben erwecken. Das gilt für alle Verantwortungsebenen unseres Staates. Wir Offiziere sind vorrangig angesprochen, weil wir nicht nur optisch besonders erkennbar »Staat« repräsentieren, sondern weil wir für junge Menschen verantwortlich sind, deren Mehrzahl erstmals bewußt mit unserem Staat in Berührung kommen. Hier steckt für uns die besondere Herausforderung und Aufgabe. Wir haben jungen Menschen unser Gemeinwesen als glaubwürdig, einsichtig und erhaltenswert nahezubringen. Darin sehe ich ein wichtiges Merkmal unserer

Pflicht zum treuen Dienst. Sieh Dich mal unter Deinen Vorgesetzten um, kannst Du dort gleiche Auffassungen feststellen?

Jeder Soldat muß unsere Grundordnung anerkennen und für ihre Erhaltung eintreten, wie § 8 SG es fordert; für den Offizier ist es eine conditio sine qua non.

Zweifel am Staat

Vielen jungen Menschen bereitet diese Pflicht Schwierigkeiten. Selbst wenn sie den Kriegsdienst nicht verweigern, zweifeln zu viele an Wert und Fähigkeit unseres Staates; z. B. die jungen Arbeitslosen. Das Erlebnis der Arbeitslosigkeit schränkt unter den wehrpflichtigen Soldaten die Glaubwürdigkeit unserer Argumente ein.

Bekanntlich sind knappe Waren besonders wertvoll. Das ist heute Arbeit. Umgekehrt sind unsere stärksten Werte, Recht und Freiheit, in Hülle und Fülle vorhanden. Deshalb erscheinen sie so billig, daß man sie zu übersehen beginnt. Ihnen hat aber das Hauptaugenmerk unseres Dienens zu gelten.

Deinen Großeltern war das eine Selbstverständlichkeit, weil sie diese Werte als knappstes Gut persönlich erlitten hatten. Das Erlebnis, nach dem Kriege Menschenwürde, Freiheit und Gerechtigkeit wiedererlangt zu haben, war rationale Legitimation genug. Es reichte aus, um enorme Kräfte freizusetzen, die einen Sog von Aufbruch und Aufbau ungekannten Ausmaßes hervorriefen, von dem wir heute noch profitieren.

Man wußte genau, was man wollte und was man eben nicht wollte. Dazu gehörte auch das totalitäre Regime, das aus dem Osten drohte. Vor ihm wollte man sich schützen. Beides, die manifeste Bedrohung und das lebendige Bewußtsein für die greifbaren Vorzüge unserer Lebensordnung, brachte die parlamentarischen Mehrheiten für die Aufstellung der Bundeswehr.

Es gab nie einen berechtigten Zweifel am Willen des Offizierkorps der Bundeswehr, der Bundesrepublik treu zu dienen und sie tapfer zu verteidigen. Bundespräsident Heuss formulierte den ethischen Rang des Dienstes für den Offizier damals am treffendsten:»... für die anderen, den Nachbarn, die Heimat, das Volk, auch den Staat, der die Herberge der bürgerlichen Freiheit und der menschlichen Gerechtigkeit sein soll, die sachliche und auch seelische Wehr zu bilden«[5].

Persönliche Verpflichtung

Mit diesem Verständnis unseres Dienstes bin auch ich seinerzeit Soldat geworden. Es hat sich bis heute gehalten.

Seine Wurzeln liegen in meiner Erziehung, der die meisten Tugenden unseres Soldatengesetzes nicht viel Neues hinzufügen konnten, sowie in meiner alten Schule begründet, deren Lehrer mir unsere Lebensordnung mit der Überzeugung nahebrachten, daß ein solch freigebiges und offenes Gemeinwesen auf Dauer nur lebensfähig bleiben könne, wenn möglichst viele Menschen seine Werte als persönliche Verpflichtung empfänden und ihre Einhaltung wie ihren Schutz sich zur Lebensaufgabe machten. Genau dieser Gedanke ist für mich der Kern des Begriffes »Dienen«.

Auch wenn es Dir vielleicht sentimental erscheint, will ich noch einen Satz hinzufügen: Bisher habe ich meine berufliche Tätigkeit noch nie als Arbeitsleistung gegen Entgelt verstanden. Letzteres halte ich zwar für durchaus wesentlich – darauf komme ich noch – doch motivierte mich weit mehr die Auszeichnung, zu den Führungskräften unseres Staates zählen zu können, die junge Menschen in einer der problematischsten, aber auch wichtigsten Aufgaben für unser Gemeinwesen ausbilden, erziehen und führen dürfen. Dazu gehört auch, Euch jungen Soldaten die Bereitschaft zum tapferen Verteidigen verständlich und selbstverständlich zu machen.

Laß mich einen weiteren Aspekt ansprechen, der sich bei mir mit dem Gedanken des »Dienens« in der Gegenwart verbindet: der Umgang der Soldaten untereinander. Auch in diesem Zusammenhang solltet Ihr aus Eurem nächsten Umfeld Lehren ziehen.

Sozialhierarchie, Gehorsamsanspruch, äußere Kennzeichnung, Kasernenleben und einiges mehr formten im Verlauf der Geschichte ein ausgeprägtes System der Unterordnung im Militär. Bekanntlich hatte der Hauptmann von Köpenick mit der Frage »Haben Sie gedient?« deshalb Erfolg, weil zu jener Zeit Rang und Stand eines Menschen zugleich auch seine Würde und Achtung festlegten. Und für die damalige bürgerliche Gesellschaft zeichnet Heinrich Manns »Der Untertan« die entsprechende Parallele.

Es wäre falsch zu behaupten, in monarchischer Zeit habe nur eine kalt-autoritäre Auffassung das Verhältnis zwischen Vorgesetzten und Untergebenen beherrscht. Doch »die Verantwortlichkeit nicht dem Volke, auch nicht eigentlich dem Staate, sondern letzten Endes allein der Krone gegenüber, trug ... eine gewisse Versuchung in sich, im Führeramt sich zuwenig vom persönlichen Ethos der Menschlichkeit und zuviel vom überpersönlichen Ethos des Standes, der Institution, der ›Autorität‹ bestimmen zu lassen«[6]. *Soldatische Hierarchie*

Mit dem Entstehen der neuen Sozialordnungen haben sich Grundlagen entscheidend verändert. Menschenwürde, Freiheit und Gleichheit geben dem Menschenbild unseres Grundgesetzes sein Profil. Dem folgt das Bild des Soldaten der Bundeswehr. Bundespräsident Carstens sagte es so: »Von Anfang an hat sich das Leitbild vom Staatsbürger in Uniform auf dieses Menschenbild (gemeint: des Grundgesetzes) hin ausgerichtet. Mit Befriedigung können wir feststellen, daß es sich nie von diesem Fundament entfernt hat. Das Leitbild achtet die menschliche Persönlichkeit und ihre Würde und gestattet Einschränkungen der unbestrittenen Rechte der Bürger während des Wehrdienstes nur dort, wo soldatische Ordnung und Ausbildung es unbedingt erfordern.«[7]

Der militärische Dienst wird zum Ausdruck einer gemeinsamen Aufgabe für Vorgesetzte und Untergebene als gleichwertige Menschen, auch wenn sie in hierarchisch abgestuften und unterschiedlichen Tätigkeitsbereichen Verantwortung tragen. Deshalb heißt die Nr. 203 der ZDv 10/1 (Hilfen für die

Innere Führung): »Jeder Vorgesetzte muß Würde und Rechte des Soldaten respektieren.« Und deutlicher noch drückt es die Pflicht zur Kameradschaft im § 12 SG aus: »Sie verpflichtet alle Soldaten, die Würde, die Ehre und die Rechte des Kameraden zu achten und ihm in Not und Gefahr beizustehen.«

Dienst am Nächsten

Diesen »Dienst am Nächsten« lege ich Dir besonders nahe. Er muß im Alltag deutlich werden. Auch an sogenannten Kleinigkeiten. Kannst Du das in Deiner Batterie bemerken?

Steht der Chef z. B. auf, wenn Ihr sein Zimmer betretet? Gibt er Euch die Hand? Reden Euch die Vorgesetzten etwa noch mit »Du« an? (Was würde wohl geschehen, wenn Ihr das umgekehrt auch einmal versuchtet?) Werden Eure persönlichen Sorgen – Wahrhaftigkeit vorausgesetzt – ernstgenommen? Und vieles mehr. Es lohnt sich, hier aufmerksam Lehren und Bilanz zu ziehen!

Und noch ein dritter – ähnlicher – Aspekt des Dienens sollte nicht übersehen werden.

Überzeugende Lebensführung

Es ist das aus dem Dienstverhältnis entspringende Bewußtsein für richtiges Verhalten als Offizier. Etwas verkürzt spricht man auch von »Dienstauffassung«; etwa von einer schlechten, wenn Vorgesetzte sich gehen lassen, unpünktlich sind, sich mehr herausnehmen als sie anderen erlauben usw. Man spricht von einer guten Dienstauffassung, wenn Verhalten und Lebensstil positiv überzeugen.

Fast immer verbinden sich mit der guten Dienstauffassung hohe Leistungskraft und disziplinierte Lebensführung. Man möchte sich ein Stück davon abschneiden. Die Begriffe Beispiel und Vorbild fallen einem ein. Stets kennzeichnen sie ein »mehr als normal«, wobei dieses »mehr« nicht Inhalt eines Arbeitsvertrages sein darf. Dann wäre die überwiegende Reaktion: »Schön dumm – ohne Bezahlung so viel mehr zu arbeiten!«

Vorbild kann man nicht bezahlen, das wäre sinnwidrig.

Vielmehr sind es moralische Prinzipien, die solches Führungsverhalten markieren; Tugenden, die der Dienst erfordert. Dienen heißt für mich insofern, sich derart in das Sozialgefüge einordnen, daß die Erwartungen der Mitmenschen erfüllt – besser noch: übertroffen werden. Damit »verdient« man weniger, als daß man »sich verdient macht«. Darauf kommt es an.

Mit diesem Stichwort komme ich auf den anfangs genannten zweiten Grund zu sprechen, der mich zu diesem Brief veranlaßt: das Verdienen.

In manchen Ländern wird ein Amt noch heute als natürliche Quelle persönlichen Profits empfunden. Obwohl man auch bei uns ab und an von Praktikern dieser Philosophie hört, hat sich doch die Formel »Dienstleistung gegen Alimentation« seit Jahrhunderten eingeprägt. Auch in der »guten alten Zeit« wurde der Dienst am Staate nicht umsonst geleistet. Je wichtiger das Amt, desto höher war es dotiert.

Dieser Grundsatz erlangt dann besondere Geltung, wenn materielle Werte Prestige und Image der Menschen in der Umwelt prägen. Das ist heute der Fall. Auch wenn Eure Generation angeblich sog. postmateriellen Werten zugänglicher sein soll als unsere es war, sollte man nicht übersehen, daß die größere Zahl der gegenwärtigen Schulabgänger das gute Gehalt als wesentliche Berufsorientierung ansieht! *Orientierung am Gehalt?*

Von diesen Fakten muß auch der Staat ausgehen, wenn er qualifizierte Bewerber für seine Laufbahnen haben will. In den Wirtschaftswunder-Jahren ergaben sich deshalb für uns Soldaten besondere Probleme: Die aufblühenden Verdienst- und Aufstiegschancen in Handel und Industrie auf der einen Seite und die bescheidene Beamtenbesoldung mit dem geringen Prestige des Offizierberufs auf der anderen Seite drückten unser Bewerberaufkommen auf die Existenzgrenze hinab. Erst Hochschulausbildung und Besoldungsverbesserungen veränderten die Situation zu unseren Gunsten.

Verbunden mit der Sicherheit des Arbeitsplatzes fand der Staatsdienst auch in den Streitkräften zunehmend so hohes Interesse, daß heute in meiner Brigade keine Offizierstelle mehr unbesetzt ist.

Was will ich damit sagen: Wir leben nicht auf einer Insel der Ideale, die einem Entgelt genug sind. Dienen und Verdienen müssen auch in unserem Beruf in ausgewogenem Verhältnis zueinander stehen. Das gilt für das laufende Monatsgehalt ebenso wie für den Anreiz zur Leistungssteigerung, ausgedrückt in der Chance zum Aufstieg in höherbezahlte Positionen. Das war in den sechziger und siebziger Jahren Normalität. Gegenwärtig erleben wir das Gegenteil bei uns. Wo Antriebsanreize fehlen, halten Passivität und Demotivation ihren Einzug, wie es unser Verwendungsstau traurig-eindrucksvoll demonstriert. Ihr werdet den Stau nicht mehr erleben. *Anreiz zum Aufstieg*

Zukünftigen Planern sollte er als Warnung dienen, menschliche Grundbedürfnisse nicht zu übersehen.

Doch sind weder »Moneymaker« noch »Gehalts-Asketen« in unseren Reihen richtig aufgehoben. Die Bemerkung Deines Freundes, für seine Berufsentscheidung sei auch der Anreiz des Obersten-Salärs von Bedeutung, kann ich durchaus verstehen, ich halte sie auch für legitim. Jedoch gehört sie bei uns nicht an den Anfang eines beruflichen Orientierungsgespräches.

Quod erat demonstrandum: Dienen schließt Verdienen nicht aus, doch gibt mir ein Wort von Ortega y Gasset[8] die Richtung:

»Den auserlesenen oder hervorragenden Menschen dagegen kennzeichnet die innere Notwendigkeit, von sich fort zu einer höheren objektiven Norm aufzublicken, in deren Dienst er sich freiwillig stellt.«

Sprecht darüber mal mit Euren Offizieren.

Es grüßt Dich herzlich

Dein Vater

Anmerkungen

1. Michael Stolleis: Grundzüge der Beamtenethik (1550–1650). In: Die Verwaltung. Band 13. Berlin, Heft 4/1980, S. 402 ff.
2. Ebd. S. 461 ff.
3. Karl Demeter: Das deutsche Offizierkorps in Gesellschaft und Staat 1650–1945. Frankfurt, 1963, S. 165, 197
4. Theodor Maunz: Deutsches Staatsrecht. München, 1977, S. 321 ff.
5. Theodor Heuss: Soldatentum in unserer Zeit. Tübingen, 1959, S. 16
6. K. Demeter, a. a. O., S. 171
7. Karl Carstens: Ansprache anläßlich des 25jährigen Bestehens der Führungsakademie der Bundeswehr. In: Presse- und Informationsamt der Bundesregierung (Hrsg.): Bulletin Nr. 27 vom 24. März 1982. Bonn, S. 215
8. José Ortega y Gasset: Der Aufstand der Massen. Stuttgart, 1977, S. 44

Helge Adolphsen

Vom Umgang mit der Schuld

Wenn das Böse sich materialisiert

Auf einer Tagung in einer Ev. Akademie unter der Fragestellung »Sichere Positionen in der Friedenspolitik?« sagte ein Offizier: »Ich warte auf eine theologische Erklärung, was ich tun soll, wenn das Böse sich (im Falle eines Angriffs) materialisiert.« Die geforderte Erklärung wurde ihm nicht zuteil. Der Grund lag nicht nur in protestantisch berechtigter Abstinenz gegenüber konkreten Handlungsanweisungen und auch nicht allein in dem Dilemma, daß es in der Frage atomarer Notwehr weder ein »Ja ohne jedes Nein« noch ein »Nein ohne jedes Ja« geben kann. Es muß der in der Friedensdiskussion oft unterlassene Hinweis auf den Zusammenhang von Gewaltanwendung und dem Bösen und die damit eröffnete Tiefendimension gewesen sein, die mehr Betroffenheit als Sicherheit, mehr Leiden unter einem nicht aufzulösenden Konflikt als den hellen Vorschein einer zweifelsfrei richtigen Entscheidung ohne dunkle Schatten bewirkte. Wer seine Hände ansah, mußte daran denken, daß sie angesichts solchen Konfliktes in jedem Fall schmutzig werden würden, und den Gedanken an die eigene weiße Weste wagte keiner mehr auszusprechen.

Der Ernstfall und das Böse

Den Ernstfall denken, mit Furcht und Zittern, ihn üben, rational und mit Sorgfalt, gehört zur täglichen Praxis des Offiziers. Das Böse mitzudenken in seiner Macht und Unheimlichkeit, legt ihm die Geschichte der Menschheit nahe. Es auf sich zu beziehen und in die Frage nach eigener Schuld münden zu lassen, das muten ihm sein Gewissen und sein Glaube zu. Wer Christ ist, weiß sich verantwortlich für den Nächsten, seine Menschenwürde und sein Leben. Er will sich an Gottes Liebe zu seinen Menschen orientieren, seinen Willen auch da befolgen, wo er dem Bösen ins Gesicht sieht und unmenschliche Bedingungen vorfindet. Auch in den Grenzsituationen des Lebens, auch da, wo aus der Androhung die Anwendung von Gewalt wird, gilt die Weisung: »Laß dich nicht vom Bösen überwinden, sondern überwinde das Böse mit Gutem.« (Römer 12,21)

Das Ich und das Böse

In den Konflikten der »Abschreckung«

Die Kritik an dem Konzept der Abschreckung wird weltweit immer lauter. Sie richtet sich z. T. einseitig gegen das Drohen mit sogenannten Massenvernichtungswaffen. Sie konzentriert sich häufig auf die unkontrollierbaren

Die Abschreckung und das Böse

165

Wirkungen der Waffen, die die Menschheit vernichten und die Welt zerstören können. Sie spitzt sich zu auf ihre problematische Glaubwürdigkeit: Wer androht, muß auch bereit sein anzuwenden; wer das nicht kann, untergräbt ihren politischen Zweck. Die Anwendung aber bedeutet in ethischer Hinsicht Vernichtung statt Schutz, Ausweitung statt Begrenzung des bewaffneten Konfliktes. Diese im System liegende Gefahr sei folglich mit dem ethischen und politischen Ziel der Kriegsverhinderung nicht mehr zu vereinbaren.

Letztlich melden sich hier Zweifel und Mißtrauen in die Politik, die nicht mehr kontrollieren, steuern und fesseln kann, was menschlicher Geist sich ausgedacht hat und zur Regelung von Konflikten einsetzt. Kirchen und Christen stellen zudem fest, daß der von Gott gegebene Auftrag des Staates, dem Bösen und dem Chaos mit kontrollierter und an das Recht gebundener Gewalt zu wehren, in der Form der Anwendung dieser Gewaltmittel ad absurdum geführt werde. Die beiden großen Kirchen sind sich darin einig, daß die heutige Form der Abschreckung keine Friedenssicherung auf Dauer, sondern nur ein Schritt zu dem Ziel einer Konfliktbewältigung mit politischen Mitteln sein kann.

Zwischen Friedenssicherung und Friedensförderung Der Soldat steht mitten in diesen Auseinandersetzungen und Spannungen. Er kann weder sagen, daß diese Art der Friedenssicherung gut, noch sicher oder endgültig ist. Er muß dennoch seinen Auftrag gehorsam und qualifiziert erfüllen. Gleichzeitig muß er ihn ständig so relativieren, daß er sich als Staatsbürger und Christ für eine stärkere politische Entwicklung des Friedens einsetzt. Er muß das, was er tut, in Frage stellen und zugleich, gerade als Vorgesetzter, fraglos und überzeugend handeln. Er muß sich orientieren am Ziel, sich selbst mit seiner Existenz als Soldat überflüssig zu machen, und muß gleichzeitig bereit sein, gegebenenfalls das Recht und die Freiheit tapfer zu verteidigen mit Mitteln, die es abzuschaffen gilt.

Verantwortung und Schuld

Frieden schaffen nicht am Bösen vorbei Vom Bösen nur im Zusammenhang eines atomaren Ernstfalls oder der Abschreckung mit den heutigen Mitteln zu sprechen, kann dazu führen, die Macht des Bösen mitten im Alltag zu leugnen oder zu verdrängen. Es kann verhindern, die Spannungen vielfältiger Konflikte, die Komplexität der Verantwortung in den verschiedenartigen Lebensbereichen und die Bedeutung ethischer Entscheidungen angemessen und realistisch wahrzunehmen. Es leistet der in allen Menschen schlummernden Tendenz Vorschub, anderen die Schuld zuzuschieben und sich selbst schuldlos zu wähnen. Aus der Solidarität der Verantwortung wie der Schuldigen wird so leicht das Gegeneinander der Schuldbeladenen und der Schuldfreien, von »Killersoldaten« und »Frie-

densfreunden«. Wo sich einige auf die Insel der Schuldlosigkeit zurückziehen, Leben erhalten und Frieden am Bösen vorbei schaffen wollen,
wird anderen das »schmutzige Geschäft« der Verantwortung überlassen und geleugnet, daß es immer sowohl eine Haftungsgemeinschaft
wie eine Schuldgemeinschaft aller für das Leben und den Frieden
gibt.

Die spezifischen Paradoxien des Soldatenberufes

Der Soldat kann so nicht denken. Er weiß, daß die Verantwortung für das
Leben anderer so wenig teilbar ist wie die Liebe zu allen Menschen. Wie klar
sein politischer Auftrag ist, wie sehr das Recht auf individuelle und kollektive
Notwehr seinen Waffendienst legitimieren, wie stark er sich auch verpflichtet
weiß, andere vor fremder Gewalt zu schützen, so wenig reichen solche Begründungen aus für eine umfassende Beschreibung seines besonderen Amtes
als Diener des Friedens und der Freiheit. Er ist bereit, aktive Notwehr zu
leisten, um konkrete Nothilfe übernehmen zu können. Weil er das Leben
bewahren will, muß er das Töten anderer einkalkulieren. Der vorgestellte
Ernstfall der Verteidigung führt ihm die Paradoxie seines Berufes am stärksten vor Augen. Denn spätestens dann kann er sich nicht mehr heraushalten,
sich nicht mehr allein auf den Primat der Politik, die UN-Charta mit ihrem
Gebot des Gewaltverzichts und ihrem Recht zur kollektiven Notwehr und
die Artikel 87 und 26 GG zurückziehen. Sollte es zum Ausbruch eines bewaffneten Konfliktes kommen, wird er das beginnende Feuer nur mitlöschen
können, wenn er bereit ist, sich selbst und die Soldaten, für die er Führungsverantwortung hat, verbrennen zu lassen. Er kann sich dann nicht mehr aus
dem Konflikt befreien, der da lautet: die einen vor Schaden bewahren und
den anderen Schaden zufügen; Leben vernichten und zugleich das Weiter-
leben anderer sichern; die einen retten und die anderen zugleich opfern. Das
Liebesgebot führt ihn unweigerlich in eigene Schuld. In dieser Lage steht er
zwischen Skylla und Charybdis: Er sieht sich zwei gleichberechtigten ethischen Forderungen gegenüber. Er soll dem anderen keinen Schaden zufügen
und darf seinen Tod nicht wollen, – und er soll gleichzeitig alles tun, um die,
die durch fremde Gewalt gefährdet sind, vor Schaden und Tod zu bewahren.
Er kann die eine Forderung nicht erfüllen, ohne gegen die andere zu verstoßen. Ihm bleibt nur die Wahl zwischen zwei Übeln: Kämpft er nicht, gibt er
das Leben anderer preis; kämpft er, muß er ebenso den Tod anderer einplanen. Hier zeigt sich die eigentliche Last seiner Verantwortung. Denn nun
wird er hineingeführt nicht in das Wählen zwischen Gut und Böse, sondern viel stärker in das Abwägen von mehr und weniger Gut, in das Abschätzen von mehr Opfern oder weniger, in das Ermessen von größerem oder

*Wahl
zwischen
zwei Übeln*

kleinerem Schaden. Er weiß, daß er schuldig wird und bleibt zugleich dem Liebesgebot Gottes verpflichtet. Dieses Dilemma zwischen der Übernahme von Schuld und dem Auftrag, auch unter den Bedingungen einer unmenschlichen Situation Gottes Liebe wirken zu lassen, nimmt ihm kein anderer ab und löst er selbst nicht auf.

Konfliktzwänge mitten im Leben

Schmerzhafte Kompromisse

In solche Konfliktlagen gerät aber nicht nur der Soldat. In der ganzen Breite und Vielfalt des Lebens gibt es Grenzsituationen, in denen wir mit zwei gleichrangigen ethischen Forderungen konfrontiert werden und eine Konfliktbewältigung nur durch die Übernahme eines schmerzhaften Kompromisses gelingt. Da fragen sich Eltern, ob das nachweislich behinderte Kind ausgetragen werden soll oder ob sie einer Schwangerschaftsunterbrechung zustimmen sollen. Da steht der Arzt vor der Entscheidung, ob er dem Wunsch des unheilbar Kranken nach Leidensverkürzung durch passive Sterbehilfe nachkommen oder sich konsequent an seinen Eid halten soll. Da muß der Spender damit fertigwerden, daß er mit seiner Spende Menschen in Äthiopien vor dem Hungertod bewahrt, während die dortige Regierung dadurch Pläne realisieren kann, Nahrungsmittel gegen Devisen ins Ausland zu verkaufen und anschließend dafür weitere Waffen anzuschaffen. Da werden Impfungen gesetzlich vorgeschrieben und akzeptiert, die zu 99,9 % Schutz vor gefährlichen Krankheiten bewirken, in Einzelfällen aber eben diese Krankheit hervorrufen.

Die einfache ethische Entscheidung

Überall ist risikoreiches Abwägen, wagendes Abschätzen von Pro und Contra, verantwortliches Prüfen von absehbaren und unsicheres Kalkulieren von noch gar nicht abzuschätzenden Folgen notwendig. Mögen sich diese ethischen Konfliktlagen graduell von denen des Soldaten unterscheiden, prinzipiell tun sie es nicht. Nur oberflächlich Denkende nehmen die Widersprüche, die unser Leben durchziehen, nicht wahr. Nur Träumer von einer heilen Welt oder einem Leben ohne Konflikte meinen, daß es immer nur die einfache ethische Entscheidung gibt, bei der wir einer ethischen Forderung nachkommen, ohne die andere zu verletzen. Gott sei Dank gibt es eine Fülle solcher Entscheidungen: den Verzicht auf Betrug, um andere nicht zu schädigen; die Entscheidung, keine Beziehung zu einem verheirateten Partner aufzunehmen, um nicht in dessen Ehe einzubrechen u. a. In den ethischen Konfliktlagen aber werden wir der Aporien unseres Handelns ansichtig und spüren, daß wir in einer widersprüchlichen, ja, gespaltenen Welt leben. Diese nimmt der wahr, der in bester Absicht anderen Gutes tun und helfen möchte und erleben muß, wie diese Hilfe Schaden anrichtet, zu Mißverständnissen führt oder sogar Feindschaft verstärkt. Erschreckt stellt er fest, daß nicht nur der böse Wille zum Bösen, sondern ebenso der gute Wille zum Guten zu dem führt, was er nicht will: Unversöhnlichkeit, Mißtrauen, Neid, Haß, Leid und Tod.

Der bleibende Auftrag zur Weltverantwortung

In dieser widersprüchlichen Welt ohne Chance, die Hände in Unschuld zu waschen, läßt Gott seine Menschen nicht fallen. Er betraut sie weiter mit der Verantwortung für seine Schöpfung. Sie haben trotz aller in ihnen und in dieser Welt wirkender Zwänge zum Schuldigwerden den Auftrag, zu bewahren, statt nur zu benutzen, zu verwalten, statt zu verbrauchen, zu sichern und zu sanieren. Sie sollen Verantwortung übernehmen für eine Welt mit menschlicherem Antlitz, für mehr Gerechtigkeit, weniger Gewalt, die Bändigung des Bösen und die Kontrolle der Macht. Mit seinem Wort ruft er sie immer wieder zurück zu seinem Willen, hält ihnen seine Maßstäbe für das Handeln vor. Er will, daß sie sich ihm völlig anvertrauen und ihr Wollen an seinem Willen ausrichten.

Bewahren statt Benutzen

Gottvertrauen oder Realpolitik

Immer wieder müssen wir versuchen, die Spannung zwischen Gottes Geboten für unsere Friedensverantwortung und der politischen Situation des Friedens in der Welt anzugehen. Auch der Bereich der Realpolitik ist nicht frei von Gottes Anspruch und Herrschaft. 1950 hat G. Heinemann in der Auseinandersetzung um die Wiederbewaffnung einen Brief an den damaligen Bundeskanzler Konrad Adenauer geschrieben. Er hat gefragt, ob und inwieweit in der Politik Gottes unvorhersehbare Möglichkeiten real in Rechnung gestellt werden können, oder ob man hier weiter im Rahmen der alten Erfahrungen bleiben wolle. Sein Versuch, Gottes Willen und die Macht des Glaubens gegen die Macht der Politik zu setzen, wiederholt sich in der atomaren Situation der achtziger Jahre. In der Sorge für das Leben und um das Überleben fragen viele: »Sollen wir weiter auf die Kraft der Waffen setzen, oder müssen wir nicht stärker auf Gottes Möglichkeiten vertrauen?«

Vertrauen auf die Kraft der Waffen

Der Versuch, den Konflikt auf diese Alternative zurückzuführen, hat etwas Bestechendes. Aber die Reduktion auf die Frage, ob sich der einzelne Christ in der Sphäre des Glaubens oder im Rahmen der politischen Möglichkeiten zu bewegen hat, löst in der Praxis politischen Handelns nicht die Widersprüche heutiger Weltverantwortung auf. Sie erlaubt auch keine zureichende Antwort, mit welchen Machtmitteln Sicherheit und Frieden, Freiheit und

Recht bewahrt und verteidigt werden dürfen. Der Christ als Soldat lebt sowohl in der Sphäre des Glaubens wie im Bereich politischer Möglichkeiten, während sich Nicht-Soldaten, Nicht-Politiker und die Kirche (scheinbar leichter) in die Sphäre des Glaubens zurückziehen können. Der Soldat als Christ wird sich selbst nie aus der Verpflichtung entlassen, Glaube und Waffendienst, ethische Urteile und die Mittel zur Friedenssicherung, Gottes Verbot zur Gewaltanwendung und sein Gebot zum Schutz des Nächsten und Fernen so zusammenzudenken, wie er es vor Gott zu verantworten sich getraut. Seine Gewissensentscheidung wie seine Verantwortung kann ihm weder eine Kirchensynode noch der Vorgesetzte, eine Kirchenleitung noch ein Seelsorger abnehmen.

Vier Aspekte soldatischer Verantwortung

Orientierungs-punkte

Der Soldat, der im Wissen um eigene Schuld und die Zerrissenheit der Welt, im Gehorsam gegenüber Gottes Willen wie gegenüber politischen und militärischen Befehlen verantwortlich entscheiden will und muß, kann sich an vier Aspekten christlicher Weltverantwortung orientieren:

Gott läßt die Welt nicht fallen

1. Als Christ versteht er sich nicht primär als Handelnder, sondern als Beschenkter, nicht als Täter, sondern als Empfangender. Er weiß, daß Leben und Tod im letzten nicht von ihm und seinem Handeln abhängen, sondern von Gott und seiner Güte. In seinem Handeln vertraut er darauf, daß er sich unter die gewaltige Hand Gottes beugt, daß diese Hand ihn führt und daß er im Falle des Versagens in die Hand des barmherzigen Richters fällt. Die Hoffnung auf mehr Frieden und mehr Freiheit, mehr Gerechtigkeit und weniger Gewalt folgt weder aus der Aufgabe, aus dem guten Willen oder moralischem Tun; sie ist Konsequenz aus der Zusage, daß Gott diese Welt nicht fallen läßt und sie der Vernichtung nicht anheimgeben will. Das macht den so Handelnden bescheiden und gelassen. Es erlaubt ihm, seine Verantwortung an der Güte Gottes zu orientieren.

Eindämmung der Sünden-folgen

2. Dem Soldaten, der Christ ist, wird nicht zugemutet, die Macht des Bösen in der Welt zu brechen. »Für die Welt gibt es keine Verheißung einer allgemeinen Befreiung vom Bösen, sondern nur Gottes Gebot, um eine optimale Eindämmung der Sündenfolgen bemüht zu sein« (G. Ebeling). Kein Werk und keine Tat, und sei sie noch so gut, so gut gemeint oder als gut gepriesen, können das Heil und den konfliktfreien Frieden bewirken. Das zu wollen, ist nicht nur vergebliche, sondern auch gefährliche Mühe. Vor solcher Selbstüberschätzung, vor religiöser Überhöhung eigener Taten und menschlicher Erfolge, vor dem »Gottspielen« bewahrt ihn der Glaube.

3. Die Entscheidung, Soldat zu werden, die Zustimmung zu einem bestimmten sicherheitspolitischen und militärstrategischen Konzept, eine Entscheidung im Verteidigungsfall, kann und darf nicht begründet werden mit der Überwindung des Gegensatzes zwischen Gut und Böse, Freiheit und Sklaverei, Christentum und Materialismus, Gott und Teufel. Dem christlichen Glauben ist jegliche ideologische Überhöhung fremd. Auch Werte und durch das Christentum mitgeprägte Lebensformen können nicht zur Rechtfertigung der Gewaltanwendung oder der Verteidigung herangezogen werden. Im Kommunismus die Inkarnation des Bösen zu sehen und solche Sicht zur Motivation des eigenen Tuns zu machen, verbietet sich. Gott kann nie zum Anwalt eines weltanschaulichen oder religiösen Prinzips gemacht werden. Entscheiden kann darum jeder einzelne nur geistlich, indem er jeweils von Fall zu Fall, also nie prinzipiell, fragt: Wie entscheide ich mich vor dem Gott, dem nichts wertvoller und höher ist als der Mensch, keine Ideologie, kein Wert, keine Heimat, kein Land, keine Kirche; was ist diesem von Gott geliebten Menschen dienlich?

Entscheidung immer für den Menschen

4. Der Soldat weiß, daß die Welt ethisch nicht eindeutig ist und man in der Geschichte nicht um die Ecke sehen kann. Wir können sie weder durchschauen, noch haben wir Garantien für den Erfolg unseres Wollens und Tuns. In unserer kompliziert gewordenen Welt ist unser Handeln mehr als eine Fülle einzelner Entscheidungen. Für den Christen ist die Geschichte mehr als nur reine Menschengeschichte. Sie ist und bleibt eine Geschichte Gottes mit seinen Menschen. Je komplizierter die ethischen Fragen, je schwerer die Einsicht in Gottes Willen, je enger der einzelne seinen Weg mit dieser Geschichte Gottes verknüpft, um so tiefer eröffnet sich der Abgrund ethischer Konflikte, um so stärker wird die jeweilige Entscheidung zwischen Gut und Böse an der Verborgenheit Gottes in dieser Welt teilhaben. Um so tiefer wird dann auch das Wissen des Christen, daß »unser Handeln verborgen ist mit Christus in Gott« (Kolosser 3,3) und daß es erst an dem Tage, an dem wir vor Gott stehen werden, offenbar werden kann (G. Howe). In solcher Sicht seines Auftrags wird der Soldat dann mit D. Bonhoeffer sagen können: »Das letzte Nichtwissen des eigenen Guten und Bösen und damit das Angewiesensein auf Gnade gehört wesentlich zum verantwortlichen geschichtlichen Handeln.«

Die Welt ist ethisch nicht durchschaubar

Billige Gnade

Auf der eingangs erwähnten Tagung ging es um die Frage, ob die Kirche den Soldaten der Bundeswehr ein gutes Gewissen machen könne für den Druck auf den berühmten Knopf beim Einsatz atomarer Waffen. So wenig sich die Kirche zur Richterin über die Gewissen der Christen und Menschen aufwerfen darf, so sehr muß sie die Frage stellen, ob Soldaten sich getrauen, die Vergebung der Sünden in Anspruch zu nehmen, wenn sie gezwungen sein sollten, an einem mit Atomwaffen geführten Krieg mitzuwirken. Das Wissen um Gottes Vergebungsbereitschaft bedeutet keinen Freibrief für die Beliebigkeit des Handelns. Und die Gnade ist weder ein Billig- noch ein Sonderangebot.

Christlich nicht zu rechtfertigen

Nicht nur die Kirchen in der DDR und der Bundesrepublik haben innerhalb ihres ethischen Meinungsbildungsprozesses formuliert, daß der Einsatz von Massenvernichtungswaffen auch im äußersten Notwehrfall christlich nicht zu rechtfertigen sei. Dieser ethische Grundsatz bringt den Soldaten des NATO-Bündnisses noch einmal in einen spezifischen Konflikt, weil die Strategie der Abschreckung auf den Ersteinsatz atomarer Waffen nicht verzichten kann. Als ethische Formulierung geht dieser Satz aus von der biblischen Einsicht, daß Gewalt gegen Menschen immer in die Beweispflicht führt und daß die Anwendung von atomarer Gewalt höhere Risiken, mehr Opfer und grenzenlos werdende Vernichtung produziert, mehr als es der Verzicht auf den Einsatz solcher Waffen tut. Hier bleibt der einzelne selbst verantwortlich und auskunftspflichtig, spürt er die ganze Last seines Amtes der vollziehenden Gewalt und steht er unmittelbar vor seinem Gott. Im Vertrauen auf ihn als seinen liebenden Herrn und strengen Richter über seine Taten wird er heute wie in der Situation des Entscheidungszwangs so sprechen:

Tapfer handeln

»Ich möchte die beste Entscheidung treffen, die dem Willen Gottes und seinem Reich entspricht. Ich kann nur bitten, daß sein Geist und Rat mich leiten beim Abwägen des Für und Wider, bei der Gewichtung der Argumente, im Bedenken der Folgen, Erkennen eigener Grenzen und fremder Zwänge. So will ich in wagender Verantwortung, im Wissen meiner Schuld und mit der Bitte um Gottes Vergebung das meine tun, was ich tun muß.«

Gott würdigt den Menschen mit der Verantwortung für seine Welt und seine Menschen. Er adelt ihn, indem er ihm die Freiheit der Gewissensentscheidung gibt. Er ruft ihn ständig zurück in die Bindung an seine Liebe und in den Raum seiner Gnade. Darum gilt für den Soldaten das, was D. Bonhoeffer in seiner Ethik formuliert:

Auf Gnade angewiesen

»Wer in Verantwortung Schuld auf sich nimmt – und kein Verantwortlicher kann dem entgehen –, der rechnet sich selbst und keinem anderen diese Schuld zu und steht für sie ein, verantwortet sie. Er tut es nicht in dem frevelnden Übermut seiner Macht, sondern in der Erkenntnis, zu dieser Freiheit genötigt und in ihr auf Gnade angewiesen zu sein. Vor den anderen Menschen rechtfertigt den Mann der freien Verantwortung die Not, vor sich selbst spricht ihn sein Gewissen frei, aber vor Gott hofft er allein auf Gnade.«

Karl-Heinz Magazin

Offizier – Familie – Freizeit

1. Offizier – Familie

Von dem amerikanischen Geschäftsmann aus Los Angeles, Norman Smith, wird erzählt, daß er am Tage seines vierzigjährigen Ehejubiläums seiner Frau mit einem schönen Blumenstrauß ein Buch überreicht hat, in dem alle Streitigkeiten während ihres ehelichen Zusammenlebens fein säuberlich notiert waren. Die Statistik wies folgende Angaben und Zahlen aus:

1879mal, weil das Essen nicht rechtzeitig fertig war,
1457mal, weil sie mit dem Haushaltsgeld nicht auskam,
 734mal, weil das Rasierwasser nicht warm genug war,
 687mal, weil er die Kinder zu sehr verwöhnte,
 617mal, weil sie die Kinder zu sehr verwöhnte,
 547mal, weil er schadenfroh lachte,
 479mal, weil die Wohnung zu kalt war,
 387mal, weil Speisereste verdarben,
 307mal, weil er zu spät nach Hause kam,
 241mal, weil das Badewasser zu heiß war,
  85mal, weil sie eine Verabredung versäumt hatte,
  84mal, weil er Taschentücher verloren hatte,
  68mal, weil er zuviel rauchte,
  52mal, weil sie vergessen hatte, einen Knopf anzunähen,
  28mal, weil sie grundlos Streit angefangen hatte,
  17mal, weil er so brüllte,
  13mal, weil er nicht mit ihr spazierengehen wollte,
  11mal, weil er gutes Geschirr zerbrochen hatte,
   8mal, weil er die Katze ärgerte.

Zählt man die Zahl der Streitigkeiten in den vierzig Ehejahren zusammen, ergibt sich die stattliche Summe von 7700, und da vierzig Ehejahre umgerechnet 14 600 Tage betragen, hatten die Eheleute Smith jeden zweiten Tag einen Ehekrach. Nun könnte man meinen, das Ehepaar hätte am vierzigsten Hochzeitstag auf ihre gemeinsame Zeit als Mann und Frau und später als Vater und Mutter nur mit Groll, Enttäuschung und Verbitterung zurückgeschaut; aber weit gefehlt. Die Überlieferung berichtet, daß Mr. und Mrs. Smith ihren Gästen glaubwürdig versichern konnten, gerade dennoch mit ihren Kindern ein glückliches Familienleben geführt zu haben und daß sie mit Freude und Dankbarkeit auf die gemeinsamen Jahre zurückschauten.

Im ersten Moment ist man von der ohne Wenn und Aber und ohne jede

Ehestatistik

Einschränkung formulierten Schlußbeurteilung über die vierzig Ehejahre überrascht. Doch beim näheren gedanklichen Abtasten der Alltagswirklichkeit einer Familie entlocken Herz, Seele und Verstand einem letztlich, wenn auch vielleicht etwas zögernd, die Zustimmung. Warum auch nicht! Die Psychoanalytikerin Margarete Mitscherlich sagte einmal: »Die ideale Familie ohne alle Konflikte gab es noch nie, und es wird sie auch nie geben.« Ein realistisches Urteil, dem man sich nur anschließen kann. Eine totale Harmonie, d. h. eine Familie ohne Konflikte, entspricht weder dem Bild des Menschen noch der Wirklichkeit dieser Welt; aber dennoch braucht eine so beschriebene Familie nicht unglücklich zu sein, wie die Familie Smith es zeigt. Streit muß nicht Anlaß sein, eine Ehe zu scheiden oder eine Ehe erst gar nicht eingehen zu wollen, ebenfalls nicht, eine Ehe geistig verflachen, menschlich vertrocknen oder in Konflikten untergehen zu lassen. Warum? Die Geschichte von dem durch die Überreichung des Buches mit der Statistik der Streitigkeiten an Originalität gewonnenen Ehejubiläum gibt auf diese Frage keine direkte Antwort. Es wird einfach festgestellt: »Wir waren glücklich.« Nichtsdestoweniger soll die Frage nach dem »Warum« von uns aus dem Versuch einer Antwort übergeben werden und den Offizier in den Streitkräften zum Adressaten bekommen.

Alltags-skizze In meinem Gedächtnis liegt die Skizze des Alltags im Familienleben eines Marineoffiziers. Nach seiner Rückkehr von einer längeren Seefahrt berichtet die Frau ihrem Mann von den andauernden Streitigkeiten mit ihren beiden Söhnen, die das Alter der Pubertät erreicht hatten. Es ging mal wieder um Sinn und Zweck der Schule, um die Leistungsanforderungen in der Schule und um den Freiraum eigener Entscheidungen. Die Mutter fühlte sich den aggressiven Ausbrüchen ihrer Söhne oftmals hilflos ausgeliefert, und so staute sich in ihr das Gefühl auf, in der Erziehung der Kinder versagt zu haben. Sie könne nicht mehr richtig schlafen, und insgesamt habe sie den Eindruck, ihrer Aufgabe als Mutter und Erzieherin physisch und psychisch nicht mehr gewachsen zu sein. Und überhaupt fühle sie sich von ihrem Mann im Stich gelassen. Immer müsse sie mit allen Problemen des Alltags allein fertig werden. Der Ehemann sei ja, gerade wenn wichtige Probleme zu lösen und Entscheidungen zu treffen sind, mit seinem Schiff unterwegs. So war es auch immer: häufige Versetzungen mit der Folge des Umzugs und der Umschulung der Kinder, mehrwöchige Kommandierungen zu Lehrgängen, unregelmäßige Dienstzeit. Die Zeche müsse letztlich die Ehefrau mit ihren Kindern bezahlen, und, wenn der Ehemann am Wochenende nach Hause komme, dann erwarte er Ruhe, Entspannung und Erholung für seinen Dienst. Wer aber bliebe zurück mit den Problemen der Familie und mit der Last des Alltags? Die Mutter. Eine Familienkrise war geboren.

Wie reagierte nun der Ehemann in dieser zur Familienkrise gewordenen Situation? Er, der als Offizier nicht nur mit Waffensystemen und leblosem

Gerät umzugehen hat, sondern auch der Menschenführung verpflichtet ist, also für Menschen Verantwortung zu tragen hat, der nicht nur für das Machbare, sondern auch für das Verantwortbare einzustehen hat: Wie reagiert dieser Offizier in seiner eigenen Familie?

Er tat drei Dinge. 1. Er brachte den Willen auf, seiner Frau genau zuzuhören. 2. Er erbrachte die innere Bereitschaft, seine Frau in allen ihren Äußerungen zu verstehen. 3. Er ließ sich auf die Betroffenheit seiner Frau ein, d. h. er dachte mit den Gedanken seiner Frau und machte das Problem der Familie zu seinem eigenen Problem. Diese Wesenszüge in der Reaktion des Ehemannes bildeten die Grundlage des sich langsam ergebenden gemeinsamen Gesprächs. Man sprach von den Kindern, die schließlich in ihrer pubertären Phase von den Eltern unabhängige Verhaltensweisen und Meinungen probeweise zu entwickeln suchten, und von ihrer Aggressivität, die letztlich ihrer Angst entsprang, die neugewonnene, aber noch dünn und stets von Schwäche bedrohte Autonomie einbüßen zu müssen. Letztlich gewann man miteinander Verständnis für das Verhalten der Kinder und überlegte gemeinsam und diesmal mit den beiden Söhnen, wie man familiärer miteinander umgehen könnte. Darüber hinaus, so berichtet die Skizze aus dem Familienleben eines Marineoffiziers, haben die Eltern in der Familienkrise wieder die Erfahrung gewonnen, daß es die Aufgabe und die Verantwortung der Eltern ist, Disharmonien und Konflikte im Familienleben zu akzeptieren und auszuhalten.

Gespräch in der Krise

Gerade der Ehemann, der als Marineoffizier durch die unregelmäßigen Dienstzeiten, durch seine infolge der Seefahrten manchmal lange Trennung von der Familie, nicht kontinuierlich am Familiengeschehen des Alltags teilnehmen kann, war sich dessen bewußt, daß er deshalb die Beziehungsleistungen zu seiner Familie mit Ideen, Flexibilität und Verantwortung für die ihm anvertraute Familie ständig neu zu intensivieren hat. Dazu gehört zweifellos ein gut funktionierender Dialog; aber dieser Dialog ist eben störanfällig nicht zuletzt durch die Besonderheiten seines Dienstes als Offizier in den Streitkräften. Doch jede Störung des gemeinsamen Dialogs, jede Krise in der Familie und jeder Konflikt in einer Soldatenehe, die durch die schon erwähnte häufige Trennung des Ehemannes vom Familienalltagsleben, durch die Versetzung und ihre Folgen etwa im schulischen Bereich für die Kinder oder im beruflichen Bereich für die Ehefrau entstehen, brauchen nicht zur Verflachung, zum Vertrocknen und zur Trennung des Familienlebens zu führen. Im Gegenteil, sie können Chancen und Möglichkeiten zur Lösung der Probleme bieten. Krisen begleiten immer den gesamten Lebenszyklus des Menschen, und damit meine ich auch seine Lebens- und Beziehungszusammenhänge schlechthin. Meistern allerdings wird man die Krisen nur dann, wenn man bereit ist, Verantwortung zu tragen, nicht nur als Vorgesetzter im Dienst, sondern auch als Ehemann und Familienvater zu Hause,

Beziehungen intensivieren

eine Verantwortung, die den Willen hat, dem anderen zuzuhören, die innere Bereitschaft aufbringt, den anderen zu verstehen, und die Fähigkeit entwickelt, sich auf den anderen einzulassen in seinem Denken, Fühlen und Handeln.

Machbar und verantwortbar

Der Beruf des Offiziers ist im Laufe der Zeit zu einem geistigen Beruf geworden. Das Machbare in der Entwicklung der Waffensysteme wird mehr und mehr begleitet und befragt vom Verantwortbaren. Gefragt ist das Denken in Zusammenhängen und das Erkennen der Vielschichtigkeit des modernen Lebens in den unterschiedlichsten Entwicklungsbereichen. Die Verantwortung, die ein Offizier in den modernen Streitkräften zu tragen hat, gebietet, ja fordert von ihm, an den geistigen und kulturellen Entwicklungen der Zeitgeschichte teilzunehmen, d. h. mitzudenken. Das Leben der Familie darf dabei nicht ausgeschlossen werden, denn gerade die Familie gehört zu der geistigen und kulturellen Landschaft der Zeit. Deshalb ist auch das Familienleben von den sich wandelnden Sinn-, Norm- und Zielvorstellungen unserer Zeit betroffen. Darum wird der Offizier als Vorgesetzter seine Verantwortung in der Menschenführung auch gerade darin wahrnehmen, daß er den Untergebenen auch in seiner Familienbindung ernst nimmt, d. h. den Willen aufbringt, ihm bei ersuchten Gesprächen zuzuhören, ihn zu verstehen und sich auf die Probleme des Soldaten ratend und helfend einzulassen. Das ist heute mehr denn je notwendig. Menschen sind unterschiedlich empfindlich und belastbar, und Familienprobleme können einen Soldaten, der weit von zu Hause entfernt seinen Dienst versieht, so schwer belasten, daß er Schaden an Leib und Seele nimmt. Die Einbindung des Soldaten in die Familie als Sohn, Vater oder Ehemann sollte in ihrer Bedeutung vom Vorgesetzten nicht unterschätzt werden. Deshalb muß sie in der Verantwortung eines Offiziers, in der Menschenführung einen sicheren Platz haben.

Beruf und Familie sind nicht Gegensätze, sondern korrespondieren miteinander. Der Leiter der Familienberichtkommission der Bundesregierung, Prof. Neidhardt, sagte in seinem Bericht: »Man erwartet heute nicht weniger, sondern mehr von der Familie, vielleicht mehr, als sie leisten kann.« Gerade darum bedarf die Familie der besonderen Verantwortung.

Konflikt durchstehen

Nun, warum waren denn die vierzig Ehejahre in der Familie Smith trotz der vielen aufgezählten Konflikte glücklich und wert, ein fröhliches Jubiläum zu feiern? Ich meine deshalb, weil Mr. und Mrs. Smith oder beide gemeinsam es verstanden haben, vor den Konflikten nicht fortzulaufen, sondern in Konflikten Chancen und Möglichkeiten für ein glückliches Familienleben zu nutzen.

2. Offizier – Familie – Freizeit

Kürzlich publizierte die Presse das gemeinsame Wort der Katholischen Deutschen Bischofskonferenz und des Rats der Evangelischen Kirche in Deutschland, das an den besonderen Charakter des Sonntags erinnert: »Kirchen ermutigen: ›Den Sonntag feiern‹, gemeinsames Wort von Katholiken und Protestanten / Der Rhythmus von Anspannung und Entspannung, von Tätigkeit und Ruhe ist verlorengegangen.«

In einem »Gemeinsamen Wort« mit dem Titel »Den Sonntag feiern«, das von der gemeinsamen Ökumenischen Kommission verfaßt wurde, beklagten die Kirchen, daß sich die Unterschiede von Werktag und Sonntag häufig verwischt hätten. Der Rhythmus von Anspannung und Entspannung, von Tätigkeit und Ruhe sei verlorengegangen. »Der Unrast der Arbeit entspricht die Unrast des Konsums. Wo alles nur auf Leistung abgestellt ist, bleibt die Seele leer«, heißt es in dem Dokument, das vom EKD-Ratsvorsitzenden, Landesbischof Eduard Lohse, und dem Vorsitzenden der Deutschen Bischofskonferenz, Kardinal Joseph Höffner, unterzeichnet ist. Auch das Bewußtsein, daß der Sonntag der Familie gehöre, sei weithin nicht mehr vorhanden, heißt es bedauernd.

Tätigkeit und Ruhe

Der Text hebt den biblischen Rang des Sonntags als »erster Tag der Woche« hervor, der zugleich Anfang der Schöpfung sei. Betont wird in diesem Zusammenhang der Dank- und Feiercharakter des Sonntags. Dank und Feier ließen erkennen, daß es mehr gebe als zweckgerichtetes Tun und Leistung: »Die Arbeit ist keinesfalls gering zu achten. Aber sie ist bei weitem nicht alles.«

Zum Thema Freizeit konnte man auch in einer interessanten, zum Nachdenken anregenden Glosse folgende Gedanken lesen: »Der Streß nämlich, jener unselige Migräne-, Hitzewellen- und Herzklopfen-Auslöser, entsteht nicht nur im Büro und in der Schule, am Bildschirm und am Küchenherd, sondern breitet sich auch epidemieartig in der Freizeit aus.«

Der Verursacher der neuen Streßsymptome ist klinisch bisher nicht zu erfassen und weder durch Impfungen noch gutes Zureden zur Aufgabe zu bewegen. Fest steht für die Forscher bisher nur, daß all das, was von Ärzten immer wieder zur Entspannung und Regeneration empfohlen wurde, das Joggen beispielsweise, die Urlaubs- und Wochenendreise, das Musikhören, das Feiern in der Clique und auf Parties, genau die gegenteilige Wirkung hat. Weil nämlich ein Deutscher, wenn er etwas tut, das auch gründlich besorgt, artet offenbar auch jede Freizeitbeschäftigung in Arbeit aus. Das ist so beim Rasenmähen, Häuslebauen, bei Sportveranstaltungen, wenn wir die Kirmes besuchen oder ein Straßenfest organisieren: Sobald wir uns zu einer dieser Freizeittherapien entschlossen haben, erwischt uns der Streß und die Angst, nicht fertig zu werden, den selbstgesteckten Termin nicht zu erfüllen oder nicht rechtzeitig anzukommen.

Freizeit artet in Arbeit aus

Schließlich bezieht sich auch der Evangelische Erwachsenenkatechismus auf die Freizeit und beschreibt einzelne Funktionen der Freizeit als Zeit der Bildung, als Zeit des Spiels, der Erholung und der Besinnung.

Ganzheit des Lebens

Überblickt man die empirische Wirklichkeit unserer als Industriegesellschaft definierten Beziehungslandschaft und das weite Feld der Reflexionen über Freizeit und das Verhalten des Menschen in seiner Freizeit, wird man sagen können, daß letztlich jedes Individuum subjektiv definiert, was Freizeit ist und was nicht. In jedem Fall ist Freizeit eng verbunden mit dem Menschen, der sie pflegt, mit seiner Biographie, mit seinem geistigen und religiösen Selbstverständnis, mit seinen sozialen, ökonomischen und beruflichen Einbindungen, mit seinen Meinungen, Erfahrungen und Einstellungen, insgesamt mit seinen Persönlichkeitseigenschaften. Hier bekommt die Freizeit m. E. eine Perspektive, die besonders die Menschen zu gründlicher Reflexion über Freizeit herausfordert, die vorzugsweise mit Menschen umzugehen haben und Verantwortung für Menschen tragen, und dazu gehört der Offizier in den Streitkräften.

Wenn Freizeit – man kann auch Muße sagen – zwar ihren Sinn in sich selbst hat, aber keineswegs in radikaler Distanz zur Arbeitswelt, zur Dienstzeit des Soldaten in der Kaserne oder auf den Schiffen und zur Welt der Familie steht, sondern den Bezug zur Berufswelt und zur Familie in den Gesamtsinn des Lebens aufnimmt, dann werden dem Offizier als Vorgesetztem und Familienvater für das Phänomen Freizeit zwei Aufgaben in seine Verantwortung gegeben.

Selbst-reflexion

1. Freizeit erfordert Denken, mehr Freizeit erfordert mehr Denken. Da es für Freizeit weder eine Schule noch einen Lehrgang gibt, muß der Offizier als Vorgesetzter und in bezug auf seine Familie sich selbst bemühen und den Willen aktivieren, vor-, nach- und mitzudenken. Eben deshalb, weil die Grenze zwischen Beruf und Freizeit und zwischen Beruf und Familie durchlässig ist, bedarf es in bezug auf seine Menschenführung im Dienst und als Ehemann in seiner Familie einer geistigen Reflexion des Vorgesetzten über sein eigenes Verhalten im Dienst, in der Freizeit und in der Familie. Ärger im Dienst hat Verstimmung am Feierabend, in der Freizeit, zur Folge. Der Vorgesetzte bringt seinen Ärger in die Freizeit mit seiner Familie hinein, was oft zu einer Mißstimmung in der Familie führt. Und umgekehrt: Probleme, die in der Freizeit, zu Hause, entstehen, bringt der Vorgesetzte mit in die Kaserne. Die individuelle Betroffenheit kennt keine Grenze zwischen Beruf und Freizeit, zwischen Familie und Kaserne. Aus diesem Grunde gehört eine kritische Reflexion seines eigenen Verhaltens zur bleibenden Aufgabe.

2. Die Bereitschaft, den anderen in seinem Freizeitverhalten zu verstehen, ist ebenso notwendig.
Der rasche Wandel in den Norm-, Sinn- und Zielvorstellungen unserer

Zeit, der Pluralismus der Meinungen, was heute und morgen gelten soll, und das persönliche Betroffensein von der Einbindung in die Arbeitswelt, in die Leistungsanforderungen eines Dienstplans, haben Wirkungen auf das Freizeitverhalten, wobei auch die Familie nicht verschont bleibt. Die Bereitschaft zum Zuhören und zum Dialog hat bisher immer gegenseitiges Verstehen gefördert, Vertrauen gestiftet und die Probleme, wenn auch nicht immer gelöst, dann doch wenigstens zur Sprache gebracht. Das ist es aber: Wer sich auf den Menschen einläßt, muß sich auch auf seine Lebensbedingungen einlassen.

Ein altes arabisches Sprichwort heißt: »Wenn du schon kein Stern sein kannst, sei wenigstens eine Lampe.« Sterne werden wir Menschen nicht sein können, aber einer dem anderen eine Lampe, und das ist schon sehr viel.

Hans von Seeckt
Generaloberst und Chef der Heeresleitung (1866–1936)

Schließlich ist es vielleicht nicht so schwer, das eigene Leben hinzugeben; aber von Berufs wegen das Leben anderer einsetzen zu sollen, lastet schwer auf dem Gewissen.

Bestehen können vor dem Richter muß der Soldat. Vielleicht ist dieser Richter nur der strenge aber gerechte Vorgesetzte und Führer, vielleicht ist er das Urteil der Geschichte, unnachsichtiger als beide spricht der Richter in der eigenen Brust: denn der Mann ist der letzte, höchste Richter vor der eigenen Ehre.

Ludwig Beck
General der Artillerie und Chef des Generalstabes des Heeres
(1880–1944)

Es ist ein Mangel an Größe und an Erkenntnis der Aufgabe, wenn ein Soldat in höchster Stellung in solchen Zeiten seine Pflichten und Aufgaben nur in dem begrenzten Rahmen seiner militärischen Aufträge sieht, ohne sich der höchsten Verantwortung vor dem gesamten Volke bewußt zu werden.

Außergewöhnliche Zeiten verlangen außergewöhnliche Handlungen.

IV. Ausbilden

Werner von Scheven

Ausbilden

Militärische Beschreibung

Streitkräfte sind so auszubilden, daß sie effektiv verteidigen können. Soldaten sind so auszubilden, daß sie kämpfen können. Das ist aus dem Artikel 87 a des Grundgesetzes zu folgern, wonach die Bundesrepublik Deutschland Streitkräfte zur Verteidigung aufstellt.

Der Offizier muß als Leiter der Truppenausbildung oder als Lehrer in der Führerausbildung Kriegstüchtigkeit im Sinn haben, sonst verfehlt er seine Aufgabe. Der Offizier muß Kenntnisse, Fähigkeiten und Fertigkeiten vermitteln, die den Normen für eine schlagkräftige und überlebensfähige Truppe im Kriege entsprechen. Diese ernste und schwierige, oft auch sehr harte Aufgabe wird legitimiert durch die Beschränkung auf Verteidigung und durch die politische Zweckbindung an eine Strategie der Kriegsverhinderung. Auch das Völkerrecht legitimiert die Ausbildung zur kollektiven Selbstverteidigung und bindet sie zugleich. Nach dem Soldatengesetz § 33 erhalten die Soldaten staatsbürgerlichen und völkerrechtlichen Unterricht.

Für diesen Unterricht ist der Offizier als Vorgesetzter verantwortlich. Und er ist gehalten, demokratische Meinungsvielfalt zu respektieren.

Der Offizier muß versuchen, militärische Ausbildung und politische Bildung im täglichen Dienst aufeinander zu beziehen, damit der Soldat weiß, wozu er seinen Dienst leistet und wofür er ausgebildet wird.

Peter H. Blaschke

Ausbilden

Theologische Überlegung

»Der die Völker in Zucht hält, sollte der nicht Rechenschaft fordern, er, der die Menschen Erkenntnis lehrt?«

Psalm 94,10

Ausbilden ist ein Begriff unserer Zeit. Wir müssen also danach fragen, ob und wo die Bibel von der Sache redet, um die es geht. Dabei stoßen wir auf das Wort »lehren«. Natürlich ist das nicht identisch mit ausbilden. Aber es geht hier und da um die gleiche Zielrichtung: Menschen lebensfähig zu machen, Zukunft zu eröffnen.

In der Bibel ist immer wieder Gott das Subjekt des Lehrens: »Herr, zeige mir deine Wege und lehre mich deine Steige. Leite mich in der Wahrheit und lehre mich.« (Psalm 25,4f.) Hier geht es nicht zuerst um die Vermittlung von Kenntnissen oder Fertigkeiten. Hier wird entlarvt, wie oberflächlich unser Begriff »ausbilden« ist, wie der Mensch hier nicht mehr als ganzer in den Blick kommt, sondern nur unter einem sehr eingeengten Horizont seiner Verwendung.

Wo Gott lehrt, da geht es immer neben allem anderen um die Wahrheit, um das Leben als Ganzes. Da kommt Licht auf den Lebensweg. Darum beauftragt Jesus seine Jünger bei seinem Abschied: »Gehet hin und lehret alle Völker ...« (Matthäus 28,19) Es ist der Auftrag, Menschen fähig zu machen, ihr Leben richtig einzuordnen in den Gesamtzusammenhang von Welt und dem, was Gott mit dieser Welt vorhat. Erst dann können Kenntnisse und Fertigkeiten in rechter Weise eingesetzt werden. Erst dann wird aber auch der Mensch davor bewahrt, seine eigenen Möglichkeiten zu überschätzen und seine Grenzen zu übersehen.

Gleichsam als die Zusammenfassung aller Lehre betet deshalb der Psalmist: »Herr, lehre mich doch, daß es ein Ende mit mir haben muß und mein Leben ein Ziel hat und ich davon muß.« (Psalm 39,5)

Wir werden aber in diesem Zusammenhang noch von etwas anderem reden müssen. Ausbildung gelingt ja nicht schon, wenn bestimmte Inhalte pädagogisch gut und sachlich richtig vermittelt werden, oder wenn Intelligenz und Anlagen erkannt und gefördert werden. Deshalb müssen wir vom »segnen« reden. Segnen bedeutet, dem Handeln Gottes Raum geben. Segnen heißt wissen, daß Leben mehr braucht als nur menschliche Zuwendung und Fürsorge. Segnen ist die Bitte um Gottes Beistand. Darum segnet Jakob seine

184

Söhne, bevor er stirbt (1. Mose 49). Und Jesus läßt Kinder zu sich bringen: »Und er herzte sie und legte die Hände auf sie und segnete sie.« (Markus 10,16) Gottes Beistand ist notwendig, denn Menschen können immer nur anfangen, weitermachen. Gott allein kann vollenden.

Vom Segen zu sprechen, heißt aber auch, vom Fluch zu sprechen: von der Erfahrung, daß Gott sich abwendet, von der Gottverlassenheit und den Konsequenzen für das Leben der Menschen. Vom Segnen sprechen bedeutet schließlich, vom Gericht Gottes zu sprechen. Nirgendwo sonst werden unsere Schwächen, Fehler, Versäumnisse, unser Versagen und unsere Unfähigkeit so deutlich wie dort, wo wir ausbilden. Damit kommt unsere Erlösungsbedürftigkeit in den Blick. Recht ausbilden kann nur der, der sich selbst für erlösungsbedürftig hält und weiß, wer sein Erlöser ist.

Dieter Wellershoff

Bewährung im Frieden

Von der Paradoxie des Offizierberufs heute:
»Schießen können, um nicht schießen zu müssen«

Paradoxie

Ziel:
den Krieg
abschaffen

Abschreckung
des Aggressors

Solidarität
im Bündnis

Als Paradoxie beschreibt man im allgemeinen einen (scheinbaren?) Widerspruch zweier in sich begründeter Sachverhalte oder Behauptungen. Paradoxie geht einher mit logischen Problemen, mit der Schwierigkeit, eine schlüssige, einfache Auflösung zu finden. Dieses wird heute häufig auch als Aporie bezeichnet.

Der scheinbare Widerspruch im Untertitel dieses Kapitels hat seinen Ursprung in erster Linie in dem traditionellen Verständnis vom Auftrag des Soldaten im Sinne von »Krieg als Fortsetzung der Politik«. Dieses Verständnis ist spätestens seit Erfindung der Nuklearwaffen zumindest für das Verhältnis zwischen Nuklearstaaten und deren Bündnissen antiquiert. Seither gilt es, »den Krieg in einer andauernden und fortschreitenden Anstrengung abzuschaffen«. Dieses Ziel der dritten »Heidelberger These« ist hoch, m. E. sogar irreal hoch gesteckt. Man kann ihm näher kommen, wenn die Politik auf Mehrung der Freiheit bei Erhalt einer stabilen internationalen Ordnung und Dialog mit dem Opponenten gerichtet ist. Diese Stabilität beruht nach geschichtlicher Erfahrung und angesichts der seit dem Sündenfall nicht konfliktfreien menschlichen Beziehungen im wesentlichen auf Abschreckung.

Dem Störer der internationalen Ordnung, dem Aggressor, muß klar sein, daß der Angriff auf das Territorium und die vitalen Interessen des anderen mit einem für ihn nicht akzeptablen Risiko behaftet ist. Die Abschreckung muß das ganze Spektrum möglicher Aggressionen abdecken. Der Verteidigungsfall, die Notwendigkeit, militärische Macht zur Sicherung bzw. Wiederherstellung der Lebensgrundlagen einzusetzen, ist in seiner Wahrscheinlichkeit umgekehrt proportional dem Ausmaß der militärischen Machtpotentiale.

So ist der große Krieg unter Anwendung von Nuklearwaffen angesichts der Machtpotentiale heute höchst unwahrscheinlich; militärische Übergriffe und Krisen unterhalb dieser Schwelle bzw. an den Flanken des Bündnisses sind dagegen weniger unwahrscheinlich.

Je stärker die Solidarität im Bündnis und die Einbindung der Supermacht, um so größer das Risiko für einen Angreifer, um so größer die Abschreckung. Die Einbindung, auch Koppelung genannt, hat drei Dimensionen: politische Interessengleichheit, materielle und personelle Präsenz sowie sichere Verbindungswege.

Eine Betrachtung des Ausbildungsauftrages in den Streitkräften muß alle drei Komponenten der Abschreckung einschließen: die Fähigkeit sich zu verteidigen, den Willen sich zu verteidigen und die Notwendigkeit, dem möglichen Gegner Fähigkeit und Willen deutlich zu machen.

Die Bundeswehr hat als Instrument der Politik einen zweigeteilten Auftrag:
- im Krieg den Schutz des eigenen Territoriums und der eigenen Interessen sowie die Erhaltung der politischen Handlungsfreiheit im Bündnis und
- im Frieden, in der Krise und im Spannungsfall die Verhinderung eines Angriffs durch Abschreckung.

Glaubwürdige Demonstration

Dazu gilt es, im Frieden die Fähigkeit, den Kriegsauftrag erfüllen zu können und zu wollen, zu demonstrieren. Je größer die Glaubwürdigkeit dabei ist, desto größer die Wahrscheinlichkeit der Erhaltung des Friedens. Im Krieg kommt es darauf an, die Abschreckung so schnell wie möglich und bei möglichst geringem Schaden wiederherzustellen.

Der Einsatzwert der Streitkräfte wird durch den Leistungswillen und die Leistungsfähigkeit der Soldaten bestimmt. Der bestmotivierte Soldat taugt nicht, wenn er sein Handwerk nicht versteht.

Andererseits wird der Meister des Kriegshandwerks ohne die richtige Einstellung und Einsatzbereitschaft den Auftrag nicht erfüllen. So ist der Einsatzwert nicht die Summe von Können und Wollen, sondern entspricht eher deren Produkt, d. h. wenn ein Faktor Null ist, ist das ganze nichts wert.

Verteidigungswürdigkeit unserer Demokratie

Es kommt darauf an, daß der Soldat durch Ausbildung und Erleben von der Verteidigungswürdigkeit unserer Lebensform und von der Notwendigkeit der Bundeswehr überzeugt wird. Dieses ist keine Aufgabe der Vorgesetzten allein. Politik und Gesellschaft müssen ihren Soldaten den notwendigen Rückhalt dabei geben. Der Vorgesetzte muß aber alles daransetzen, diese Identifikation durch vielfältige Kontakte und anschauliche Darstellung auch für den einzelnen Soldaten deutlich werden zu lassen. Hierzu ist es wichtig, die Truppe immer wieder mit ihrem eigentlichen Auftraggeber, den Bürgern unseres Staates und ihren Repräsentanten, in Berührung zu bringen.

»Wofür« wichtiger als »Wogegen«

Die sinnvolle und abwechslungsreiche Gestaltung des Dienstes, der Führungsstil, müssen klarmachen, daß es sich lohnt, für Staat und Volk zu dienen. Sie können helfen, aus der bewußt vermittelten Einsicht in die Wichtigkeit dieses Dienstes Selbstwertgefühl und Selbstbewußtsein zu entwickeln. Dem jungen Soldaten muß deutlich werden, daß es wichtig ist, für die eigene Lebensform und das eigene Land einzustehen. Wenn es gelingt, das »Wofür« in der Erziehung zum Dienen auch emotional zu vermitteln, braucht man kein Feindbild. So entsteht die Bereitschaft als Voraussetzung für die Aneignung der militärischen Leistungsfähigkeit, die erforderlich ist, um den Auftrag erfüllen zu können.

Das beste »Wollen« ist wertlos, wenn es nicht vom »Können« getragen wird. Der mögliche Verteidigungsfall mit seinen verschiedenen Kriegsbildern bestimmt Inhalte und Ziele der Ausbildung und gibt den Grad der notwendigen Einsatzfähigkeit vor.

Vertrauen und Autorität

Wichtige Voraussetzung für die Fachausbildung ist die richtige und konkrete Einordnung des eigenen Auftrags in den Gesamtzusammenhang, das Denken in militärischen und militärstrategischen Zusammenhängen. Die Fähigkeit, Waffen, Teileinheiten, Einheiten und Verbände richtig und auftragsgerecht einzusetzen, schafft das Vertrauen in die eigenen Kräfte. Dabei kommt der persönlichen Autorität des militärischen Führers, vor allem auch in der kleinen Gruppe, eine besonders hohe Bedeutung zu. Vorbildliche Menschenführung, Tapferkeit und Fürsorge, Leistungsforderung, Achtung der Menschenwürde ohne Verzicht auf soldatische Härte und der eigene Gehorsam schaffen das Vertrauen, ohne das Führung unter den Bedingungen des Krieges nicht vorstellbar ist.

Das systematische und auch methodisch geschickte Vermitteln von technischen und taktischen Qualifikationen legt die Grundlage zum Handeln im Gefecht. Hierbei muß der Soldat an die Dienst- und Wachbelastung systematisch herangeführt werden, um auch seine persönlichen Leistungsgrenzen zu erkennen.

Dabei ist die Art der Beanspruchung in den Streitkräften sehr verschiedenartig. Die Besatzung eines Kampfflugzeuges, der Grenadier, die U-Bootbesatzung, der Instandsetzer oder der Wachgänger an der Sensorenkonsole unterliegen sehr unterschiedlichen Anforderungen in bezug auf Umfeld, Dauer des Einsatzes und persönliche Bedrohung.

Bei vielen militärischen Funktionen kommt es z. B. darauf an, eine lange Phase hoher Konzentration durchzustehen, in der sehr wenig oder gar nichts passiert, dann aber plötzlich und reaktionsschnell das Richtige zu tun.

Drill schafft Freiraum für notwendige Entscheidungen

Die Bedeutung des Drills in der militärischen Ausbildung, d. h. des Erlernens von Handlungsabläufen bis zu deren Übergang in die Instinkte oder ins Unterbewußtsein, muß in seiner Bedeutung dem Betroffenen einsehbar gemacht werden. Die Systematik bestimmter Grundverhaltensweisen schafft den Freiraum für die wirklich zu entscheidenden Einzelaktionen und entlastet so von vielen Einzelentscheidungen.

Unter extremer Belastung – quasi automatisch – das Richtige zu tun, trägt auch zum Schutz und zum Überleben des Soldaten im Gefecht bei.

Gefechtsnahe Ausbildung im Frieden

In der Bundeswehr dient in Kürze kein Soldat mit Kriegserfahrung mehr. Streitkräfte, die ihr dreißigjähriges Jubiläum im Frieden feiern können, müssen sich besonders intensiv mühen, gefechtsnah und realistisch auszubilden. Die Schweizer Armee gibt hierfür interessante Beispiele. Vieles läßt sich mit Hilfe moderner Technik simulieren. Härte und Ausdauer, Zähigkeit und Bewährung, auch bei persönlicher Gefahr, muß in den Grenzen der Sicherheitsbestimmungen und unter Wahrung der Menschenwürde auch in der Friedensausbildung angestrebt werden.

188

Die Ausbildung in den Streitkräften heute umfaßt also das ganze Spektrum von der Erziehung und Motivation über die systematische Analyse und Entschlußfindung in besonderen Lagen bis hin zum Gefechtsdrill.

Der militärische Führer trägt Verantwortung für den Ausbildungsstand seiner Untergebenen, seiner Teileinheit, Einheit oder seines Verbandes in dreifacher Hinsicht:

– für den Beitrag zur Abschreckung, zum Kampfwert der Bündnisstreitkräfte als Mittel in der Hand der Politik,

– für sinnvollen und sparsamen Einsatz der ihm vom Staat in die Hand gegebenen Mittel und

– für die ihm anvertrauten Menschen, die er so auszubilden hat, daß sie unter den Bedingungen des Krieges ihren Auftrag erfüllen und dabei ihr eigenes Leben und ihre Gesundheit auch in Gefahr optimal schützen können.

Paradoxie des Schutzauftrages nur scheinbar

Wer sich dem heutigen Verständnis von der Aufgabe des Soldaten im freiheitlichen und demokratischen Staat anschließt, wer lernt, daß die Schutzfunktion für das eigene Land und die eigene Lebensform mit der Methode der Abschreckung der Kern dieses Auftrages ist, wird die eingangs erwähnte Paradoxie für sich sehr wohl akzeptieren.

Nicht Waffen und Soldaten sind Ursache des Krieges

Es sind nicht Waffen oder Soldaten, die Kriege auslösen; deren Ursachen liegen im Bereich der politischen Konflikte. Waffen und Soldaten aber, wenn sie einsatzbereit und einsatzfähig sind, können den Ausbruch von militärischen Konflikten verhindern helfen. Hierzu ist eine in den Bedingungen des Einsatzes und unter Beachtung unseres Menschenbildes sinnvolle und effektive Ausbildung unabdingbar.

Christian von Stechow

Die ethische Bedeutung des Verzichts auf ein Feindbild und Fragen der Motivation in der Erziehung und Ausbildung des Soldaten

Die westlichen Demokratien und die totalitär regierten Staaten Osteuropas bedürfen zu ihrem Überleben und Gedeihen der gleichen Voraussetzungen: Frieden und Mitwirkung ihrer Bürger.

Die von den totalitären Staaten betriebene Erziehung auf ein Feindbild hin und damit zum Haß widerspricht diesen Notwendigkeiten.

Ideologische Gegensätze abbauen
Zur Sicherung des Friedens ist es erforderlich, die Gefahren zu mindern, die sich aus den wenn überhaupt und nur sehr langfristig abzubauenden machtpolitischen und ideologischen Gegensätzen in West und Ost ergeben.

Hierum bemüht sich die Außenpolitik durch Aufrechterhaltung, Ausbau und Intensivierung der Beziehungen und der Zusammenarbeit auf Gebieten gemeinsamen Interesses und auf der Grundlage der Gleichberechtigung.

Soll dieser langfristig angelegte Prozeß erfolgreich sein, sind Versöhnung und Vertrauen erforderlich. Erzeugung von Feindbildern aber schafft Haß. Sie verbietet sich daher aus friedenspolitischen Gründen.

Der moderne Staat, die moderne Gesellschaft gründen darauf, daß möglichst viele kritik-, urteils- und handlungsfähige Bürger als einzelne zu eigener Mitwirkung bereit sind. Wesentliches Ziel demokratischer Staaten ist der Schutz der Menschenwürde.

Haß als Produkt der Feinderziehung steht beiden Prinzipien entgegen. Er stärkt die Persönlichkeit nicht, er entmündigt sie. Zu Recht betont der polnische Philosoph Leszek Kolakowski: »Gerade, weil die pure Negativität des Hasses jeden menschlichen Verkehr paralysiert, zerschlägt sie auch den inneren Zusammenhang der Persönlichkeit und ist deshalb als Mittel, die Menschen geistig zu entwaffnen, unersetzlich. Unsere innerliche Integration entsteht aus dem Verkehr mit anderen, aus Vertrauen und Freundschaft, nicht aus der auf sich selbst gerichteten, in sich geschlossenen Leere des Ichs ... Totalitäre Systeme und Bewegungen jeder Prägung brauchen (daher) den Haß weniger gegen äußere Feinde und Bedrohungen, als vielmehr gegen die eigene Gesellschaft.

Das ist also die Geheimwaffe des Totalitarismus: das ganze geistige Gewebe der Menschen mit dem Haß zu vergiften und sie daher ihrer Würde zu berauben.«

Frieden, Menschenwürde: Die Erziehung zum Haß gefährdet das eine und vernichtet das andere.

Der Verzicht auf ein Feindbild durch die freien Staaten des Westens und ihrer Armeen ist daher politisch und ethisch von überlebenswichtiger Bedeutung. Nicht weniger wesentlich ist es, daß es den Demokratien gelingt, ihre Bürger dauerhaft zu gewinnen für die Mitwirkung des einzelnen an der Sicherung des Friedens und des Schutzes der Menschenwürde und ihrer Voraussetzungen, der Freiheit und der Rechtstaatlichkeit.

Mitwirkung der Bürger

Die Bundeswehr unternimmt große Anstrengungen, den Staatsbürger als Soldaten in diesem Sinne zu motivieren. Ein Feindbild braucht sie dabei nicht. Im Weißbuch 1973/74 heißt es: »Verteidigungsbereitschaft oder Wehrwille oder Wehrmotivation der Bevölkerung bedürfen nicht der ideologischen Steuerung. Der Wille zur Selbstbehauptung, notfalls zur bewaffneten Verteidigung der freiheitlichen Lebensweise, benötigt kein Feindbild. Verteidigungsbereitschaft ist gegeben, wenn dem politischen Gesamtsystem mehrheitlich zugestimmt wird.«

Der damalige Verteidigungsminister Georg Leber stellte darüber hinaus in einem Fernsehinterview fest: »Kein Feindbild heißt in diesem Sinne: Wir können darauf verzichten, junge Bürger dieses Landes, die Soldaten sind, im Haß auf jemanden zu erziehen, gewissermaßen dahin zu dressieren, jemand anderen zu hassen.« Das entspricht auch der Vorstellung der derzeitigen Bundesregierung.

Die Bundeswehr geht bei ihren Bemühungen um Motivation also vom Positiven aus. In der politischen Bildung versucht sie Vorzüge und Verteidigungswürdigkeit unserer Lebensform ebenso wie die Notwendigkeit militärischer Abschreckung und Verteidigung darzustellen.

Besonders im letztgenannten Themenbreich sind Defizite, verursacht von der Schule und damit letztlich von der Politik, aufzuholen. Die Bundeswehr trägt hier eine schwere Hypothek ab. In der Tat gibt es keine glaubwürdige Begründung für die Versäumnisse der Schule. Schließlich erwächst dem jungen männlichen Staatsbürger aus seiner Pflicht zu dienen das Recht auf Information über den Sinn der Landesverteidigung und hieraus wiederum eine Informationspflicht des Staates. Aber die Politik ist nicht nur gegenüber dem Wehrpflichtigen verantwortungslos. Es läßt sich auch mit dem Prinzip der vom Grundgesetz gewollten wehrhaften Demokratie nicht vereinbaren.

Informationspflicht des Staates

Um so wichtiger ist es, daß die Bundeswehr nicht nur in der politischen Bildung durch Worte zu überzeugen sucht, sondern daß sie auch darum bemüht ist, den Soldaten in der Bundeswehr die Vorzüge unserer Staats- und Gesellschaftsform erleben zu lassen. Natürlich reicht es dabei nicht, den rechtlichen Vorschriften Genüge zu tun, d. h. defensiv und präventiv zu verfahren und sich auch hier auf das Meßbare, also darauf zu beschränken, möglichst wenig Rechtsverstöße verantworten zu müssen. Viele Verantwortliche auf allen

Ebenen geben ihren Soldaten soviel Freiheit, wie es die Besonderheit des Auftrages der Streitkräfte nur eben erlaubt, und ermöglichen damit die Entwicklung des einzelnen zu selbständigem Handeln und zur Verantwortung.

Meinung des andern ertragen

General a. D. Graf Kielmannsegg hat einmal sinngemäß gesagt, daß auch in den Streitkräften das Prinzip »Im Zweifel für die Freiheit« angewendet werden müsse. Das gilt in den vom Auftrag gesteckten Grenzen sicher ganz besonders für die Rede- und Meinungsfreiheit, auch dort, wo Auffassungen von Berufs- und Zeitsoldaten von der sicherheitspolitischen Linie der Bundesregierung abweichen. Die Bundeswehr ist trotz des einen oder anderen Mangels stark genug, um Soldaten mit eigenständigen Meinungen zu tragen. Das verlangen nicht nur demokratische Grundsätze, sondern auch die Kameradschaft. Kameradschaft ist kein Begriff aus dem Katalog staatsbürgerlicher Pflichten und Rechte. Aber der Soldat ist zu ihr verpflichtet, nicht zuletzt auch deshalb, weil sie Voraussetzung für das Funktionieren der Streitkräfte im Verteidigungsfall ist.

Nicht nur das Prinzip des Staatsbürgers in Uniform, sondern auch Besonderheiten des soldatischen Berufs erfordern also die Hinwendung zum einzelnen Soldaten und die Achtung vor ihm.

Das ist auch die Kernaussage der Dissertation von Adolf Weiland über »Politik – theoretische Probleme des Konzeptes der Inneren Führung der Bundeswehr«, in der der Autor feststellt: »Militärische Führung ist in besonderer Weise verpflichtet, den einzelnen als Person zu achten, weil von ihm der Einsatz seines Lebens erwartet wird. Der dem Soldaten in der personalen Interaktion zwischen Vorgesetzten und Untergebenen zu zollende Respekt kann sich also nicht in der peinlich genauen Beachtung der geltenden Vorschrift erschöpfen.«

Zwar darf ihre Bedeutung für die »Innere Führung« keineswegs unterschätzt werden, deren eigentliche Probleme aber »liegen weniger in der gewissenhaften Einhaltung der Gesetze und der formal korrekten Behandlung der Untergebenen«.

Personale Beziehungen zu wenig beachtet

Die Untersuchung konstatiert bei hoher funktionaler und technischer Effizienz ein schlechtes »menschliches Klima« in den Streitkräften. Sie führt dies im wesentlichen darauf zurück, daß im Friedensdienst der Armee die mit dem Kampf verbundenen Anforderungen wenn nicht aus dem Blickfeld geraten, so doch in den Hintergrund treten. Gleichzeitig werde der personalen Beziehung zwischen Vorgesetzten und Untergebenen weniger Aufmerksamkeit geschenkt als funktionalen und quantifizierbaren Kriterien. »... Will ›Innere Führung‹ dem wirksam entgegentreten, darf sie sich nicht ausschließlich an der staatsbürgerlichen Stellung des Soldaten orientieren. Vielmehr muß sie sich auch der existentiellen Betroffenheit des Soldaten im Einsatz vergewissern.«

Die Hinwendung zum einzelnen ist schließlich auch ein unmittelbares funktionales Erfordernis, das sich unter anderem aus der Entwicklung der modernen Technik, aber auch aus Möglichkeiten des modernen Kriegsbildes ergibt. Zu Recht weist Brigadegeneral a. D. Dr. Herbert Bung darauf hin, daß die Kriege nach 1945 herausgestellt haben, daß der Erfolg nur durch das Bestehen des einzelnen Soldaten möglich ist.

Hervorzuheben ist auch sein Hinweis, daß die Motivation des einzelnen Soldaten bereits in der Krise entscheidend ist, weil es vom Willen, vor allem auch des Reservisten, abhängt, ob er mit Engagement und Können die für ihn vorgesehene Aufgabe ohne Zögern übernimmt. Hier stellt sich für die erheblich auf Reservisten gestützte Bundeswehr der neunziger Jahre eine außerordentlich schwierige Aufgabe. *Motivation entscheidend*

Was für Krieg und Krise gilt, ist für den Frieden nicht weniger wahr.

Um die Abschreckung sicherzustellen, bedarf und bedurfte es immer hoher Motivation auch der Wehrpflichtigen, nicht nur der Zeit- und Berufssoldaten, und wiederum ganz besonders der Reservisten. Sie werden sehr viel häufiger zu Wehrübungen herangezogen werden als bisher. Die Tatsache, daß dies für viele belastete Beziehungen zum Arbeitgeber mit sich bringt, ist nur ein Beispiel dafür, daß Motivation des Soldaten allein nicht genügt. Um so wichtiger erscheint sicherheitspolitischer Konsens der etablierten Parteien im Deutschen Bundestag, um so wichtiger auch, daß die Verantwortlichen in Staat und Gesellschaft sich, wo immer erforderlich, zu Bundeswehr und Landesverteidigung bekennen.

Die schwere Belastung des dienstlichen Alltags des Soldaten in der Truppe, die auch die Familien mittragen, wird erleichtert durch die Erkenntnis, daß Ausbildung und Erziehung des Bundeswehrsoldaten zum Ziel haben, kämpfen zu können, um nicht töten zu müssen.

Kriegsverhinderung heißt das Ziel. Und doch wird sich kein verantwortungsbewußter Soldat der Frage nach dem Schicksal seines Landes bei Versagen der Abschreckung entziehen. *Ziel ist Kriegsverhinderung*

Im Gegenteil, gerade bei Soldaten wächst das Bedürfnis nach überzeugenden Antworten darauf, ob Strategie und Bewaffnung des Bündnisses, ob der Einfluß und die Handlungsfreiheit deutscher Politik den spezifischen Anforderungen deutscher Sicherheit auch in dem Sinne gerecht werden, daß im Verteidigungsfall nicht in einem unverantwortbaren Maße zerstört wird, was verteidigt werden soll.

Hier stellt sich der »Inneren Führung« eine große Herausforderung. Sie kann bestanden werden, wenn sich die politische Bildung nicht allzusehr auf die verschlungenen Pfade von Strategie-Darlegungen und Strategie-Diskussionen begibt. Erforderlich ist vielmehr die Information darüber, daß unsere Politik sich mit der einschneidenden Reduzierung nuklearer Gefechtsfeldwaffen kurzer Reichweite auf deutschem Boden, mit der schrittweisen Verbesserung der konventionellen Verteidigungsfähigkeit, mit zahlreichen

Initiativen bei den Gesprächen über die Abrüstung chemischer Waffen, mit ihrem Bemühen um Vereinbarungen über militärische vertrauensbildende Maßnahmen auf dem richtigen Weg befindet.

Langer Prozeß der Vertrauens- bildung

Abrüstung und militärische Vertrauensbildung werden nur dann Fortschritte machen, wenn sich das politische Vertrauen zwischen Ost und West verbessert. Das wird nur ein langwieriger Prozeß bewirken können. Dessen Grundlage muß das Gleichgewicht der militärischen Optionen von Ost und West sein, wenn verhindert werden soll, daß uns ein fremder politischer Wille aufgezwungen wird.

Streitkräfte sind also zur Friedenssicherung ebenso unverzichtbar wie zur Kriegsverhinderung durch Abschreckung.

Das wird in der Bundeswehr möglicherweise noch zu wenig verdeutlicht. Damit fehlt gerade jenen die Perspektive, die wissen, daß Abschreckung allein den Frieden auf Dauer nicht zu sichern vermag, wenn sie nicht durch eine konstruktive Politik der Friedensgestaltung ergänzt wird.

Dies klarer als bisher herauszustellen, würde eine erhebliche Verstärkung der Motivation mit sich bringen.

Nicht Haß motiviert unsere Soldaten, sondern Friedensliebe, nicht Ausbildung zum Töten, sondern Beherrschung ihres Berufes, um Leben zu erhalten durch Kriegsverhinderung und Absicherung der politischen Friedensgestaltung, nicht zuletzt aber als einzelner in seiner Würde geachtet zu werden entsprechend den Prinzipien der zu verteidigenden Lebensordnung und der eigenen Bereitschaft, diese zu schützen.

Spinozas Worte »Der Haß kann nie gut sein«, das Gebot des Apostels Paulus »Überwinde das Böse durch das Gute« sind keine naiven Forderungen, die nicht in die Wirklichkeit der Welt passen. In der Welt von heute sind sie hochpolitische Forderungen, deren Umsetzung in die Politik ohne Alternative ist, wenn wir überleben wollen.

Wolfgang Altenburg

Ethische Überlegungen zur Abschreckung

Die gegenwärtige NATO-Strategie zwischen politischer Notwendigkeit und ethischer Problematik

Mit dem Aufbrechen der Diskussion um den Frieden wurden viele Stimmen laut, die der NATO-Strategie, insbesondere der in ihr enthaltenen Androhung des Einsatzes von Nuklearwaffen, die ethische Legitimation absprechen. Stellvertretend für diese Stimmen sei hier die Niederländisch-Reformierte Kirche zitiert, die sehr deutlich zum Bündniskonzept der Verteidigung durch Abschreckung auf Distanz geht: »Vielmehr sind die Kernwaffen – mehr als irgendeine andere Erscheinung unserer Zeit – ein Zeichen für das Ausmaß, in dem sich gottlose Mächte – Mächte nämlich, die sich Gottes Absichten entgegenstellen – in unserer gesamten Kultur zur Geltung bringen.«[1]

Kirchliche Stellungnahme

Ein fundiertes Urteil über die Strategie des Nordatlantischen Bündnisses auch gerade aus ethischer Perspektive setzt das Wissen um Geist und Logik der Strategie voraus. Der Geist kommt u. a. im Harmel-Bericht, der 1967 formuliert wurde, zum Ausdruck:

Ausreichende militärische Stärke und politische Solidarität sollen von Androhung und Anwendung militärischer Gewalt abschrecken. Auf der Grundlage der Verteidigungsfähigkeit und des militärischen Gleichgewichts soll eine auf echte Entspannung gerichtete Politik zu einer dauerhaften Friedensordnung in Europa führen, welche die legitimen Sicherheitsinteressen aller Staaten gebührend berücksichtigt.

Damit hat sich das Bündnis zu einer Friedenspolitik verpflichtet, die Entspannung auf der Grundlage militärischen Gleichgewichts anstrebt.

Die im NATO-Dokument MC 14/3 verbindlich festgelegte Strategie entspricht in ihrer Logik der Zielsetzung des Harmel-Berichts: Oberstes Ziel der Bündnisstrategie ist Kriegsverhinderung. Sie kann nach gültigen Erkenntnissen in dieser von Machtpolitik bestimmten Welt nur durch Abschreckung bewirkt werden. In Regionen, in denen Risiken von existenzbedrohendem Ausmaß nicht die Konsequenz einer Aggression sind, fanden und finden Kriege statt. Daß die UdSSR zu aggressivem Handeln bei Durchsetzung ihrer Interessen neigt, beweisen ihre Aktionen in den letzten Jahrzehnten. Kommt es zu einem Angriff, weil die Abschreckung versagt, muß wirksam verteidigt werden. Ziel dieser Verteidigung ist es, einen uns aufgezwungenen

Oberstes Ziel: Kriegsverhinderung

Konflikt so früh wie möglich, auf einer möglichst niedrigen Ebene der Gewaltanwendung und unter Wahrung unserer Interessen sowie der Wiederherstellung der Integrität und Sicherheit des NATO-Vertragsgebiets zu beenden. Die Abschreckung muß dabei wieder wirksam werden.

Schon diese Zielsetzung zeigt, daß es nicht wie im klassischen Sinne um den »Sieg«, die Unterwerfung, um das Führen und Gewinnen eines Krieges, sondern ausschließlich um die schnelle Konfliktbeendigung zu politisch annehmbaren Bedingungen geht. Dazu müssen allerdings die Operation und das Gefecht auf allen Ebenen, somit der Verteidigungskampf selbst, erfolgreich geführt werden. Abschreckung ist dann glaubhaft, wenn bereits im Frieden einem möglichen Gegner die eigene Verteidigungsfähigkeit und -bereitschaft deutlich gemacht werden können. Somit ist Abschreckung ein psychologischer Vorgang, der sich im Kopf eines möglichen Angreifers abspielt. Sie zielt auf das Kosten-Nutzen-Kalkül des potentiellen Angreifers: Ihm muß klargemacht werden, daß der zu erwartende Gewinn in keinem annehmbaren Verhältnis zu dem ihm angedrohten Schaden steht.

Angemessen reagieren

Nicht nur die Gewißheit des potentiellen Angreifers, daß er auf eine verteidigungsfähige und zur Verteidigung entschlossene Allianz trifft, bewirkt Abschreckung. Auch seine Ungewißheit über die Art und Weise unserer Reaktion und damit über Konfliktverlauf und -ausgang trägt zur Abschreckung bei. Deshalb ist ein Spektrum von Reaktionsarten erforderlich, in deren Rahmen das Bündnis angemessen auf jede Form der Aggression reagieren kann. Die hierfür bereitgestellten Potentiale umfassen konventionelle Streitkräfte, nukleare Kurz- und Mittelstreckensysteme und interkontinental-strategische Nuklearwaffen. Diese sich ergänzenden Elemente bilden eine Einheit, die sogenannte NATO-Triade. Gerade die nuklearen Elemente der Triade sind, auch aus kirchlichen Kreisen, massiver Kritik ausgesetzt. So zum Beispiel in der Abschlußerklärung der 6. Vollversammlung des Ökumenischen Rates der Kirchen des Jahres 1983 in Vancouver, in der »Herstellung und Stationierung sowie Einsatz von Atomwaffen aus ethischer und theologischer Sicht als Verbrechen gegen die Menschheit«[2] verurteilt wird.

Atomwaffen machen Krieg unführbar

Aus sicherheitspolitischer Sicht kann auf keines der Elemente innerhalb der Triade verzichtet werden. Jedes in seiner Funktion muß glaubwürdig und zuverlässig sein, soll die kriegsverhindernde Wirkung der Abschreckung nicht in Frage gestellt werden. Besonders die verheerende Wirkung der Nuklearwaffen hat den Krieg seiner geschichtlichen Funktion als Fortsetzung der Politik mit anderen Mitteln beraubt, ihn letztlich unführbar gemacht.

Das ständige Ringen der Allianz um die Erhaltung und Verbesserung der Funktionsfähigkeit der Bündnisstrategie ist ein Ringen um die Ausgewogenheit der NATO-Triade. Im Vordergrund dieser Bemühungen steht das politische Ziel, die derzeitige Abhängigkeit der Allianz von der nuklearen Einsatzdrohung zu verringern und Freiraum für die politische Entscheidung über den Einsatz nuklearer Mittel zu gewinnen. Diese »Abhängigkeit« entstand in erster Linie, weil unser konventionelles Kräftepotential für eine rein konventionelle Verteidigung nicht ausreicht.

Daher bemüht sich das Bündnis, die konventionelle Kampfkraft in dem Umfang zu erhöhen, wie es die Strategie der flexiblen Reaktion immer gefordert hat: Die Entscheidung zur vorbedachten Eskalation soll eindeutig politische Gründe haben – d. h. sie soll das Ende des Krieges erzwingen. Sie soll künftig nicht im Ausgleich konventioneller Schwäche auf dem Gefechtsfeld begründet sein. Obwohl auch der politische Zweck eine Anzahl von nuklearen Optionen bedingt, werden sich Art und Zahl der benötigten nuklearen Waffen ändern. In erster Linie wird eine wesentlich geringere Zahl ausreichen.

Das Bündnis hat begonnen, das Potential an nuklearen Gefechtsfeldwaffen in Europa erheblich zu vermindern. Die NATO hat bereits 1980 rund 1000 nukleare Sprengköpfe aus Europa abgezogen und 1983 den Abbau von weiteren 1400 Sprengköpfen beschlossen Entgegen dem Eindruck, der der Öffentlichkeit suggeriert wird, war die Anzahl der westlichen Nuklearwaffen seit den sechziger Jahren nie so gering wie heute. Ob sie über den Beschluß von Montebello hinaus weiter reduziert werden kann, wird im Zusammenhang mit künftigen Rüstungskontrollverhandlungen zu prüfen sein. Das vergleichbare Potential der Sowjetunion ist inzwischen höher. *Nukleares Potential vermindern*

Es wäre ein Irrtum anzunehmen, daß beim Bemühen der NATO, vom frühzeitigen Einsatz nuklearer Mittel unabhängiger zu werden, der Gedanke eine Rolle spielen könne, ein »nur« mit konventionellen Waffen geführter Krieg sei eher akzeptabel. Für uns liegt die entscheidende Schwelle nicht zwischen konventionellem und nuklearem Krieg, sondern zwischen Krieg und Nicht-Krieg. Die NATO will weder einen nuklearen noch einen konventionellen Krieg. Unser Territorium eignet sich nicht als Glacis zum Auskämpfen eines andauernden konventionellen Krieges.

Die Prüfung, ob die NATO-Strategie ethisch gerechtfertigt werden kann, möchte ich auf zwei Fragen beschränken: 1. Ist die Androhung von militärischer Gewalt überhaupt zu rechtfertigen? 2. Darf man zum Schutz unserer Werteordnung mit gegenseitiger Vernichtung durch Nuklearwaffen drohen? Androhung von Gewalt in jeglicher Form erscheint bei oberflächlicher Betrachtungsweise zutiefst unchristlich. Christus hat uns gepredigt: Liebet Eure Feinde. Er hat durch sein Leiden am Kreuz den Menschen in das Zentrum gerückt und uns Christen damit den Menschen ungeachtet seiner Zugehörigkeit zu militärischen Blöcken anbefohlen.

Als Soldat muß ich mir allerdings die Frage stellen, ob das Verbot »Du sollst nicht töten« mich ausschließlich anweist, dem Nächsten keinen körperlichen Schaden zuzufügen. Ist es nicht zugleich ein Gebot in dem Sinne: Bewahre die dir Anvertrauten vor Unrecht, Gewalt, vor Entwürdigung und Unfreiheit? *Schutzgebot*

197

Allein diese Fragestellung macht deutlich, daß es nicht immer eine klare Trennung von Gut und Böse gibt. Jeder, der Verantwortung für andere trägt und in seinem Handeln vom Geist der Liebe zum Mitmenschen bestimmt wird, wie er seinen Ursprung in der Bergpredigt Jesu findet, kann in ethische Konfliktsituationen geraten. In einem solchen Konflikt befindet sich der Soldat.

Es ist gut, Leben zu schützen; es ist zugleich böse, Gewalt zum Schutz des Lebens einzusetzen. Diesen unauflösbaren Konflikt muß jeder politisch Verantwortliche, jeder Soldat, früher oder später mit seinem Gewissen ausmachen.

Christliche Werteordnung
Für den Soldaten der Bundeswehr ist bei dieser Gewissensprüfung entscheidend, daß sein Einsatz fest an eine Werteordnung gebunden ist, wie sie unserer Verfassung zugrunde liegt. Sowohl unsere Verfassung als auch die konkrete Gestaltung unserer Sicherheitspolitik finden ihre Grundorientierung in einer christlichen Werteordnung.

In unserer parlamentarischen Demokratie haben der Bürger, der Politiker und der Soldat gemeinsam die Verpflichtung, die in der Verfassung postulierten sittlichen Werte und Rechte zu gewährleisten; diese sind besonders: Wahrung der Menschenwürde, Verhinderung von Gewalt, Schutz der freiheitlichen und rechtsstaatlichen Ordnung und Wahrung des Rechts.

Wahrung des Rechts sowohl im Inneren als auch in den Beziehungen zwischen den Staaten bedeutet, daß Konflikte zwischen Konfliktpartnern nach von beiden Partnern anerkannten Rechtsnormen geregelt werden sollen. Dieses Verfassungsgebot bedeutet konkret, daß Streitkräfte nur zur Verteidigung unterhalten und eingesetzt werden. Verteidigung gründet sich auf das Recht zur Notwehr einschließlich dem im Arikel 51 der Charta der Vereinten Nationen gewährten Recht der kollektiven Selbstverteidigung. Damit wird die Unterwerfung durch eine totalitäre Macht verhindert, das »Schutzamt des Staates« wird ausgeübt.

Ich bin davon überzeugt, daß die feste Bindung meines Auftrags als Soldat an die genannten Werte mein soldatisches Dasein rechtfertigen. Ich habe keinen Anlaß zu zweifeln, daß die politisch Verantwortlichen in unserem Staat rechtens handeln. Dies befreit mich jedoch nicht von Schuld. Um so sorgfältiger muß auch ich alle verantwortbaren Wege verfolgen, die von der militärischen Konfrontation wegführen.

Rolle der Atomwaffen
Es stellt sich immer noch die zweite Frage, ob man zum Schutz dieser Werteordnung mit dem nuklearen Holocaust drohen darf.

Die Beantwortung dieser Frage zwingt zur genaueren Betrachtung der Rolle von Atomwaffen in der Strategie der flexiblen Erwiderung.

Die nuklearen Elemente der Triade sind angesichts des auch nuklear hochgerüsteten Warschauer Paktes unverzichtbar. Abschreckung, die ausschließlich auf konventionellen Kräften beruht, ist nicht möglich. Als Indiz für diese

Behauptung können beispielsweise mehr als 150 bewaffnete Konflikte mit 35 Millionen Toten nach dem Zweiten Weltkrieg angesehen werden, die immer wieder in solchen Regionen stattfanden, in denen das Risiko der nuklearen Eskalation auszuschließen war.

In unserer Strategie soll die atomare Option, die Drohung mit dem atomaren Einsatz, das letzte Mittel sein, dem Aggressor zu sagen: Dieser Krieg gerät in Dimensionen, in denen er nicht mehr führbar ist. Dies und nichts anderes ist Inhalt der ausschließlich auf die Defensive ausgerichteten Strategie der NATO. Die Alternativen wären nicht akzeptabler, sie könnten grausamer sein.

Wer Realist ist, kommt an zwei Tatsachen nicht vorbei:

1. Kriegsverhinderung wird unter den heutigen Verhältnissen am besten durch Abschreckung erreicht. Voraussetzung für Abschreckung ist jedoch ein militärisches Gleichgewicht der Fähigkeiten, auch im nuklearen Bereich. Dabei ist nicht gleiche Zahl, sondern Zweck der Maßstab.

2. Es führt kein Weg zurück zur atomaren Unschuld. Atomwaffen kann man nicht wegdiskutieren oder wegträumen.

Gewalt nur im Falle eines Angriffs

Oft wird der NATO vorgeworfen, sie propagiere den nuklearen Ersteinsatz und beschwöre damit einen Atomkrieg herauf. Richtig ist, daß das Bündnis außer als Reaktion für den Fall eines Angriffs auf die Anwendung von Gewalt überhaupt verzichtet. Wer keinen Angriff durchführt, braucht auch die Nuklearwaffenentgegnung des Bündnisses nicht zu fürchten. Mit diesem Einsatz soll der Aggressor zum Einstellen seines Angriffs, d. h. zum Kriegsende gezwungen werden.

Wenn nun, wie zitiert, Kernwaffen in den Bereich des Gottlosen verbannt werden, mag dabei die unvorstellbare Vernichtungskraft im Vordergrund gestanden haben, die das Ende der Welt bewirken kann. Der Einsatz der Atombombe zum Schutz der Nächsten wäre somit unmöglich.

36 Jahre Nicht-Krieg geschenkt

Die Ambivalenz aller Waffen, so auch der Atombombe, liegt darin, daß sie dem Guten oder dem Bösen dienen können. Nicht das atomare Wissen ist unmoralisch; unmoralisch wäre vielmehr die skrupellose Anwendung dieses Wissens. Nicht die Atombombe ist unmoralisch; unmoralisch ist die Handlung, die ihren Einsatz verursacht. »Es gehört zur Paradoxie dieser Waffen, daß sie ein Fluch und ein Segen zugleich sind. Ein Fluch, weil sie im Konfliktfall nicht nur die Kombattanten, sondern Millionen anderer Menschen und ihre lebenswichtigen Güter vernichten. Ein Segen, weil ihre abschreckende Wirkung Europa 36 Jahre des Nicht-Krieges geschenkt hat und voraussichtlich weiterhin friedenserhaltend wirken wird.«[3]

Die Strategie der NATO weist dem nuklearen Potential eine eindeutig auf Friedenssicherung angelegte Rolle zu. Sie will mit ihr Kriegsverhinderung bewirken, einen Krieg unwahrscheinlich machen. Ich halte dies für den einzig vertretbaren Umgang mit unserem Wissen um die nukleare Zerstörungskraft. Unser weiteres Bemühen muß darauf gerichtet sein, das Konflikt- und Risikopotential, welches durch das Dasein der atomaren Waffen existiert, mit Hilfe der kontrollierten Abrüstung zu verringern. Kriegsverhinderung, d. h. Abschreckung, ist auch mit einem radikal verringerten Nuklearwaffenpotential beider Seiten möglich. Aber es muß ausgewogen und darf auf keinen Fall destabilisierend sein.

So verstandene Sicherheitspolitik erfüllt den von beiden Kirchen gesetzten ethischen Bedingungsrahmen, in dem militärische Verteidigung erlaubt ist.

Der verantwortungsvolle Umgang mit Waffen, ob konventionell oder nuklear, ist unser Ziel. Davon zeugen Geist und Logik westlicher Sicherheitspolitik. Wir dürfen den Krieg insgesamt nicht wieder führ- und gewinnbar machen!

Anmerkungen

1. Hans-Ulrich Kirchhoff (Hrsg.): Kirche und Kernbewaffnung. Neukirchen-Vluyn, 1981, S. 3
2. 6. Vollversammlung des ÖRK: Erklärung zu Frieden und Gerechtigkeit. epd-Dokumentation. 37/1983, Frankfurt, S. 4ff.
3. Alois Mertes in: Im Gespräch. 2/81, Mellen, S. 3ff.

Peter Noack

Offizier und Technik

Der Mann des Jahres

Zeitungen berichten über Neuigkeiten. Sie kommentieren vor allem das aktuelle Geschehen.

Manchmal blättern sie auch in ihren alten Ausgaben oder gar im Geschichtsbuch und weisen auf Ereignisse hin, die sich vor Jahren unter dem gleichen Datum zugetragen haben.

So fand sich am 27. Dezember 1984 in einer westdeutschen Zeitung folgende Notiz:

27. Dezember 1982

Das US-Nachrichtenmagazin »Time« wählt den Computer zum »Mann des Jahres«.

Es bleibt unserer Phantasie überlassen, Mutmaßungen über die Gründe anzustellen, die das renommierte Magazin zu dieser Wahl veranlaßt haben.

Kapitulierte hier der menschliche Geist vor seinem eigenen Produkt, in dessen Abhängigkeit er sich begeben hatte, oder sollte eine solche Entwicklung nur ironisiert werden?

Wollte schließlich die deutsche Tageszeitung zum Abschluß des Orwell-Jahres 1984 durch Wiederholung dieser Nachricht daran erinnern, wie sehr auch unser tägliches Leben von Technik reglementiert wird, die längst nicht mehr allen Menschen verständlich ist, die vielen eher als bedrohlich denn als hilfreich erscheint? *Überall Technik*

Das Wort Technik ist aus unserem Wortschatz nicht mehr wegzudenken. Es ist in aller Munde, schon bei Kindern, und die Erwachsenen kommen ohne diesen Begriff nicht aus.

Mensch und Technik

Der Mensch macht sich mit Hilfe der Technik die Natur bzw. ihre Gesetze nutzbar.

Dieses naturalistisch bestimmte Verständnis von Technik prägt den abendländischen Kulturkreis und eröffnet den Menschen immer neue Dimensionen des Zusammenlebens.

Technik ist zur Grundbedingung der industrialisierten Massengesellschaft geworden. Die Entwicklung ist gebunden an die Rationalisierung des Handelns. Nicht nach Instinkt und Neigung, sondern aufgrund von Wissen und

Berechnung werden Entschlüsse gefaßt. Vorausdenken und planen, nichts dem Zufall überlassen, ist die Maxime unserer Zeit.

Technik ist wert-neutral
Technik als Wissenschaft oder Technik als Ergebnis menschlicher Geisteskraft ist wertneutral. Erst das Sinnen und Trachten der Menschen und die Nutzanwendung von Technik führen zu Bewertungen auch nach den Kategorien von Gut und Böse.

Vor 150 Jahren fuhr in Deutschland die erste Eisenbahn von Nürnberg nach Fürth. Die Zeitgenossen bestaunten und bewunderten das neue Verkehrsmittel, manche hielten es auch für Teufelswerk. Mit Hilfe der Eisenbahn wurden Kontinente erschlossen. Eisenbahnen wurden auch zu einem hervorragenden Mittel der Kriegführung. Eisenbahngleise endeten schließlich auch in Auschwitz und in anderen Vernichtungslagern!

Menschliche Maß- und Verantwortungslosigkeit haben immer wieder Katastrophen verursacht. In einer Zeit, in der bisher Ungeahntes technisch machbar ist, kommt es besonders darauf an, die Grenzen des Erlaubten zu bestimmen. Die nahezu unbegrenzten Möglichkeiten der Technik bedürfen einer ethischen Zielsetzung und Begrenzung.

Es werden heute nicht nur Geräte angeboten, deren Wirkung und Funktion von jedermann übersehen werden, und die wenigstens theoretisch auch von jedem Menschen, der über eine gewisse allgemeine Bildung verfügt, angefertigt werden können. Es kommen auch solche auf den Markt, die der Benutzer weder in ihrer Funktion noch in ihrer Wirkung voll überblickt und versteht. Daraus ergeben sich besondere Probleme. Ein solches Gerät erleichtert dem Menschen seine Arbeit und entlastet ihn einerseits, bringt ihn andererseits aber in eine gewisse Abhängigkeit.

Der um das Dasein ringende Mensch hat sich der Technik in besonderem Maße bedient. Der Wille zu überleben hat seine Geisteskräfte beflügelt und neue technische Errungenschaften geboren.

Wehrtechnik im Atomzeitalter

Der Wille, Krieg zu führen, und die Notwendigkeit, sich zu verteidigen, sind häufig Ursprung besonderer Leistungen in der Technik gewesen. Sie sind es noch heute.

Militär-technik: nuklearer Holocaust?
Die Entwicklung der Militärtechnik, vor allem auf dem Gebiet der Nuklearwaffen, befähigt die Weltmächte, sich gegenseitig in ihrer Existenz zu vernichten. Es herrscht Angst, daß das Gleichgewicht des Schreckens zwangsläufig, aus politischem Kalkül, aus Unachtsamkeit, durch Mißverständnis oder auch durch Fehler in der Technik, in einem nuklearen Holocaust endet, der diese Erde weithin oder gänzlich unbewohnbar macht. Der Politiker, der solche Waffen einführt, und der militärische Führer, der ihren Einsatz plant,

stehen im Mittelpunkt einer Kritik, die dem Mißtrauen entspringt. Mißtraut wird Zielen und Absichten. Bestritten wird die moralische Erlaubtheit einer nuklearen Abschreckungsstrategie, und befürchtet wird der »Atomkrieg aus Versehen«.

Der Bundesminister der Verteidigung, Dr. Wörner, hat sich im Sommer 1984 in einem Zeitungsartikel mit solchen Befürchtungen auseinandergesetzt.

Er sieht den Grund der Angst vor dem großen Krieg in dem Verdacht der Bürger, die Technik könne dem Menschen sozusagen aus den Händen gleiten und sich verselbständigen, so daß sie schließlich ihre dienende Funktion verliert und die Menschheit beherrschen werde. Der Minister betont, daß es menschlich und verständlich sei, wenn persönliche Erfahrungen aus dem privaten Leben und aus der Arbeitswelt mit unverständlicher Technik zu dem Gefühl führten, ihr ausgeliefert zu sein.

Technik und Technokratie

Technik kann und soll dem Menschen eine Hilfe sein, die es ihm ermöglicht, sich das Leben zu erleichtern, es lebenswerter zu gestalten. Der Mensch hat es vermocht, sich mit Hilfe der Technik von Arbeiten zu befreien, die belasten und seine Zeit in Anspruch nehmen. Er hat einen Prozeß in Gang gesetzt, der das Wissen in immer kürzerer Zeit vervielfacht. Ohne technische Unterstützung könnte dieses Wissen weder gespeichert noch genutzt werden. Zugleich ist Technik zur Belastung geworden. Technische Produktionsstätten und Produkte bedrohen die Umwelt. Technik wird als zerstörerisch empfunden. Man sehnt sich nach der Idylle des vorindustriellen Zeitalters zurück, möchte aber sicher nicht auch die damaligen gesellschaftlichen Verhältnisse und die Lebensumstände dieser Zeit in Kauf nehmen.

Technik soll Leben erleichtern

Durch fortschreitende Rationalität und Automatisierung werden Berufswelt und privater Lebenskreis oft in einer Weise verändert, daß manche Menschen, vor allem jüngere und ältere, sich dort nicht zurechtfinden. Sie verstehen den Sinn mancher Entwicklung nicht. Sie fühlen sich abgestoßen von der nur auf Rationalität und Zweckmäßigkeit ausgerichteten Umwelt, beklagen die bloße Funktionalität von Beziehungen und vermissen Menschlichkeit im Umgang miteinander. Ein Denken und Handeln überwiegend in technischen Kategorien unter Vernachlässigung sozialer Aspekte trägt sicher bei zu der allgemein beklagten Orientierungskrise in der Gesellschaft und bestimmt auch die Schärfe des Generationenkonfliktes.

Es hat sich ein merkwürdiges Verhältnis des Menschen zur Technik entwickelt. Unsere Zivilisation wird vom technischen Fortschritt bestimmt. Wir können auf Technik nicht verzichten. Unsere Gesellschaft ist damit aber auch abhängig von funktionierender Technik. Dies wird immer dann beson-

Abhängig von funktionierender Technik

ders augenfällig, wenn durch Naturkatastrophen technische Systeme, z. B. die Stromversorgung, ausfallen. Technik garantiert unseren Lebensstandard, sie bedroht aber auch unsere Existenz. Die Bewahrung der Kultur, die Erhaltung der Zivilisation werden in Frage gestellt, wenn wir Technik zur Ideologie machen, wenn es nicht gelingt, die Möglichkeiten der Technik geistig und moralisch zu beherrschen. Mit anderen Worten, es geht darum, daß der einzelne und die Gesellschaft nicht unkritisch einer Faszination der Technik erliegen, sie aber auch nicht als Übel verwerfen. Wir müssen uns der Verantwortung für ihre Nutzung bewußt sein.

Die Bedeutung der Technik für den Offizier

Die Militärgeschichte ist zugleich eine Geschichte der Technik. Technik in der Gestalt von Waffen, Munition und Gerät ist eine wesentliche Grundlage der Landesverteidigung.

Technik bestimmt Dienst und Ausbildung
Strategie und Truppenführung sind abhängig vom Stande der Rüstungstechnik. Die technischen Bedingungen von Waffen und Gerät bestimmen weitgehend Dienstabläufe und Ausbildung. Technik hat auch in den Streitkräften in vielen Bereichen den Menschen, den Soldaten, schon ersetzt.

Mit der Entwicklung und Einführung neuer Waffensysteme ändert sich in der Regel auch die Zusammensetzung der Bedienung oder Besatzung. Man denke an die Fregatten der Klasse 122 der Bundesmarine im Verhältnis zu denen der Klasse 120 aus den fünfziger Jahren.

Zumeist verringert sich die Anzahl der Besatzungsmitglieder bei steigenden Anforderungen an die übrigen vor allem hinsichtlich der Qualität der technischen Ausbildung.

Anforderung an Ausbildung steigen
Für das Aufgabenspektrum der Luftwaffe wird immer wieder die Frage diskutiert, ob man nicht auf bemannte Systeme überhaupt verzichten könnte. Dies wird häufig mit dem Hinweis verbunden, der Mensch sei das schwächste Glied im Waffensystem und behindere letztlich dessen Wirksamkeit. Dem gegenüber steht die Überzeugung, daß der Mensch, der Soldat, mit seiner Fähigkeit zu alternativen Entscheidungen durch Computer nicht zu ersetzen ist.

Für den Landkrieg hat der Soldat seine historische Rolle bis heute nicht eingebüßt. Gelände »zu nehmen« und »zu halten«, setzt noch immer den Einsatz von Truppen voraus. Wohl ist es möglich, mit Mitteln der Pioniere und der Artillerie, Räume zu sperren. Für die Überwachung von Sperren aber müssen Truppen verfügbar sein. Für Zwecke der Aufklärung vor allem in die Tiefe sind unbemannte Systeme zweckmäßig. Ständige Aufklärung und Überwachung von Räumen aber ist auch künftig ohne Einsatz von Truppenteilen nicht sicherzustellen.

Insgesamt führt die Entwicklung der Technik dazu, daß das geschichtlich gewachsene Bild vom Soldaten, der persönlich mit der Waffe kämpft, sich in vielen Bereichen wandelt zu dem eines Militärtechnikers, dessen Berufsfeld, wenn man von der Zielsetzung des Handelns absieht, viele Entsprechungen zu zivilen Berufsfeldern hat. Dieser Umstand kann dazu führen, daß das Bewußtsein für die letzte Konsequenz soldatischen Dienstes im Kriege verdrängt wird. *Bild des Soldaten wandelt sich*

Der Offizier kann seine Aufgabe zu führen, zu erziehen und auszubilden heute nur erfüllen, wenn ihm die Bedeutung der Technik für seinen Beruf klar ist, wenn er ihre Möglichkeiten und Grenzen erkennt, ihre Auswirkungen beurteilen und ermessen kann, welche Eigendynamik mit technischen Entwicklungen verbunden sein kann.

Neben dieser geistigen Durchdringung der Technik muß der Offizier technische Kenntnisse und Fertigkeiten erwerben, die er benötigt, um Aufgaben seines Dienstpostens erfüllen zu können. Dies ist auch für ihn ein ständiger Lernprozeß. Das Eignungsmerkmal »Technisches Verständnis« auf dem Beurteilungsformular soll dieses dokumentieren.

Bei der hier skizzierten Bedeutung der Technik für den Offizier stellt sich die Frage, ob das System der Aus-, Fort- und Weiterbildung den Anforderungen gerecht wird, denen sich der Offizier gegenübersieht. Für diesen Beruf, dessen Notwendigkeit und Berechtigung so häufig in Frage gestellt wird, müssen auf allen Stufen der Ausbildung vornehmlich die ethischen Grundfragen behandelt werden. Insbesondere den Hochschulen fällt dabei eine hervorragende Aufgabe zu. Die auch hier zu beobachtende Intensivierung des Fachstudiums kann solche Erwartungen nicht erfüllen. Für den Offizier sind Verantwortungsfreude, Beharrlichkeit, Urteilskraft und der Wille zur Entscheidung und zum Handeln wesentlicher als manches Fachwissen.

In diesem Zusammenhang stellt Technik, mit der er umzugehen hat, für den Offizier kaum ein praktisches Problem dar. Dagegen sind die Militärtechnik und die ihr innewohnenden Möglichkeiten eine geistige und moralische Herausforderung. *Moralische Herausforderung*

Technik als Herausforderung

Von Edward Teller, der entscheidend an der Entwicklung der Atombombe mitgewirkt hat, wird berichtet, er habe angesichts der ersten Explosion dieser Bombe sinngemäß geäußert, daß mit dieser Waffe das Ende der großen Kriege gekommen sei.

Die Entwicklung der Militärtechnik hat den Krieg als Mittel der Politik ad absurdum geführt, wenigstens dort, wo die Eskalation des Waffeneinsatzes bis zu nuklearen Einsatzmitteln durch beide Seiten zu befürchten ist.

Die gesicherte Fähigkeit zu gegenseitiger Vernichtung für den Fall des Versuches, einen Konflikt gewaltsam zu lösen, hat einen Krieg zwischen den Weltmächten und ihren Verbündeten bisher verhindert. Die Androhung durch das westliche Verteidigungsbündnis, bei einem Angriff durch den Warschauer Pakt auch nukleare Waffen einzusetzen, hat sich bis heute als Mittel zur Verhütung eines Krieges erwiesen. Die moralische Legitimation einer Sicherheitspolitik, die sich auf die Strategie der Abschreckung stützt, wird dennoch vielfach in Frage gestellt. Zu den Kritikern gehören nicht nur politische Gruppen. Auch die beiden großen Kirchen haben ihrer Sorge über die Wirksamkeit dieser Strategie Ausdruck verliehen und dargestellt, daß Abschreckung nur als ein Schritt auf dem Wege einer fortschreitenden Abrüstung noch für moralisch annehmbar gehalten wird.

Der Offizier kennt die mögliche Realität eines Krieges. Er wirkt an Entscheidungen mit, die nicht nur für die Existenz der eigenen Nation ausschlaggebend sind. Er hat daher auch Anteil an der politischen Verantwortung für den Einsatz militärischer Macht.

Wer Offizier ist, muß davon überzeugt sein, daß sein Dienst der Erhaltung des Friedens dient. Er muß gewiß sein, daß die Strategie der Abschreckung auch in absehbarer Zukunft einen Krieg verhindern kann. Schließlich muß er anerkennen, daß ein Gleichgewicht der Rüstung Voraussetzung für die Wirksamkeit der Strategie ist. Ebenso befürwortet der Offizier kontrollierte Abrüstung, die das Gleichgewicht militärischer Macht auch auf niedrigerem Niveau erhält. Dies alles setzt voraus, daß er sich der politischen Bedeutung seines Berufes bewußt ist und daß er bereit ist, sich immer aufs Neue mit den damit verbundenen moralischen Fragen auseinanderzusetzen. Wenn den Soldaten etwas vom zivilen Bürger unterscheidet, so ist es die Tatsache, daß seine sittlichen Verpflichtungen umfassender sind als die des Bürgers.

Führung und Technik

Vor diesem Hintergrund übt der Offizier seinen Beruf aus. Er führt. Im Frieden besteht diese Tätigkeit vor allem darin, daß er mündige Bürger zu Soldaten erzieht und sie im Waffenhandwerk ausbildet. Im Kriege führt er Soldaten im Gefecht und setzt technische Mittel ein.

Technik hilft bei Entscheidungen

Er trifft dabei Entscheidungen, die das Leben vieler Menschen, das eigene eingeschlossen, vernichten oder auch sonst in radikaler Weise verändern können. Entscheidungen setzen das Abwägen von Möglichkeiten des Handelns voraus. Entscheidungen reifen auf der Grundlage von Informationen. Die Führungstechnik, die Technik der Übermittlung und Darstellung von

Daten, hat für das moderne Gefecht eine entscheidende Bedeutung gewonnen. Auch große Distanzen werden von Waffenträgern und Raketen in kurzer Zeit überwunden. Die Faktoren Zeit und Raum haben heute und in Zukunft ein besonderes Gewicht. Die Zeit für die Übermittlung, Sichtung und Verarbeitung einer Flut von Informationen ist kurz, wenn Entscheidungen und Maßnahmen sich noch auswirken sollen. Der Offizier muß sich auf technische Führungsmittel verlassen, die nicht nur Informationen übermitteln, sondern auch aufbereiten und vergleichend darstellen. Diese Führungsmittel nehmen Einfluß auf das Denken der Führer. Sie können Abhängigkeiten schaffen, wenn der Offizier sich nicht mehr als Herr des Entscheidungsprozesses begreift.

Ebenso kann ein technokratisches Verständnis von Führung die Folge sein, wenn der Soldat nur als Teil des Waffensystems begriffen und nur in seiner Funktion, nicht aber in seiner gesamten Persönlichkeit verstanden und gewertet wird. Ein solches Führungsverhalten birgt die Gefahr, daß Führung ihren personalen Bezug verliert. Räumliche Distanz und fehlende persönliche Betroffenheit durch das Geschehen können das Verständnis für die Situation Untergebener verengen. Fehlt es darüber hinaus an Vorstellungskraft und eigener Erfahrung auf der Ebene der Geführten, so sind Führungsfehler und falsches Führungsverhalten nicht auszuschließen. Andererseits begünstigt die Möglichkeit rascher Verbindungsaufnahme nicht nur zur nächst niedrigeren Führungsebene das Übersteuern von Zwischenvorgesetzten. Diese Möglichkeit verführt dazu, unmittelbar auf den Ausführenden Einfluß zu nehmen. Einschränkungen in der Freiheit der Auftragsdurchführung sind häufig die Folge.

Technik kann verführen

Ein Weiteres kommt hinzu: Die technische Möglichkeit zu unmittelbarer Kommunikation auch über Führungsebenen hinweg erweckt den Anschein, stets ein zutreffendes Bild der Lage zu haben. Der verantwortliche Führer ist dann geneigt, auf eigene Inaugenscheinnahme zu verzichten. Er bleibt für einen großen Teil der von ihm geführten Soldaten anonym. Sein Führungsverhalten ist buchstäblich nicht vorbildlich.

Im Mittelpunkt: der Mensch

Der Offizier darf sich nicht in die Abhängigkeit von der Technik begeben. Er soll sich ihrer bedienen und sich die Freiheit der Entscheidung bewahren. Auch im Zeitalter nuklearer Waffen und rechnergestützter Führungssysteme haben die persönliche Ausstrahlungskraft des Führers und sein Vorbild entscheidenden Einfluß auf das Verhalten der Truppe. Die Truppe muß ihre Führer kennen. Mit den Namen müssen sich Vorstellungen verbinden. Das gilt im Frieden und im Kriege. Ist es im Gefecht schon nicht möglich, für alle

Freiheit der Entscheidung bewahren

sichtbar zu handeln, so ist es von großer Bedeutung, die Stimme des Führers zu vernehmen, am Funkgerät oder über Bordlautsprecher. Persönlich übermittelte Informationen haben mehr Gewicht. Alleine schon der Klang der Stimme kann Zuversicht bewirken und Ansporn sein! Kommunikationsmittel müssen entsprechend genutzt werden.

Ein anderer Aspekt ergibt sich aus der gewaltigen Zerstörungskraft moderner Waffentechnik, nicht nur der atomaren Einsatzmittel: die Leere des Gefechtsfeldes.

Größere Räume werden von weniger Truppen verteidigt. Teileinheiten, oft wenige Soldaten, sind auf sich alleine gestellt. Sie bestehen das Gefecht nur, wenn sie zu einer Gemeinschaft zusammengewachsen sind. Die seelische Belastung des Gefechts zermürbt den einzelnen schneller als eine soldatische Gemeinschaft, in der sich Stärken und Schwächen ausgleichen können, in der man aneinander Halt findet und füreinander einsteht. Der Offizier muß menschliches Verhalten in Belastungssituationen selbst erfahren haben, um als Führer richtig reagieren zu können. Als Planer und Organisator im Frieden muß sich der Offizier der Grundbedingungen sozialen Verhaltens im Gefecht bewußt sein. Gliederung und Zusammensetzung von Teileinheiten und Truppenteilen müssen solchen Grundbedingungen Rechnung tragen. Der Erfolg, so lehrt es die Geschichte, ist oft nicht ein Ergebnis materieller Überlegenheit und moderner Technik, sondern die Frucht großer seelischer Widerstandskraft und Beharrlichkeit. Der Mensch, oft als schwächstes Glied in technischen Systemen bezeichnet, ist als Soldat häufig ausschlaggebender als die Technik.

Von der Verantwortung des Offiziers für die Technik

Die Bedeutung der Technik für den Offizier bezeichnet auch das Maß seiner Verantwortung für den Menschen.

Verantwortung ist eine Verpflichtung (Officium). Sie kann auch zur Last werden.

Technik
beherrschen
Die Verantwortung des Offiziers für die Technik besteht zunächst darin, sich mit ihr vertraut zu machen und sie zu begreifen in ihren Möglichkeiten. Dies ist Voraussetzung, um Technik zu beherrschen. Wer Technik beherrscht, trägt Verantwortung dafür, daß sie eingesetzt wird, um dem Soldaten zu helfen, seinen Auftrag zu erfüllen. Dabei gilt es, darauf zu achten, daß der Soldat, der Bediener, nicht in die Abhängigkeit der Technik gerät. Dafür trägt der Offizier im Frieden als Fordernder und als Planer technischer Entwicklungen Verantwortung.

Seine Verantwortung erstreckt sich aber auch auf die Erziehung und Ausbildung des Soldaten im Umgang mit der Technik. Er muß es verstehen, dem

Soldaten Vertrauen zu vermitteln in die Zuverlässigkeit und Leistungsfähigkeit von Waffen und Gerät, und er soll dem Soldaten die Fähigkeit geben, Waffen und Gerät auch dann noch einzusetzen, wenn Teile des Systems ausfallen.

Höchste Verantwortung aber trägt der Offizier angesichts der technischen Entwicklung als Führer im Kriege.

Er braucht die Gewißheit, daß sein und seiner Soldaten Einsatz als ultima ratio dazu dient, den Frieden wiederherzustellen.

Hans-Dieter Bastian

Bundeswehr und Gesellschaft

Der Begriff
»Gesellschaft«
als
Verwirrspiel

Es gibt heute wenig Begriffe, mit denen man in kürzester Zeit und auf brei-
tem Raum so viel geistige Verwirrung stiften, ja gedankliches Unheil anrichten kann, wie mit dem der Gesellschaft. Längst hat der Begriff Eingang
in offizielle Dokumente gefunden; und viele Politiker und Soldaten beherrschen nicht die elementare Fähigkeit, Staat und Gesellschaft mit kritischem
Unterscheidungsblick auf die Bundeswehr beziehen zu können. Ein Generalinspekteur betrachtet Verteidigung als »Notwehrakt der gesamten Gesellschaft«. Einer seiner Nachfolger sagt: »Die Motivation für ihren Dienst
muß den Soldaten aus der Gesellschaft zuwachsen.« Im Weißbuch 1970
heißt es: »Die demokratische Gesellschaft schafft sich durch Gesetzgebung,
Regierung und parlamentarische Kontrolle die ihr gemäßen Streitkräfte
und weist ihnen ihren Auftrag zu.«[1] Folgerichtig wird im Weißbuch 1973/74
die Grundeinstellung der Bürger zur Bundeswehr und NATO als »wohlwollende Indifferenz« oder »passive Zustimmung« umschrieben. »Gesellschaftliches Vertrauen gegenüber spezialisierten Teilsystemen, die vom Bürger
kaum überschaut werden können, äußert sich im allgemeinen als wohlwollende Gleichgültigkeit ... Niemand wird verlangen, daß der Bürger der Polizei, der Justiz oder anderen staatlichen Einrichtungen gefühlsbestimmte
Einstellungen entgegenbringt.«[2] Die zweite deutsche Republik hat ihre politischen Ordnungsvorstellungen so gründlich verwirbelt, daß nicht einmal
die Bundeswehr überall begreift, wo und wie sich der moderne Staat mit
seinem Gewaltmonopol in der staatlichsten aller Exekutiven behauptet.
Die Verwechslung von Staat und Gesellschaft, die Unfähigkeit, politische
Ordnungsgebilde in ihren Aufgaben zu beurteilen, die Überschätzung der
Gesellschaft und die Unterschätzung des Staates sind entscheidende
Gründe für die aktuelle Schwierigkeit, der Bundeswehr gerecht zu werden.
Über viele Jahre haben Politiker aller Parteien das Problem verdeckt, indem sie stolz auf die Ergebnisse der periodisch veranstalteten Meinungsum-
fragen verwiesen, in denen große Mehrheiten der Bevölkerung die Wichtig-
keit der Streitkräfte bejahten. Erst der Streit um die Nachrüstung (1979/
1983) zog den Vorhang von der ungelösten Frage: Wie integriert ist die
Bundeswehr? Grelles Licht blitzte auf, als am 6. Mai 1980 zum ersten Mal
Krawalle und Gegendemonstrationen ein öffentliches Gelöbnis von Wehrpflichtigen in Bremen störten und höchste Repräsentanten des Staates an
der Teilnahme behinderten. Von nun an lauten die Diagnosen realistischer.
Der Staatssekretär im Verteidigungsministerium Dr. Joachim Hiehle vertritt
1981 zwei bedeutsame Thesen:

»Die gesellschaftliche Anerkennung der Bundeswehr ist nicht im gleichen Maße vollkommen wie ihre verfassungsrechtlich-institutionelle Eingliederung.« »Die vorhandene psychologische Distanz zwischen Bundeswehr und Gesellschaft, zwischen Verteidigungsbereitschaft und demokratischem Bewußtsein ist in erster Linie auf das Versagen der gesellschaftlichen Eliten zurückzuführen.«[3] Am deutlichsten wird Hiehle am Schluß seines Vortrages: »Unsere Gesellschaft kann und will sich offenbar nicht vorstellen, daß wir eines Tages zur Abwehr eines bewaffneten Angriffs gezwungen werden könnten. Diese ernste Möglichkeit ist aus dem gesellschaftlichen Bewußtsein weithin verdrängt. Militärische Existenzsicherung durch bewaffnete Verteidigung hat für viele den Charakter des Unwirklichen.«[4] In demselben Buch, in dem 1981 Verteidigungsminister Hans Apel (SPD) behauptet: »Über die Einordnung der Bundeswehr in Staat und Gesellschaft gibt es im Grunde kaum noch Meinungsunterschiede«[5], schreibt der Publizist Günther Gillessen: »Man hat lange gemeint, die Bundeswehr müsse ›in die Gesellschaft integriert‹ werden. Es war und ist umgekehrt: Ein großer Teil der deutschen Gesellschaft kommt nicht mit der Bundeswehr zurecht und zwar nicht nur mit dieser Bundeswehr in ihrer derzeitigen Gestalt ... Nach dreißig Jahren ist diese Bedingung der Freiheit weithin vergessen. Ein Kult des Privategoismus hat sich breitgemacht, zuerst bei den Älteren, danach bei den Jungen, der die auswärtige Gefährdung nicht erkennen will und bestenfalls meint, für die Sicherheit hätten andere zu sorgen, zum Beispiel die Polizei oder die ›Dummen‹, die sich zur Bundeswehr ziehen lassen, oder die Amerikaner.«[6]

Die Formel von der Integration der Bundeswehr in Staat und Gesellschaft verdeckt also mehr als sie erhellt. Systematische Überlegungen zum Problem sind unerläßlich. Zum Verständnis der Beziehung und des Unterschieds von Staat und Gesellschaft gehört die historische Erinnerung, daß wir es hier mit einer verfassungsgeschichtlichen Entwicklung der Moderne zu tun haben. Die Menschen des Mittelalters und der frühen Neuzeit lebten weithin in einer einheitlichen Welt des Sozialen, der politischen Herrschaft und der religiösen Gemeinschaft. Die integrierende Kraft der Ordnungen war über Jahrhunderte die Religion, später die pseudo-religiöse Nation. Die moderne Lebenswelt ist pluralisiert und segmentiert. Gesellschaftliches und Staatliches, Öffentliches und Privates treten auseinander, mitunter auch gegeneinander. Die Integration der gesellschaftlichen Gruppen und Verbände, der Parteien und Institutionen wird immer schwieriger. Sie vollzieht sich weniger durch Ideen, sondern indirekt durch technische Hilfsmittel. Das Medium »Öffentlichkeit« taucht auf. Öffentliche Meinung (government by public opinion) wird zum Produkt gedruckter und elektronischer Medien, überdies zum Gegenstand sozialwissenschaftlicher Forschung. Mit dieser Entwicklung zerbricht die überschaubare, einheitliche Heimatwelt des einzelnen Menschen. Er lernt und muß lernen, auf verschiedenen, teilweise abstrakten Wirklich-

Wie integriert ist die Bundeswehr?

Die Gesellschaft der Moderne

keitsebenen zu leben, zu denken und zu handeln. Der diffuse Begriff »Gesellschaft« deckt ein Bündel unterschiedlicher, verschieden komplizierter Beziehungen ab. Zum Beispiel:

– individuelle Beziehungen von Mensch zu Mensch,
– Beziehungen zu Kleingruppen (Familie, Freundschaften, Nachbarschaft),
– Beziehungen im lokalen Nahbereich (Schule, Firma, Hausarzt, Vereine, Lokalzeitung),
– Beziehungen zu überlokalen Massenmedien (Zeitungen, Fernsehen, Rundfunk),
– Beziehungen zu gesellschaftlichen Institutionen (Verbände, Parteien, Kirchen, Interessengruppen),
– Beziehungen zu Staat und Staatsorganen (Regierung, Opposition, Parlament),
– zwischenstaatliche Beziehungen (NATO),
– Beziehungen zur Weltgesellschaft (UNO).

Unter-
scheidung
von Staat
und
Gesellschaft

Im Gewirr dieses Beziehungsgeflechts scheint die Unterscheidung von Staat und Gesellschaft kaum noch möglich. Es kommt aber alles darauf an, ihr Verhältnis und ihre Trennung sachgemäß zu definieren, um das Exekutivorgan Bundeswehr zu verstehen. Der Verfassungsrechtler E.-W. Böckenförde bietet eine hilfreiche Begriffsbestimmung: »Staat und Gesellschaft sind also nicht zwei je geschlossene, voneinander isolierte Verbände oder Gemeinwesen, der Staat ist vielmehr die politische Entscheidungseinheit oder Herrschaftsorganisation für eine Gesellschaft (oder, wenn man will, ›über‹ ihr); er steht in notwendiger und mannigfacher Wechselbeziehung mit dieser, ohne darum aufzuhören, von ihr organisatorisch und funktional unterschieden und gesondert zu sein ... Erst im totalitären System ... fallen Staat und Gesellschaft ineinander und kommt es zur sogenannten ›Identität‹ von Staat und Gesellschaft; sie bedeutet zugleich das Ende der individuellen Freiheit.«[7] Der Staat des Grundgesetzes hat zur Bewältigung seiner Aufgaben besondere Organe und ist als Ganzes durch Recht und Gesetz organisiert. Für die freie Gesellschaft gilt das aber gerade nicht. Sie lebt, wie oben dargestellt, in lockeren Beziehungen und in organisierten Verbänden, in intimen Klein- und in anonymen Großgruppen. Aber sie hat keine offiziellen Organe und ist auch nicht vollständig organisierbar. Nur wer dieses moderne Politikum aus Staat und Gesellschaft versteht, hat eine Chance, Auftrag und Konflikte der Bundeswehr zu verstehen. Das Problem ist deswegen so schwierig, weil es sich hier nicht um statische Räume, sondern um dynamische Bewegungen handelt. Es gibt Tendenzen, die den modernen Staat in der Mengenausweitung seiner zahlreichen Dienstleistungen zeigt. Als Vermittler des Sozialen (Umverteilung), der Bildung und Ausbildung, der Daseinsvorsorge dringt er wuchernd, teilweise zerstörend in gesellschaftliche Bereiche ein, schwächt oder entmachtet sie. Umgekehrt usurpieren gesellschaftliche Machtgruppen klas-

Erich Hoepner
Generaloberst (1886–1944)

Die Disziplin und damit der Gehorsam beruhen auf einem Vertrauen zwischen Vorgesetzten und Untergebenen. Der Vorgesetzte gewinnt seine Autorität und damit das Recht zu befehlen nicht allein durch seinen Rang und seine Stellung, sondern durch seine Persönlichkeit, sein Können, sein Verständnis für die Truppe und ihren Dienst. »Die Autorität von oben« ist unumgängliche Voraussetzung für den Gehorsam von unten.

Erwin Rommel
Generalfeldmarschall (1891–1944)

Wie wird das Urteil der Geschichte über mich lauten? Wenn ich hier Erfolg habe, werden alle anderen den Ruhm beanspruchen. Aber wenn ich scheitere, wird jeder meinen Kopf fordern.

sische Aufgabengebiete des Staates (innere, äußere Sicherheit) und machen als »Herrschaft der Verbände« dem Rechtsstaat Konkurrenz.

Die Frage nach den bindenden Kräften, nach den geistigen Mächten, die gesellschaftliche Gruppen und staatliche Organe integrieren, läßt sich unter den Lebensbedingungen der Moderne nicht mit Einfachformeln beantworten. Staat und Gesellschaft stellen offensichtlich sehr unterschiedliche Loyalitätsgrößen dar. Am deutlichsten hat die anliegenden Schwierigkeiten Böckenförde angesprochen: »Der freiheitliche, säkularisierte Staat lebt von Voraussetzungen, die er selbst nicht garantieren kann ... Als freiheitlicher Staat kann er einerseits nur bestehen, wenn sich die Freiheit, die er seinen Bürgern gewährt, von innen her, aus der moralischen Substanz des einzelnen und der Homogenität der Gesellschaft reguliert. Andererseits kann er diese inneren Regulierungskräfte nicht von sich aus, das heißt, mit den Mitteln des Rechtszwanges und autoritativen Gebots, zu garantieren suchen, ohne seine Freiheitlichkeit aufzugeben.«[8] Der moderne Staat bindet seine Bürger weder mit einer religiösen Glaubenswahrheit noch mit einer pseudo-religiösen Weltanschauung oder Staatsideologie (Volksheim, klassenlose Gesellschaft), sondern allein mit der Kraft der vernünftigen Staatszwecke: Frieden, Freiheit, Gerechtigkeit. Genau an diesem Punkt tauchen die wirklichen Integrationsprobleme der Bundeswehr auf. Zwar gilt sie verfassungsrechtlich als sicherheitspolitische Exekutive des Staates, ist aber von Bindungskräften abhängig, die in den zahlreichen Gruppen der politischen Gesellschaft gefördert oder behindert, entwickelt oder zerstört werden. Es gehört zu den Merkmalen des modernen Staates, daß er in der Aufgabe, die Existenz seiner Bürger mit bewaffnetem Frieden zu sichern, von Voraussetzungen abhängt, die er mit staatlichen Instrumenten nicht garantieren kann. Freiheitswille und Verteidigungsbereitschaft, Loyalität und Zustimmung der politischen Gesellschaft sind mit Gebot und Rechtszwang nicht zu regulieren.

Bindungskräfte in Staat und Gesellschaft

Was aber dann? Moralische Appelle oder kritische Adressen an die »Gesamtgesellschaft« greifen ins Leere, weil es diese Gesamtgesellschaft als handlungsfähiges Kollektivindividuum gar nicht gibt. Die Gesellschaft, die der Bundeswehr die Motive liefern, die Soldaten integrieren und mit ihrem Selbstbehauptungswillen tragen soll, ist eine fiktive, rein rhetorische Größe. Der Staat des Grundgesetzes stellt Streitkräfte auf, wie die Verfassung fordert, aber die politische Gesellschaft, die mit dieser Organisationseinheit ihre Existenz sichert, hat als Gesellschaft weder Mund noch Ohr, weder Hand noch Willen. Die Vielfalt, Konkurrenz und Dynamik der gesellschaftlichen Gruppen ist so komplex, daß sich das Problem der Integration auf jeder Beziehungsebene neu und verschieden stellt. Die Bindungskräfte, von denen die Bundeswehr abhängt und die der Staat des Grundgesetzes nicht garantieren kann, gestalten sich auf jeder gesellschaftlichen Handlungsebene anders. Schulen und Universitäten, Parteien und Verbände, Kirchen und Kommu-

Die Gesellschaft als Fiktion

nalbehörden, Redaktionen und Betriebe buchstabieren das Thema »Bundeswehr und Gesellschaft« je in ihrer Weise: pluriform, nicht uniform. Im Zentrum Innere Führung lautete der kluge Diskussionsbeitrag eines Obristen: »Im Frieden ist die Freundin stärker als die ganze Armee zusammen. Das ist so, und wir müssen es so akzeptieren. Da gibt es nur einen Ausweg, wir müssen die Freundin integrieren bzw. die Frau, das heißt, wir müssen sie mit überzeugen.«

Wohl-
wollende
Gleich-
gültigkeit

Wie geschieht das? Eine Fehlentscheidung von groteskem Ausmaß war vermutlich die Absicht der Bundesregierung im Weißbuch 1973/1974, das Verhältnis zwischen Bundeswehr und Gesellschaft auf »wohlwollende Gleichgültigkeit« abzustimmen. In das Vakuum der gefühlsbestimmten Einstellungen brachen dann bald Protestbewegungen und Demonstrationsgruppen ein, um sich der herrenlosen politischen Gefühlskräfte, besonders unter jungen Menschen, erfolgreich zu bemächtigen. Während die politische Protestsymbolik hierzulande floriert und mit immer neuen Aktivitäten den Unterschied zwischen Entscheidungsverfahren und Verfassungsorganen (Parlament, Regierung) und der Demonstration politischer Gruppenmeinungen nivelliert, verkümmert die Symbolik der Zustimmung und der staatspolitischen Loyalität am Rande der politischen Kultur. Bei rasch wechselnden Tagesthemen (Datenschutz, Nachrüstung, Umweltprobleme, Bündnispolitik) wird das Politikum Staat und Gesellschaft in der Bundesrepublik periodisch von Eruptionen erschüttert, die in der Tendenz einen generalisierten Legitimitätsentzug zum Ziel haben. Davon wird naturgemäß auch die Bundeswehr direkt betroffen. Beispiele gibt es in Fülle, und zwar im kleinen und großen. Da macht ein Pfarrer seinen Kirchenvorstand mobil, um eine Geldspende, die Soldaten bei einem Patenschaftstreffen gesammelt haben, mit dem Argument abzulehnen, die Bundeswehr sei ein Teil einer Strategie des kollektiven Selbstmordes. Jugendgruppen von Gewerkschaftsverbänden und Bundestagsparteien demonstrieren und plakatieren aggressiv gegen die Bundeswehr. Als 1984 der kommandierende General des II. Korps seinem Großverband eine »kriegsnahe Ausbildung« befahl, reagierten Abgeordnete mit Protest und Aufschrei (»Schleifermethoden«, Verstoß gegen Prinzipien der Inneren Führung). Der Konflikt kam in der Fragestunde des Bundestages zur Sprache und konzentriert wie im Brennglas das Unverständnis von Gesellschaftsbürgern gegenüber den Aufgaben der Staatsbürger in Uniform. Als sich 1983 eine symbolische »Friedenskette« zerstückelt durch Teile der Bundesrepublik zog, hier eine amerikanische Kaserne und dort eine Einrichtung der Bundeswehr blockierend, stand in ihren Reihen auch ein ehemaliger Bundeskanzler (der die höchste Befehls- und Kommandogewalt über die Streitkräfte im Verteidigungsfall besessen hätte!). In Ereignissen dieser Art wird das abstrakte Problem »Bundeswehr und Gesellschaft« anschaulich und konkret.

Es führt kein Weg an der Erkenntnis vorbei: Der diffuse Ordnungsbegriff »Gesellschaft« kann die Streitkräfte weder politisch noch psychologisch, weder ethisch noch strukturell tragen. Im gefühllosen Klima einer »wohlwollenden Indifferenz« gedeihen zwar irrationale Bewegungen und politische Meinungsinitiativen ohne Zahl, aber keine Streitkräfte, die mit den Bindungskräften Treue und Tapferkeit ihrem Auftrag verpflichtet sind. Würde man den gängigen Slogan, die Bundeswehr sei »Spiegelbild der Gesellschaft« normativ verstehen, so wären die destruktiven Folgen unabsehbar.

Vor kurzem hat der Soziologe Friedrich Tenbruck kritisch herausgearbeitet, wie die modernen Sozialwissenschaften, besonders die Soziologie, in der Nachkriegszeit zur einflußreichsten Kulturmacht, zur pseudo-religiösen Orientierungswissenschaft geworden sind: »Wir leiden wegen unserer dauernden Befassung mit der Gesellschaft in unserem privaten wie im öffentlichen Leben an einer Verwirrung unserer geistigen Buchführung und können deshalb über unsere Lage keine rechte Klarheit gewinnen.«[9] »Die Bewältigung der Sozialwissenschaften beginnt insofern mit dem Entschluß, ›die Gesellschaft‹ aus unseren Vorstellungen und unserem Vokabular zu verbannen. Gewiß ist der Ausdruck gelegentlich als Hinweis auf das Zusammenleben unentbehrlich und dann auch harmlos. Man muß jedoch überall darauf dringen, daß wieder die realen Erscheinungen und Mächte – als Staaten, Parteien, Kirchen, Kulturen, Verbände, Gruppen oder wie immer sonst – benannt werden.«[10]

Verwirrung der geistigen Buchführung

Ohne Zweifel hat die von Tenbruck festgestellte Soziologisierung auch tiefe Spuren in der Bundeswehr hinterlassen, und zwar nicht nur im Orientierungsvokabular ihrer amtlichen Vertreter, sondern auch im Gefüge ihrer Bildung und Ausbildung, ihrer Verständigung nach innen und außen. Gesellschaftswissenschaft gehört zum Pflichtpensum junger Offiziersstudenten. Sozialwissenschaftler fühlen den Puls der Meinungsbürger mit und ohne Uniform, statistisch genau, anonym, ethisch folgenlos. Die bunte Wirklichkeit der persönlichen Beziehungen, in denen der einzelne Mensch unter den Bedingungen der modernen Lebenswelt existiert, wird zugunsten von sozialwissenschaftlich definierbaren, quantifizierbaren Merkmalen abgeblendet. Die Ergebnisse sozialwissenschaftlicher Untersuchungen verdrängen die persönlichen Erfahrungen einzelner und machen sie letztlich mundtot. Wenn das Leitbild vom Staatsbürger in Uniform davor bewahrt werden soll, sich in diffusen Integrationsmechanismen der Gesellschaft aufzulösen, muß es ethisch und personal verstanden werden. Der Soldat der Bundeswehr lebt nicht in künstlich definierten Teilsystemen einer gesichtslosen Gesamtgesellschaft, sondern in konkreten, von Gefühlen durchpulsten Wechselbeziehungen kleiner und großer Gruppen. Auch der freiheitliche Rechtsstaat kann auf gefühlsbestimmte Bindungskräfte seiner Bürger nicht verzichten, obgleich seine Möglichkeiten begrenzt sind, sie aktiv zu fördern. Das am Grundgesetz ent-

Staatsbürger contra Gesellschaftsbürger

wickelte Bild vom Staatsbürger, das den Soldaten und den Nicht-Soldaten übergreift, ist demnach das Gegenstück zum gesellschaftlichen Meinungsbürger. Die beiden stehen zueinander wie Person und Anonymität, wie Entscheidung und Gleichgültigkeit, wie Engagement und Indifferenz, wie Verantwortung und Passivität, wie Loyalität und Illoyalität, wie Qualität und Quantität. Was der soziologische Begriff »Gesellschaft« zu Tage fördert, sind mehr oder weniger abstrakte Merkmalsgruppen, Menschen im anonym-unverbindlichen Zustand des Publikums. Der Gesellschaftsbürger wird in den Retorten der Meinungsforschung synthetisch analysiert und das Präparat als Beschreibung der Alltagswirklichkeit verkauft. Wer sich hier täuschen läßt, gerät in lebensgefährliche Turbulenzen der Politik. Die Bundeswehr mit dem Verfassungsauftrag der bewaffneten Friedenssicherung im Bündnis freiheitlicher Rechtsstaaten ist eine Institution unbedingten Ernstes.

Haftungs-
gemeinschaft
für Kriegs-
verhinderung

Die Gesellschaft als Publikum wird ihm nicht entfernt gerecht. Erst wenn die unterschiedlichen sozialen Gruppen das Grundgesetz in seiner Wertorientierung auch als Gesellschaftsverfassung begreifen und übernehmen, könnte im Politikum Bundesrepublik eine übergreifende Haftungsgemeinschaft für Kriegsverhinderung und Friedenssicherung entstehen. Davon sind wir heute weit entfernt. Sarkastisch schrieb der Publizist Johannes Groß: »Die Bundesrepublik ist die staatgewordene Verneinung des Ernstfalles. Für ihre Gesellschaft ist die Geschichte das, was 1945 zu Ende ging und nicht wiederkehren soll, ein eigenes ius belli nimmt die zweite Republik nicht in Anspruch, gegen innere Gefahren gibt es das Verfassungsgericht, und in Hessen ist die Errichtung einer Diktatur sogar gesetzlich verboten.«[11] Ein herrschaftsarmer Staat gilt hierzulande als erwünschte Sicherheitsgarantie. Krieg und Krisen tauchen im Wahrnehmungshorizont einer Gesellschaft, die in ihrer öffentlichen Sprache eine Inflation von Wortverbindungen mit »Frieden« (Friedenssommer, Friedensherbst, Friedenswinter usw.) zuläßt und anheizt, nur als politisch nicht mehr beherrschbare Ouvertüre der apokalyptischen Endzeit auf. In wirklich gefährlichen Zeiten wird der Staat des Grundgesetzes sich nicht auf die Gesellschaft stützen können, sondern auf seine Staatsbürger vertrauen müssen.

Anmerkungen:

1. Bundesminister der Verteidigung (Hrsg.): Weißbuch 1970. Zur Sicherheit der Bundesrepublik Deutschland und zur Lage der Bundeswehr. Bonn, 1970, S. 120, Nr. 151
2. Bundesminister der Verteidigung (Hrsg.): Weißbuch 1973/74. Zur Sicherheit der Bundesrepublik Deutschland und zur Entwicklung der Bundeswehr. Bonn, 1974, S. 49, Nr. 73/74

3. Joachim Hiehle: Die Stellung der Bundeswehr in unserer Gesellschaft. In: Bundesminister der Verteidigung (Hrsg.): Information für die Truppe. Bonn, 1981/2, S. 39

4. Ebd., S. 44

5. In: Hubertus Zuber (Hrsg.): Innere Führung in Staat, Armee und Gesellschaft. Regensburg, 1981, S. 2

6. Ebd., S. 3

7. Ernst Wolfgang Böckenförde: Staat, Gesellschaft, Freiheit. Studien zur Staatstheorie und zum Verfassungsrecht. STW 163. Frankfurt, 1976, S. 193

8. Ebd. S. 60

9. Friedrich H. Tenbruck: Die unbewältigten Sozialwissenschaften oder Die Abschaffung des Menschen. Graz/Wien/Köln, 1984, S. 33

10. Ebd., S. 202f.

11. Johannes Groß: Unsere letzten Jahre. Fragmente aus Deutschland 1970–1980. Ullstein-Sachbuch. Nr. 34086. Berlin, 1982, S. 84

V. Erziehen

Werner von Scheven

Erziehen

Militärische Beschreibung

Wer Soldaten kriegstüchtig ausbilden und im Gefecht führen soll, wird auch ein Stück Erziehung zu leisten haben.

Das Wort ist umstritten, mancher spricht lieber von Erwachsenenbildung oder von Sozialisation. Wie dem auch sei, es ist eine alte Erfahrung, daß es im Kriege auf die Kräfte des Charakters und gemeinsame Wertüberzeugung besonders ankommt. Der Offizier muß Führen, Ausbilden und Erziehen als Tateinheit begreifen.

Führen und Ausbilden haben erzieherische Konsequenzen, prägen Einstellung und Haltung des Soldaten oft mehr, als er sich selber eingesteht. Verbindliche Erziehungsziele sind die Normen für eine einsatzbereite Truppe im Frieden wie im Kriege und das Bild vom Staatsbürger in Uniform, wie es im Normenbestand des Soldatengesetzes seine rechtliche Gestalt gefunden hat.

Erziehung ist vor allem ein emotionaler Vorgang. Nur wer mit dem Herzen dabei ist, wird Einstellungen und Haltungen verändern können.

Die gesetzlichen Pflichten des Soldaten der Bundeswehr binden den Offizier wie alle Soldaten.

– Treues Dienen und Pflichterfüllung,
– Tapferkeit, Disziplin und Gehorsam,
– Wahrhaftigkeit und Verschwiegenheit,
– Kameradschaft und Fürsorge,
– Zurückhaltung, vertrauenswürdiges und beispielhaftes Verhalten
sind als Tugenden des Soldaten überliefert.

Nur wer erzogen ist, kann erziehen. Und erziehen kann man nur immer am Mann.

Peter H. Blaschke

Erziehen

Theologische Überlegung

»Sende dein Licht und deine Wahrheit, daß sie mich leiten.«

Psalm 43,3

Das griechische Wort ›führen‹ bedeutet auch ›erziehen‹. Erziehen ist eine besondere Art des Führens. Schon die Bibel gebraucht das Wort ›führen‹ im übertragenen Sinn, bezogen auf das Leben der Menschen. Und wir selbst sprechen ja auch davon, daß wir unser Leben führen. Erziehen heißt nichts anderes, als den Menschen fähig zu machen, sein Leben zu führen.

Und wieder ist in der Bibel Gott das Subjekt der Erziehung. »Führe mich auf dem Steg deiner Gebote, denn ich habe Gefallen daran«, betet der Psalmist (Psalm 119,35). »Führe meine Sache und erlöse mich!« (Psalm 119,154) Und in den Sprüchen Salomonis heißt es: »Ich will dich den Weg der Weisheit führen, ich will dich auf rechter Bahn leiten.« (Sprüche 4,11)

Erziehen ist notwendig, weil Menschen ihr Leben nicht einfach und selbstverständlich führen können. Die Selbstverständlichkeit ist verloren gegangen, weil Adam gegen Gottes Gebot aufbegehrt hat. Er ist ausgewiesen aus dem Paradies (1. Mose 3). Seitdem muß der Mensch seinen Lebensweg mühsam suchen in der Welt und durch die Welt.

Aber Gott läßt den Menschen nicht allein. Ja mehr noch, Gott wird Mensch in Jesus Christus, um dem Menschen ganz nahe zu sein. Erziehung bekommt den Inhalt, der allein Leben führen läßt. »Ihr Lieben! Laßt uns einander liebhaben ...«, schreibt der Apostel im 1. Johannesbrief (4,7). Darum geht es.

Gott führt das Leben der Menschen in Liebe aus Liebe. Etwas weiter unten schreibt deshalb der Apostel im 1. Johannesbrief: »Gott ist Liebe; und wer in der Liebe bleibt, der bleibt in Gott und Gott in ihm!« (4,16) Das ist die Wiederherstellung des ursprünglichen Zustandes im Paradies.

An Gottes Umgang mit den Menschen wird deutlich, was Lebensführung, was Erziehung, was Liebe heißt: »Einer trage des anderen Last ...«, schreibt der Apostel Paulus (Galater 6,2). »... tragt die Schwachen ...«, sagt er an anderer Stelle (1. Thessalonicher 5,14). Tragen ist nur ein anderes Wort für »vergeben«, vergeben ein anderes Wort für »lieben«.

Menschen können sich der Liebe Gottes verweigern. Sie können Haß, Feindschaft, Bosheit, Gewalt zum Inhalt der Erziehung machen. Die Geschichte der Menschen ist voll von Menschen, die in dieser Richtung erzogen haben und verzogen wurden. Auch die Bibel kennt die Verweigerung der Liebe Gottes. Sie spricht an diesen Stellen von der Verstockung. Es ist die Erfahrung der Gottlosigkeit mit ihren lebenzerstörenden Folgen.

Erziehen heißt lieben lehren. Das bedeutet Hingabe an den anderen: »Also hat Gott die Welt geliebt, daß er seinen einzigen Sohn dahingab, damit alle die an ihn glauben, nicht verloren gehen, sondern das ewige Leben haben.« (Johannes 3,16)

Wirklich erziehen kann nur der, der sich geliebt weiß von dem, der unser Leben trägt und führt.

Hans-Henning von Sandrart

Mut zum Erziehen

Die Mahnung, Mut zum Erziehen zu beweisen, ist seit einiger Zeit auf dem Hintergrund vielfältiger Erziehungstheorien und Bildungskonzepte zu einem geflügelten Wort geworden, das sowohl die Fanfare der Aufforderung als auch einer Herausforderung zum Klingen bringt. Die Schnelligkeit und Mannigfaltigkeit, mit der in unserer Zeit Leitmotive auf- und wieder abtreten, läßt denjenigen gut beraten sein, der zunächst einmal Gehalt und Dauerhaftigkeit prüft und wägt. Nun zählen Verhalten und Aufgaben, die offensichtlich Mut zu erfordern scheinen, in der Regel nicht zur gängigen Münze. Der hohe Anspruch der Erziehungsforderung, die so alt wie die Menschheit ist, verlangt besondere Behutsamkeit im Nachspüren des Sinngehalts von Erziehung heute, soll Mahnung zum erzieherischen Mut, den Erziehung immer erfordert hat, nicht ideologisch zwischen denen zerrieben werden, die in dieser Aufforderung eine Herausforderung zur Wende, und denen, die darin eine restaurative Rückkehr zu obrigkeitlichem Dirigismus sehen wollen. Erziehung ist zu wichtig und zu empfindlich, als daß sie ideologisiert werden dürfte.

Ohne auf die vielen wechselseitigen Einflüsse hier eingehen zu können, sollte soldatische Erziehung immer im gegenseitigen Bezug des Dreiklangs Erziehung, Bildung und Ausbildung betrachtet und ausgeübt werden. Während der Begriff Ausbildung vornehmlich mit der Vermittlung beruflichen Könnens und von Fähigkeiten der konkreten Lebens- und Auftragsbewältigung besetzt ist, stehen Erziehung und Bildung in einem gegenseitigen dialektischen Spannungsverhältnis.

Freiheit des einzelnen und Einbindung

Das Spannungsverhältnis dieses Begriffspaares ist Ausdruck eines Zentralthemas der abendländischen Geschichte, der Gestaltung des Verhältnisses zwischen überindividueller Einbindung in die Forderungen der öffentlich strukturierten Gemeinschaft und individueller Freiheit oder, anders ausgedrückt, der Spannung zwischen Autorität und Freiheit.

Erziehung steht dabei mehr auf der Seite der Autorität. Sie ist das bewußte und oft auch unbewußte Heranführen der jungen Generation an die Institutionen der Gesellschaft und an ihr Wert- und Normengefüge durch die Autoritäten, durch die ältere Generation. Bildung, vor allem, wenn sie mehr als pure quantitative Wissensvermittlung und Aneignung ist, wird zwar auch vermittelt, umfaßt aber ebenso den individuellen Akt der Wissensaneignung. Bildung macht das Individuum urteilsfähig und befähigt es, seine Eigenständigkeit gegenüber Autoritäten und Normen zu behaupten. Schon diese kurze Betrachtung macht deutlich, wie sich Erziehung und Bildung wechselseitig durchdringen, ebenso wie in der mehr praktisch orientierten Ausbildung Elemente der Bildung und der Erziehung wirken.

Erziehung vollzieht sich nicht im luftleeren Raum. Inhalt, Wirkung und Gestaltung von Erziehung werden bestimmt durch die Menschen, auf die sie sich bezieht oder von denen sie ausgeht, durch die Bedingungen, unter denen sie sich vollzieht, und vor allem wird sie bestimmt durch die Erziehungsziele. *Erziehung durch Ziele bestimmt*

Soldatische Erziehung gehört in den Bereich der Erwachsenenerziehung. Schon allein dieses Wort bedarf des Mutes, denn eigentlich sprechen wir ja nur von Erwachsenenbildung, weil der volljährige Bürger seine Erziehungsphase als Heranwachsender abgeschlossen habe. Erziehung ist aber ein lebenslanger Prozeß, wie wir an uns selbst beobachten können. Wir erziehen uns selbst, wir korrigieren uns durch das Annehmen von Vorbildern oder das Annehmen von Selbst- oder Fremdbeobachtung. Erziehung wirkt auf den Ausbilder wie auf den soldatischen Lehrling, den Grundwehrdienstleistenden und jungen Zeitsoldaten. Kein Bereich der Erwachsenenbildung hat sich mit einer so heterogenen Zielgruppe zu beschäftigen. Sie umfaßt nicht nur das gesamte Spektrum aller Bildungs- und Gesellschaftshintergründe, sondern hat sich ebenso mit dem motivierten Zeit- oder Berufssoldaten wie mit dem Wehrpflichtigen zu befassen, den kein eigener Bildungs- oder Ausbildungstrieb bewegt, sondern der, vom Staat gerufen, fünfzehn Monate der Gemeinschaft opfert.

Allein diese Vielfalt erzieherisch erreichen zu wollen, erfordert Mut und kontinuierliche Hingabe. Hierbei darf nicht übersehen werden, daß die soldatische Erziehungsaufgabe, die sich an den Wehrpflichtigen wendet, unter den Bedingungen gesellschaftlicher Einschränkungen geleistet werden muß. Trennung vom heimatlichen Umfeld und vom Beruf, Leben in einer ungewohnten Ordnung von bisher nicht erfahrener Konsequenz und in der Gemeinschaftsunterkunft sind einige Faktoren, die dies erhellen.

Erziehung heute vollzieht sich in einer pluralistischen Gesellschaft, in der es der junge Mensch trotz aller materiellen Verbesserungen schwerer hat als früher, seinen Standort zu finden. Häufig wird er zwischen den Wert- und Zielvorstellungen sich widersprechender Autoritäten und vor dem Hintergrund komplexer, schwer verständlicher und oft bürokratischer Staatswirklichkeit hin- und hergerissen. Es ist nicht seine Schuld, wenn der so gebeutelte junge Mensch realitätsfernen Utopien, Propheten des Unterganges und der Weltangst oder Scheinreligionen zum Opfer fällt, wenn er der Zukunft keine Perspektive mehr abzugewinnen vermag. Es muß nicht seine Schuld sein, wenn er dann überindividuellen Ansprüchen der Gemeinschaft, wie sie sich z. B. in der Wehrpflicht ausdrücken, eine »Null-Bock«-Haltung entgegensetzt, aussteigt, vereinsamt oder sich in die kleine Privatgruppe flüchtet. Es gehört Mut dazu, dem durch Erziehung entgegenzutreten und auch im Normenpluralismus durch Erziehung den festen Grund sichtbar zu machen, der letztlich auch den Pluralismus als Wert erst ermöglicht. *Kontroverse Wert- und Zielvorstellungen*

Erziehung orientiert sich am Werte- und Normengefüge der Gemeinschaft, an der Wertgrundlegung unseres Staates. Erziehung ist damit nicht wertfrei und bindungslos objektivierbar. Sie entzieht sich, bis auf ihre Methoden, in gewissem Maße der Verwissenschaftlichung.

Maßstab: Erfüllung des Auftrags

Da der Soldat sichtbarer Träger der staatlichen Autorität und Angehöriger der Exekutive ist, muß sich soldatische Erziehung vornehmlich auf die Basiswerte unseres Staates und auf die Tugenden, Pflichten, Werte und Anforderungen an Charakter und Persönlichkeit richten, die für die Erfüllung des Auftrages notwendig sind, den uns die demokratisch gewählte Regierung und die gesetzgeberische Gewalt übertragen haben. Derartig wertgebundene und zielgerichtete Erziehung verlangt daher auch zuerst und vornehmlich den Mut des Erziehers zum sichtbaren Bekenntnis zu eben diesen Werten und Zielen. Da soldatische Erziehung sich im Auftrag der Gemeinschaft und ihres Staates vollzieht, sollte sich dieses Wertbekenntnis auf die Basistugenden beziehen und nicht auf partikulare, d. h. allzu häufig ideologisierte Wertteilsysteme, die nur einem Sektor der pluralistischen Skala entspringen. Wohl ist aber der Pluralismus an sich, so wie er ein Teil unserer zu schützenden Gesellschaftsordnung ist, ein zu vermittelnder Erziehungswert ebenso wie die mit ihm in Spannung verbundene Forderung nach Toleranz und Respektierung der anderen Meinung. Diese zu fordernde Orientierung an den staatstragenden Basiswerten begründet die auftragsbezogene Notwendigkeit der Zurückhaltung des soldatischen Erziehers und Vorgesetzten, wie sie im Soldatengesetz vornehmlich in den Paragraphen 10, 12, 14, 15 und 17 gesetzlich gefaßt ist und wie sie in den Leitsätzen für den Vorgesetzten erläutert wird.

Werte des Grundgesetzes

Das wertorientierte Ziel der soldatischen Erziehung ist im Wertekatalog des Grundgesetzes und in dem für die spezifischen Bedingungen des soldatischen Auftrages abgeleiteten Soldatengesetz verbindlich festgelegt. Für das Ganze des Grundgesetzes mögen die zwei zentralen Artikel stehen: »Die Würde des Menschen ist unantastbar. Sie zu achten und zu schützen ist Verpflichtung aller staatlichen Gewalt.« (Art 1) Und: »Die Bundesrepublik Deutschland ist ein demokratischer und sozialer Bundesstaat.« (Art 20 Abs. 1)

Im Mittelpunkt des Grundgesetzes und unseres demokratischen Selbstverständnisses steht der freie Mensch und die Würde seiner Persönlichkeit. Trotz aller Irrungen und Wirrungen steht dieser freie Mensch, auch in seiner Unmittelbarkeit zu Gott, im Mittelpunkt der abendländischen Tradition und Philosophie. Unberührt von den auftragsbedingten Einschränkungen mancher Grundrechte durch das Soldatengesetz und die harten Ansprüche des soldatischen Auftrags sowie der militärischen Effizienz muß militärische Erziehung die Würde des Menschen auch in der militärischen Ausbildung und unter den Normen der Disziplin achten und sichtbar machen. Dies gilt besonders gegenüber unseren wehrpflichtigen Soldaten, deren Opfer an Zeit wie deren Hinnahme von Einschränkungen und ungewohnten Belastungen Anerkennung und Würdigung verlangt. Hierin liegt der tiefe Wesensunterschied zwischen dem Geist einer Armee freier Männer in einem freien Staat und jeder Art von Söldnerarmee oder nur dem Zuchtstock gehorchenden Militärhaufen.

Der Artikel 20 GG legt fest, daß sich der demokratische Wille in den geordneten Formen rechtlich fundierter staatlicher Organe und Instanzen sowie in der Bindung sozialer Rücksichtnahme und des Rechtes verwirklicht. Das Grundgesetz bestimmt damit, daß die individuelle Freiheit und ihr Ausleben sich in der Bindung überindividueller Normen und Strukturen vollzieht. Die Verträglichkeit von notwendiger Ordnung und Disziplin sowie Freiheit und Würde des einzelnen gerade unter den besonderen Bedingungen des soldatischen Dienens sichtbar zu machen, ist die besondere Aufgabe soldatischer Erziehung heute. Sie erfordert den täglichen Mut des Vorgesetzten zum Bekenntnis, zur Phantasie und zu unbürokratischer, ordnungsstiftender Gestaltungskraft.

Der Paragraph 7 des Soldatengesetzes verpflichtet die Soldaten, der Bundesrepublik treu zu dienen und das Recht und die Freiheit des deutschen Volkes tapfer zu verteidigen. Dienst an der Gemeinschaft und die Bereitschaft auch zum Einsatz des Lebens unter dem moralischen Anspruch der Tapferkeit im Gefecht stehen daher im Mittelpunkt soldatischer Erziehung. So verpflichtet uns das Soldatengesetz, die Möglichkeit, unser Land und seine Menschen mit Waffengewalt verteidigen zu müssen, nüchtern ins Auge zu fassen. *Im Mittelpunkt: treu dienen*

Unser gesetzlicher Auftrag erlaubt uns also nicht, die Realität des Gefechtes, d. h. die Möglichkeit des aufgezwungenen Verteidigungskrieges zu verdrängen. Im Gegenteil ist soldatische Erziehung verpflichtet, Einsichten, Fähigkeiten und Persönlichkeitswerte zu fördern, die den Soldaten zum Gefecht befähigen und die seine Bereitschaft zum tapferen Dienen bereits im Frieden sichtbar machen. Denn es ist gerade jene sichtbare Fähigkeit und Bereitschaft zur militärischen Selbstbehauptung, die unter den Bedingungen des nuklearen Zeitalters, dem wir nicht entfliehen können, jede Art von Krieg und Einsatz militärischer Macht zur Durchsetzung politischer Ziele gegen unser Land rational unmöglich machen soll, indem jeder mögliche Angreifer bereits im Frieden kalkulatorisch überzeugt wird, daß ein Angriff auch für ihn ein unakzeptables Risiko bedeutet. Es gehört Mut dazu, in Zeitläufen, in denen das Unangenehme gerne intellektuell oder utopisch verdrängt und die Anerkennung der Realität gerne verweigert wird, gerade um des Friedens und der Bewahrung der Freiheit willen an die Realität des Gefechtes zu erinnern. Um diese Spannung erzieherisch zu bewältigen und in der Ausbildung deutlich zu machen, muß der militärische Vorgesetzte sie für sich selbst erkennen, bewältigen und akzeptieren. Hierzu bedarf er des Willens zur Bildung. Zu den prägenden Rahmenbedingungen, unter denen sich soldatische Erziehung vollzieht, gehören auch die Liebe zum eigenen Land, die europäische und *Bereitschaft zur militärischen Selbstbehauptung* transatlantische Solidarität der Freiheit und das Begreifen der deutschen historischen und geographischen Lage im Herzen Europas.

Das dialektische Verhältnis von Erziehung zu Bildung und Ausbildung, die Beschäftigung mit dem erzieherischen Umfeld und das Bestimmen der Erziehungsziele machen einsichtig, daß Erziehung zwischen Erwachsenen bzw. an der Schwelle zum Erwachsensein sich vornehmlich an das Gemüt, an den Charakter und die Fähigkeit zur sittlichen Erkenntnis richtet.

Vorbild des Erziehers

Zentrales Medium ist dabei die Persönlichkeit und das Vorbild des Erziehers, d. h. des militärischen Vorgesetzten, seine Integrität, seine Integrations- und Überzeugungskraft. In der Erziehung kann die Persönlichkeit nicht durch methodische Tricks ersetzt werden. Weder kann der Erzieher seine Persönlichkeit hinter einer Barriere von Wissenschaftlichkeit noch hinter der Unverständlichkeit des Fachjargons vernebeln. Seine Sprache soll daher klar und schlicht direkt von jedem aufgenommen werden können. Klarheit der Sprache spiegelt die Klarheit des Geistes. Vorbildsein fordert den ganzen Menschen. Es ist nicht möglich, diese Forderung aufzuteilen nach Raum, Zeit oder Umfeld. Erziehung ist für den Vorgesetzten eine kontinuierliche Aufgabe nicht nur an den ihm anvertrauten Soldaten, sondern zuerst an sich selbst. Erziehung setzt den Mut zur Selbsterziehung und Selbsterkenntnis voraus. Wer Disziplin fordert, hat zuerst Selbstdisziplin zu üben. Der Nährboden erfolgreicher, Werte begründender Erziehung ist Vertrauen. Vertrauen wachsen zu lassen, Vertrauen zu erwecken, Vertrauen zu schenken, d. h. sich auf das Wagnis des Vertrauens einzulassen, ist das Geheimnis des erfolgreichen Erziehers, der sowohl Räume der Freiheit schafft als auch begründete Grenzen setzt. Vertrauen setzt Liebe, Festigkeit, Stetigkeit und innere Freiheit voraus. Deshalb hat die Fähigkeit zum Vertrauen auch etwas mit der Freiheit eines Christenmenschen zu tun. Kann es für den militärischen Vorgesetzten etwas Schöneres geben, als sich vom Vertrauen seiner Soldaten getragen zu fühlen?

Mut zum Erziehen heißt daher, Mut in vielfacher Weise zu üben. Es heißt:

Mut, erziehen zu wollen;

Mut zum Bekenntnis zu den Werten unserer Lebensordnung;

Mut, den soldatischen Auftrag heute zu vertreten;

Mut, sich selbst offen zu legen;

Mut zur Selbsterziehung;

Mut zum Dialog;

Mut zum Vertrauen;

Mut zur Freiheit.

Mut zur Erziehung ist zugleich Mut in der Erziehung. Es ist uns im Grunde nicht freigestellt, ob wir diesen Mut üben wollen oder nicht. Das Grundgesetz und das Soldatengesetz verlangen ihn von uns. Er ist Teil der von uns geforderten Tapferkeit und der von uns geforderten Pflicht zum treuen Dienen.

Ulrich de Maizière

Soldatische Tugenden und militärische Verantwortung in unserer Zeit

In einer Zeit, in der die Existenz von Soldaten, ihre politische Legitimation und ihr militärischer Auftrag in Frage gestellt werden, ist es notwendig, über soldatische Tugenden und militärische Verantwortung nachzudenken.

Zum soldatischen Berufsbild

Dabei stellt sich zunächst die Frage, ob es überhaupt spezielle soldatische Tugenden gibt, die sich von den Tugenden, die nach unseren Wertvorstellungen für jeden Menschen gelten sollten, unterscheiden. Ist die Herausstellung von besonderen soldatischen Tugenden nicht ein Widerspruch zum Konzept des Staatsbürgers in Uniform, ein Widerspruch zu der Zielvorstellung der Integration der Streitkräfte in die Gesellschaft?

Soldatische Rechte durch Pflichten beschränkt

Den Begriff der soldatischen Tugenden gibt es seit langer Zeit. Sie werden oft als überzeitliche Werte bezeichnet und verstanden. Bei der Aufstellung der Bundeswehr als einer Wehrpflichtarmee in einem demokratischen Staat mußte geprüft werden, ob und in welcher Form dieser Begriff in die neuen Streitkräfte zu übernehmen und auszugestalten sei. Das Ergebnis hat seinen Niederschlag im Soldatengesetz gefunden, einem Gesetz, das zu den bemerkenswertesten Leistungen im Rahmen der Wehrgesetzgebung der Bundesrepublik Deutschland gehört.

Bundesregierung und Bundestag hatten seinerzeit diese Problematik sorgfältig durchdacht und sich zu dem Prinzip entschieden: »Der Soldat hat die gleichen bürgerlichen Rechte wie jeder andere Staatsbürger. Seine Rechte werden im Rahmen der Erfordernisse des militärischen Dienstes durch seine gesetzlich begründeten Pflichten beschränkt.« Diese Formulierung in § 6 des Soldatengesetzes (SG) ist zugleich die kürzeste Definition des Leitbildes vom Staatsbürger in Uniform.

Von diesem Grundsatz ausgehend hat das Soldatengesetz klare Forderungen an den Soldaten formuliert, die an überlieferte Soldatentugenden anknüpfen, nunmehr jedoch als Pflichten bezeichnet worden sind. Zum erstenmal in der deutschen Militärgeschichte sind also soldatische Tugenden nicht durch Erlasse von Oberbefehlshabern festgelegt, sondern als gesetzliche Pflichten durch das Parlament normiert worden. Ein Verstoß gegen diese Pflichten ist eine Gesetzesübertretung.

Es ist also festzustellen: Es gibt Pflichten für alle Soldaten, die über diejenigen hinausgehen, die von zivilen Staatsbürgern verlangt werden. Sie setzen einer uneingeschränkten Integration der Streitkräfte in die Gesellschaft Grenzen und begründen deren »Eigenständigkeit«. Die Zentrale Dienstvorschrift (ZDv) 10/1, »Hilfen für die Innere Führung« (1972), bezeichnet sie als die »Eigentümlichkeiten« des militärischen Dienstes (Ziffer 226). Diese dürfen nun allerdings nicht zu der Folgerung führen, die Soldaten bildeten eine Gruppe »sui generis«. Das nämlich könnte nur zu leicht bedeuten, Soldaten bezögen ihre Wertvorstellungen und Zielsetzungen aus einer eigenen Welt. Gerade diese Auffassung ist eindeutig abzulehnen. Die Wertvorstellungen des Soldaten leiten sich, wie für jeden Staatsbürger, aus dem Grundgesetz ab. Nicht Wertvorstellungen begründen die Eigentümlichkeiten der Soldaten, sondern die Verhaltensweisen, die für die Erfüllung des militärischen Auftrages nötig sind. Die Eigenständigkeiten sind funktionsbedingt und daher nicht aufhebbar. Aus ihnen folgert jedoch keine höhere Wertigkeit des Soldaten. Auch andere Berufe besitzen ihre, den jeweiligen Funktionen entsprechenden Besonderheiten, wie etwa der des Arztes, des Pfarrers, des Rechtsanwalts, des Bergmanns.

Soldatische Tugenden als soldatische Pflichten

Von den im Soldatengesetz festgelegten Pflichten sind für alle Soldaten eigentümlich: Dienst und Treue (§ 7 SG), Gehorsam (§ 11 SG), Tapferkeit (§ 7 SG) und Kameradschaft (§ 12 SG). Dies sind die wichtigsten soldatischen Tugenden.

Dienst für das Gemeinwohl Das Bild des Soldaten wird gekennzeichnet durch den Dienst für den Staat, für das Gemeinwohl. Die Inpflichtnahme des Soldaten durch den Staat ist intensiv. Der Dienst bindet an einen parlamentarisch-demokratischen Staat, in dessen Verfassungsordnung die Streitkräfte die mächtigste Institution der Exekutive darstellen. Für ihn nehmen die Streitkräfte eine Schutzaufgabe wahr. Helmut Schmidt hat das am Grabe seines Freundes Ernst Wolf Mommsen im Jahre 1979 mit den Worten ausgedrückt: »Die Bundeswehr und der in ihren Schutz gestellte Staat«. Der Dienst gilt keinen wirtschaftlichen Interessen oder materiellem Gewinn. Sein Gewinn ist politischer Art. Er heißt Erhaltung oder Wiederherstellung des Friedens in Freiheit. Der Dienst erfordert ein Bekenntnis zu ideellen Werten.

Eng verbunden mit dem Begriff des Dienstes ist die Treue. Der Bundesminister der Verteidigung Manfred Wörner hat am 10. Juni 1983 in seinem Vortrag zum Bild des Offiziers an der Offizierschule des Heeres in Hannover gesagt: »Treue äußert sich in bestimmten Verhaltensweisen: Treues Dienen, Pflichtbewußtsein, Zuverlässigkeit, Einsatzbereitschaft, Loyalität und Achtung der Gesetze gehören dazu.« Zur Loyalität als Element der Treue seien einige Anmerkungen gestattet.

Im Januar 1970 erarbeitete eine Gruppe von Leutnanten der Hamburger Heeresoffizierschule, die noch nicht Dienst als Offizier in der Truppe getan hatten, aber auf der Suche nach gesellschaftspolitischem Neuland waren, neun Thesen, die in jugendlichem Eifer weit über das Ziel hinausschossen. In der These 5 hieß es: »Ich will ein Offizier der Bundeswehr sein, der weder Personen noch Dienststellen, sondern nur dem verfassungsmäßigen Auftrag Loyalität entgegenbringt.« In der Begründung unterschieden die Verfasser zwischen Sachloyalität und personaler Loyalität. Nach der Lektüre dieser Sätze sagte mir der damalige Verteidigungsminister Helmut Schmidt: »Die jungen Herren werden auch noch lernen, daß keine Institution auf Dauer ohne an Personen gebundene Loyalität existieren kann.« Richtig ist: Sachloyalität, hier die Bindung an den Primat der Politik und den verfassungsmäßigen Auftrag, hat die Priorität; aber sie bedarf der Ergänzung durch die personale Loyalität. Diese darf zwar nicht als Alibi für Mißstände mißbraucht werden, aber sie ist ein unerläßlicher Teil der menschlichen Beziehungen von unten nach oben und von oben nach unten. Sie schließt Achtung und Verständnis für die Schwächen des anderen ein. Sie ist ein Bestandteil der Treue und verknüpft diese mit dem Begriff der Kameradschaft.

Treue – Sach- und personale Loyalität

Kameradschaft ist eine altüberlieferte, den zwischenmenschlichen Bereich in besonderem Maße anrührende, unentbehrliche soldatische Tugend. In § 12 SG ist sie wie folgt definiert: »Kameradschaft verpflichtet alle Soldaten, die Würde, die Ehre und die Rechte des Kameraden zu achten und ihm in Not und Gefahr beizustehen. Das schließt Anerkennung, Rücksicht und Achtung fremder Anschauungen ein.« Dies ist eine überzeugende Definition.

Man hat in den letzten 25 Jahren gelegentlich vorgeschlagen, das Wort Kameradschaft durch »Solidarität« zu ersetzen. Ich habe mich während meiner Amtszeit diesem Vorschlag immer widersetzt, nicht etwa, weil Solidarität zu modern, vielleicht sogar politisch durchtränkt erschien, sondern weil er den Begriff der Kameradschaft nicht ausfüllt. Im allgemeinen Bewußtsein wird mit dem Begriff der Solidarität der Gleichklang von Interessen auf einer vergleichbaren Ebene und der Zusammenhalt bei ihrer gemeinsamen Vertretung verstanden. Kameradschaft aber ist unabhängig von Interessengleichheit und Ebene. Sie verbindet alle Soldaten in der hierarchischen Ordnung in beiden Richtungen. Der Generalinspekteur ist Kamerad des Rekruten und umgekehrt. Damit enthält Kameradschaft Elemente von Solidarität und Loyalität zugleich.

Kameradschaft – mehr als Solidarität

Kameradschaft ist auch nicht das gleiche wie Freundschaft. Sie kann weniger und sie kann sehr viel mehr sein. Sie ist unabhängig von freundschaftlichen Gefühlen und erst recht von materiellen Interessen. Man wird in sie hineingestellt. Kameradschaft ist ohne die sittlichen und emotionellen Elemente, die alle Soldaten miteinander verbinden, nicht denkbar. Um es nochmals zu betonen: Kameradschaft ist gesetzliche Pflicht.

Gehorsam –
Pflicht des
Soldaten

Tugend und Pflicht zugleich ist auch der militärische Gehorsam. »Der Soldat muß seinen Vorgesetzten gehorchen.« (§ 11 SG) Das gilt für alle, bis hinauf zum ranghöchsten Soldaten. Denn es gibt bei uns keinen Soldaten, der nicht einen militärischen Vorgesetzten hätte. Auch der Generalinspekteur untersteht der Befehls- und Kommandogewalt des Ministers. Die Gehorsamspflicht ist im Gesetz umfassend beschrieben. Der Befehl ist »nach besten Kräften, vollständig, gewissenhaft und unverzüglich auszuführen«. Befehl ist mehr als die Weisung des Beamtenrechts und Gehorsam mehr als Weisungsabhängigkeit. Ungehorsam des Soldaten kann disziplinare, unter bestimmten Umständen auch strafrechtliche Folgen haben.

Warum leben Streitkräfte in einer so strengen hierarchischen Ordnung? Es gibt dafür militärische und politische Gründe. Als ein Kampfinstrument, das rasch wechselnde Lagen bewältigen muß, muß die Truppe ein verläßlicher Körper in der Hand ihrer Führer sein. Dies galt und gilt für alle Zeiten. Im Zeitalter der Technik kommt hinzu, daß die militärisch-professionelle Effizienz von Streitkräften entscheidend bestimmt wird von dem Beherrschen der komplizierten Waffensysteme, ihrem reibungslosen Zusammenwirken, von der Notwendigkeit zu rascher, oft automatischer Reaktion, dem Umgang mit gefährlichem Material. Dies alles setzt klare Befehlskompetenz und Gehorsamspflicht voraus. Sie sind daher die Grundlage der Streitkräfte in aller Welt, zu allen Zeiten und in allen Herrschaftsformen.

Gehorsam –
Element der
politischen
Kontrolle

Aber es gibt auch einen eminent politischen Grund, der oft übersehen wird: Verfügung über Waffen und Befehlsgewalt geben den militärischen Führern aller Ebenen eine große Macht in die Hand, die auch Versuchungen in sich birgt. Um so zwingender ist die politische Kontrolle. Wie aber könnte die Regierung politische Kontrolle ausüben, wie könnte sie vom Parlament für die politische Zuverlässigkeit der Armee verantwortlich gemacht werden, wenn nicht die Voraussetzung dafür durch eine konsequente hierarchische Ordnung geschaffen wäre, so daß kein Bereich innerhalb der Armee bis in die unterste Ebene hinab dem Zugriff des politischen Ministers entzogen werden kann? Das ist übrigens auch der Grund dafür, daß es in Streitkräften keine Mitbestimmung gibt in dem Sinne, daß ein militärischer Führer, welcher Ebene auch immer, seine Entscheidungen von der Zustimmung seiner Untergebenen abhängig machen müßte. Das schließt Mitwirkung der Untergebenen und Beratung mit ihnen nicht aus. Im Gegenteil: Kooperativer Führungsstil entspricht nicht nur den politischen und gesellschaftlichen Vorstellungen unserer Zeit; er ist in einer Armee, in der ein Vorgesetzter nicht mehr alle Funktionen seines Bereiches voll übersehen, geschweige denn beherrschen kann, unerläßlich. Aber entscheiden muß der militärische Führer allein. Bei ihm persönlich bleibt die Verantwortung. Dies ist Teil des Primats der Politik gegenüber dem Militär.

Gegenüber der strengen Gehorsamspflicht hat der Gesetzgeber allerdings auch die Grenzen des Gehorsams festgelegt. Sie werden bestimmt von den dienstlichen Zwecken, der Würde des Menschen und der Beachtung der Gesetze. Sie erlauben oder erfordern die Aufkündigung des Gehorsams. Von dort bis zum Widerstand aber ist es noch ein weiter Weg. *Grenzen des Gehorsams*

Tugend und Pflicht von besonderem Gewicht ist die Tapferkeit. Fordert sie doch nicht nur die Überwindung von Furcht und Angst, sondern die Bereitschaft, in Erfüllung des militärischen Auftrages Nachteile für die eigene Person hinzunehmen, gegebenenfalls Gesundheit und Leben einzusetzen. Das gilt nicht erst im Kriege, sondern auch schon jetzt und heute im Frieden. Tapferes Handeln erwartet man auch in anderen Berufen, z. B. bei der Polizei oder in der Feuerwehr und im Rettungsdienst. Aber der Dienst in diesen Bereichen ist freiwillig. Der einzige Beruf, in dem Tapferkeit eine gesetzliche Pflicht darstellt, ist der des Soldaten. Und der Wehrpflichtige kommt nicht freiwillig. Er wird durch das Gesetz Soldat und der Pflicht zur Tapferkeit unterworfen. Auch das gehört zu den Eigenständigkeiten des Soldaten.

Für den soldatischen Bereich gilt dabei folgendes:

- Tapferkeit hat nichts mit Emotionen zu tun. Sie ist keine »affektgesteuerte Reaktion« wie Angst oder Wut oder vielleicht auch Leichtfertigkeit. *Tapferkeit – gesetzliche Pflicht*
- Tapferkeit erfordert ein bewußtes, aktives Handeln in eine erkannte Gefahr hinein oder auch ein bewußtes Hinnehmen der Gefahr. Sie zeigt sich nicht nur im Angriff, sie manifestiert sich ebenso im »Standhalten«. Und meist ist das Standhalten schwerer und längerdauernd.
- Tapferkeit zeigt sich nicht nur im Handeln, sie kann auch ein Unterlassen erfordern.
- Tapferkeit erhält ihren sittlichen Wert dadurch, daß sie für etwas Gutes eingesetzt wird. Sie ist an Wertnormen, an das »bonum commune« gebunden. Für den Soldaten der Bundeswehr ist Tapferkeit eng mit dem Recht und der Freiheit des deutschen Volkes verknüpft. Diese sind für ihn das »bonum commune«. Für sie hat er auch schon im Frieden tapfer einzustehen.
- Immer geht der Tapferkeit eine Entscheidung voraus, eine Entscheidung, die während des Handelns oder Unterlassens ständig überprüft werden muß. Tapferkeit ist daher eine »geistige Leistung«, eine Haltung, die auch bereit ist, Opfer auf sich zu nehmen.
- Tapferkeit muß auch oft außerhalb des militärischen Umfeldes bewiesen werden. Man kann sie dann auch »Zivilcourage« nennen. Sie verleiht demjenigen, der sie richtig anwendet, Respekt und Würde.

Soldatische Pflichten des Vorgesetzten

Besondere
Verantwor-
tung des
militärischen
Führers

Gelten die bisher behandelten soldatischen Tugenden und Pflichten für alle Soldaten, gleich welchen Ranges und welcher Verwendung, so gibt es darüber hinaus besondere gesetzliche Pflichten für den Vorgesetzten. Damit stellt sich die Frage nach der militärischen Verantwortung, die vor allem dem militärischen Führer anvertraut ist.

Der Vorgesetzte »hat die Pflicht zur Dienstaufsicht und ist für die Disziplin seiner Untergebenen verantwortlich« (§ 10 Abs. 2 SG). »Er trägt für seine Befehle die Verantwortung. Befehle hat er in der den Umständen angemessenen Weise durchzusetzen.« (§ 10 Abs. 5 SG) Diese Dienstpflicht kann eine große Last sein, vor allem in Zeiten von Krisen. Sie verlangt Willenskraft, Augenmaß, Konsequenz, letztlich auch die Anwendung von Sanktionen. Oft müssen Entscheidungen kurzfristig an Ort und Stelle, ohne langes Zögern, getroffen werden. Dies setzt Entschlußkraft, eigene Sicherheit und zugleich genaue Kenntnis der rechtlichen Möglichkeiten und Grenzen voraus. Mit der gesetzlichen Forderung nach Aufrechterhaltung der Disziplin und Durchsetzung der Befehle ist dem militärischen Vorgesetzten eine große Macht über Menschen in die Hand gegeben. Von seinen Befehlen können Gesundheit und Leben der Untergebenen abhängen, im Kriege noch mehr als im Frieden.

Es entspricht unseren demokratischen und rechtsstaatlichen Vorstellungen, wenn der Gesetzgeber gegenüber dieser Machtbefugnis auch Kontrollen geschaffen hat, ohne damit die militärische Effizienz in Frage stellen zu wollen. Einige Kontrollen wirken von unten nach oben wie vor allem das Beschwerderecht, die Institution des Wehrbeauftragten und die Anrufung der Gerichte. Andere Kontrollen wirken von oben nach unten. Hierzu gehört vor allem die Dienstaufsicht der höheren Vorgesetzten. Die wichtigste Kontrolle aber besteht in den Pflichten, die dem Vorgesetzten durch das Gesetz aufgegeben sind.

Pflicht zur
Fürsorge

Dem Recht zu befehlen steht die Pflicht der Fürsorge gegenüber. »Er hat für seine Untergebenen zu sorgen.« (§ 10 Abs. 3 SG) Man kann daher den Begriff der Fürsorge nicht weit genug auslegen. Die ZDv 10/1 »Hilfen für die Innere Führung« widmet ihr allein sechs, bei großzügiger Auslegung sogar zwölf »Leitsätze für Vorgesetzte«. Minister Wörner hat in der schon erwähnten Rede in Hannover dazu gesagt: »Fürsorge ist die tätige Verpflichtung des Vorgesetzten, die persönlichen Belange seiner Untergebenen stets im Auge zu behalten, die Untergebenen zu fördern und unnötigen Schaden von ihnen abzuwenden. Fürsorge kann auch als eine Art gesteigerter Kameradschaftsverpflichtung gesehen werden. Diese gesteigerte Verpflichtung ist die notwendige Ergänzung zur Befehlsgewalt des Vorgesetzten, um Mißbrauch vorzubeugen und das Abhängigkeitsverhältnis des Untergebenen erträglich zu gestalten«. Auch kennt Fürsorge keine zeitlichen Grenzen. Sie endet nicht mit dem Dienstplan: Der Vorgesetzte ist immer im Dienst. Das gilt für die Aufrechterhaltung der Disziplin ebenso wie für die Fürsorge. Fürsorge ist nicht zuletzt eine Voraussetzung für die Erringung und Erhaltung des Vertrauens der Untergebenen. Diese müssen sich darauf verlassen können, daß die von der Auftragserfüllung bestimmten Belastungen in einem angemessenen Verhältnis zur körperlichen und seelischen Leistungsfähigkeit jedes einzelnen bleiben und daß die unerläßlichen Belastungen durch Fürsorge gemildert werden.

Das Vertrauen aber hängt in gleicher Weise von der schwersten, in § 10 Abs. 1 SG formulierten Pflicht des Vorgesetzten ab: »Der Vorgesetze soll in seiner Haltung und Pflichterfüllung ein Beispiel geben.«

Das Gesetz spricht von »Beispiel«, nicht von »Vorbild«. Letzteres verkörpert für mich einen zu hohen Anspruch. Es hat zu leicht den Klang der Unfehlbarkeit oder zumindest der Fehlerlosigkeit. Es gibt aber keinen Menschen ohne Fehler und ohne Schwächen. Diese Erkenntnis sollte man nicht verwischen. Man weckte sonst zu hohe Erwartungen und bereitete Enttäuschungen vor. Beispiel zu geben und Beispiel zu sein, ist schon ein hoher Anspruch. Ihm zu genügen, erfordert Selbstdisziplin und geistige Kraft. Sie aufzubringen, ist jedem militärischen Vorgesetzten aufgegeben. Denn Beispiel erleichtert das Führen und ist Voraussetzung für die erzieherische Arbeit. Jegliches erzieherisches Bemühen muß scheitern, wenn es nicht durch das Beispiel des Erziehenden begleitet und belegt wird. Das erfährt und weiß jedes Elternpaar, jeder Lehrer, und das gilt auch für den militärischen Führer.

Vorgesetzter soll Beispiel geben

Autorität und Verantwortung

Führen, Erziehen und Ausbilden sind die Aufgaben des militärischen Führers in Frieden und Krieg. Hierfür ist ihm ein Amt übertragen worden, und er hat einen Anspruch auf die Autorität, die ihm sein Amt verleiht. Niemand sollte die als Amtsautorität bezeichnete Macht gering achten. Dies gilt vor allem für den Krieg, wo ein rascher Wechsel in den Kommandostellen der unteren Ebenen normal ist. Aber Amtsautorität allein genügt nicht. Sie muß durch personale Autorität bestätigt werden. Sie ergänzt die vom Amt abgeleitete Befehlsgewalt durch ein von Vertrauen getragenes Verhältnis zwischen dem Führer und den Geführten.

Autorität ist nicht Anmaßung, sondern Hingabe, verbunden mit dem Mut zur Führung und dem Mut zur klaren eigenen Meinung. Sachkenntnis allein genügt dafür nicht. Charakterliche, von sittlichen Normen getragene Eigenschaften verleihen erst die wahre Legitimation zur Menschenführung. Der

· Autorität braucht Legitimation

235

Satz: »Die Eigenschaften des Charakters wiegen oft schwerer als die des Verstandes«, hat eine alte Überlieferung im deutschen soldatischen Denken. Es steht auch heute noch in der Ziff. 701 der »Truppenführung im Gefecht« (HDv 100/100). Er gilt im Frieden und Krieg, für den Krieg freilich in besonderem Maße.

Autorität ist unlösbar verbunden mit dem Begriff der Verantwortung. Es darf keine Autorität geben, die nicht bereit ist, sich zu verantworten, sonst wird aus Autorität rasch Willkür. Aber Verantwortung tragen kann nur der einzelne Mensch. Es ist oft eine Ausflucht – in unserer Zeit benutzt man sie nur zu gern –, die »Umstände« für etwas verantwortlich machen zu wollen. Und wenn es nicht die Umstände sind, dann hat die Gesellschaft schuld. Man selbst bleibt dann ohne Schuld. »Umstände« können zwar auslösende Ursachen sein; aber es ist der Mensch, der auf die Umstände zu reagieren hat. Er entscheidet, er handelt, und er übernimmt damit die Verantwortung. Sie kann nicht in die Anonymität abgeschoben werden. Wohl gibt es in manchen Bereichen Gremien, die kollektiv entscheiden und kollektiv Verantwortung tragen. Der militärische Führer aber entscheidet allein, und bei ihm bleibt die Gesamtverantwortung (ZDv 10/1 Ziffer 304).

Sich verantworten heißt, auf Fragen zu antworten. Der Verantwortliche muß sich und sein Tun an den ihm gestellten Fragen messen lassen. Das zwingt zur Selbstkontrolle. Verantwortung ist ohne die Bereitschaft zur selbstkritischen Prüfung nicht vorstellbar.

Verantwort-
liches
Handeln
vor Gott

Selbstkontrolle ist aber nur der erste Schritt. Der Verantwortliche muß gerade den Fragestellern von außen Antwort geben, und zwar von der horizontalen und der vertikalen Ebene aus. Die horizontale ist die Verantwortung gegenüber den Menschen, seien es nun die auftragerteilenden Vorgesetzten, die dem Befehlenden anvertrauten Untergebenen oder die neben ihm stehenden Kameraden. Die vertikale Ebene ist die Verantwortung gegenüber Gott. Ich kann mir ein verantwortliches Handeln nicht vorstellen, das keinen transzendenten Bezugspunkt kennt. Nur zu rasch werden menschliche Schwächen wie Egoismus, Ehrgeiz, Opportunismus überhand gewinnen. Derjenige, der nur den Menschen als Maßstab und Bezugspunkt anerkennt, wird nicht glücklich, er verfällt vielmehr schließlich in Menschenverachtung oder Verzweiflung. Führen und Befehlen muß sich rechtfertigen, auch vor Gott. Je höher die Führungsposition, um so wichtiger diese transzendente Bindung. Ich wüßte nicht, wie sonst die Last der militärischen Führung, wenn sie ernst genommen wird, getragen werden kann. Nur von hierher findet auch der Widerstand seine Rechtfertigung, der heute oft so leichthin als Legitimation für zivilen Ungehorsam und Gewaltanwendung in Anspruch genommen wird. Martin Luther hat dazu gesagt: »Wenn Du gewiß weißt, daß der Fürst Unrecht hat, so sollst Du Gott mehr fürchten als den Menschen und sollst nicht kriegen noch dienen. Denn Du kannst kein gut Gewissen vor Gott haben.« Ungehorsam und Widerstand legitimieren sich also aus der im Gewissen gewachsenen Gewißheit und der Verantwortung vor Gott. Sie schließen das weltliche Risiko für die eigene Person ein. Daraus erst erwächst dem Widerstand seine Würde. So haben es auch die mir bekannten Männer des 20. Juli 1944 gesehen, wie ich aus vielen Gesprächen mit ihnen weiß.

Die Verantwortung vor Gott macht es auch leichter, jeweils das richtige Maß für das eigene Handeln zu finden. Als stellvertretender Divisionskommandeur in den ersten Jahren der Aufstellung der Bundeswehr fand ich bei einem Truppenbesuch über dem Eingang eines Bataillonsstabsgebäudes ein großes Wappenschild, auf dem unübersehbar deutlich als Wahlspruch geschrieben stand: »Unmöglich ist nichts.« Dieser Satz war sicher in der besten Absicht als Ansporn für größere Leistungen gedacht; und doch habe ich den Bataillonskommandeur veranlaßt, das Schild zu entfernen. Ich sagte ihm: »Gibt es wirklich nichts, was unmöglich ist? Haben uns nicht gerade die Jahre des Nationalsozialismus gelehrt, wieviel und was alles unmöglich ist? Gibt es nicht auch in unserer Zeit Unmögliches?«

Das richtige Maß für eigenes Handeln

Halten wir also das Maß ein. Lernen wir zu tun, was möglich ist, und das mit aller Kraft. Aber lernen wir auch zu erkennen, was unmöglich ist, wo uns die Verantwortung gegenüber der Sache, die Verantwortung für die uns anvertrauten Menschen und die Verantwortung gegenüber Gott Grenzen setzt?

Bei dem erwähnten Bataillonskommandeur gab es ein Übermaß der Bereitschaft zum Handeln. Er hatte nicht erkannt, daß der, der Tugenden übertreibt, meist das Negative herbeiführt:

– Tapferkeit im Übermaß entartet zur Tollkühnheit.
– Liebe im Übermaß führt zur Verwöhnung.
– Freiheit im Übermaß endet in Anarchie.
– Gleichheit ohne Grenzen wird Gleichmacherei.

Auch das Maßhalten ist eine Tugend. Ohne sie ist Verantwortung nicht denkbar.

Verantwortung gegenüber Menschen endet nicht mit Dienstschluß. Die schon einmal erwähnten Leutnante 70 haben sich auch in ihrer These 8 grundlegend geirrt, wenn sie schreiben: »Ich will ein Offizier der Bundeswehr sein, der eine scharfe Trennung zwischen Dienst und Freizeit beansprucht, weil ich meinen Beruf als verantwortungsvollen und strapaziösen Job ansehe.« Wer für Menschen Verantwortung trägt, hat mehr als einen Job. Er kann nicht Perioden der Freizeit beanspruchen, in der die Verantwortung ruht. Er muß immer verfügbar sein, wenn die ihm übertragene Verantwortung es erfordert.

Verantwortung hört nicht auf

Soldat und Politik

Schließlich seien im Zusammenhang mit dem Begriff der militärischen Verantwortung noch drei spannungsreiche Problemkreise angesprochen, die in unserer Zeit besondere Aktualität besitzen.

In These 7 der Leutnante 70 heißt es: »Ich will ein Offizier der Bundeswehr sein, der nicht nur den Frieden erhalten, sondern auch gestalten will.« In der Begründung schreiben sie: »Die Bundeswehr ist eine Institution in der Gesellschaft, zwar zuerst einmal als Instrument geschaffen, aber auch als Institution dazu da, in der Gesellschaft zu wirken und ihre Richtung mitzubestimmen.« In der gleichen Richtung liegt die Erklärung eines Teilnehmers an der öffentlichen Diskussion des Bundesministeriums der Verteidigung zum Thema Tradition, Soldat und Gesellschaft im April 1981 in Bonn, als er sagte: »Auch für die Traditionsbildung gilt die Clausewitzsche Erkenntnis, daß alles militärische Handeln und alles Unterlassen politischen Hintergrund und politische Folgen hat. So ist – zumindest von einer gewissen Stufe der Hierarchie an – jeder Offizier, der damals in der Wehrmacht war, auch mitverantwortlich für das, was geschah.«

Politische Mitverantwortung?
Vor dem Hintergrund dieser beiden Aussagen müssen die Fragen gestellt werden: Darf dem Offizier politischer Gestaltungsanspruch zugestanden werden, und trägt der Offizier politische Mitverantwortung für das, was im Staat geschieht? Wo liegt die Grenze zwischen militärischer Verantwortung und politischer Mitverantwortung?

Die Antwort muß zwei Aspekte miteinander verbinden.

Die eine Seite: Dem Soldaten ist politische Betätigung erlaubt. Er hat das aktive und passive Wahlrecht. Er besitzt die Koalitionsfreiheit. Er kann Mitglied einer politischen Partei sein und darf sich – außer Dienst und in Zivil – politisch betätigen, solange er sich die Zurückhaltung auferlegt, die sein Dienst als Soldat erfordert und so lange sich seine politische Betätigung im Rahmen unserer verfassungsmäßigen Ordnung hält. Als einzelner Staatsbürger also kann er politischen Einfluß nehmen.

Die andere Seite: Die Soldaten haben auch die Grundpflicht, Recht und Freiheit tapfer zu verteidigen. Sie haben damit eine Schutzaufgabe. Der Staat ist in ihren Schutz gestellt. Dazu muß der Soldat politisch denken können, er muß den Blick zur Politik haben, er soll die verfassungsmäßige Ordnung auf ihre Ziele mit Leben ausfüllen und konkretisieren helfen; aber er darf die Politik nicht selbst gestalten wollen, sofern er daraus einen Anspruch auf Veränderung ableitet.

Georg Leber hat einmal im Fernsehen auf die Frage, ob ihm die Bundeswehr progressiv genug sei, geantwortet: »Ich wünsche mir keine progressive Armee.« Hans Apel schrieb dazu im Juni 1982 im Deutschen Allgemeinen Sonntagsblatt: »Es muß eindeutig klar sein, daß die Institution Streitkräfte im Prozeß der politischen Willensbildung nicht Partei sein darf. Politik wird in unserem Lande von den Wahlbürgern und den vom Grundgesetz legitimierten Gremien gestaltet.« Manfred Wörner hat das mit den Worten bestätigt: »Die Bundeswehr ist nicht die Armee einer Partei, sondern des ganzen Volkes.« In staatspolitischem Interesse haben die Streitkräfte eine bewahrende Rolle.

Wenn das so ist, kann in einem demokratischen Rechtsstaat der Offizier für politische Entscheidungen nicht mitverantwortlich gemacht werden, so lange diese verfassungsgemäß zustande gekommen sind und den sittlichen Normen des Grundgesetzes entsprechen. Denn die Gestaltung des politischen Lebens und damit auch die Gestaltung des Friedens ist Aufgabe der Politik, nicht die der Streitkräfte als Institution. Das gehört in den Spannungsbogen aktiver demokratischer Staatsbürger und pflichtbewußter Soldaten, der in dem Leitbild Staatsbürger in Uniform seinen treffenden Ausdruck gefunden hat. Von diesem politischen Handeln ist die professionelle Innovationskraft und Innovationsbereitschaft der militärischen Führer bei der äußeren und inneren Gestaltung und Weiterentwicklung des militärischen Instrumentes indes nicht betroffen.

Gestaltung des Friedens – politische Aufgabe

Pluralität und Konformität

Betrachtet man das breite Spektrum der Verwendungsbereiche von Offizieren in der Bundeswehr, so ist die Frage erlaubt, ob man überhaupt noch von gemeinsamen Merkmalen eines Berufsoffiziers, also von »dem« Offizier der Bundeswehr sprechen kann. Nicht nur die Elemente Land, Luft und See, die ihre eigenen Bedingungen und Konsequenzen haben, sondern auch der streitkräftegemeinsame Bereich, die Einbettung im Bündnis, die Integration der Streitkräfte in die Gesellschaft eröffnen eine Vielfalt unterschiedlicher Tätigkeiten und verlangen vom Offizier Qualitäten, wie sie auch von Führungskräften ziviler Berufe in Verwaltung, Wirtschaft, Bildungswesen, in den Medien, ja auch in der Diplomatie erwartet werden. So gibt es die Truppenführer und ihre Gehilfen, Lehrer an militärischen Schulen und Akademien, Tätigkeiten, die überwiegend technische oder betriebswirtschaftliche Kenntnisse und Erfahrungen voraussetzen, Verwendung im planerischen oder im politisch-diplomatischen Bereich oder in der Öffentlichkeitsarbeit, um nur die wichtigsten Gebiete zu nennen. Diese Vielfalt macht den Dienst eines modernen Offiziers erst reizvoll. Er öffnet Menschen verschiedenartiger Begabungen und Stärken befriedigende Betätigung in der Armee. Die fachliche Homogenität, die das klassische Bild des Offiziers der Vergangenheit bestimmte, besteht nicht mehr. Aus dem Korps von mehr oder weniger austauschbaren Offizieren mit einer Einheitslaufbahn ist eine breitgefächerte, differenzierte Berufsgruppe mit oft auch unterschiedlichen Ausbildungs-

Breites Spektrum der Tätigkeit

wegen geworden. Man mag diese fachliche Nonkonformität des Offizier-korps bedauern, aber sie ist Realität; sie ist auch irreversibel, jedenfalls in hochtechnisierten Streitkräften moderner Industriestaaten.

Uniformität der Grund-pflichten

Und doch wäre es ein schwerer Irrtum, darüber die Gemeinsamkeit des Offizierberufes auch in unserer Zeit zu übersehen. Sie besteht in den Eigentümlichkeiten des militärischen Dienstes und damit in seinen gesetzlichen soldatischen Pflichten, die wir auch als soldatische Tugenden bezeichnet haben. Darüber hinaus muß eine Übereinstimmung hinsichtlich der Rolle der Streitkräfte in unserer staatlichen Ordnung und in dem von Parlament und Regierung formulierten militärischen Auftrag der Streitkräfte bestehen. Der Pluralität politischer Meinungen und dienstlicher Tätigkeiten steht die Uniformität der Grundpflicht des deutschen Soldaten gegenüber. Das äußere Zeichen dieser Gemeinsamkeit sind die Uniform und die Symbole der Bundeswehr: die schwarz-rot-goldene Dienstflagge, der Adler und das Eiserne Kreuz. Pluralität und Konformität sind der zweite Spannungsbogen, mit dem sich der militärische Führer unserer Zeit auseinandersetzen muß.

Militärische Führung in Frieden und Krieg

Bewährung für den Frieden

Die soldatische Existenz und Aufgabe in unserer Zeit wird von der Paradoxie bestimmt, daß sich der Soldat praktisch, materiell und geistig zum Verteidigungskampf rüsten muß, ohne seine militärische Erprobung zu wünschen. Das, was in früherer Zeit ein Soldat wohl noch ersehnt haben mag, nämlich die Bewährung im Kampf, kann und darf er heute nicht mehr wünschen. Dieser Gedanke hat seinen Niederschlag gefunden in politischen Schlagworten wie »Der Frieden ist der Ernstfall« oder »Wehrdienst ist Friedenspflicht« oder »Die Bundeswehr ist eine Friedensarmee«. So griffig diese Schlagworte sind und in ihrem politischen Kern auch richtig, so bergen sie aber auch die Gefahr in sich, den Blick zu sehr auf die Bewältigung des täglichen Dienstes im Frieden und auf die technische Effizienz im laufenden Betrieb zu verengen. Es trifft den Auftrag der Bundeswehr besser zu sagen, die Bundeswehr ist eine Armee zu Erhaltung und – wenn es sein muß – zur Wiederherstellung des Friedens. Die ZDv 10/1 »Hilfen für die Innere Führung« macht dies ganz deutlich. In ihrer Ziffer 102 heißt es: »Im Verteidigungsfall wahrt die Bundeswehr gemeinsam mit den Streitkräften der Bündnispartner die Unversehrtheit des eigenen Gebietes oder stellt sie wieder her.« Und die Ziffer 226 zieht die Schlußfolgerung: »Die Soldaten müssen sich im täglichen Dienst mit der Waffe vorbereiten und darauf einstellen, in die Gefahr hinein zu handeln.« Bundespräsident Scheel hat im April 1978 vor den Kommandeuren der Bundeswehr das gleiche noch deutlicher ausgedrückt: »Das hat die Konsequenz, daß der Soldat sowohl das Ziel des Friedens wie auch die Möglichkeit des Krieges ständig vor Augen haben muß.« Der Soldat der Bundeswehr muß kämpfen können und auch dazu bereit sein, um nicht kämpfen zu müssen. Diese von Helmut Schmidt und mir formulierte Erkenntnis muß sich in der täglichen Arbeit des militärischen Vorgesetzten widerspiegeln. Ausbildung und Erziehung müssen auf den Ernstfall ausgerichtet sein.

Denn es gibt in der Tat Unterschiede für die militärische Führung im Frieden und im Kriege.

Im Frieden geht es um die Herstellung der Einsatzbereitschaft der Truppe und die Planung für ihre zukünftige Entwicklung. Ausbildung und Erziehung haben Priorität. Hinzu treten Pflege und Erhaltung des Materials. Planerisch denkt man in die Zukunft hinein und zwar über längere Zeiträume hinweg. Die begrenzten Finanzmittel zwingen zur Sparsamkeit und Kostenwirksamkeit. Oft muß an Betriebsmitteln gespart werden. Alle diese Forderungen tendieren zur Zentralisierung. Nur zu leicht überwiegen dabei statische Elemente. Es besteht daher auch die Gefahr der Routine. *Einsatz-bereitschaft*

Im Kriege stehen im Mittelpunkt die Operation und das Gefecht. Es muß taktisch geführt werden. Jede Lage ist anders. Routine wäre dabei tödlich. Einfallsreichtum und Improvisation ergänzen die Organisation. Das persönliche Beispiel, der Führungswille auf allen Ebenen, die Kampfbereitschaft der Soldaten, das Zusammengehörigkeitsgefühl, die Kameradschaft sind die bestimmenden Faktoren. Das Material muß oft bis zum äußersten beansprucht, wohl auch mal aufs Spiel gesetzt werden. Der Truppenführer denkt in der Gegenwart, die Planung in kürzeren Zeiträumen. Das Geld spielt eine geringere Rolle. Im Kriege überwiegen die dynamischen Elemente. Sie verlangen eine dezentrale Führungsstruktur.

Diese Gegenüberstellung macht deutlich, daß im Gefecht, mehr noch als im Friedensdienst, für den militärischen Führer professionelles Können allein nicht genügt. Geistige und charakterliche Kräfte müssen hinzutreten. Die soldatischen Tugenden unterliegen erst im Gefecht ihrer letzten Bewährungsprobe. Eine Truppe, die durch ihre Abschreckungskraft den Angreifer von jedem Abenteuer abhalten und damit den Frieden erhalten soll, ist auch in unserer Zeit von der Anerkennung und der Ausübung soldatischer Tugenden abhängig. Nicht ohne Grund sind sie daher zugleich soldatische Pflichten. *Können allein genügt nicht*

Die unterschiedlichen Forderungen des Friedens und des Krieges sind der dritte Spannungsbogen, mit dem sich militärische Verantwortung in unserer Zeit konfrontiert sieht. Eine Armee, die im Frieden die Bedingungen eines Einsatzes im Kampf aus den Augen verliert, wird im Ernstfall ihren Auftrag kaum erfüllen können. Sie verliert damit auch an Abschreckungskraft und friedenserhaltender Wirkung.

Ich weiß, daß es gerade jetzt unpopulär ist, so etwas auszusprechen; aber Politiker und Soldaten würden ihrer Verantwortung nicht gerecht, wenn sie es unterließen.

Der Mensch im Mittelpunkt der Führung

Konkret für
Menschen
handeln

Nach einem langen Soldatenleben durch viele Stationen in Frieden und Krieg habe ich als Erfahrung und Erkenntnis gewonnen: Militärische Führung ist personal und konkret, nicht aber abstrakt und anonym.

Personal ist sie, weil das Recht zum Befehlen an eine Person gebunden ist, die dafür die alleinige Verantwortung trägt und weil auch die Pflicht zum Gehorsam dem einzelnen auferlegt ist, der auch die Folgen eines etwaigen Ungehorsams zu tragen hat.

Konkret ist sie, weil jede militärische Führungsentscheidung sachbezogen ist und der jeweiligen Einzelsituation entsprechen muß. Der militärische Führer kann nicht in Hoffnungen, Theorien oder Fernziele flüchten. Er muß hier und jetzt konkret handeln, und das oft unter Zeitdruck.

Der Mensch ist es, dem Waffen in die Hand gegeben sind und der befehlen und gehorchen muß. Der Mensch steht im Mittelpunkt der militärischen Führungsaufgabe. Darin liegt die Würde und oft auch die Bürde militärischer Verantwortung, wenn sie im Gewissen ernst genommen wird.

(mit freundlicher Genehmigung des Verlages abgedruckt aus:
Eckart Busch [Hrsg.]: Parlamentarische Demokratie. Bewährung und Verteidigung. Festschrift für Helmut Schellknecht zum 65. Geburtstag.
R. v. Decker's Verlag, Heidelberg, 1984)

Adalbert von der Recke

Last und Chance unserer Geschichte

Gedanken zur Traditionspflege der Bundeswehr

Ob Last oder Chance überwiegen werden? Die Auseinandersetzung um den dritten Versuch, Traditionspflege in der Bundeswehr zu regeln, könnte sich zum 30. Jahrestag der Aufstellung unserer Streitkräfte vielleicht an alten Gegensätzen neu entzünden. Da wird sich die Gruppe jener Kritiker melden, der die Bewertung jüngster deutscher Geschichte, in Sonderheit unserer Wehrgeschichte, nicht eindeutig, nicht verpflichtend genug beschrieben ist. Gerade diesen Mangel umgekehrt als zu weitgehend und damit unzumutbar empfindend, könnte die Gegenposition ihre Stimme erheben. Beide dann einig in ablehnender Kritik, verdrossen vielleicht zusätzlich über die große Gruppe der Gleichgültigen, die dem Streit ohne Verständnis gegenübersteht. Es bleibt zu hoffen, daß dabei nicht vollends übersehen wird, welche Absicht dem dritten Versuch die Feder führte: Vierzig Jahre nach dem totalen Zusammenbruch wird weder Ende noch Anfang gesucht, sondern Selbstbesinnung und daraus Antwort und Versöhnung. Was ist daran neu?

Neu ist die Generation, die diesen Versuch unternimmt. Es ist die erste Generation, die aufgewachsen ist in dieser Republik und nicht mehr persönlich verstrickt in das nationalsozialistische Unrechtsregime. Bürger, die heute aus eigenem Entschluß in der Verantwortung für die politische Mitgestaltung unseres Landes stehen. Sie möchten den Generationen der Väter und Söhne, Mütter und Töchter antworten durch Gestaltung einer Lebensordnung, die sich auf den unauflösbaren Zusammenhang von Recht und Freiheit gründet. Und sie möchten Versöhnung stiften, weil das Zusammenleben der Bürger und Völker ohne diese moralische Anstrengung auf Dauer nicht möglich ist. So ergaben sich zwangsläufig neue Wegmarken, die der Orientierung dienten:

Generationswechsel

1. Der Generationenwechsel. Wer nicht mehr selbst betroffen ist, kann freier, behutsamer und vielleicht auch sicherer mit den Lasten auch jüngster Vergangenheit umgehen. Die Nachkriegszeit hat darin offenbar ihr Ende gefunden. Es gibt bereits eine »Nachkriegsleistung«, die geschichtliches Phänomen ist. Sie hat politische, psychologische und wirtschaftliche Bedingungen geprägt, in der die Generation der heute in der gesellschaftlich-politischen Verantwortung Stehenden aufgewachsen ist.

2. Diese Generation ist ohne »Spruchkammersyndrom«. Soldaten sind heute Vollbürger. Sie besitzen alle Rechte, und sie wollen diese Rechte. Es gibt nicht mehr das Mißverständnis, daß allein das Tragen von Zivil ein

höheres Recht politischer Kontrolle begründe. Diese Soldaten sind Kinder unserer Republik, die ihr Land wie jeder andere Bürger verantwortlich mitgestalten wollen. Das erhält hoffentlich politische Bescheidenheit, Pflichtgefühl und Augenmaß. Eines scheint sicher: Soldaten brauchen sich in ihrer Treue zur Verfassung von niemandem mahnen zu lassen.

Unverlierbare Menschenwürde

3. Identifizierung mit der freiheitlichen Grundordnung, in Sonderheit ihrem Menschenbild und ihrer grundsätzlichen Friedensorientierung befreit von Beschränkungen, die in der Vergangenheit zu Verdrängung und Verletzung führten. Es kann deshalb keinen prinzipiellen Unterschied zwischen einzelnen Menschen in der deutschen oder internationalen Geschichte geben. Die Würde der Menschen ist unverlierbar, gleich ob sie Soldat der Wehrmacht, Kämpfer im Widerstand, Angehöriger der Waffen-SS oder der Roten Armee waren. Einziger Maßstab für die Beurteilung der Einzelperson ist ihre Gesamthaltung in ihrer Zeit und, falls das möglich war, die Einstellung zum freiheitlichen demokratischen Rechtsstaat.

4. Versöhnung ist das Ergebnis einer moralischen Anstrengung von Schuldverarbeitung und Zuwendung. Sie ist noch keine Aussöhnung. Sie überfordert niemand, denn sie übt Geduld mit dem anderen. Sie bewirkt jedoch Haltung und Einstellung, die Selbstachtung in der Achtung vor der Würde und dem Opfer des anderen begründet. Sie nimmt im Bewußtsein eigener Irrtumsmöglichkeit die Entscheidung des anderen wirklich ernst. Gestaltung von Politik in Deutschland, und auch Traditionspflege gehört dazu, ist nach dem 8. Mai 1945 ohne den Willen zur Versöhnung nicht denkbar.

5. Selbstbesinnung stärkt Selbstbewußtsein und Verhaltenssicherheit. Sie erlaubt auch sicheren politischen Umgang mit der Demoskopie. Die heutige Generation stellt sicher nicht ohne Grund die Frage, ob es einen Zusammenhang gibt zwischen manchem schwächlichen Opportunismus in Vergangenheit und Gegenwart und der demoskopisch ermittelten sogenannten Akzeptanz.

Keine Institution kann in der Bewältigung deutscher Geschichte mehr leisten, als es unserem Volk insgesamt möglich ist. Wer hier von der Armee mehr fordert, bescheinigt sich nur selbst mangelnde politische Urteilskraft. Dennoch sollte Vertrauen gewagt werden. Vertrauen in die Verfassungstreue und politische Urteilsfähigkeit jener, die sich heute um Traditionspflege bemühen. Tradition wächst ohnehin nur durch Annahme. Es lohnt sich, Vertrauen zu schenken. Die freiheitlich demokratische Gesinnung dieser Armee wird sich gerade in diesem Vertrauen bewähren.

*

Adolf Heusinger
General und 1. Generalinspektor der Bundeswehr (1897–1982)

Wer die Hilfen des christlichen Glaubens besitzt, ist reich. Er kann auf Eitelkeit und Rechthaberei verzichten. Gegen die Ideologie des Hasses ist er immun, auch und gerade als Soldat. Er bedarf überhaupt keiner Ideologien. Denn er besitzt den letzten Maßstab in seinem christlichen Glauben.

Vergeßt niemals, daß selbst vor den unaufgebbaren Kräften des soldatischen Wesens – dem Mut, der Tapferkeit, der Kameradschaftlichkeit und dem Gehorsam – der Anspruch Gottes steht.

Friedrich Ruge
Vizeadmiral und 1. Inspektor der Marine (1895–1985)

Die Größe Christi war, daß er in einer Sklavenhaltergesellschaft jeden Mitmenschen voll anerkannte. Deshalb achtet echtes christliches oder soziales Denken den Mitmenschen als Wesen mit gleichen Rechten. Ohne diese Achtung, die auf Gegenseitigkeit beruhen muß, ist ein Leben in geordneter Freiheit nicht möglich.

Die Geschichte der Traditionspflege in der Bundeswehr ist durch drei Daten gekennzeichnet. Sie spiegeln jeweils politische Führungsentscheidungen wider. Am 1. Juli 1965 regelte der damalige Bundesminister für Verteidigung mit dem Erlaß »Bundeswehr und Tradition« die in der Traditionspflege aufgekommenen Fragen und Aufgaben. Der Erlaß hatte eine lange Entstehungsgeschichte. Mehr als sechs Jahre Arbeit im Bundesministerium der Verteidigung sind nachweisbar. Sorgfalt in der Formulierung, Gespür für Würde und Werte, ja der Stil insgesamt beeindrucken noch heute und werden auch späteren Lesern die Frage stellen, ob die Gründe, die zur Aufhebung dieses Erlasses führten, wirklich so schwerwiegend waren, wie sie seinerzeit empfunden wurden. Aus heutiger Sicht erscheint der Erlaß mit wenigen Ergänzungen durchaus noch tragfähig. *Erlaß »Bundeswehr und Tradition«*

Der zweite Erlaß entstand nach vergleichsweise kurzer Beratung. Er ersetzte den durch den Bundesminister Dr. Hans Apel aufgehobenen Erlaß von 1965. Die Entscheidung traf einen Großteil der Dienststellen und Verbände der Bundeswehr unvorbereitet. Ein Vergleich beider Texte läßt deutliche Unterschiede sowohl in definitorischer als auch in substantieller Hinsicht erkennen. Als Mangel, der sicher auch den damals verantwortlichen Bundesminister zu einer Ergänzung oder Änderung veranlaßt hätte, wurde das Fehlen von Aussagen über den deutschen Widerstand und den 20. Juli 1944 empfunden.

Einer Ankündigung des Bundesverteidigungsministers Dr. Manfred Wörner zufolge ist eine Neuregelung der Bestimmungen zu erwarten.[1] Die Richtlinien vom 20. September 1982 »zum Traditionsverständnis und zur Traditionspflege in der Bundeswehr« wurden jedoch nicht außer Kraft gesetzt. Am 2. Dezember 1983 beauftragte der Generalinspekteur der Bundeswehr eine militärische Arbeitsgruppe[2], die derzeit gültigen Richtlinien zu überprüfen. Knapp ein halbes Jahr später, am Verfassungstag der Bundesrepublik Deutschland, legte die Arbeitsgruppe ihr Ergebnis als »Hilfen für die Traditionspflege in der Bundeswehr« vor. Sie wurden vom Generalinspekteur angenommen. Dazu wurde vorgeschlagen, von der bisherigen »Erlaßpraxis« abzugehen und die bereits 1982 ins Auge gefaßte Lösung zu verwirklichen, die Regelungen in Form einer Zentralen Dienstvorschrift herauszugeben. *Regelung durch Dienstvorschrift*

Damit sollte deutlich werden, daß

- der nunmehr zuständige Generalinspekteur in dieser Frage auch in einer nach außen sichtbaren Verantwortungsstellung gegenüber der politischen Leitung bleibt;
- Traditionspflege keine Sonderrolle besitzt, sondern organischer Bestandteil politischer Bildung ist; daher auch, wie jedes andere Wirkungsfeld Innerer Führung, durch eine »normale« Dienstvorschrift geregelt werden sollte;
- durch eine Vorschrift nicht nur ein höherer Grad an Verbindlichkeit geschaffen werden kann, sondern diese auch im Rahmen der routinemäßigen

Überprüfung aktuell zu halten und im Vorschriftenvorrat jedes Truppenteils ständig verfügbar ist;
– die Streitkräfte dadurch vor dem Eindruck bewahrt werden können, jeder in einer Demokratie periodisch mögliche und natürliche Wechsel in politischer Führungsverantwortung führe automatisch zu einem »neuen Traditionserlaß«.

Es ist zum Zeitpunkt der Niederschrift dieser Überlegungen nicht absehbar, welche der vorgeschlagenen Regelungen und Formulierungen in die endgültige Fassung der Neuregelung eingehen werden.

*

Die Darstellung einiger Teile des Entwurfsvorschlages soll mit vier Thesen eingeleitet werden.

Tradition Teil historisch-politischer Bildung

1. Die Wertordnung und das Friedensgebot des Grundgesetzes bestimmen die Konzeption der Inneren Führung in der Bundeswehr und damit die politische Bildung des Soldaten.
Das Grundgesetz ist Antwort auf die Geschichte des deutschen Vaterlandes und seine Teilung.
Entwicklung und Pflege von Tradition in der Bundeswehr sind damit Teil historisch-politischer Bildung und Menschenführung.

2. Die Bundeswehr ist die erste Wehrpflichtarmee in diesem demokratischen deutschen Staat. Sie ist darüber hinaus erstmalig als nationale Gesamtstreitkraft verfaßt und in das nordatlantische Verteidigungsbündnis integriert. Sie unterscheidet sich von allen vorausgegangenen deutschen Armeen, weil sie vom Grundgesetz ausschließlich auf Verteidigung verpflichtet ist.

3. Jeder Soldat der Bundeswehr bekennt sich zu seiner gesetzlichen Pflicht, der Bundesrepublik Deutschland treu zu dienen und das Recht und die Freiheit des deutschen Volkes tapfer zu verteidigen. Er ist verpflichtet, für die freiheitliche demokratische Grundordnung einzutreten. Er leistet in der heutigen Weltlage einen unverzichtbaren Dienst für die Sicherung des Friedens in Freiheit.

4. Der Bürger bleibt auch als Soldat Vollbürger. Sein Auftrag als Soldat fordert militärische Tüchtigkeit und Bereitschaft zum Kampf, aber auch die geistige und politische Mündigkeit des Demokraten. In beidem ist er Mitgestalter unseres Gemeinwesens.

Damit wurden neue und verbindliche Grundlagen für das Selbstverständnis des Soldaten der Bundeswehr gesetzt. Sie binden die Weitergabe von Werten unauflöslich an die politischen Ziele, denen sie dienen. Darin ist vor dreißig Jahren ein Neubeginn historischer Entwicklung geschaffen worden.

*

Mit dem Begriff der Tradition verbinden wir vor allem Auswahl in der Überlieferung und Weitergabe von Werten und Lebenserfahrungen aus der
Vergangenheit. So vermag sie, die Generationen in bestimmten, unser Ge-
meinwesen tragenden Werten zu verbinden, Kontinuität zu stiften und
Orientierungshilfe zu leisten. Erst die persönliche Wertentscheidung läßt
Traditionsbewußtsein aufwachsen. Aus dieser Entscheidung erwächst der
Maßstab für wertorientierte Auseinandersetzung mit der Vergangenheit und
verantwortliche Einflußnahme auf die Pflege von Traditionen. Für die Soldaten liegen diese Werte in unserer Verfassung begründet, die, um mit Theodor
Heuss zu sprechen, in ihrer Gesamtheit Antwort auf die deutsche Geschichte
sein will. Zu diesem Maßstab für Auswahl, Annahme und Weitergabe treten
neben das Grundgesetz die von Parlament und Regierung der Bundeswehr
übertragenen Aufgaben und Pflichten. *Tradition und persönliche Wertentscheidung*

Tradition, verstanden als ausgewählte Wertüberlieferung, schöpft unmittelbar aus der Geschichte. Sie ist jedoch nicht nur die Übernahme und Weitergabe von Werten und Lebenserfahrungen. Sie erfaßt auch Institutionen, Ge-
pflogenheiten und Bräuche, denn auch darin verbindet sie die Menschen.

Die vom Grundgesetz gewollte Meinungsvielfalt ist auch für die Bundeswehr
verbindlich. Das fordert zunächst Offenheit gegenüber dem Gesamtbestand
der geschichtlichen Erfahrung. Historische Betrachtung wäre ohne sie nicht
möglich. Die Auswahl geschichtlicher Beispiele und Formen in der Traditionspflege darf den Zugang zur Wertordnung des Grundgesetzes jedoch
nicht versperren. Obwohl Traditionspflege stets ein gewisses Maß an Toleranz sowohl der Soldaten als auch der Öffentlichkeit voraussetzt, muß stets
doch auch ihre Wirkung in der Öffentlichkeit bedacht werden. Je stärker das
Vertrauen in die demokratische Verläßlichkeit unserer Streitkräfte, je mehr
Geduld und Mut dürfen bei der Bildung neuer Traditionen erwartet werden.
Schon deshalb sind Traditionspflege und geschichtliche Darstellung deutlich
zu unterscheiden. *Offen gegenüber der Geschichte*

Traditionspflege ist kein Selbstzweck. Sie soll vielmehr helfen, den Soldaten
so auszubilden und zu erziehen, daß er seinen Auftrag besser versteht, ihn
nicht ohne politische Wertentscheidung erfüllt und den damit verbundenen
Belastungen besser gewachsen ist. Sie soll Führung und Führer befähigen,
Streitkräfte und ihre Truppenteile so zu führen, daß Zusammenhalt und Zu-
gehörigkeitsgefühl gestärkt werden. Das Bewußtsein, in einer Aufgabe mit
langer geschichtlicher Kontinuität zu stehen, kann auch in einer Zeit internationaler Zusammenschlüsse Identität und Stärke schaffen. So können Vaterland und Heimat auch im Zeitalter weltweiter Zusammenarbeit Grundlage
für politische Verantwortung und militärische Leistung bilden. Die Auseinandersetzung mit Beispielen eigener Geschichte ist auch geeignet, die staats- *Identität schaffen*

bürgerliche Verantwortlichkeit des Soldaten zu stärken, um auch daraus Fähigkeit und Entschlossenheit zu entwickeln, das Land vor äußerer Gefahr zu schützen.

Wertgebundene Pflege der geschichtlichen Überlieferung kann auch helfen, eigene sittliche Maßstäbe für verantwortliches Handeln zu fordern und in der Bewahrung des Friedens im Bündnis einen Beitrag zur Völkerverständigung zu erkennen.

Eine auf diese Ziele ausgerichtete Traditionspflege erinnert an die besonderen Bedingungen des soldatischen Dienens. Sie sind sowohl in der gesetzlichen Inpflichtnahme, vor allem aber in verantwortlichem Umgang mit übertragener Macht begründet.

Uns ist heute deutlich, daß die Wiedererrichtung deutscher Streitkräfte ohne Rückgriff auf die deutsche Geschichte nicht möglich gewesen wäre. Der Versuch hätte in Orientierungslosigkeit oder Schlimmerem scheitern müssen. Er wäre schließlich durch das Selbstverständnis unseres Gemeinwesens ausgeschlossen gewesen.

Die preußische Reformidee stellte den Gedanken heraus, daß jeder Bürger mit gleichen Rechten auch in gleicher Pflicht stehe. Die Bundeswehr darf heute stolz darauf sein, diesen Gedanken in der politischen Entwicklung und Programmatik der jungen Bundesrepublik verankert zu haben. Darin besitzt sie ein ungewöhnlich hohes Maß an geschichtlicher Kontinuität und verpflichtender Perspektive.

Der Staatsbürger in Uniform der Bundesrepublik Deutschland wurzelt im Menschenbild unserer Verfassung, »in der die Unantastbarkeit der Würde des Menschen wie das Recht auf freie Entfaltung der Persönlichkeit verankert sind«.[3] Daran erinnerte auch Alt-Bundespräsident Carstens in seiner Rede vor der Führungsakademie die Bundeswehr:[4] »Von Anfang an hat sich das Leitbild vom Staatsbürger in Uniform auf dieses Menschenbild hin ausgerichtet. Mit Befriedigung können wir feststellen, daß es sich nie vom Fundament entfernt hat ...«

Leitbild: Staatsbürger in Uniform Soldaten der Bundeswehr sehen in diesem Leitbild auch eine Antwort auf die vielfältigen Formen des Soldatseins in der deutschen Geschichte. Wir dürfen deshalb folgern: Das Leitbild vom Staatsbürger in Uniform enthält Wertvorstellungen, die aus unserer Geschichte erwachsen und durch das Grundgesetz in seiner »Antwortfunktion« auf die deutsche Geschichte neu legitimiert sind.

Werte können durch Haltung und Verhalten, aber auch durch äußere Zeichen, Veranstaltungen und Zeremonielle verdeutlicht werden. In der Traditionspflege sollen sie als zeitgemäße Hilfen Wertentscheidungen erkennbar werden lassen, ihre Bewahrung sichern und auf die Bindung der Bundeswehr an die Wertordnung unserer Verfassung hinweisen.

Wenn Traditionspflege nicht zum Mittel der Manipulation werden soll, dann erfordert sie die Beteiligung aller Soldaten. Eine von einem durch die Hochschule der Bundeswehr selbst ausgebildeten Batteriechef vorgelegte empirische Untersuchung zum Traditionsproblem in der Truppe belegt dieses Erfordernis.[5]

Tradition gegen radikale Umbrüche

Darin bekundeten fast 70 % der befragten, bis zu 25 Jahre alten Soldaten[6], in der Regel also kurzdienende Zeitsoldaten und Wehrpflichtige, eine positive Einstellung zur Tradition. 50 % begründeten dies mit der Auffassung, Tradition zeige die Dauerhaftigkeit »bestimmter Werte« auf und helfe, »radikale Umbrüche« zu vermeiden. Darum wollten sich fast zwei Drittel der Befragten auch unmittelbar an der Traditionspflege beteiligen.

Es ist in diesem Zusammenhang besonders interessant, eine der Fragestellungen direkt zu zitieren: »Welche Möglichkeiten ergeben sich Ihrer Meinung nach zur Traditionspflege in der Bundeswehr?« 68 % nennen Vereidigung und Feierliches Gelöbnis, ein weiterer erheblicher Teil will Gedenktage und Gedenkstunden im Truppenalltag hervorheben.

Durch die Aufzählung gerade dieser Anlässe wird deutlich: Traditionspflege ist nicht nur ein beziehungsloses Grundbedürfnis junger Menschen. Offenbar erkennen sie, daß erst durch die öffentliche Bekundung der Wertbindung an unsere Verfassung die gesetzlichen Pflichten des Soldaten wie z. B. Treue, Tapferkeit, Gehorsam, Kameradschaft, Wahrhaftigkeit, Verschwiegenheit, sowie beispielhaftes und fürsorgliches Verhalten der Vorgesetzten auf die politische Wertentscheidung bezogen werden. Sie wollen öffentliche Zeugenschaft. Das ist ein überzeugender Beweis demokratischer Gesinnung und politischen Bewußtseins.

∗

Die Auseinandersetzung mit der Epoche des nationalsozialistischen Unrechtsstaates, vor allem des Mißbrauchs deutscher Soldaten für seine Ziele, erfordert ein besonderes Maß an politischer Urteilskraft. Sie ist ohne geschichtliche Kenntnisse nicht zu entwickeln.

Auseinandersetzung mit dem Dritten Reich

Die kritische Betrachtung dieser Zeit wird deshalb besonders sorgfältig unterscheiden müssen zwischen dem vom einzelnen nicht zu verantwortenden Mißbrauch und strafwürdigem, die Wertentscheidungen der Humanität und des abendländischen Kulturerbes verletzendem Verhalten. Die mutige Tat des Widerstands im Dritten Reich wollte gerade diese Unterscheidung bewahren. Diese Entscheidung im Gewissen ist heute sittliche Grundlage für wertgebundenes Handeln im demokratischen Rechtsstaat. Wer sich über das Verbot pauschalen Urteils hinwegsetzt, nicht bereit ist, sorgfältig nach Mitverantwortung und Mitwissen im Unrechtshandeln zu unterscheiden, der beschädigt zugleich das Menschenbild, das heute Grundlage unseres Gemeinwesens ist. Es erscheint mir deshalb heute nicht mehr möglich, ganze Gruppen oder Verantwortungsebenen pauschal zu verurteilen. Das kann nur für die Organisation und ihre erklärten oder festgestellten Ziele gelten.

So sind wir heute als die nicht mehr persönlich Betroffenen in Pflicht genommen und zugleich frei festzustellen: Der Mißbrauch deutscher Soldaten für die Ziele nationalsozialistischer Gewaltherrschaft widerspricht der politischen und ethischen Begründung unseres militärischen Dienstes. Gerade darum verdienen Haltung und Leistung vieler einzelner unseren Respekt. Sie bieten nicht nur wegen der internationalen Anerkennung für die Bundeswehr überlieferungswürdige Beispiele. Es gilt, sie vor dem opportunistischen Urteil selbstgerechter Geschichtslosigkeit zu bewahren. Mit den Soldaten des Zweiten Weltkrieges und den Kämpfern im Widerstand verbindet den Soldaten der Bundeswehr die Bereitschaft zum Opfer für die Gemeinschaft. Sie verdienen dafür gleichermaßen unsere Achtung. Mit dieser Formel soll der Versuch unternommen werden, über die trennenden Positionen der damaligen Entscheidung für oder gegen den Widerstand hinweg Verbindung, vielleicht sogar Versöhnung zu schaffen. Es ist die einzige Stelle, an der die vorgeschlagene Neuregelung der Richtlinien das Personalpronomen »uns« verwendet.

Rechtsbewußtsein und Gewissensbindung

Heute erinnert uns der Widerstand gegen die nationalsozialistische Diktatur daran, daß Soldat und Dienstherr zu gegenseitiger Treue verpflichtet sind. Er macht bewußt, daß der vom Soldaten geforderte Gehorsam dem Recht unterworfen und an das Gewissen gebunden ist. Die lebensrettende Bewahrung rassisch und politisch verfolgter Menschen vor dem Zugriff des totalitären Partei- und Polizeiapparates ist ein überlieferungswürdiges Beispiel dieses Rechtsbewußtseins und seiner Gewissensbindung.

Schließlich gehören hierzu auch die vielen Beispiele vorbehaltloser Menschlichkeit, die sich Bürger und Soldaten auch über die Fronten hinweg immer wieder erwiesen haben.

Es ist selbstverständlich, daß der Respekt vor den Opfern und Leiden, die Krieg und Gewaltherrschaft verursachten, durch taktvollen Umgang und zurückhaltende Darstellung seinen Ausdruck finden muß. Gerade die von der Bundeswehr gestalteten Anlässe des Gedenkens sind ein überzeugendes Beispiel dafür, daß die Soldaten angemessen und würdig mit dem schweren Erbe unserer Geschichte umzugehen wissen. Der Bürger bestätigt dies vielfach.

*

Die Entscheidung der Weimarer Republik, für die Reichswehr den »unpolitischen Soldaten« zu fordern, wurde verstärkt durch die innere Distanz, die viele Soldaten zur Republik einnahmen. Das hatte eine hohe, wenn auch ungewollte politische Qualität. Sie führte für die erste deutsche Republik zu schwerwiegenden Folgen und lenkt unseren Blick zugleich auf tragische Soldatenschicksale. Unsere Antwort darauf ist der erfolgreiche Versuch, durch politische Bildung die politisch bewußte Zustimmung des Soldaten zur Bundesrepublik Deutschland zu stärken, seine Integration in das Gemeinwesen zu fördern und allseits Vertrauen in seine demokratische Gesinnung wachsen zu lassen.

Wer heute, zu politischer Mitverantwortung erzogen, selbst auf ein beträchtliches Maß an Information und politischer Bildung zurückgreifen kann, der erst vermag sich maßvoll vor der Arroganz des Urteils zu hüten, das eine unpolitisch erzogene und von Information zum Teil wirksam isolierte Generation gering schätzt. Erst das Bewußtsein eigener Freiheit öffnet den vollen Blick für die Tragik geschichtlicher Gestalten, für die die Namen Dönitz, Rommel, Kesselring, insbesondere auch Beck, Goerdeler, Hoepner und Stauffenberg genannt werden dürfen. Und für die Jüngeren darf doch wohl auch darauf verwiesen werden, daß viele von ihnen erst im Nationalsozialismus aufgewachsen oder ihre Prägung erhalten hatten und deshalb wohl nur wenige den Mißbrauch durch das Unrechtsregime erkennen konnten. Mit ihnen standen viele Bürger, die nicht die Uniform des Soldaten trugen, in der gleichen tragischen Verstrickung.

Traditionspflege in der Bundeswehr greift heute bewußt auch über Ereignisse und Gestalten deutscher Militär- und Kriegsgeschichte hinaus. Wir kennen Zeugnisse, Haltungen und Erfahrungen vorausgegangener Generationen, die nicht nur als soldatische, sondern auch als beispielhafte freiheitliche oder demokratische Überlieferungen für unsere Zeit Bedeutung haben. Hier ist zu denken an den Freiherrn vom Stein, an die bürgerlich-liberale Freiheitsbewegung im 19. Jahrhundert, an die demokratisch-republikanischen Verfassungsbestrebungen einschließlich der deutschen Arbeiterbewegung, die alle ihre eigentliche Verwirklichung erst in unserem Staat gefunden haben und hier weiterentwickelt wurden.

Nicht allein Militär- und Kriegsgeschichte

Das Einbeziehen dieses Erbes in die Traditionspflege der Bundeswehr fördert ihre Integration in die Gesellschaft und entspricht sowohl dem Wehrpflichtcharakter unserer Streitkräfte als auch dem Leitbild vom Staatsbürger in Uniform. Unter diesem Verständnis ist die Beschränkung des Soldaten nur auf das militärische Handwerk ein Versäumnis seiner Dienstpflicht für unsere Demokratie.

Traditionspflege kann also nur in enger Verwobenheit zwischen Gemeinwesen und Armee mit Sinn erfüllt werden. Darin sind inzwischen auch schon bundeswehreigene Traditionen erwachsen:

- das Selbstverständnis als Streitkräfte zur Verteidigung des Friedens in Freiheit;
- das Leitbild des Staatsbürgers in Uniform und die Grundsätze der Inneren Führung;
- die allgemeine Wehrpflicht als Ausdruck wehrhafter Demokratie;

- der Aufbau der Bundeswehr als verläßliche Streitkräfte in der Demokratie;
- die Einbindung in die atlantische Allianz und die kameradschaftliche Zusammenarbeit mit den verbündeten Streitkräften auf der Grundlage gemeinsamer Werte;
- der Verzicht auf Erziehung zum Haß auf den Feind;
- die Hilfeleistung bei Notlagen und Katastrophen im In- und Ausland;
- die Offenheit gegenüber gesellschaftlichen Entwicklungen und die Aufgeschlossenheit gegenüber öffentlichem Interesse.

Über
nationale
Grenzen
hinweg

Traditionspflege setzt daher demokratische Toleranz sowohl der Soldaten als auch der Öffentlichkeit voraus. Sie bedarf der Geduld und der Einsicht, daß in der Armee nicht perfekter gelingen kann, was unter Bürgern noch nicht vollkommen hat wachsen können. Traditionspflege muß heute über unsere engen nationalen Belange hinaus wirken. So ist selbstverständlich, daß die Bundeswehr ihr Selbstverständnis als Bündnisarmee durch Patenschaften mit Einheiten und Verbänden der Bündnispartner in ihrer Tradition pflegt. Damit tragen die Soldaten der Bundeswehr zur Verständigung der Völker bei und wirken daran mit, daß der Schutz von Frieden und Freiheit als gemeinsame Aufgabe verstanden wird.

Wie in jedem anderen Staat, so haben auch in der Bundesrepublik Deutschland bestimmte Symbole, Formen und Zeremonielle sowohl integrative, verbindende Eigenschaften als auch Brauchtum pflegende Wirkung.

In der Traditionspflege hat deshalb die schwarz-rot-goldene Flagge als Sinnbild des Zusammengehörigkeitsgefühls aller Deutschen hervorragende Bedeutung.

Diese Farben erinnern uns daran, daß das gesamte deutsche Volk aufgefordert bleibt, in freier Selbstbestimmung die Einheit und Freiheit Deutschlands zu vollenden, wie es in der Präambel unseres Grundgesetzes heißt, und wie es im Lied der Deutschen, unserer Nationalhymne, seinen dichterischen Ausdruck findet.

Symbole
Zeremonien

Daher sind für uns gleichermaßen wichtig:

- die Nationalhymne, das Lied der Deutschen, als Ausdruck des Strebens nach Einigkeit und Recht und Freiheit;
- der Adler des deutschen Bundeswappens als Zeichen nationaler Souveränität, der dem Recht dienenden Macht und der geschichtlichen Kontinuität;
- das Eiserne Kreuz als Sinnbild für Freiheitsliebe, Tapferkeit und Ritterlichkeit;
- der Diensteid und das feierliche Gelöbnis als Bekenntnis und Versprechen;
- der Große Zapfenstreich als feierlicher Ausdruck der Zusammengehörigkeit der Streitkräfte;
- das Lied vom Guten Kameraden und das militärische Ehrengeleit als besondere Form der Ehrung über den Tod hinaus.

Die Bedeutung dieser Symbole, militärischen Zeremonielle und Formen muß in der soldatischen Ausbildung und Erziehung erklärt und wachgehalten werden. Auch sie dürfen der Wertgebundenheit unserer staatsbürgerlichen Inpflichtnahme nicht widersprechen. Daran erinnert uns ein heute bereits klassischer Leitsatz aus dem Jahre 1956, den der Deutsche Ausschuß für Erziehungs- und Bildungswesen beschloß: »So wenig die erzieherische Bedeutung dessen, was heute an soldatischer Tradition noch wertvoll ist, geleugnet werden kann, so sehr muß darauf geachtet werden, daß sie nicht im Widerspruch zu Geist und Form der freiheitlichen Einrichtung gerät, zu deren Verteidigung die Bundeswehr berufen ist.«[7]

Und damit bin ich zu meinen Ausgangsthesen zurückgekehrt. In ihnen werden vier Grundeinsichten deutlich, die die Tradition der Bundeswehr und ihr Selbstverständnis bestimmen:

1. Gemessen an ihren Vorgängern ist die Bundeswehr eine Neuschöpfung. Sie ist nicht nur das Kind unserer Demokratie, sie ist auch eine republikanische Armee, ausschließlich für Zwecke der Verteidigung geschaffen und getragen von demokratischen Überzeugungen ihrer Angehörigen.

2. Das Neue kann nur begreifen, wer das Leitbild vom Staatsbürger in Uniform auch als Antwort auf den deutschen Soldaten in der Geschichte sieht. Das heißt, ehe wir antworten, müssen wir Kenntnis nehmen von dem, auf den wir antworten wollen.

3. In dieser Antwort ist Wertentscheidung und Motivation des Bürgerdienstes in Uniform begründet. Deshalb braucht die Bundeswehr Tradition.

4. Unser Traditionsverständnis stellt uns nun auch frei zu erkennen, daß die Rückbindung soldatischer Werthaltungen allein an politische Ordnungen und Ziele unserem Menschenbild nicht gerecht wird.

Soldatische Tapferkeit

»So wie über den Bürgerrechten die allgemeinen Menschenrechte stehen, stehen über jeder politischen Wertordnung die allgemeinen Grundwerte der Humanität und der menschlichen Vernunft. Deshalb gehört auch die Wertschätzung soldatischer Tapferkeit zum gemeinsamen Kulturerbe der Menschheit.«[8] Sie kann weder dem Soldaten der Roten Armee noch dem Deutschen Soldaten verwehrt werden. Soldaten sind verpflichtet, dies gegen allen politischen Opportunismus zu bezeugen. Sie würden andernfalls ihre eigene Würde zur Disposition stellen.

Dialog der Generationen

Traditionspflege sollte stets als Dialog der Generationen verstanden werden. Auch oder besonders mit der Generation, die aus dem letzten Krieg nicht lebend zurückkehren konnte.

Der bedrückendste Gedanke für mich ist, unsere Väter könnten in Verzweiflung gestorben sein, weil sie den Sinn ihres Todes nicht zu erkennen vermochten. Doch wenn ich mich umschaue, wenn ich wahrzunehmen suche, in welche politische Freiheit ich hineinwachsen konnte, bin ich sicher, daß ich etwas von dem Sinn ihres gewaltsamen Todes begreifen kann. Viele von ihnen ahnten gerade in ihrem Sterben, was es weiterzugeben galt. Auf den Schlachtfeldern oder in den unzähligen Lagern, die der Krieg errichtete, im Hagel der Bombennächte oder in der eisigen Kälte der Flüchtlingsstraßen hatten sie erfahren, daß es etwas zu schützen gibt überall in der Welt. Deshalb schrieben die Überlebenden »im Bewußtsein ihrer Verantwortung vor Gott und den Menschen« in den Artikel 1 unserer Verfassung: Die Würde des Menschen ist unantastbar.

So kann ich über Tradition nur reden, wenn ich zunächst jenen bezeuge, die heute so jung sind, wie ich am Ende des Krieges: Die Generation der Überlebenden hat diese Demokratie und ihre Wehrverfassung als Antwort persönlicher Zeugenschaft oder Verstrickung in das Unrecht bewußt geschaffen. Wäre ich nicht dieser Überzeugung, ich hätte zur Traditionspflege in der Bundeswehr nichts zu sagen.

Anmerkungen:

1. Kommandeurtagung der Bundeswehr, Oktober 1982
2. Brigadegeneral von der Recke, Vorsitzender
   Oberst von Scheven (Heer)
   Kapitän zur See Dr. Graubohm (Marine)
   Oberstleutnant i. G. Ludwig (Luftwaffe)
   Oberstleutnant Dr. Schubert (Sekretär)
   Konteradmiral Wellershoff nahm für den Generalinspekteur eine beratende Funktion wahr.
3. Rede des Bundespräsidenten Carl Carstens vor der Führungsakademie der Bundeswehr am 19. März 1982. In: Bundespräsidialamt: Mitteilungen für die Presse vom 19. März 1982, Bonn
4. Ebd.
5. Adrian Dostal: Tradition in der Bundeswehr – Eine empirische Untersuchung durch Betroffene. In: Deutsche Studien. Lüneburg, 1982, S. 52–73
6. Befragte Soldaten: 322
   Kontrollgruppe an weit entferntem Standort: 104 Soldaten aller Dienstgrade
7. Die Empfehlung des Deutschen Ausschusses für das Erziehungs- und Bildungswesen aus Anlaß des Aufbaus der Bundeswehr. Düsseldorf, 1956. In: ZDv 11/1 (alt), S. 19
8. Werner von Scheven: Unveröffentlichtes Manuskript, Februar 1984

Dieter Clauß

Menschenführung

Für den amtierenden Kommandeur der Führungsakademie der Bundeswehr ist es nahezu ein »Muß«, »seinen« Clausewitz zu zitieren – auch beim Thema Menschenführung.

»Bei jeder auf die physischen Kräfte sich beziehenden Regel muß der Theorie im Geist der Anteil vorschweben, den die moralischen Größen dabei haben können«, stellt Clausewitz in seinem Grundwerk »Vom Kriege« fest. Und er fährt an anderer Stelle fort: »Und so sind denn auch die meisten Gegenstände, welche wir in diesem Buch durchlaufen, halb aus physischen, halb aus moralischen Ursachen und Wirkungen zusammengesetzt, und man möchte sagen: Die physischen erscheinen fast nur wie das hölzerne Heft, während die moralischen das edle Metall, die eigentliche, blank geschliffene Waffe sind.«[1]

Meine bisherigen Erfahrungen in der Truppe sowie als Kommandeur des Zentrums Innere Führung und nun der Führungsakademie weisen in die gleiche Richtung. Die geistige Grundhaltung einer Armee ist wichtiger als ihre Ausrüstung, die innere Einstellung ausschlaggebender als Kampfpanzer, Flugzeuge und hochmoderne Waffensysteme. Die Praxis der Menschenführung in den Streitkräften bestimmt in hohem Maße, inwieweit die Bundeswehr einsatzbereit und damit einsetzbar und schlagkräftig ist. Wir haben diese Erkenntnis in den letzten Jahren vielleicht ein bißchen aus den Augen verloren.

Praxis der Menschenführung bestimmt Schlagkraft der Armee

Ich will keine umfassende Bestandsaufnahme auf dem Gebiet der Menschenführung in den Streitkräften vornehmen. Aber einige Aspekte möchte ich hervorheben, die mir für die Zukunft von Bedeutung scheinen.

Komponenten der Menschenführung

Menschenführung ist das Einwirken auf das Verhalten von Menschen in eine bestimmte Richtung. Wir müssen uns daher immer auf die zwei Komponenten dieses Begriffes besinnen: auf den Menschen, auf die Sinnerfüllung der zwischenmenschlichen Beziehungen, seinen Wertebezug, unser von der Verfassung vorgegebenes Menschenbild und die christliche Auffassung, daß der Mensch das Ebenbild Gottes ist; und auf die Führung, auf die Auftragserfüllung durch den militärischen Führer, die von ihm die Erziehung, Ausbildung und Führung der ihm unterstellten und ihm damit anvertrauten Soldaten im Frieden und Krieg fordert. Die Zusammenschau beider Perspektiven verhindert sowohl, daß wir den grundgesetzlichen Auftrag der Verteidigung aus den Augen verlieren und ausschließlich »soziale« Aspekte berücksichtigen, als auch, daß wir in dem Menschen in der Bundeswehr nur ein Instrument zur Auftragserfüllung sehen.

So verstandene Menschenführung mutet dem Soldaten nur das zu, was für »Verteidigung« notwendig ist, dies allerdings konsequent.

Für die Streitkräfte wirft diese doppelte Perspektive die Frage auf:

Wie können wir den Freiheitsraum des Staatsbürgers in der Bundeswehr unbeschadet der militärischen Ordnung so erweitern und entfalten, daß er als Soldat keinen grundsätzlichen Widerspruch erlebt zwischen der Ordnung, in der er als Soldat seine Pflicht erfüllt, und der Lebensordnung, die zu verteidigen er berufen wird?

Menschen-bild unserer Verfassung erlebbar machen

Es gilt, das Menschenbild unserer Verfassung in den Streitkräften tagtäglich zu verwirklichen, die Grundrechte erlebbar zu machen. Nur dann kann die erforderliche Motivation des Soldaten erhalten bleiben und sich entwickeln und die Überzeugung von der Verteidigungswürdigkeit des eigenen Landes verstandes- und gefühlsmäßig wachsen. Untersuchungen haben gezeigt, daß Einsicht und Wissen, wofür man dient, häufig weniger eine Folge des staatsbürgerlichen Unterrichts, als vielmehr eine Auswirkung des allgemeinen öffentlichen Bewußtseins in der Demokratie sind. Damit kommt der Art, wie man miteinander umgeht, also der Menschenführung in der Bundeswehr, hohe politische Bedeutung zu:

Menschenführung ist die intensivste Form der politischen Bildung!

Im Umgang miteinander muß das Menschenbild unserer Verfassung erlebbar werden. Jeder militärische Führer trägt große Verantwortung für die Motivation seiner Soldaten und für ihre Einsatzbereitschaft. Das gilt besonders für diejenigen, die am Mann stehen, die Gruppen- und Zugführer, die Einheitsführer. Ihre Art des Umgangs mit ihren Soldaten, ihr tägliches Beispiel ist entscheidend.

Unter welchen Rahmenbedingungen findet Menschenführung in den Streitkräften heute statt, was erschwert sie?

Für die Rahmenbedingungen nenne ich einige Stichworte: Wertewandel, veränderte Einstellungen zu Autoritäten und Ordnungsprinzipien, Partizipationsbestrebungen, ein ausgeprägtes soziales Gewissen, Angst oder Hoffnungslosigkeit angesichts der Schrecken eines Krieges in Mitteleuropa.

Heutige Wehrpflichtige »privatisieren«

Doch mit allgemeinen Erkenntnissen dieser Art ist vorsichtig umzugehen, ebenso mit unseren eigenen persönlichen Erfahrungen. Die Bundeswehr hat es mit ständig neuen Generationen von Wehrpflichtigen zu tun. Einstellungen zu Staat, Gesellschaft und Bundeswehr wechseln. Frage- und Problemstellungen ändern sich, oft auch sehr kurzfristig. So gilt für die zur Zeit dienende Generation sehr stark die Lebensregel »Privatisieren«. Aus Überzeugung, nicht aus Frust, zieht man sich in seine private Nische zurück, wehrt sich daher auch gegen »hautnahe« Autoritäten wie Gruppen- und Zugführer. Etwa die Hälfte der Wehrpflichtigen sind Einzelkinder und haben damit größere Eingewöhnungsschwierigkeiten als Jugendliche, die mit Geschwistern aufgewachsen sind. Die Generation der »Aufsässigen«, die Ende der sechzi-

256

ger Jahre und Anfang der siebziger Jahre das Bild der jungen Generation prägte, hat die Bundeswehr längst verlassen. Man klinkt sich heute eher aus, geht in die »innere Emigration«, paßt sich an, konzentriert sich auf die Wochenendfahrt nach Hause. Als militärischer Vorgesetzter verliert man mit zunehmendem Abstand und Dienstgrad leicht den Kontakt zu dieser »Basis«. Das merkt man spätestens dann, wenn der eigene wehrpflichtige Sohn plötzlich von einer »ganz anderen« Armee erzählt als sein Vater.

Schließlich erschweren berufsspezifische Belastungen die Menschenführung in den Streitkräften: unregelmäßige Dienstzeit, Versetzungshäufigkeit, heimatferne Einberufung sowie gelegentlich fehlende Kontinuität in den Gruppenstrukturen.

Wer die Bundeswehr kennt, wird ihr durchaus erfolgreiches Bemühen in der Menschenführung bescheinigen. Dennoch gibt es keinen Anlaß, sich mit dem Erreichten zufriedenzugeben und in den kontinuierlichen Anstrengungen nachzulassen.

Grundfrage ist:

Welches Menschenbild haben unsere militärischen Führer für Ausbildung und Erziehung vor Augen? Was wissen sie von ihren Soldaten, von ihren Einstellungen, Erfahrungen, Ängsten, Hoffnungen?

Setzen sie ihre Erfahrungen etwa mit denen junger Soldaten von heute gleich?

Auf diese Fragen wird es keine einheitlichen Antworten geben können. Aber jeder militärische Führer muß sich um seine Antwort ständig bemühen. Sie bestimmt die Einstellung zu seinen Soldaten: Wie ernst nimmt er sie? Welche Freiräume gibt er ihnen? Welche Verantwortung traut er ihnen zu? Wie dosiert er seine Forderungen? Insbesondere seinen wehrpflichtigen Soldaten muß er die Gewißheit geben können, daß sie »gebraucht«, nicht etwa nur »benutzt« werden. Er muß ihnen deutlich machen, daß Wehrdienst keine verlorene Zeit sein muß. *Wehrdienst keine verlorene Zeit*

Über Wissen und Einsicht hinaus, ein für die Gemeinschaft sinnvolles Opfer zu bringen, muß sichtbar werden, wo der einzelne Soldat selber Nutzen trägt: Dies geschieht bereits durch gemeinsamen Dienst und Zusammenleben mit Menschen, die er sich nicht ausgesucht hat, die anders denken und fühlen als er. Dies kann geschehen durch »soziales« Engagement im Rahmen der Mitgestaltung des menschlichen Umfeldes. Auch das zielstrebige Ausnutzen von Weiterbildungsmöglichkeiten fördert den Soldaten in seiner Entwicklung. Die stärkste Herausforderung für seine Persönlichkeitsentwicklung erfährt der junge Soldat aber durch die Übernahme von Verantwortung für Menschen und Material, durch Möglichkeiten der Mitgestaltung seines unmittelbaren dienstlichen Umfeldes. Er braucht dazu Anleitung, Ermutigung und Anerkennung. *Auftragstaktik*

257

Fehler machen können

Wird Auftragstaktik von den verantwortlichen Führern ernstgenommen, werden Freiräume und Handlungsspielraum gewährt, so eröffnet sich auch für den Wehrpflichtigen ein weites Betätigungsfeld für selbständiges, kreatives, sich selbst forderndes Handeln. Die Geführten werden – und dürfen – dabei Fehler machen, die verantwortlichen Führer brauchen daher Geduld, eigenen Handlungsspielraum und Humor. Gibt es davon genug in dieser Armee?

Auftragstaktik heißt selbstverständlich nicht Verzicht auf Dienstaufsicht, Kontrolle oder Eingreifen. Aber in der Art der Durchführung zeigt sich die Einstellung zum Menschen.

Dienstaufsicht soll keine Angst verbreiten, sondern Mut machen, helfen. Manchmal kritisieren wir zuviel und vergessen dabei das längst fällige Lob.

Fürsorge-pflicht

Zwei letzte Anmerkungen zur Motivation durch Führung.

Gelegentlich kann der Eindruck entstehen, daß Offiziere ihre Fürsorge-pflicht ihren Untergebenen gegenüber nicht mehr so ernst nehmen, wie es gute Tradition in deutschen Streitkräften ist. Vielleicht kümmern sie sich manchmal zuviel um sich selbst. Selbstlosigkeit und Hartnäckigkeit im Kampf für die Belange der Untergebenen sind Voraussetzung für Vertrauen und Autorität. Und wenn tatsächlich keine Hilfe möglich ist, dann sollte ehrliche Betroffenheit spürbar werden.

Und schließlich vermisse ich bisweilen die sichtbare Freude an der Arbeit, am Umgang mit Menschen, auch bei der Erledigung schwieriger Arbeit. Erst diese Haltung, zu der man sich erziehen kann, gibt Kraft und Energie, notfalls bis an die Grenze der Leistungsfähigkeit zu gehen.

Kleine Kampf-gemeinschaft

Für den jungen Soldaten ist der Einfluß des Führers, sein Verhalten und sein Umgang mit den anvertrauten Menschen *eine* entscheidende Größe für die Motivation. Eine andere ist die überragende Bedeutung der »kleinen Gruppe«, die sich innerhalb der militärischen Struktur bildet.

In diesen kleinen informellen Gruppen entstehen die gefühlsbezogenen Bindungen, die häufig stärker sind als die formalen Pflichten. In seiner Gruppe, unter seinen Kameraden, fühlt sich der Soldat geborgen. Aus dieser kleinen Gemeinschaft schöpft er die Kraft, seine Pflicht im Frieden zu tun und die Schrecken des Krieges auszuhalten.

Er kämpft, wie der Schweizer Bigler es ausdrückt, »im Kriege entschlossen für das Fortbestehen dieser psychischen Friedensinsel inmitten eines Meeres der Unsicherheit und Feindseligkeit.«[2]

»Inseln der Geborgen-heit«

Diese »Inseln der Geborgenheit« müssen militärische Führer auch im Frieden erhalten und respektieren. Daher ist der Tendenz zum Fachmann und Spezialisten, der Tendenz zur Überbetonung der meßbaren Teile der Ausbildung und zur Vernachlässigung der »nicht meßbaren« Faktoren entgegenzuwirken. Vorsicht ist geboten vor übertriebener »Stationsausbildung«, Ausbildungsklassen, der Verwürfelung von Gruppen für besondere Vorhaben. Sehr genau ist abzuwägen, ob der Vorteil einer vielleicht effektiveren Ausbildung sich lohnt angesichts des Verlustes an »militärischer Heimat« für den einzelnen Soldaten.

Gemeinschaftsgefühl wird vor allem durch gemeinsame Erlebnisse in der Gruppe entwickelt; gemeinsam bewältigte schwierige Aufgaben schweißen besonders zusammen. Vom militärischen Führer wird Kreativität verlangt, solche Situationen für die Gruppe immer wieder zu schaffen.

Besonders schwierig ist es, den vielen Reservisten, auf die die Bundeswehr in Zukunft noch verstärkt angewiesen sein wird, die militärische Heimat und Motivation zu erhalten. Hier müssen die Anstrengungen aller militärischen Führer verstärkt werden.

Schließlich verdient noch ein Element der »soldatischen Gemeinschaft« Beachtung, das bisweilen vergessen wird: die Familie des Soldaten.

Familie des Soldaten einbeziehen

Unsere Familien sind keine »Anhängsel«, sondern sie bestehen aus uns anvertrauten Menschen; sie sind gleichzeitig Quelle der Geborgenheit bei der Ausübung unseres Berufs. Daraus ergibt sich für die Vorgesetzten die Pflicht zur Sorge um die Familien. Es gibt eben auch Zeiten, in denen die Familie absolute Priorität hat. Besonders der verheiratete Soldat muß sich auf das Verständnis und Einfühlungsvermögen seiner Vorgesetzten verlassen können.

Im Umgang miteinander, so habe ich einleitend festgestellt, muß unser Menschenbild deutlich werden. Grundlage jeden menschlichen Umgangs miteinander ist das Vertrauen. Es kann nur wachsen, wenn die Menschen miteinander »kommunizieren«, wenn im Gespräch keine Schranken zwischen ihnen bestehen.

Vertrauen und Gespräch

Von Friedrich dem Großen stammt der Satz: »Der Führer muß mit den Soldaten reden, wenn er an ihren Zelten vorbeikommt.« Dies gilt auch heute uneingeschränkt: Der Vorgesetzte soll sich sehen lassen bei seinen Leuten, soll ein »Führer zum Anfassen« sein. Ohne diesen persönlichen Kontakt gibt es keine Gemeinschaft im soldatischen Bereich.

Das ist leichter gesagt als getan. Hier gibt es Hemm-, bisweilen Angstschwellen.

Daher ist ständiges Gespräch mit und zwischen Untergebenen, Gleichgestellten und Vorgesetzten, vor allem also »Zeit für den Menschen« erforderlich, will man nicht mit einem Zerrbild von der Wirklichkeit herumlaufen. Einem militärischen Vorgesetzten wird diese Zeit nicht gegeben, er muß sie sich nehmen, ja erkämpfen. Belohnt wird diese Mühe durch die Erfahrung, daß der Umgang miteinander Spaß macht, Berufsfreude schenkt, neue Wege aufzeigt und das Führen leichter macht, denn es ist getragen von gegenseitigem Verständnis.

Zeit für den Menschen erforderlich

Das direkte Gespräch ist gerade jetzt im Zeitalter hochmoderner Informationstechnik wichtig. Das Computerzeitalter gibt Vorgesetzten ungeahnte

Möglichkeiten der Informationsgewinnung, es macht aber auch Führung anonymer und das menschliche Klima kälter.

Schwerpunkte für die Zukunft: Mitmenschlichkeit

Wo sollten wir unsere Schwerpunkte setzen?

Wir verfügen über modernes, qualitativ hervorragendes Gerät. Unsere Ausbildung kann sich sehen lassen. Unsere Streitkräfte sind im Bündnis anerkannt, ihre Schlagkraft steht außer Zweifel. Wir sind in die Gesellschaft integriert. Wir haben seit einiger Zeit wieder genügend qualifizierten Unteroffizier- und Offiziernachwuchs.

Dies sollte uns als Anstoß dienen, unser Augenmerk mehr noch als bisher auf den Menschen zu richten. Militärisches Führen verlangt in erster Linie Mitmenschlichkeit. Nur so läßt sich der Soldat motivieren und der militärische Auftrag, auch im Ernstfall, erfüllen. Die Voraussetzungen für Menschenführung in den Streitkräften sind nicht schlecht. Wenn wir selbstkritisch bleiben, wenn wir weiter an uns arbeiten, wird die Bundeswehr ohne größere Motivationsprobleme in den vor uns liegenden Jahren ihren Auftrag erfüllen können. Ich bin zuversichtlich.

Anmerkungen:

1. Carl von Clausewitz: Vom Kriege. 3. Buch. 3. Kapitel. Stuttgart, 1981, S. 187f.
2. Rolf R. Bigler: Der einsame Soldat. Frauenfeld, 1983, S. 51

Bechtold Graf von Bernstorff

Offizier als geistiger Beruf

I. Einleitung

1.1 Bildung als Problem und Begriff

»Die Bundeswehr ist dabei, das ungebildetste Offizierkorps der deutschen
Geschichte heranzuziehen, nämlich Offiziere, die Clausewitz nicht kennen,
Manstein nicht lesen und kaum an eine Fremdsprache herangeführt werden,
die weder ausreichende militärische Kenntnisse, noch genügend praktische
Erfahrungen erwerben.«[1]

Mit diesen Worten übte General Uhle-Wettler Kritik an der seiner Ansicht
nach völlig unzureichenden Bildung junger Offiziere.

Ihm darf nicht unterstellt werden, daß sich sein Bildungsbegriff in der Kenntnis von Clausewitz, im Lesen von Manstein und im Heranführen an eine
Fremdsprache erschöpft.

Sonst könnte, fast schon etwas polemisch, danach gefragt werden, wo denn
die großen Clausewitzkenner waren, als die Finanzierung des Tornado ins
Trudeln geriet und das Verwürfelungssystem[2] im Heer die Kameradschaft
und den Zusammenhalt der kleinen Kampfgemeinschaft aushöhlte.

Hier wären umfassende technische, betriebswirtschaftliche und sozialwissenschaftliche Kenntnisse sicher hilfreicher gewesen.

Eines kann dieses Zitat aber exemplarisch zeigen: die große Bedeutung, die
ein durch Geschichtsstudium und Generalstabslehrgang geistig geschulter
und als militärischer Führer erfahrener Soldat der Bildung der Offiziere bei-
mißt. *Hoher Stellenwert der Bildung*

Die starke Betonung der Geschichtswissenschaft ist bei einem promovierten
Historiker verständlich und unterstreicht nur einen gravierenden Mangel unseres Schulsystems. Aber in unserer heutigen Welt sind die Sozial- und besonders die Naturwissenschaften für eine umfassende Bildung von gleicher
Bedeutung.

Theodor Litt hat in seinem sehr lesenswerten kleinen Buch »Naturwissenschaft und Menschenbildung« besonders darauf hingewiesen.

Wir wollen mit ihm »Bildung als jene Verfassung des Menschen bezeichnen,
die ihn in den Stand setzt, sowohl sich selbst als auch seine Beziehungen zur
Welt in Ordnung zu bringen«[3].

Da der Mensch ein historisches Wesen sei, fährt Litt fort, schließe das die
Wandlung und Erweiterung des Begriffes »Bildung« stets mit ein, wenn ein
tiefgreifender Wandel der äußeren oder inneren Situation des Menschen ein-
trete.

Nach unserer Definition wirkt Bildung auf alle Ebenen der menschlichen Persönlichkeit ein. Sie erfaßt nicht nur den Verstand, sondern wirkt gleichermaßen auf das Gefühl, vermittelt Werte und Überzeugungen.

1.2 Begründung des Themas

»Der Offizier (braucht) einen Bildungshorizont, der es ihm ermöglicht, aus sich selbst heraus Antworten auf Fragen seines Berufsfeldes zu geben – bei gleichzeitigem Erkennen übergeordneter Bezüge und entsprechendem Einordnen des eigenen Handelns ... Theoretisch-wissenschaftliche Kenntnisse wie praktische Fähigkeiten: Beides ist vom Offizier gefordert.«[4]

Persönliche Neigung reicht nicht

Trotz dieses eindeutigen Bekenntnisses zu einer umfassenden Bildung gibt es auch heute noch manche Vorurteile gegen eine wissenschaftliche Ausbildung als Teil der Ausbildung zum Offizier. Auch das anfangs genannte Zitat weist darauf hin. Hier muß in der Sache immer wieder überzeugt werden.

Hinzu kommt, daß viele Offizieranwärter und junge Offiziere von Schulen kommen, in denen sie viel zu früh gelernt haben, nur ihren persönlichen Neigungen und Interessen nachzugehen und arbeitsintensiven Wissensgebieten auszuweichen. Von einer breiten Bildung, von guten Grundlagen in Deutsch und Mathematik, in Sprachen und Naturwissenschaften, in Geschichte und Gesellschaftswissenschaften kann meist keine Rede sein. Diese jungen Männer treffen auf eine Welt, die ständig von den großen Aufgaben der Zukunft redet und kaum in der Lage scheint, die Herausforderungen der Gegenwart zu bewältigen. Es ist gleichzeitig eine Welt, in der sich das Wissen auf fast allen Gebieten rasch vermehrt. In dieser Lage wird der auf der Schule einmal begonnene Weg nur zu gern fortgesetzt. Die Furcht vor Dilettantismus einerseits, vor einem sehr großen Arbeitspensum andererseits, verleitet zu früh zur Spezialisierung und damit schließlich zur Einseitigkeit.

Diese Gefahr soll herausgearbeitet werden, weil ihre Überwindung die Notwendigkeit einer umfassenden Bildung zwingend begründet.

1.3 Zur Methode

Geistige Disziplinierung

Die vorliegende Arbeit ist nicht als wissenschaftlicher Aufsatz gedacht. Sie soll beim Leser das Interesse am Problem wecken. Der Offizieranwärter und junge Offizer wird dabei allerdings nicht stehenbleiben dürfen. Wer zum disziplinierten, wissenschaftlichen Denken erzogen wurde, darf sich nicht der Selbsttäuschung hingeben, dies alles gälte nur seiner Fachdisziplin. Bei aller Bedeutung des erworbenen Fachwissens liegt doch der Hauptgewinn einer wissenschaftlichen Ausbildung, wie sie zur Zeit alle Offizieranwärter mit einer Mindestverpflichtungszeit von zwölf Jahren durchlaufen, in der systematischen geistigen Disziplinierung und Schulung einerseits, in der Förderung der Kreativität, der Selbständigkeit und Verantwortungsfreude andererseits. Gerade diese Geisteshaltung fordert aber die ständige Erweiterung der eigenen Bildung.

Ein kurzer historischer Rückblick soll zeigen, wie in der Vergangenheit in

Zeiten des Umbruchs die Notwendigkeit einer jeweils besseren Bildung für den Offizier gefordert wurde.

In einem zweiten Schritt wird gezeigt, daß wir uns heute wieder in einer Umbruchphase befinden und welche Aufgaben uns daraus jetzt und später erwachsen.

2. Geschichtlicher Rückblick

2.1 Bildungsbestrebungen für das Offizierkorps Brandenburg-Preußens

2.1.1 Gesellschaftlich-politische Veränderungen nach 1648

Die Epoche des Absolutismus stellte für die deutschen Fürstentümer nach dem Dreißigjährigen Krieg eine Phase starker Veränderungen dar. Für Brandenburg-Preußen, unser Beispiel, wird dieser Umbruch durch den Aufbau eines stehenden Heeres, die Organisation einer straffen staatlichen Verwaltung, durch massive Eingriffe und Umstrukturierungen in der Wirtschaft einschließlich eines umfassenden Systems staatlicher Steuern und schließlich durch die Brechung der Macht des Adels und seine Einbindung in den absolutistischen Staat gekennzeichnet.

Das stehende Heer, anfangs mehr politisches Machtmittel, manchmal auch Verhandlungsobjekt oder gar Spielzeug der Fürsten, wird unter Friedrich II. schließlich als Kriegsinstrument eingesetzt, um Preußen als zweite Macht in Mitteleuropa neben Österreich zu etablieren und den Landgewinn aus dem Ersten Schlesischen Krieg erfolgreich abzusichern.

Für diese Aufgaben reichte in einer veränderten Welt die oft dürftige Bildung besonders der Subalternoffiziere nicht mehr aus.

2.1.2. Erste Versuche einer systematischen Bildung der Offiziere

»Das Waffenhandwerk erfordert sehr ausgedehntes Wissen. Es ist eine lächerliche und freche Behauptung im Munde vieler Leute: Mein Sohn will nicht studieren. Zum Soldaten weiß er genug. Jawohl, zum gemeinen Infanteristen, aber nicht zum Offizier, der nach den höchsten Stellen strebt ...«[5]

Ausgedehntes Wissen erforderlich

Der Zorn Friedrichs richtete sich hier gegen die Söhne aus »ersten Häusern«. Der »arme Adel« dagegen erhielt eine für die damalige Zeit relativ breite, Verstand und Charakter formende und fördernde Erziehung und Bildung in den zu diesem Zweck bereits vom Großen Kurfürsten gegründeten und von seinen Nachfolgern vermehrten Kadettenkorps und Ritterakademien.

Friedrich II., der als Herrscher und kriegserfahrener Soldat sehr scharfsichtig die Schwäche eines sozialen Systems erkannte, das sich im wesentlichen auf den Adel stützte in einer Zeit, da dieser dem geistig aufstrebenden Bürgertum gegenüber immer mehr ins Hintertreffen geriet, ist nicht müde geworden, sein Offizierkorps zu bilden. Die aufblühende Militärliteratur, besonders nach dem Siebenjährigen Krieg, ist ein äußeres Anzeichen dafür, daß der Erfolg nicht ausblieb.[6]

2.2 Die preußische Heeresreform von 1806/07

2.2.1 Die Herausforderung der Französischen Revolution von 1789

Folgen wir unserer Definition von Bildung, so mußte die Revolution von 1789 eine gewaltige Herausforderung darstellen.

Alte Bindungen zerbrechen

Ehe die Zeitgenossen die revolutionären Veränderungen noch recht begriffen hatten, brachen die alten Bindungen unter dem Marschtritt französischer Regimenter überall in Europa zusammen.

Goethe hatte das schon ein paar Jahre zuvor bei Valmy erkannt. Nach Jena war aber auch in Preußen den meisten klar, daß »die Beziehungen zur Welt« nicht mehr in Ordnung waren, ja, daß man auch nicht mehr im Stande war, sich selbst »in Ordnung zu bringen«.

Zopf und Fuchtel der friderizianischen Armee waren bei aller Tapferkeit, die vielfach gezeigt wurde, dem Enthusiasmus und der bürgerlichen Bildung der französichen Heere unterlegen. Was schwerer wog: Der neue Geist von Freiheit, Gleichheit und Brüderlichkeit brach sich Bahn und erschütterte eine Welt, die durch Adelsprivilegien und absolute Herrschaft des Monarchen zusammengehalten wurde, in ihren Grundfesten.

2.2.2 Die Antwort der Reformer

»Einen Anspruch auf Offizierstellen sollen von nun an in Friedenszeiten nur Kenntnisse und Bildung gewähren, in Kriegszeiten ausgezeichnete Tapferkeit und Überblick ... Aller bisher stattgehabter Vorzug des Standes hört beim Militär ganz auf ...«[7] Ein neues Bild des Offiziers wird hier entworfen, nicht der kühle, intellektuelle Rechner und schon gar nicht der ungeschulte und ungebildete Landsknecht. Man wollte den hochgebildeten, selbstkritischen und charakterfesten Offizier, der mit Herz und Verstand führte und gehorchte. Gesucht war »der Selbsttätige und Ungebrochene, der sein Regulativ in sich, in den Kräften des Gemüts trug«[8].

Boyen, Grolman, Scharnhorst, Gneisenau und ihr größter Schüler, Carl von Clausewitz, verkörperten diesen Typ. Sehr viel später auch der ältere Moltke und, dann aber in einer Zeit des geistigen und moralischen Umbruchs und Niedergangs, noch einmal Ludwig Beck.

Neue Generation

Die unmittelbaren militärischen Erfolge der Reformer waren überzeugend, und wenn auch die Restauration nach 1815 über Jahrzehnte zu Stillstand und Rückschritt führte, so wuchs doch aus den neu gegründeten Bildungsstätten eine Generation von hochgebildeten Soldaten heran, deren Gesichtskreis oft weit über ihre militärische Aufgabe hinausging.

2.2.3 Der Generalstab

Hier liegt eine der wesentlichen Wurzeln des preußischen Generalstabes, von Moltke zu seiner höchsten Blüte geführt als Elite aus Bildung, Charakter und praktischer Führungskunst, militärische Fachleute mit dem Blick für die

Zusammenhänge und noch eingedenk der Lehre von Clausewitz vom Primat der Politik.

Walter Görlitz hat in seiner »Kleine(n) Geschichte des deutschen Generalstabes« den Aufstieg und Niedergang dieser Institution anschaulich beschrieben.[9]

Nach Moltke gewann die militärische Bildung mehr und mehr an Raum und führte letztlich zum einseitigen, allerdings auf seinem Fachgebiet unübertroffenen Spezialisten, wie er uns besonders in der Person Ludendorffs im Ersten Weltkrieg entgegentritt.

Clausewitz war vergessen, der Krieg als Fortsetzung der Politik wurde in sein Gegenteil pervertiert. Jetzt diente die Politik dem Krieg, er wurde »total«. Der uneingeschränkte U-Boot-Krieg ist nur ein Beispiel dafür, die maßlosen Kriegsziele ein anderes.

Politik diente dem Krieg

3. Die Notwendigkeit einer umfassenden Bildung für den Offizier angesichts der Herausforderungen der Gegenwart

3.1 Der Auftrag

Jeder Soldat ist durch Gesetz und Eid oder Gelöbnis verpflichtet, der Bundesrepublik Deutschland treu zu dienen und das Recht und die Freiheit des deutschen Volkes tapfer zu verteidigen.

Der Auftrag gilt im Frieden, in Spannungszeiten und im Kriege. Er gilt dem Schutz eines demokratischen, freien Rechtsstaates, um den Bürgern dieses Staates die Unantastbarkeit ihrer Menschenwürde zu sichern. Aufträge definieren Ziele, lassen aber in der Wahl der Mittel und in der Durchführung Raum zur selbständigen Entscheidung.

Da die Gefährdung des Zieles zwar allgemein bekannt ist, im konkreten Fall aber zu einer fast unüberschaubaren Zahl von verschiedenen Lagen führen kann, fordert die Abwehr der Gefährdung den Soldaten auf vielen Ebenen seiner Persönlichkeit heraus.

»Nicht bloß Kenntnisse und Wissenschaften sind die Erfordernisse, die einen brauchbaren Offizier bezeichnen, sondern auch Geistesgegenwart, schneller Überblick, Pünktlichkeit und Ordnung im Dienst und anständiges Betragen sind Haupteigenschaften, die jeder Offizier besitzen muß.«[10]

Die Ansprache, die der Bundesminister der Verteidigung am 26. Juni 1984 anläßlich der Beförderung von Oberfähnrichen zum Leutnant an der Hochschule der Bundeswehr Hamburg hielt, knüpft eng an die Forderungen dieses Reglements von 1808 an.

»Theoretisch-wissenschaftliche Kenntnisse wie praktische Fähigkeiten, beides gehört zu Ihrem Ausbildungsbild, beides wird von Ihnen gefordert ... Ihre zentrale Aufgabe als Offizier wird die Führung und Erziehung von Men-

Haltung ist gefordert

schen und die Fürsorge für sie sein ... Mehr noch als fachliches Können wird dabei Ihre Haltung gefordert sein. Gefragt ist der militärische Führer, der menschlich denkt und menschlich führt.«

3.2 Die Herausforderung der Gegenwart

Die Welt von 1808 ist nicht die Welt von 1984 oder 1985. Auch unsere Gesellschaft ist nicht mit der Preußens in den Jahren der Reformen zu vergleichen. Dennoch kann man beide Zitate nebeneinanderstellen und manche Übereinstimmung feststellen.

Das liegt an der Art und Intensität der Herausforderungen, die die damalige wie die heutige Gesellschaft treffen und denen die Armee für ihren Auftrag in dem ihr zugewiesenen Bereich begegnen muß.

Sie führen zu tiefgreifenden sozialen Erschütterungen, wenn sie ohne Antwort bleiben.

3.2.1 Die ethisch-sittliche Herausforderung

Artikel 1 des Grundgesetzes beginnt mit dem Satz

»Die Würde des Menschen ist unantastbar.«

Jeder Offizier muß wissen, daß die Rechtfertigung allen Handelns als Soldat auf diesen Satz bezogen ist.

Bleibt dieser entscheidende Satz abstrakt, eine tote Formulierung aus einem Gesetzestext, dann fehlt der Antrieb, für den Schutz dieser Menschenwürde gegen äußere und innere Bedrohung alle Kräfte anzuspannen und im äußersten Falle auch das Leben dafür einzusetzen.

Bildung an Verstand und Herz

Die Bildung des Verstandes und des »Herzens«, die die unbedingte Achtung der Menschenwürde des anderen in uns verankert, beginnt in Elternhaus und Schule. Sie muß sich fortsetzen im Erwachsenenalter, und hier wird es einerseits darum gehen, den jungen (und älteren!) Offizier im täglichen Dienst den Schutz seiner Menschenwürde erleben zu lassen: Bildung durch Ausbildung und richtiges Führungsverhalten, Führen und Erziehen durch Beispiel und Vorbild!

Die Bildung muß aber auch den Verstand erreichen, muß die Wurzeln des Begriffs Menschenwürde in unserer durch das Christentum einerseits, durch eine humanistisch-aufklärerische Tradition andererseits geprägten Geschichte freilegen. Erst wenn beides erreicht ist, wenn Verstand und Gefühl diesen Wert sicher und vollständig in sich aufgenommen und verankert haben, wird es dem Offizier in unserer Welt gelingen, »sowohl sich selbst als auch seine Beziehungen zur Welt in Ordnung zu bringen«.

Bedrohung von außen und innen

Diese »innere Kontrolle« ist für unser Verhalten wichtig. Sie übersteht in vielen Fällen selbst stärkste Belastungen im Krieg und in der Gefangenschaft. Aber diese Belastungen treffen den Offizier auch im Frieden. Sie wachsen aus totalitären Ideen wie Kommunismus und Nationalsozialismus, aus der Drohung und dem Versuch politischer Erpressung von außen wie aus der radikalen Leugnung aller Werte, aus der Diffamierung der Demokratie und aus der blinden Angst, die in unserer Gesellschaft immer wieder Platz zu greifen versucht als Reaktion auf die Drohung von außen.

Um mit diesen Herausforderungen vernünftig umzugehen, bedarf es einer umfassenden ethisch-sittlichen Bildung. Sie allein ist auch in der Lage, die Spannung aufzufangen zwischen dem Ziel der Friedenserhaltung und der Notwendigkeit, sich als Offizier möglichst gut auf eben den Krieg vorzubereiten, den es unter Einsatz aller Kräfte zu verhindern gilt.

Nur so kann der Offizier sich seiner selbst und seiner Sache sicher sein, denn er hilft mit seinem Dienst, das Leben zu schützen, das durch den Schutz seiner Würde erst ein Leben als Mensch möglich macht.

3.2.2 Die geistige Herausforderung

Kein Mensch kann heute noch hoffen, das Wissen seiner Zeit weitgehend zu überschauen. Die rasche Vermehrung und Veralterung des Wissens zwingt zu lebenslangem Lernen.

Im Unterschied zur Zeit der preußischen Reformen stoßen wir heute aber bewußter auch auf eine neue Qualität des Wissens.

Innerhalb eines Menschenlebens treten neue, zuvor nicht gekannte Probleme, Gefahren und Herausforderungen auf, bieten sich andererseits neue Möglichkeiten, die es zu erkennen und zu nutzen gilt.

Als Beispiel seien hier nur zwei Gebiete genannt, die in den vergangenen vierzig Jahren an Bedeutung gewonnen haben. An erster Stelle steht die Kernspaltung mit ihren vernichtenden und segensreichen Folgen.

Für den Offizier haben sich daraus taktisch, operativ und schließlich strategisch völlig neue Probleme ergeben, und mit dem Fortschreiten der Waffentechnik allein auf diesem Gebiet ist ein Zwang zu ständig neuem Lernen gegeben. Herausgefordert ist aber auch eine ganz neue Ebene der Verantwortung und Moral. Krieg ist auch in der Vergangenheit für die betroffenen Menschen meist grausam und schrecklich gewesen und sicher nie »süß«, wie es das »dulce et decorum ...« vorzutäuschen scheint.

Aber Krieg hat erst durch die Möglichkeit des Einsatzes von Nuklearwaffen eine Dimension erreicht, die das Überleben der Menschen als Menschen in Frage zu stellen beginnt. Das technische Wissen um diese Möglichkeit fordert die umfassende Bildung auf ethisch-moralischem Gebiet, wie sie zuvor angesprochen wurde. Es ist dies nur ein Hinweis darauf, daß für den Offizier die einseitige Bildung des »Nur-Spezialisten«, des reinen Fachidioten, indiskutabel ist.

Dimension des Krieges verlangt neue Moral

Sein Auftrag, der ja immer letztlich ein politischer Auftrag ist, fordert Bildung auf allen Gebieten.

Wenn an dieser Stelle als zweites Beispiel wiederum eine technische Entwicklung angeführt wird, so geschieht das nur, weil sich gerade daran der Zusammenhang aller Bildung besonders deutlich herausarbeiten läßt.

Gemeint ist die Entwicklung der Datenverarbeitung im Zusammenhang mit einer rasch fortschreitenden Forschung auf dem Gebiet der Mikroelektronik.

Wie jede neue Entwicklung so ist auch diese in der Armee anfangs zum Teil auf Widerstand gestoßen. Schul- und Universitätsbildung oder auch Fort- und Weiterbildung der Offiziere klammerten dieses Gebiet zunächst häufig aus, so daß erst spät die Chancen erkannt wurden, die man in anderen Bereichen, z. B. in Wirtschaft und Industrie, längst nutzte.

Neue Techniken unverzichtbar

Heute wissen wir, daß ohne Datenverarbeitung das außerordentlich komplexe System einer Armee mit Personalproblemen und Führungsaufgaben, mit Management, Logistik und Kommunikation den Herausforderungen der Zukunft oder auch nur der Gegenwart nicht gewachsen wäre. Gewinn an Zeit und Informationen, Entlastung von Routineaufgaben, Einsparung von Menschen, Kosten und Material, neue Möglichkeiten der Organisation, Koordination und Kommunikation, an die früher nicht zu denken war, sind nur einige der gravierenden Vorteile. Wie immer in der Geschichte der Technik sind die Neuerungen aber auch von unerwünschten Folgen begleitet. Ist die Freisetzung von Personal in einer Zeit knapper werdender finanzieller Mittel und sinkender Bevölkerungszahlen für die Bundeswehr, im Gegensatz zur Gesellschaft insgesamt, eher positiv zu bewerten, so sind doch mit den wachsenden Problemen der Geheimhaltung und des Datenschutzes, mit der wachsenden Störanfälligkeit hochempfindlicher Technik, mit der Abhängigkeit von Hardware und Software, die nur im Rahmen ihrer Technik und Programmsprache flexibel sind und bei im Programm nicht vorausgesehenen Lagen eher zu Starrheit und mangelnder Flexibilität führen, einige Probleme angerissen, die es zu bewältigen gilt.

Versucht man, diese Entwicklung zu beurteilen, so kommt man fast zwangsläufig zu zwei Folgerungen.

Erstens: Der koordinierte und systematische Einsatz der Datenverarbeitung steht in den Streitkräften erst an seinem Anfang und wird in den kommenden Jahrzehnten mehr und mehr an Bedeutung gewinnen. Damit wächst die Notwendigkeit zur Dezentralisierung vor Ort einerseits, um nicht starr und unbeweglich zu werden, andererseits zwingt gerade diese Notwendigkeit auch zu einer stärkeren Verknüpfung, Koordination und übergreifenden Kontrolle, um das System führungsfähig zu erhalten.

Eine solche Aufgabe kann nur mit Offizieren erfolgen, die eine breite Bildung genossen haben. Dabei muß ein Teil der Bildung ganz eindeutig eine hochqualifizierte wissenschaftliche Bildung sein.

Daß die Datenverarbeitung für eine Vielzahl von Offizieren im technischen und planerisch-organisatorischen, aber auch im Ausbildungs-Bereich zum festen Bestandteil ihrer Ausbildung gehört, ist schon heute durch das obligatorische Studium der längerdienenden Offiziere sichergestellt. Die Bedeutung dieser Ausbildung wird in der Zukunft noch wachsen.

Zweitens: Eine Armee ist kein überdimensionales Rechenzentrum. Datenverarbeitung ist nur hilfreich, wenn sie nicht zum spielerischen Selbstzweck wird, sondern wenn ihre dienende und unterstützende Funktion stets bewußt bleibt. Gerade die Offiziere, die sie an entscheidender Stelle nutzen, die, die Aufgaben und Ziele setzen wie die, die Programme entwickeln und über ihren Einsatz entscheiden, müssen den eigentlichen militärischen Auftrag ständig vor Augen haben. Sie müssen um die zentrale Bedeutung des Menschen wissen, der bei aller Technik der entscheidende Faktor bleiben wird. Er ist kein programmierbarer Roboter, der sich perfekt in einen optimalen Betriebsablauf einplanen läßt. Seine Motivation, seine Einsatzbereitschaft, sein Gehorsam, seine Tapferkeit und Kameradschaft werden selbst bei Ausfall der Technik gefordert. Sie sind ganz überwiegend von zwei außertechnischen Motiven abhängig, nämlich von einer festen ethisch-sittlichen Bindung, die die Gewißheit vermittelt, daß Frieden in Freiheit für unsere Demokratie verteidigungswert ist, und vom Zusammenhalt der Gruppe, der kleinen Kampfgemeinschaft. Diese Motive zu erkennen, zu begründen und zu stärken, ist Ziel einer breiten geschichtlichen und sozialwissenschaftlichen Bildung.

Armee ist kein Rechenzentrum

Der Offizier ist Führer, Erzieher und Ausbilder in seinem Verantwortungsbereich. Selbständig nach Aufträgen führen heißt nicht nur, militärisch gut ausgebildet zu sein. Erst ein breiter Bildungshintergrund gibt die nötige Sicherheit und das Vertrauen zum Vorgesetzten, Kameraden, Untergebenen, ohne die Auftragstaktik nicht denkbar ist.

4. Der Turmbau zu Babel

Eine Herausforderung, die sich heute erst in Umrissen und erst in Teilbereichen abzuzeichnen beginnt, wird in der Zukunft mehr und mehr an Bedeutung gewinnen. Diese Herausforderung, hier etwas provozierend die Sprachlosigkeit der Spezialisten genannt, macht der Gesellschaft schon seit langer Zeit zu schaffen.

In der Wissenschaft werden in zunehmendem Maße Probleme deutlich, wenn es um die Kommunikation zwischen zwei hochqualifizierten Experten völlig unterschiedlicher Fachrichtungen geht.

Sprache der Spezialisten unverständlich

Jede Wissenschaft entwickelt ihre eigene Sprache. Nur so ist sie zum Erfassen ihrer spezifischen Probleme im Stande. Das erschwert die Verständigung mit anderen Bereichen und führt, wie beim Umweltschutz, oft zu schlimmen Folgen.

Was hier für die Wissenschaft allgemein gesagt wurde, gilt für die Bundeswehr gleichermaßen. Ein Beispiel dafür sind die Kommunikationsschwierigkeiten zwischen den Befürwortern einer perfekten Management-Organisation und denen, die, gestützt auf Truppenerfahrung und sozialwissenschaftliche Erkenntnisse, vor den Folgen einer allzu perfekten Betriebsorganisation warnten, als das Verwürfelungssystem eingeführt wurde.

Dieses Verfahren sollte einen ständig gleichmäßig hohen Ausbildungsstand garantieren und sicherstellen, daß die Rekruten von besonders dafür spezialisierten Ausbildern in den Grundausbildungseinheiten optimal vorbereitet werden. Der gewünschte positive Effekt wurde aber durch eine zwar längst bekannte, von den eher technokratisch argumentierenden Befürwortern des Systems aber nicht verstandene Nebenwirkung in sein negatives Gegenteil verkehrt. Nicht eine Steigerung der Kampfkraft war die Folge, sondern eine Schwächung, weil der ständige Wechsel in den kleinen Gruppen und Kampfgemeinschaften zu einer Schwächung oder Auflösung des Gruppenzusammenhalts führte.

Beispiele mangelnder Kommunikationsfähigkeit innerhalb der Bundeswehr ließen sich beliebig erweitern.

Als das Sozialwissenschaftliche Institut der Bundeswehr seine ersten Untersuchungen vorlegte, stießen diese wegen der verwendeten Fachsprache bei manchen Offizieren auf Unverständnis, zum Teil auf krasse Ablehnung. Begriffe wie »bürokratische Organisation« für die Bundeswehr wurden als diffamierend empfunden, weil der umgangssprachliche Gebrauch des Wortes unterstellt wurde und nicht der wertneutrale sozialwissenschaftliche Begriff.

Kommunikationsprobleme tauchen bei der Begegnung von Experten verschiedener Richtungen immer häufiger auf. In Haushaltsfragen und STAN-Verhandlungen wird gelegentlich bis zum Widersinn darauf beharrt, daß formal gleiche Funktionen auch gleich dotiert sein müßten, ohne zu verstehen, daß inhaltlich gleiche Funktionen das Kriterium sein müßten.

Kompaniechef und Kompaniechef oder Inspektionschef und Inspektionschef sind eben nur dem Wort nach dasselbe, nicht aber in ihrer Bedeutung für die Einsatzbereitschaft der Streitkräfte.

Verständigung erfordert Basisbildung

Soll die Verständigung zwischen den notwendigerweise hochgradig spezialisierten Offizieren, besonders in den Stabsverwendungen, nicht schließlich auf unüberbrückbare Schwierigkeiten stoßen, so ist es zwingend notwendig, daß eine ganz umfassende Basisbildung der Offiziere erfolgt, um den Herausforderungen der Zukunft gewachsen zu sein. Von dieser Basis her ist lebenslanges Lernen möglich.

Wer keine umfassende Bildung erwirbt, ehe er sich spezialisiert, dem ginge es wie den Menschen beim Turmbau zu Babel:

Die Sprachlosigkeit der Experten verhinderte die Kommunikation und damit die Erfüllung des Auftrages.

Die »Beziehungen zur Welt« wären endgültig in Unordnung geraten!

Anmerkungen:

1. Generalmajor Dr. Franz Uhle-Wettler, Kdr 5.PzDiv, in der FAZ vom 5.Juli 1984
2. Vierteljährliche Auffüllung der Einheiten und Teileinheiten mit einzelnen Rekruten sollte einen ständig gleichmäßig hohen Ausbildungsstand garantieren, führte aber zu schweren Störungen im Gruppenzusammenhalt.
3. Theodor Litt: Naturwissenschaft und Menschenbildung. Heidelberg, ⁵1968, S. 11
4. Rede des Bundesministers der Verteidigung, Dr. Manfred Wörner, vor der Offizierschule des Heeres in Hannover am 10.Juni 1983
in: BMVg Bonn (Hrsg.): Informationen zur Sicherheitspolitik. 3/83
Auch Wörners Vorgänger, Hans Apel, forderte im Weißbuch 1979 für den Offiziernachwuchs eine umfassende theoretische und praktische Ausbildung und breite Bildung.
5. Friedrich II. von Preußen über die Erziehung des Adels, abgedruckt bei Jürgen Bertram: Die Bildung des Offiziers. Dokumente aus vier Jahrhunderten. In: Schriftenreihe Innere Führung. Reihe Bildung. Heft 5. Bonn, 1969
6. Siehe dazu Friedrich-Karl Tharau: Die geistige Kultur des preußischen Offiziers. Mainz, 1968
Tharau sieht diese Erfolge insgesamt aber wohl zu rosig, zu mühevoll war der Weg für manchen jungen Rüpel vom Lande, der zwar raufen und reiten, kaum aber lesen und schreiben konnte.
7. Siehe dazu besonders Reinhard Hoehn: Revolution – Herr – Kriegsbild 1944. Zitiert nach Carl Hans Hermann: Deutsche Militärgeschichte. Frankfurt a.M., ²1968, S. 156
8. Zitiert nach C. H. Hermann, a. a. O., S. 157
9. Walter Görlitz: Kleine Geschichte des deutschen Generalstabs. Berlin, 1967
10. Reglement über die Besetzung der Stellen der Portepeefähnriche und über die Wahl zum Offizier bei der Infanterie, Kavallerie und Artillerie vom 6. August 1808 – Zit. nach C. H. Hermann, a. a. O., S. 156

VI. Verwalten

Werner von Scheven

Verwalten

Militärische Beschreibung

Das Grundgesetz unterscheidet die Bundeswehrverwaltung als bundeseigene Verwaltung mit eigenem Verwaltungsunterbau (Art 87 b) von den Streitkräften (Art 87 a). Demnach haben Offiziere grundsätzlich keine Aufgaben im Rahmen der Bundeswehrverwaltung.

Dennoch greifen die Kompetenzen der Bundeswehrverwaltung in teils dienender, teils kontrollierender Weise in die Aufgabenwahrnehmung des Offiziers ein. In allen Stäben vom Bataillon an aufwärts sind Abteilungen der Truppenverwaltung integriert.

Verständnis und Fähigkeit zur Zusammenarbeit sind daher vom Offizier wie von seinen Partnern in der Verwaltung zu fordern.

Bei der Sorgepflicht des Vorgesetzten nach § 10 Abs. 3 SG wird diese Forderung besonders augenfällig.

Im übrigen sind vielen Offizieren vom Kompaniechef an aufwärts Aufgaben gestellt, z. B. in der Personalbearbeitung und der Materialbewirtschaftung, die eher verwaltungsförmig zu handhaben sind.

Da hier besonders strenge Kontrollsysteme angewendet werden, wird von vielen Offizieren ein wuchernder bürokratischer Komplex beklagt. Rechtsstaatlichkeit und Finanzkontrolle fordern ihren Preis im Alltag des Offiziers.

Im übrigen arbeiten viele Berufsoffiziere in zentralen Dienststellen, die ihre Aufgabe überwiegend verwaltungsförmig wahrnehmen. Hier arbeiten Vertrauensmänner der Soldaten im Personalrat der Dienststelle mit.

Peter H. Blaschke

Verwalten

Theologische Überlegung

»Wer ist denn der treue und kluge Haushalter, den der Herr über seine Leute
setzen wird, damit er ihnen zur rechten Zeit gibt, was ihnen zusteht?«

Lukas 12,42

Gott verwaltet nicht, Gott erhält. Der Schöpfer ist immer zugleich der Garant seiner Schöpfung. Nur einmal heißt es in der Bibel von diesem Schöpfer:
»... da reute es ihn, daß er die Menschen gemacht hatte.« (1. Mose 6,6) Gott
beschloß, die Menschen zu vernichten. Er ließ die Sintflut über die Welt
kommen. Aber am Ende heißt es dann: »... ich will hinfort nicht mehr alles
schlagen, was da lebt, wie ich es getan habe. Solange die Erde steht, sollen
nicht aufhören Saat und Ernte, Frost und Hitze, Sommer und Winter, Tag
und Nacht.« (1. Mose 8,21 f.)
Diese erneuerte Garantie Gottes umfaßt alles, auch die Bosheit der Menschen, ihre Fehler, ihr Versagen, ihre Schuld, alles, um dessenwillen Gott die
Menschen auslöschen wollte. Gott hat einen neuen Umgang mit den Menschen gefunden: Barmherzigkeit, Vergebung. Deshalb ist er Mensch geworden in Jesus Christus. Deshalb ist Jesus am Kreuz gestorben: für unsere Sünden. Deshalb hat Gott seinen Sohn von den Toten auferweckt.
Erst von Gottes Umgang mit der Welt und den Menschen her ergibt sich für
die Menschen die Freiheit zum Umgang mit der Welt und den Menschen. Die
Bibel spricht in diesem Zusammenhang gern von Haushalterschaft. So
schreibt der Apostel Paulus: »Dafür halte uns jedermann: für Christi Diener
und Haushalter über Gottes Geheimnisse« (1. Korinther 4,4). Und an anderer Stelle heißt es: »Dienet einander, ein jeglicher mit der Gabe, die er empfangen hat, als die guten Haushalter Gottes.« (1. Petrus 4,10)
Zweierlei wird deutlich. Haushalten und Dienen gehören zusammen. Und
Haushalten ist mehr als Verwalten der Welt und ihrer Schätze. Haushalterschaft ist die Einheit von Umgang mit Menschen und Umgang mit Welt.
Voraussetzung für beides ist der rechte Umgang mit sich selbst. Was das
heißt, hat Jesus versucht deutlich zu machen im Gleichnis von den »anvertrauten Pfunden« (Matthäus 25,14 ff.): Ein Reicher vertraut seinen Knechten Teile seines Vermögens an, damit sie es in rechter Weise verwalten. Die
einen setzen es ein, handeln damit, machen Gewinn. Sie lobt der Reiche bei
seiner Rückkehr und belohnt sie. Einer aber vergräbt alles aus Angst, er
könne es verlieren. Als von ihm Rechenschaft gefordert wird, kann er vor-

Ulrich de Maizière
General und 4. Generalinspektor der Bundeswehr (geb. 1912)

Nicht die Gewalt als solche ist böse, nur der unrechte Gebrauch der Gewalt ist böse. Nicht die Gewaltlosigkeit als solche ist gut, wohl aber ihre recht verstandene Anwendung ist gut.

Führen und Befehlen muß sich rechtfertigen auch vor Gott. Je höher die Führungsfunktion, um so wichtiger die transzendente Bindung. Ich meine, nur so kann die Last der Verantwortung, wenn sie ernst genommen wird, getragen werden.

Wolfgang Altenburg
General und 8. Generalinspekteur der Bundeswehr (geb. 1928)

Als Soldat muß ich mir allerdings die Frage stellen, ob das Verbot: »Du sollst nicht töten«, mich ausschließlich anweist, dem Nächsten keinen körperlichen Schaden zuzufügen. Ist es nicht zugleich ein Gebot in dem Sinne: Bewahre die dir Anvertrauten vor Unrecht, Gewalt, vor Entwürdigung und Unfreiheit?

Der verantwortungsvolle Umgang mit Waffen – ob konventionell oder nuklear – ist unser Ziel. ... Wir dürfen den Krieg insgesamt nicht wieder führ- und gewinnbar machen!

weisen, was er bekommen hat, aber nicht mehr. Er wird getadelt und gestraft.

Haushalterschaft setzt voraus, daß man die eigenen Gaben einsetzt, damit sie Gewinn machen für andere, Gewinn von Leben. Erst dieser verantwortliche Umgang mit sich selbst läßt verantwortlich mit der Welt umgehen.

Das heißt vor allem das Wissen, daß die Welt nicht Eigentum der Menschen, sondern Schöpfung Gottes ist. Auch dazu erzählt Jesus ein Gleichnis von den Weingärtnern, die nicht nur die Knechte des Besitzers, sondern auch seinen Sohn töten, als der Besitzer durch sie die Ernte einfordern will. Sie verweigern dem Besitzer seine Eigentumsrechte (Matthäus 21,33 ff.).

Die Geschichte der Menschen ist voll von Beispielen eigenmächtiger Inbesitznahme der Welt durch die Menschen. Da wird nicht mehr verwaltet, schon gar nicht Haushalterschaft geübt, sondern nur zerstört.

Verantwortliche Haushalterschaft setzt voraus, daß man mit Anvertrautem treu umgeht, immer wissend, daß der Herr Gott ist, der Schöpfer und Erhalter.

Günther Petersen

Von der Notwendigkeit der Verwaltung

Führen, Befehlen, Gehorchen, Dienen, Ausbilden und Erziehen sind Begriffe, die sich zwanglos in das Berufsbild des Offiziers einordnen lassen; mehr noch, die eigentlich den Beruf des Soldaten ausmachen. Daher liegt es nahe, in einer Schrift, die dem Truppenführer eine ethische Grundorientierung vermitteln soll, die Inhalte eben dieser in der Ethik wurzelnden Begriffe darzustellen.

Dieses letzte Kapitel ist mit der Überschrift »Von der Notwendigkeit der Verwaltung« versehen. Das scheint auf den ersten Blick doch eine sehr willkürliche Verknüpfung einer dem Soldaten fernliegenden Tätigkeit mit dem zu sein, was den eigentlichen Sinn militärischen Führens ausmacht.

Der Zweifel beginnt schon bei der Frage, was denn ein solcher Bereich, der scheinbar nur mit der Regelung von Sachzusammenhängen befaßt ist, mit der ethischen Wertordnung des militärischen Führens zu tun haben soll. Diese Zweifel geben Anlaß, darüber nachzudenken, ob denn der verwaltende Mensch im wertfreien Raum handelt.

Etymologische Herkunft und Definition von Verwaltung

Verwalten (gotisch: »valdan«, althochdeutsch: »waltan«) bedeutet ursprünglich »herrschend leiten, lenken, führen«. Seit dem 12. Jahrhundert mit der Vorsilbe »vor« (vorwelden, vorwalden) belegt, bekommt es schon bald den Sinn: eine Handlung, ein Geschehen, eine Aufgabe verwalten, die einem anvertraut ist, die man zu leiten, zu führen hat.

Öffentliche Verwaltung vollzieht sich als eine durch Gesetz, Verordnungen und Weisungen eingegrenzte, mit pflichtgemäßem Ermessen versehene, in ein hierarchisches System eingebundene, auf die Erreichung eines ihr vorgegebenen Zieles oder Zweckes gerichtete Tätigkeit.

Ethischer Bezug: dem Menschen dienen

Man kann sicherlich über die einzelnen Bestandteile dieses Definitionsversuches diskutieren. Eines bleibt gewiß: Verwalten ist nicht Selbstzweck. Es ist eine Hilfstätigkeit, die der Erreichung eines bestimmten Zieles, der Vollendung eines vorgegebenen Zweckes dient. Sie mag in ihrer Zielsetzung zunächst noch so sehr auf Gegenständliches, auf die tote Materie bezogen erscheinen, im Letzten endet auch sie bei dem sicherlich nicht immer vollständig erreichten Ziel, dem Menschen dienlich zu sein.

Daher ist es folgerichtig, wenn Verwaltung in der modernen Verwaltungsrechtslehre als ein auf die Daseinsvorsorge gerichtetes System öffentlicher Leistungsträger bezeichnet wird, wie Forsthoff es in »Die Verwaltung als Leistungsträger« formuliert.

Der »Schreibtischtäter«, der fernab vom schrecklichen Geschehen durch sein »Verwaltungshandeln« in seinem Büro mitgewirkt hat, die Voraussetzungen für Massenmord zu schaffen, ist ebenso schuldig geworden wie der handanlegende »Täter«.

Auch Verwaltungshandeln findet also nicht im wertfreien Raum statt; auch Verwalten schöpft seine Rechtfertigung nur aus ihren Zwecken und Zielen.

So wie Führen, Befehlen, Gehorchen und Erziehen nicht Selbstzweck sind und ihre Rechtfertigung auch nicht in sich selbst finden, sondern durch das ihnen zugeordnete, ethischer Bewertung unterliegende Ziel bestimmt werden, so ist auch die Verwaltung eine Tätigkeit, die auf die Erreichung eines bestimmten Zieles ausgerichtet ist.

Angelegenheiten der militärischen Kommandogewalt und Verwaltung sind zwar zweierlei. Der militärische Befehl ist ebensowenig ein Verwaltungsakt, wie die Ausbildung von Rekruten eine Verwaltungsobliegenheit darstellt.[1] *Führen und Verwalten*

Militärisches Führen und Verwalten sind nicht deckungsgleich; und doch ist militärisches Führen ohne Verwaltung nicht möglich. Der militärische Führer kann seinen Auftrag nicht erfüllen und muß sein Ziel verfehlen, wenn er sich nicht um ordnungsmäßige Verwaltung in seinem Befehlsbereich bemüht.

Die Bundeswehr ist mit ihren rund 670000 Angehörigen und einem Finanzvolumen von zur Zeit rund 49 Milliarden DM jährlich ein Großunternehmen kompliziertester Natur mit komplexen Aufgaben.

Dieser Großbetrieb kann nicht allein mit den Mitteln militärischer Kommandogewalt geführt und einsatzbereit gehalten werden; Verwalten und Managen müssen hinzukommen. Das ist sicher auch dem Truppenführer einsichtig, der, von täglicher Schreibtischroutine abgestoßen, der Verwaltungstätigkeit mit Vorbehalten gegenübersteht.

Jenseits der Verwaltungsaufgaben, die nach Art. 87 b Grundgesetz von einer von der militärischen Kommandostruktur abgesetzten, verselbständigten Wehrverwaltung wahrzunehmen sind, erfordert die Erfüllung des militärischen Auftrages auch innerhalb der militärischen Hierarchie umfangreiches Verwaltungshandeln.

Das Personalwesen, die Materialverwaltung, -bewirtschaftung und -unterhaltung, das Berichtswesen, die statistische Erfassung wiederkehrender Vorgänge und ihre systematische Auswertung, um nur einiges aus der Fülle der Aufgaben herauszugreifen, sind nicht unmittelbare »Führungshandlungen«. Gegenstand dieser Tätigkeiten ist nicht der geführte und angeleitete Mensch. Gegenstand sind Material und Sachzusammenhänge. Sie sind aber unverzichtbare Tätigkeiten, die das Führen erst ermöglichen.

Ich glaube, daß das Unbehagen gegenüber der Verwaltung als Tätigkeit, wie im übrigen auch gegenüber der Verwaltung als bürokratischer Institution, ihre Ursache nicht nur in der Bürde lästigen Papierkriegs hat, sondern auch darin, daß unklare begriffliche Vorstellungen und mangelnde Einsicht in Sinn und Zweck von Verwaltungshandeln vorherrschen. Das ist ein schwer *Unbehagen an der Verwaltung* zu unterbrechender Kreislauf: Der junge Truppenführer ist nicht Soldat geworden, weil er einen »öffentlichen Verwaltungsbetrieb« in Gestalt einer Kompanie leiten, sondern weil er eine militärische Einheit führen will. Verwaltungsarbeit hält ihn nur von seiner eigentlichen Aufgabe ab; sie widerstrebt ihm deshalb. Weil sie ihm widerstrebt, befaßt er sich nur ungern mit diesem vermeintlich berufsfremden Tätigkeitsfeld.

Der Gesetzgeber hat sich bei der militäradministrativen Konzeption der Bundeswehr von dem Gedanken leiten lassen, »die Verwaltungsaufgaben von speziell ausgebildetem Zivilpersonal nach allgemeinen Verwaltungsgrundsätzen zu bewältigen. Infolgedessen werden die Aufgaben der Kommandogewalt und der Verwaltung so zu vertreten und gegeneinander abzugrenzen sein, daß eine klare Trennung der militärischen Funktionen von der allgemeinen Verwaltungstätigkeit erzielt wird.« So heißt es in der Regierungserklärung vom 27. Juni 1955.

Trennung von Verwaltung und Militär

Diese politisch motivierte und von historischen Erfahrungen beeinflußte Absicht hat ihre verfassungsrechtliche Ausprägung in den Art. 87a und 87b Grundgesetz gefunden.

Die in den vergangenen dreißig Jahren gewonnenen Erfahrungen haben gezeigt, daß es gelungen ist, weite Bereiche wie Wehrersatzwesen, Infrastruktur, Liegenschaftsbetrieb und -verwaltung, Rüstung, Bekleidung und Verpflegung, Berufsförderung und Sozialwesen, Finanz- und Haushaltswesen durch eine nicht in die militärische Kommandostruktur eingegliederte Wehrverwaltung wahrnehmen zu lassen, ohne daß nennenswerte Kompetenzoder Zielkonflikte mit den Streitkräften entstanden sind. Die beabsichtigte Entlastung der Streitkräfte von umfangreichen Verwaltungstätigkeiten ist erreicht worden. Jedoch die in der Zeit der Gründung der Bundeswehr möglicherweise gehegte Erwartung, man könne durch die Schaffung einer selbständigen, der Unterstützung der Streitkräfte dienenden Wehrverwaltung die Truppe vollständig von eigentlichen Verwaltungsaufgaben freihalten, konnte sich nicht erfüllen. Eine »durch Verwaltungstätigkeit nicht belastete Truppe« war schon deshalb nicht erreichbar, weil im Gegensatz zu der in der Regierungserklärung vom 27. Juni 1955 ausgesprochenen Erwartung auch die Ausübung der militärischen Kommandogewalt selbst ohne administrative Hilfs- und Unterstützungstätigkeiten überhaupt nicht möglich wäre.

Verwalten ist Führungsfunktion

Neben Befehlen, Gehorchen, Erziehen und Ausbilden ist auch Verwalten eine Führungsfunktion. Das gilt nicht nur für die Verwaltungsaufgaben, die den Truppenverwaltungen zugewiesen sind.

»nu geb euch (den Anführern) gott verstand und stärk, daß ihr dies defensionswerk ... verwalten mögt als treue knecht.«

Dieser in Grimms Wörterbuch zitierte Spruch hat schon im Dreißigjährigen Krieg das Kriegshandwerk und das Verwalten, wenn sicherlich auch nicht im heutigen modernen Sinn, in einen Zusammenhang gebracht.

Wie schwierig es zu sein scheint, Führen und Verwalten zu definieren, voneinander abzugrenzen und die einzelnen Tätigkeiten des Truppenführers unter den einen oder anderen Begriff unterzuordnen, zeigen zwei Definitionsversuche.

J. Kuhlmann vertritt folgende Ansicht:

»In diesem Verständnis darf man auch Jägerkompanien zu den öffentlichen Verwaltungsbetrieben rechnen ...

Da Jägerchefs die ranghöchste Leitungsstelle im öffentlichen Verwaltungsbetrieb »Jägerkompanie« besetzen, kann man folgerichtig auch ihre Tätigkeiten als Erfüllung öffentlicher Verwaltungsaufgaben interpretieren. In diesem Sinne wären mithin alle dienstlichen Tätigkeiten der Jägerchefs als Verwaltungstätigkeiten einzustufen.«[2]

Im Handbuch für den Kompaniechef von Major E. Haak heißt es:

»Ein schöpferischer Verwaltungschef muß der Kompaniechef unter anderem sein, wenn er den Dienstbetrieb der Kompanie ... planen, ... zur Verwirklichung stellen ... und kontrollieren will. Verwalten heißt im militärischen Sprachgebrauch nichts anderes als Geben von Befehlen, das Nehmen von Meldungen und das Vorbereiten dieser Meldungen zu neuen Entscheidungen.«[3]

Beiden Definitionen kann nur mit Einschränkungen zugestimmt werden:

Bei der ersten wird der Truppenführer zum Administrator und die Truppe zur Behörde.

Im zweiten Fall wird aus gesetzmäßiger Verwaltung militärische Führung.

Zwischen der Führung einer militärischen Einheit und der eines zivilen Betriebes bestehen grundlegende Unterschiede, aber auch viele Übereinstimmungen.

Hier ist nicht der Raum, auf diese Frage näher einzugehen; es genügt die Feststellung, daß zur Führung einer militärischen Einheit auch Tätigkeitsformen gehören, die im zivilen, sei es öffentlichen oder privaten Bereich, zur Führung, Leitung, Lenkung und Steuerung von Einrichtungen, in denen Menschen und Material zur Erreichung eines bestimmten Zweckes zusammengefaßt sind, angewandt werden.

»Führen heißt nicht nur, Organisationsformen beherrschen, Befehlstechnik anwenden und über Material verfügen; ... Führen ist immer auf den Menschen bezogen«, hat Ulrich de Maizière in seinen »Gedanken zur militärischen Führung«[4] zutreffend bemerkt.

Führen kann also nur, wer die Fähigkeit zu vorausschauender Planung, zum schöpferischen Management und zu logischem Verwaltungshandeln besitzt. Streitkräfte, Wirtschaftsbetriebe und Verwaltungsbehörden müssen, wenn auch mit unterschiedlichen Schwerpunkten, die gleichen Führungsfunktionen anwenden: Planen, Organisieren, Anleiten, Koordinieren und Überwachen.

Abgrenzung:
Führen –
Verwalten

Führen
kann nur,
wer verwalten
kann

Eine Panzergrenadierkompanie umfaßt rund hundert Soldaten. Sie sind mit persönlichen Ausrüstungsgegenständen versehen und mit Infanteriewaffen ausgerüstet. Die Kompanie verfügt u. a. über elf Marder mit einem Panzerabwehrsystem, sechs Lastwagen und umfangreiches anderes Gerät.

Es betragen
– der einmalige Investitionsaufwand   rd. 18,7 Mio DM
– die jährlichen Personalkosten   rd. 2,1 Mio DM
– die jährlichen Betriebskosten   rd.   3 Mio DM

Kapitalaufwand und Personaleinsatz

Es handelt sich, in volkswirtschaftliche Denkkategorien übertragen, um einen Betrieb mit erheblichem Kapitalaufwand und intensivem Personaleinsatz. Die jährlichen Betriebskosten sind beträchtlich. Personal- und Kapitalaufwand sind die Mittel, die der Kompanie zur Erfüllung des ihr erteilten Auftrages innerhalb der Streitkräfte zur Verfügung gestellt werden. Der Chef dieser Kompanie trägt neben seiner Führungsverantwortung und Fürsorgepflicht gegenüber den ihm unterstellten Soldaten auch die Verantwortung für Erhaltung, Wartung und den wirtschaftlichen Umgang mit dem ihm anvertrauten Material. Hierzu bedarf es einer planenden, vorausschauenden, ordnenden, Mensch und Material koordinierenden Hand. Das setzt nicht nur Führungsfähigkeit, sondern auch jene geistigen Kräfte voraus, die man mit den Begriffen Managen und Verwalten umschreibt.

Ohne die ordnende Hand des Kompaniechefs, der erkannt hat, daß angesichts des komplizierten Aktionszusammenhangs zwischen Soldat und Material Führen ohne Verwaltungshandeln zum Chaos führen muß, wird der Auftrag nicht erfüllt werden können.

Die Frage kann daher nicht lauten:
»Ist Verwaltung notwendig?«

Sie muß lauten: »Wieviel Verwaltung ist notwendig, um das gesetzte Ziel zu erreichen?«

Frei von sinnlosen Formalitäten

An dieser Stelle muß das Nachdenken einsetzen. Sobald erkannt und akzeptiert wird, daß ohne Verwalten und Management keine Einheit geführt werden kann, wird Raum für die Überlegung frei, welche Möglichkeiten es gibt, Verwaltungshandeln rational, frei von Ballast, streng zweckgebunden, befreit von sinnlos gewordenen Formalitäten und mit weitgehender Verlagerung von Zuständigkeiten nach unten zu gestalten.

Die »Kompaniechef-Befragung 1974« – eine Untersuchung über die Belastung der Kompaniechefs der Bundeswehr durch »verwaltende« Tätigkeiten – hat gezeigt, daß dieser Anteil sehr hoch war, ist und wahrscheinlich bleiben wird (rd. 56,4 % der wöchentlichen Gesamtarbeitszeit).

Bei genauerer Betrachtung zeigt sich, daß der überwiegende Teil des Verwaltens unmittelbare Hilfstätigkeiten des militärischen Führens bilden, wie z. B. Personalangelegenheiten, Sicherheit und Ordnung, Ausbildung und Organisation und Versorgung. Der Kompaniechef kann seiner ihm übertragenen

Verantwortung für seine Soldaten, für Waffensysteme und Gerät sowie für die Beachtung der Wirtschaftlichkeit in der Verwendung der ihm überlassenen Mittel ohne ein diese Tätigkeitsbereiche erfassendes, ordnungsgemäßes Verwalten nicht gerecht werden.

Es kann bezweifelt werden, ob dies Verwaltungshandeln des jungen Truppenführers in dem praktizierten Umfang erforderlich ist oder nicht durch geeignete Maßnahmen verringert werden kann.

Die Notwendigkeit der Verwaltung bleibt unbestreitbar.

Anmerkungen:

1. Ernst Forsthoff: Lehrbuch des Verwaltungsrechts. München, [10]1973, S. 13

2. Jürgen Kuhlmann: Einheitsführerstudie. In: Sozialwissenschaftliches Institut der Bundeswehr. Heft 16. München, 1979, S. 139

3. Erhard Haak: Handbuch für den Kompaniechef. Regensburg, 1976ff., S. 81

4. Ulrich de Maizière: Gedanken zur militärischen Führung. In: Ders.: Bekenntnis zum Soldaten. Hamburg, 1971, S. 15

Peter Balke

Grenzen von Bürokratie und Technokratie in den Streitkräften

»Nonchalance:

1983 hatte ein Panzeraufklärungsbataillon eine Vorprüfung durch die Vorprüfungsstelle ... zu bestehen. Zum Ergebnis hatte das Bataillon ... Stellung zu nehmen, als es auf dem Truppenübungsplatz in feldmäßiger Unterbringung die Schießübungen bearbeiten mußte. Obwohl der Termin drängte, hatten sicher andere Sorgen Vorrang, und so fiel ... die Beantwortung der kritisierten Punkte etwas großzügig aus. Vor allem waren Belege von Anno Tobak nicht aufzutreiben, und die Reaktionen der zuständigen Verwaltungsstellen konnten nicht freundlich ausfallen. Die vorläufig letzte Stellungnahme in dieser Angelegenheit gab der Kommandeur des zuständigen Großverbandes wie folgt:

›Unsere Herren Kavallerieoffiziere zeigen zwar, wie auch aus meiner Stellungnahme ersichtlich ist, zuweilen eine gewisse Nonchalance in der Auslegung von Verwaltungsvorschriften und haben es in Einzelfällen auch verwerfbar versäumt, Belege aufzuheben, was einen an Akribie gewohnten Verwaltungsfachmann ärgern mag, der die Welt unter anderen Perspektiven sieht als ein Truppenführer, aber sie stehen gänzlich außer Verdacht, in die eigene Tasche zu wirtschaften.‹

Die gelegentliche Behauptung, unsere Generale hätten ... den Sinn für feinen Humor eingebüßt, ist damit widerlegt.«

(v. Bonin – v. Ostau)

In diesem Band geht es dem Herausgeber um die ethischen Herausforderungen des Offizierberufs. Er wendet sich in allen Bereichen des Berufsfeldes richtungweisend und fordernd an die Fähnriche, Leutnants und Hauptleute dieser Armee. Sie sollen Ausbilder, Führer und Erzieher ihrer Soldaten sein. Und in der Tat werden sie schon sehr früh in den Streitkräften der Bürokratie begegnen. Ich möchte in ihr ein allgegenwärtiges Hindernis militärischen Dienstes sehen. Von daher möchte ich Sie, die jungen Offiziere, auffordern, ihr mit allen Mitteln, die Ihnen zu Gebote stehen, entgegenzutreten und sei es auch mit Nonchalance.

Bürokratie –
Herrschaft
vom grünen
Tisch

Definieren wir für die Zwecke dieses Beitrags, was Bürokratie ist. Vom Wortsinn her Herrschaft aus der Schreibstube, durch die Schreibstube, Führung durch Papier; eher ein Zuviel an Organisation und Planung, Management, Kontingentierung, Inspizierung, Kontrolle, und zwar über distanzierende Mittel: Akten, Fernschreiben, Telefon u. ä. Dabei geschieht dies allzu oft unter Leitbegriffen wie Effizienz, Genauigkeit und Lückenlosigkeit.

Nun steht dabei außer Frage, daß auch der jüngere Offizier, wenn er nach seinem Studium den Dienst antritt, mit Aufgaben der »Verwaltung« betraut werden muß. Das, was leider später für viele Jahre Hauptinhalt seines dienstlichen Tuns wird, also Administration und Arbeit am Schreibtisch – oft über ungeliebter Materie – begegnet ihm auch schon als Zugführer, stärker dann noch als S2-Offizier, wenn er die Sicherheitsfragen des Verbandes bearbeitet bzw. seinen Kommandeur in Disziplinarangelegenheiten unterstützt. Beim Kompaniechef stellt sich erstmals die Frage, wo dieser mit fester Hand in der eigenen Diensteinteilung die Grenze zwischen den notwendigen Verwaltungs- und Administrationsarbeiten und dem für ihn und die Kompanie entscheidenden Ausbildungsdienst in Gelände und Unterrichtsraum zieht. Es kann deshalb keine Frage sein, daß Administration heute und in modernen Streitkräften sehr wohl zum Berufsbild des jungen Offiziers gehört. So wird er etwa in allen Personal- und Disziplinarfragen mit großer Genauigkeit arbeiten und dokumentieren müssen. Das ergibt sich daraus, daß es um Menschen geht.

Eine ebenfalls hohe Verantwortung trifft ihn in allen Fragen der Technik und der Materialbewirtschaftung. Hier wird man ihm nicht nachsehen, wenn er unachtsam plant und administriert. Anzuraten ist administrative Gewissenhaftigkeit jungen Offizieren weiterhin immer dann, wenn es um Fragen der Finanzmittel, der Geldverwaltung, der Beschaffung geht. Hier hat er, wie bei allen juristischen, allen Personal- und Materialfragen dem Dienstherrn gegenüber eine besondere Verantwortung. Schließlich wird der junge Offizier früh lernen müssen, daß mit Truppenverwaltungsbeamten fruchtbar und nützlich zusammenzuarbeiten ist.

Wo notwendig, gewissenhaft verwalten

Wenn auch niemand diese administrative Seite des Berufsbildes leugnen wird, wenn auch gewissenhafte Ausbildung für diese Funktionen an den Offizierschulen geboten ist, so gilt es doch, administrativen Fehlentwicklungen, eben zunehmender Bürokratisierung immer wieder auf die Spur zu kommen, ihr zu wehren.

Daß Führung aus dem Büro und unter dem Leitbegriff der Effizienz schnell zum Verlust von Humanität und direktem Verkehr von Mensch zu Mensch führen kann, sei an einem in der Bundeswehr vorstellbaren Beispiel erläutert: Wenn der Kommandeur eines Verbandes seine Kommandobehörde anruft, um den zuständigen Fachmann zu fragen, wie mit einem jungen, hirnverletzten, nur noch halbtags dienstfähigen Feldwebel zu verfahren sei, der sich seine Teilinvalidität bei einem schweren dienstlichen Kfz-Unfall in einer Übung zugezogen hat, der mit einer jungen Frau verheiratet ist, mit der er ein kleines Kind hat, und die Auskunft des Fachmanns lautet, dieser Soldat

Führen aus dem Büro oft inhuman

solle »d. u.«, also dienstunfähig gestellt werden, so ist diese Auskunft vermutlich erlaßgemäß. Sie ist aber auch nutzlos, weil meines Erachtens der Kommandeur so nicht verfahren kann, wenn er nicht inhuman und unglaubwürdig vorgehen will: Eine Dienstunfähigkeitserklärung dieses Portepeeunteroffiziers hätte zur sofortigen Entlassung des Soldaten, zur sogenannten »Verrentung« bei niedriger Rente geführt. Er selbst wäre allen bürokratischen Maßnahmen gegenüber hilflos gewesen, seine Frau hätte von allen bürokratischen Folgen nachweislich nichts verstanden. Die Auskunft der Kommandobehörde ist ein Beispiel für Bürokratie. Herrschaft oder Führung ausschließlich nach der Erlaßlage droht immer menschenfern, soldatenfern und damit inhuman, vorstellungsschwach und rigoros auszufallen. Sie kennt tendenziell keine Graduierungen oder Nuancen.

Hier steht der Führungsstil eines Kommandeurs in der Prüfung. Hier schauen ihm 180 Unteroffiziere zu, die so nicht behandelt werden möchten, wenn sie einmal schuldlos in hilflose Lagen geraten sein sollten. Hier muß der Kommandeur Geduld und Kraft investieren, hier muß er Pfarrer, Arzt, Kompaniechef, das Versorgungsamt, Versicherungsinstitute, Berufsförderungsdienst und Rehabilitationseinrichtungen zu Besprechungen heranziehen und sich hartnäckig mit dem Einfluß seiner Dienststellung und Person unbequem machen. Er wird hier so lange »lästig fallen«, bis angemessene Wege der Umschulung, der dienstzeitbegleitenden Ausbildung, der Rehabilitation gefunden sind. Er wird die verbleibende Dienstzeit des Soldaten nutzen, indem er ihm und seiner Familie das Gehalt solange wie möglich sichert und diese Spanne für die berufliche wie psychische Rehabilitation einsetzt, damit der Soldat, der freiwillig für Jahre diesen Beruf erwählt hat, eine menschenwürdige Zukunft gewinnt. Nur wenn er so handelt, wird sein Führungsstil glaubhaft bleiben, wird man ihm vertrauen, sich bei ihm sicher fühlen. Er hat dann eben nicht Herrschaft vom Schreibtisch aus geübt. – Man verstehe dies Beispiel bitte nicht so, daß alle Kommandobehörden bürokratisch entschieden, auch Kompanien leisten hier heute schon »Beachtliches«.

Humanisierung der militärischen Arbeitswelt?

Die Bundestagsabgeordnete Krohne-Appuhn nannte kürzlich in ihrem Grußwort vor Teilnehmerinnen einer Tagung von Soldatenfrauen »seelenlose Technokratie, Überorganisation und Bürokratie in der Bundeswehr als die größten Feinde der Soldaten und ihrer Familien«[1] und bezeichnete die Arbeit der Tagung als einen Beitrag für mehr Menschlichkeit in den Streitkräften. Und hierum, in der Tat, geht es bei unserem Thema: um eine Art Humanisierung der militärischen Arbeitswelt, um Re-Humanisierung der menschlichen Beziehungen in Streitkräften, in denen der Ton zwischen Führern und Geführten kälter geworden sein soll, wie man von Sachkennern hört. Hierin steckt auch eine ethische Herausforderung für den jungen Offizier.

Wenn ich recht sehe, gibt es in der Bundeswehr drei Wurzeln für bürokratische Fehlentwicklungen. Die eine ist wohl in der kameralistischen Tradition deutscher Verwaltung zu sehen, und hiervon haben die Streitkräfte seit ihren frühen Tagen nicht wenig vorzuweisen. In der älteren Generation hoher Militärs (so etwa jüngst bei Kielmannsegg, vorher bei Karst) hörte man in den Gründerjahren und später wiederholt die These, daß Verwaltungsjuristen und Politiker seinerzeit meinten, zur demokratischen Domestizierung der neuen deutschen Streitkräfte, zur Verhinderung von weimaranisch-seecktschen Selbständigkeiten »civil control« installieren zu müssen. Dabei verstanden sie darunter im wesentlichen die Einrichtung der Bundeswehrverwaltung und die Schaffung großer wie mächtiger ziviler Hauptabteilungen im Verteidigungsministerium. Die Soldaten warfen diesen Verwaltungsjuristen vor, daß sie den anglo-amerikanischen Ausdruck der »civil control« absichtlich falsch ausgelegt hätten. Wo politischer Primat gemeint war, schufen sie Administration. An dieser These wird auf dem geschilderten historischen Hintergrund etwas Wahres sein. Einen Abglanz des frühen und bis heute sehr bedeutenden Einflusses der Ministerialbeamten und Verwaltungsjuristen konnte ich erkennen, als einer der mächtigsten Beamten des Verteidigungsministeriums zur Amtszeit Helmut Schmidts verabschiedet wurde und dieser dem noch jungen Verteidigungsminister mit geradezu sardonischer Selbstsicherheit und Ironie in der Abschiedsrede Deutlichkeiten an den Kopf warf.

Eine zweite Wurzel ist genuin militärischer Natur. Sie reicht ins 19. Jahrhundert und liegt in der fleißigen wie akribischen Perfektion des Großen Generalstabs des älteren Moltke. Diese bürokratische Tradition wird eindrucksvoll bei Gustav Hillard in »Herren und Narren der Welt« beschrieben, wo er seine Arbeit als junger Generalstabsoffizier schildert:

»Die Eisenbahnabteilung bearbeitete nach den Mobilmachungsplänen den Eisenbahnaufmarsch. Dazu war das Eisenbahnnetz in Linien aufgeteilt, welche etwa den Eisenbahndirektionen entsprachen. Jede Linie führte ein Heft mit vorgedrucktem Schema, in das die Belegung mit Transporten durch Buntstifte einzutragen war. Jede Transportgattung hatte ihre eigene Farbe, und ich hatte nie geahnt, daß es einen solchen Reichtum an Farben in Buntstiften gibt.

Das ganze System war ein großartiger Mechanismus, der sich bei der Mobilmachung 1914 glänzend bewährte. Die Disponierung lag zu Recht in den Händen älterer Generalstabsoffiziere. Daß aber auch für die Bearbeitung der Linien Generalstabsoffiziere eingesetzt und so ihrer generalstabsmäßigen Tätigkeit entzogen wurden, gehörte zu den Unbegreiflichkeiten der Institution. Die Bearbeitung einer Linie bestand in der Übertragung der Vorlagen in das Heft der Linie. Sie war also ein völlig mechanisches Schreibergeschäft, welches allerdings peinliche Aufmerksamkeit und lupenhafte Genau-

Die Wurzeln bürokratischer Fehlentwicklungen

Bürokratische Tradition im Militär

287

igkeit verlangte. Denn jedes Verwechseln eines Farbstiftes oder einer Zeile beschwor Eisenbahnkatastrophen herauf, was durch ein ständiges Kollationieren mit den Nachbarlinien ausgeschaltet wurde.

Nachdem ich einige Wochen damit hingebracht hatte, bunte Striche in ein Linienschema zu ziehen und Bleistifte mit einer Kurbelmaschine anzuspitzen, konnte ich diese automatische und akribische Arbeit nicht mehr leisten.«[2]

Bürokratische Erscheinungen dieser Art veranlaßten den glänzend begabten Gustav Hillard-Steinböhmer, nach dem Ersten Weltkrieg den Generalstabsdienst zu verlassen, Theaterwissenschaften zu studieren und nach der Promotion bei Max Reinhardt in Berlin Dramaturg zu werden.

Die dritte Wurzel bürokratischer Verdichtungen ist wohl die jüngste und aktuellste. Ich erkenne sie in dem massiven Einbruch betriebs- und organisationswissenschaftlicher Vorgehensweisen in den Streitkräften sowie in deren zunehmender Justifizierung. Der Einbruch fand in den siebziger Jahren statt und hat über ein Jahrzehnt bis in die Gegenwart angehalten. In diesen Jahren tat die Bundeswehr m. E. einen verhängnisvollen »technokratischen Sprung«. Es war eben jener Sprung, dessen Auswirkungen Frau Krohne-Appuhn als fatal für die Soldaten und ihre Familien erkannt hat.

Ich will schon hier unterstreichen, daß ich keine prinzipiellen oder absoluten Einwände gegen Betriebs- und Organisationswissenschaften, Allgemeine Führungslehre oder Managementtechniken habe, wo sie nützlich und am Platze sind. Ich möchte diese neue Methodenvielfalt nur nicht mit profilgebendem Rang für Streitkräfte eines Rechtsstaates versehen. Ich möchte ihr hingegen einen eindeutig untergeordneten, eher dienenden und instrumentalen Rang zuweisen. Als bloße Hilfsmittel sind diese Techniken wichtig und schwer entbehrlich für hochtechnisierte Streitkräfte.

Bürokratie und Technokratie

Ich will hier nicht in Breite beschreiben, was Bürokratie von Technokratie im einzelnen unterscheidet. Am Gebrauch beider Bezeichnungen wird deutlich werden, was ich jeweils vorrangig darunter verstehe. Ich kann hier auch nicht die Wechselbeziehungen zwischen Bürokratie und Technokratie untersuchen, obwohl dies reizvoll wäre. Soviel mag aber gesagt werden:

Sie stehen in einem engen Wechselverhältnis zueinander, sie haben für das jeweils andere Phänomen Verstärkerwirkung. Das Instrumentarium der Bürokratie hilft der Ausbreitung von Technokratie voran, wenn es sie nicht sogar erst ermöglicht. Technokratie ihrerseits vermittelt der Bürokratie neue Methoden, etwa der Kontrolle oder der Akribie. Es sind außerdem beiden Phänomenen gewisse Grundzüge gemeinsam, wie u. a. die starke Begierde nach Kontrolle, die Faszination durch das Perfekte, die subalterne Furcht vor Fehlern und schließlich Züge des Buchhalterischen. Beide sind m. E. also ungute Schwestern, die eine Friedens- und Ausbildungsarmee zunehmend bedrängen. Die Bundeswehr, die nach den Aufbaujahren zwei Jahrzehnte darauf verwenden konnte zu planen, zu organisieren, zu vervollkommnen, droht, in manchen Bereichen von Bürokratie und Technokratie erdrosselt zu werden. – So ergeht es Armeen, die in Jahrzehnten des Friedens mit Hilfe von großen Führungsstäben und umfänglichen bürokratischen Kommandobehörden in immer größere Gefechts- und Praxisferne abgedrängt zu werden drohen. Die Truppe hat ein sicheres Gespür dafür, wenn sie etwa angesichts des Gesamtausbildungsplans (GAP), der Curricula für Bundeswehruniversitäten , aber auch für Fachschulen und alles, was dazwischen liegt, des perfekten und kunstvoll verschachtelten Ausbildungs- und Verwendungskatalogs oder des problematischen Instandsetzungs- und Versorgungskonzeptes – um hier nur vier Beispiele zu nennen – von »Monumenten teutonischer Bürokunst« spricht.

Wer Gesamtausbildungspläne und Curricula für verbindlich erklärt, muß wissen, daß er geistige oder sachliche Zusammenhänge oft artifiziell und bis zur Unkenntlichkeit in kleine Bissen zerteilt. Er muß bedenken, daß er mit derartigem geistigem Haschee dem Drängen militärischer Führer nach Rezepturen Genüge tut, was zu Selbstgenügsamkeit und Verödung in der Ausbildung führt, muß auch bedenken, daß die beklagte und zunehmende Gefechts- und Praxisferne, die Vorstellungsarmut in bezug auf Gefecht und Krieg sicherlich eine Ursache in eben diesen Zerstückelungen haben.

Was hat nun diesen bürokratisch-technokratischen Schub in der Armee ausgelöst? Ich will dies zunächst an einem außerdeutschen Beispiel darstellen; innerdeutsche Ursachen oder Beispiele werde ich später nennen.

Wie kam es zum technokratischen Sprung?

Ich erinnere mich genau daran, mit welchen Vorschußlorbeeren Verteidigungsminister McNamara seinerzeit sein Amt antrat. Da sagten informierte Amerikaner etwa, McNamara habe ein Gehirn wie ein Computer. Dies war als Lob gemeint. Der neue Minister war vor Amtsantritt Spitzenmanager des größten amerikanischen Automobilkonzerns (GM) gewesen. Eine seiner wesentlichen ersten Handlungen war, daß er die Macht der amerikanischen Generalität mit dem hemdsärmeligen Selbstbewußtsein manchen Politikers nachhaltig einschränkte, besonders die der Joint Chiefs of Staff. Bald setzte er dann ein neues System durch, dessen Name als Symbol für diesen Mann, seinen wirtschaftswissenschaftlichen Hintergrund als Manager und das Zeitalter moderner Technokratie in Streitkräften stehen kann, das sogenannte »Planning, programming and budgeting system (PPBS)«. Dieser Großmanager hatte sodann den Krieg in Vietnam zu planen, zu führen und zu nähren. Da er den Primat der Politik besonders rigoros ausgelegt hatte, trägt er auch besondere Verantwortung für den »Stil« der Kriegführung und für das Ende dieses Krieges. Ich sehe hierbei von der Verantwortung der jeweiligen US-Präsidenten und ihrer Kabinette wie auch vor der Medienkampagne gegen diesen Krieg ab.

Wir alle erinnern uns an bestimmte Begriffe, die im Verlauf des Vietnamkrieges für mein semantisches Verständnis einen gewissen atmosphärischen Signalcharakter gewannen. So wurde u. a. von »kill capacities«, von »kill rates«, von »body counting« von »cost effectiveness« – etwa im Zusammenhang mit Bombenteppichen – und schließlich von »attrition rates« im Zusammenhang mit Material, aber leider auch mit Menschen gesprochen. Wenn man diese Begriffe ins Deutsche übertragen wollte, müßte man die muttersprachlichen Entsprechungen unseren historischen Erfahrungen folgend alle sofort in das »Wörterbuch des Unmenschen« aufnehmen. Man kann also feststellen: Dahin führt es, wenn man betriebs- und organisationswissenschaftlicher Technokratie die Zügel schießen läßt, ihr zu ungezügelter Vorherrschaft verhilft. »Cost effectiveness« war ein Schlüsselwort der Philosophie McNamaras. Hier wird die ethische Herausforderung des Soldaten – und des Politikers – erkennbar, die mit der buchhalterischen Bürokratie des Vietnamkrieges und mit der kalkulatorischen Kälte betriebswirtschaftlichen Denkens im Kriege ausgelöst wurde.

Auch Soldaten, vor allem in höchsten Stellungen, haben in diesem Jahrhundert immer wieder den fatalen Hang zur kalten Kalkulation gezeigt, in Kategorien von Gewinn und Verlusten gerechnet und dabei schließlich jede Wertefrage, jede ethische Norm aus dem Auge verloren. Seit es das »Dogma der Vernichtungsschlacht« gibt, haben Soldaten wie der »Blutsäufer Nivelle« am Chemin des Dames – seine eigenen meuternden Poilus nannten ihn so –, wie der deutsche General von Falkenhayn vor Verdun, wie Air Marshall Harris, in ziviler Stellung zuvor Spitzenmanager der englischen Wirtschaft, Hekatomben von Menschenopfern in Kauf genommen oder gewollt, weil der Fortgang einer bestimmten Operation dies zu gebieten schien. Die westlichen Völker haben auf solche Ausblutungsmaßnahmen von Vernichtungstechnokraten im nachhinein meist mit Verachtung reagiert. Es wird deutlich, daß der hohe Soldat im Westen angesichts der nuklearen Dimension nie technokratisch kalkulieren darf, sondern sich politische, sicherheitspolitische und ethische Fragen zu stellen hat.

Salopp und verkürzt formuliert könnte man fordern: Man lasse nie einen Manager in politisch-arbiträre Funktion gelangen, denn er wird das politische Wohl und die Moral verfehlen. Ethische Kategorien, die nach unserem Rechtsverständnis besonders im Kriege höchsten Rang haben müßten, verkommen ihm zu Optimierungs- und Maximierungsfragen. Männer von der Art McNamaras stellen keine Wert- oder Normfragen. Und sie stellen, so scheint es, auch nicht die richtigen politischen Fragen. Der späte Weg in die Humanität über die Weltbank und seine unverhofften jüngeren Strategiebeiträge sind angesichts des Scheiterns dieses Mannes dann nur noch tragische biographische Facette.

Die Bundeswehr und ihre politische Führung jedenfalls sind in den letzten eineinhalb Jahrzehnten dem amerikanischen Trendsetter oft und gern gefolgt. Wenn auch nicht bei PPBS, so doch im Atmosphärischen und beim »technokratischen Sprung«.

Die nun folgenden Beobachtungen können wir eigentlich nur mit betroffenem Bedauern schildern, haben doch viele von uns 1969 Helmut Schmidt, den Kenner verteidigungspolitischer und strategischer Fragen, als Verteidigungsminister gewünscht. Deswegen u. a. wählten viele Soldaten damals seine Partei. *Neue bürokratisch-technokratische Instrumentarien*

Die Bundeswehr hat sich in diesen Jahren, durch die politische Leitung ermuntert und durch die hohe militärische Führung forciert, in wohl allen Bereichen zahlreiche neue bürokratisch-technokratische Mechanismen und Instrumentarien geschaffen. Man möchte beinahe behaupten, daß sie nach 1970 im Felde von Bürokratie und Technokratie ein völlig neues, über die alte Kameralistik hinausweisendes, »fortschrittliches« Gesicht bekommen hat und viele bis dahin angewandte Methoden im Wege eines Generationswechsels austauschte.

Dies lag wohl nicht zuletzt daran, daß Minister wie Helmut Schmidt und Hans Apel wesentliche Begabungsschwerpunkte im Volkswirtschaftlich-Ökonomischen, d. h. auch bei Management und Organisation, besaßen, daß fernerhin die seinerzeitige Regierungspartei schon immer aus ideologischer Befangenheit einen bemerkenswerten Glauben an die Bedeutung der Planung gehegt hat. Wollte nicht der junge Minister Ehmke sogar die Außenpolitik über die Großrechenanlage »rational« gestalten?

Nicht von ungefähr genießt der zweite Verteidigungsminister der SPD, Georg Leber, heute noch in den Streitkräften eine besondere Hochachtung, wie denn auch in allen Urteilen von Soldaten über ihn menschliche Wärme mitschwingt.

Minister Schmidt hat zwar einmal darauf hingewiesen, daß er seine eigene Gasrechnung nicht mehr lesen könne, und er hat noch im Verteidigungsressort über die schlechtgemachte, dilettantische Bürokratie der Streitkräfte geklagt, er hat aber als politisch Verantwortlicher dem technokratischen Sprung der Streitkräfte nicht im Wege gestanden, um es behutsam zu formulieren.

Bis heute kann auch ich die letzten Geheimnisse meiner maschinell bearbeiteten Gehaltsabrechnung nicht ergründen, obwohl dies doch ein wichtiges Dokument ist. Auch bei großer Mühe kann ich nicht bei allen Daten meines Personalstammblattes erkennen, aus welcher Ableitung oder Verknüpfung sie stammen und welches Aussagegewicht, welchen Sinn sie für kundigere Stellen besitzen. Gleiches gilt für die eindrucksvolle Riesenfahne des Persönlichen Datennachweises: Man vermutet vielleicht Falscheintragungen und Irrtümer. Mit wem aber soll man sich darüber besprechen? Wer ist wirklich auskunftsfähig und zuständig? Salopp formuliert möchte man fordern, daß Datenschutz dahingehend erweitert werde, daß man vor überflüssigen, unverständlich abgeleiteten und nicht verstehbar verknüpften eigenen Daten *Schutz vor unverständlichen Daten* geschützt werden möge. Das gleiche gilt aber auch etwa für die »Zustandskarte Gerät (ZKG)«. Hier handelt es sich um ein großformatiges und deshalb kaum »feldverwendungsfähiges« maschinenberichtliches Blatt mit ca. 150 Datenfeldern zum jeweiligen Fahrzeug oder Gerät. Mit diesem Papier sollen Unteroffiziere, Stabsunteroffiziere umgehen. Woher kommt es wohl, daß diese Karte oft unvollständig und fehlerhaft bearbeitet ist?

Ich könnte mit solchen Unterlagen nicht arbeiten, obwohl ich in der Aufschlüsselung von Papier besser ausgebildet bin als ein instandsetzender Unteroffizier und Kfz-Mechaniker.

Schutz vor Ein Höhepunkt bürokratischen Tuns der kameralistischen Art, um auch sie
unnötigen nicht zu vergessen, ist aber sicher eine Umzugsabwicklung per Einzelabrech
Fragebögen nung. Nicht nur, daß man neben Belegsammlungen, Fenstervermessungen, Fotokopien von Verträgen auch wenigstens 16 Fragebögen in doppelter Ausfertigung ausfüllen wird, man sieht sich zudem auch wie in einer tiefenpsychologischen Analyse zahlreichen Wiederholungs- und »Fangfragen« gegenüber. Man beantwortet schließlich Fragen von ausgesprochen inkriminierendem Tenor. Hier begreift man einmal mehr nicht, warum und mit welchem Hintergrund einzelne Fragen überhaupt gestellt werden. Vom Aufwand und von der bürokratischen Vernehmungstechnik her eine Zumutung, die man keinem Soldaten wünschen soll. Sie rechnen daher notgedrungen auch meist nach anderer Art und damit zu ihrem Nachteil ab.

Ich behaupte zusätzlich, daß in der Hoch-Zeit bürokratischer Technokratie in den siebziger Jahren eine völlig neue Gattung von Bürokratie entstand. Man wird sie am ehesten in den Bunten Büchern des ersten sozialdemokratischen Ressortministers Helmut Schmidt kennenlernen. Diese sollten ganz wesentlich der Selbstdarstellung der neuen politischen Leitung dienen. Sie sollten ihre Tatkraft, ihren Optimismus, ihre allseitige problemlösende Kompetenz demonstrieren.

Es entstand in diesen Weißen und Bunten Büchern eine Art Renommier- und Pictoralbürokratie, eine neue Form technokratischer Repräsentation in bunten Pictogrammen. Die Methoden waren nahezu ausschließlich betriebs- und organisationswissenschaftlicher Herkunft. Es entstand die Illusion geistiger Bewältigung durch farbige Kurvendiagramme, – damals allseits faszinierend. Das Ergebnis war, wie sich später zeigte, vielfach Scheintransparenz. Man hatte eindrucksvoll besetzte Kommissionen installiert, ein bewährtes, bürokratietypisches Vorgehen, die auch sofort begannen, intensiv am gestellten Problem zu arbeiten. So entstanden Kommissionsberichte etwa zur Wehrgerechtigkeit oder zur Personalstruktur; und wenn ich recht sehe, haben diese Berichte nichts an konkreten Ergebnissen zur Folge gehabt. Die Probleme blieben. Aus dieser Kritik möchte ich nur eine Arbeit, das Grünbuch der Bildungskommission, ausnehmen, da aus ihm eine bedeutungsvolle Ausbildungsreform folgte.

Als in den siebziger Jahren Generälen ohne akademische Ausbildung, aber mit hoher organisatorischer bzw. planerischer Passion erstmals eine größere Anzahl qualifizierter Zuarbeiter (Generalstabsoffiziere und Truppenoffiziere) mit wirtschaftswissenschaftlichem bzw. ingenieurwissenschaftlichem Studienhintergrund zur Verfügung standen, kam es zu einer für unseren Beruf an sich vorhersehbaren Kumulation gleichgerichteter Passionen und Begabungen bei weitreichenden planerischen Vorhaben, die sich eine neue, tatendurstige Regierung gestellt hatte. Das Ergebnis dieser »historischen« Situation bestand in einer Vielzahl von langzeitig wirksamen Entscheidungen und Maßnahmen, die wir von heute her betrachtet als eine erstarrte Militärlandschaft beschreiben könnten. Es entstanden geronnene Rituale, das Gefährlichste, was modernen Streitkräften geschehen kann. Fast alle diese Maßnahmen hatten zudem belastenden Charakter für die Truppe. Ich kann diese Landschaft, diese Rituale, hier nur skizzenhaft und an wenigen Beispielen kennzeichnen. Verbände der Bundeswehr bewegen sich heute – mühsam nur – in einem Netz von Jahresausbildungsbefehlen, Zustandsberichten, Quartalsausbildungsbefehlen, einer von oben reglementierten erstickenden Vorhabendichte, selbstbetrügerischen Statistiken, ständigen Inspizierungen, befohlenen fortlaufenden Kompaniebesichtigungen – der ursprünglich vorgesehene Leitzordner für diese Besichtigungen sollte zehn Zentimeter stark sein und die »beste Panzerkompanie des Heeres« ermitteln –, computergestützter Personalführung mit dem mühsam-aufwendigen System PERFIS und etwa der Leistungsmessung per Leitzordner im Gelände (Einzelbewertung A, B, C).

Ich darf an dieser Stelle auch nicht das »Integrierte Verwendungs- und Ausbildungsplanungssystem«, genannt IVAS, vergessen, ein Monstrum, mit dem man den an sich schon bemerkenswerten Ausbildungs- und Verwendungskatalog »krönte«. Oder jenes unnachahmliche System WEWIS, mit dem man u. a. Dozenten verplant, als wären sie geistlos-logistisches Stückgut.

Schließlich wurde, um dem ganzen neben Durchschiebe- und Verwürfelungsverfahren und neben der mängelbehafteten Heeresstruktur 4 die Krone aufzusetzen, durch den Inspekteur einer Teilstreitkraft in die Wachzeiten der Kasernenwachen hineinbefohlen, weil hier noch ein halbes Stündchen Effektivität zu erlangen war.

Nennen wir auch das Paradebeispiel eines geronnenen Rituals: Es handelt sich um den sogenannten »Führungsvorgang«, wie er verbal und graphisch in der Vorschrift beschrieben wird. Die Truppe hat ein gutes Gespür für die Abwegigkeit eines solchen »Regelkreises«, wenn es hier oder da ironisch heißt: »Bitte nicht stören. Es findet ein Führungsvorgang statt.« Dieser formalisierte Vorgang ist ein Stück bürokratischer Entartung angesichts der Unberechenbarkeit des Phänomens Krieg.

Ich fürchte, diese formatisierten Maßnahmen vernichten Auftragstaktik,

Erstarrte Militärlandschaft

Geronnenes Ritual: Führungsvorgang

entmündigen Führer und führen insgesamt zu immer mehr Gefechtsferne, Vorstellungsarmut und bürokratischer Irrealität. Wir können nicht hoffen, menschlich und handwerklich brauchbare militärische Führer zu erziehen, wenn wir sie vorwiegend in geradezu gegensätzlichen Rollen einüben.

Ausblick und Ergebnisse

Nach allem, was gesagt wurde, kann man vielleicht schlußfolgern: Die Betriebs- und Organisationswissenschaften und die aus ihnen abgeleitete Allgemeine Führungslehre erscheinen dem Betrachter und Konsumenten – Soldaten sind aus der Natur ihres Handwerks eher geneigt, in Kategorien des Ingenieurwissenschaftlichen, des Managements, der planerischen und organisatorischen Optimierung zu denken – als ein schlüssiges System von Sachaussagen und Methoden. Ein solches System wird in Streitkräften im Zweifelsfalle eine weit größere Anziehungskraft entwickeln als etwa die offene Konzeption der Inneren Führung, welche sich vorwiegend geistes- und gesellschaftswissenschaftlicher Fragestellungen bedient. Diese liegen Soldaten häufig weniger. Die Konzeption der Inneren Führung hatte aber der Bundeswehr in der Zeit der gesellschaftlichen Autoritätskrise (1968 ff.) einen hohen Modernitätsvorsprung vor allen anderen Institutionen der Gesellschaft verschafft. Wir müssen deshalb heute darauf achten, daß wir diesen Vorsprung nicht durch ein Übermaß an Bürokratie und Technokratie, durch eben jenen Siegeslauf der Betriebs- und Organisationswissenschaften und der Allgemeinen Führungslehre verspielen. Dieser Lauf fand in jenem Jahrzehnt statt, in dem unter sozialdemokratischen Ministern bezeichnenderweise der Niedergang der Inneren Führung zu beobachten war. Die ehemalige Regierungspartei ihrerseits muß dahin wirken, daß sie das Konzept Innere Führung nicht immer nur in der Opposition für ihre Zwecke entdeckt. Wie sagte doch Helmut Schmidt? »Ich kann diese pseudoreligiösen Auseinandersetzungen zwischen Baudissin und seinen Gegnern nicht mehr hören.« Sprach's und wandte sich dem Management seines neuen Ressorts zu.

Mehr Führungsvermögen

Mit der folgenden Zuspitzung meine ich zwei ideengeschichtliche Hintergründe für den Offizierberuf, zwei unterschiedliche Fundamente, meine ich auch eine Weichenstellung, an der wir uns zu befinden scheinen, wenn das Offizierkorps in Zukunft vorwiegend aus Wirtschafts- und Ingenieurwissenschaftlern bestehen wird. Lassen Sie mich diese Weichenstellung provozierend und deshalb verkürzt charakterisieren: Die Prinzipien von Führerschaft (Leadership) und Paternalität, ein wenig Charisma vielleicht, setzen in einem Offizierkorps mehr Führungskraft, Schwung und Einfallsreichtum, mehr warmherzige Menschlichkeit und Kameradschaft frei als ein System von »Kritischen Wegen« und »Stochastischen Knoten«.

Wollen wir doch schauen, daß wir nicht hinter das Führungsvermögen, die Führungsleistung feudaler, d. h. historischer deutscher Offiziergenerationen, hinter ihr Fürsorgevermögen zurückfallen!

Es kommt in diesem Zusammenhang auch nicht von ungefähr, daß es heute in der amerikanischen Armee eine Bewegung weg vom »Management« und zurück zur »Leadership« gibt.
Eine späte Folge der Vietnamniederlage!
Es wird deutlich sein, daß ich ein inhaltsreicheres Talentprofil anvisiere, als es sich gegenwärtig und in der Tendenz abzuzeichnen beginnt. Nicht der uniformierte Manager darf das Ziel oder Produkt unseres Tuns sein, sondern der glaubwürdige Erzieher und Führer von »Bürgersoldaten«.

Anmerkungen:

1. Deutscher Bundeswehr-Verband e. V. (Hrsg.): Pressemitteilung. Koblenz, 3. November 1984, S. 2
2. Gustav Hillard-Steinböhmer: Herren und Narren der Welt. München, 1954, S. 210

Klaus Dau

Die Verantwortung des Offiziers im Umgang mit dem Recht

Die Frage nach der Verantwortung des Offiziers im Umgang mit dem Recht ist zunächst eine Frage an die Bundeswehr, denn ihre Antwort enthält Vorgaben für den Offizier. Hat die Bundeswehr in der Verpflichtung, den freiheitlichen Rechtsstaat auch im Bereich der Streitkräfte zu verwirklichen, den Offizier dazu ausgebildet, Verantwortung gegenüber der ihm zugewiesenen Aufgabe zu tragen, hat sie ihn befähigt, mit der Macht fertig zu werden, die ihm insbesondere durch das Mittel des Befehls gegeben ist, und hat er gelernt, auch selbst gehorchen zu können? Ist ihm auch Achtung vor dem Gesetz bewußt gemacht worden, die ihm die Unabhängigkeit gibt, eine für ihn negative Entscheidung zu akzeptieren, wenn ein Rekurs nicht mehr möglich?

Positives Wissen und Verständnis für das Recht Umgang mit dem Recht setzt positives Wissen und Verständnis für das Recht voraus. Für die Ausbildung des Offiziers im Ausbildungsteilgebiet Wehrrecht, Soldatische Ordnung und Kriegsvölkerrecht hat sich die Bundeswehr daher ein anspruchsvolles Ausbildungsziel gesetzt: Der Offizier soll die verfassungsrechtliche Einordnung der Bundeswehr, die rechtliche Stellung des Soldaten und alle Pflichten und Rechte im Zusammenhang verstehen sowie im Rahmen seines Verantwortungsbereiches die Bestimmungen des Wehrrechts, des Kriegsvölkerrechts und der Soldatischen Ordnung erläutern, anwenden und die entsprechenden Entscheidungen auch als Disziplinarvorgesetzter treffen können. Wie weit der Offizier dieses Ausbildungsangebot angenommen hat, wie tief er das damit aufgepflügte Problemfeld Recht und Innere Führung begriffen hat, hängt weitgehend von seinem eigenen sittlichen wie intellektuellen Fassungsvermögen ab.

Allein der rechtstechnische Umgang des Offiziers mit dem Recht, der Hinweis auf seine Bindung an Gesetz und Recht, seine Inpflichtnahme durch den Normenkatalog des Soldatengesetzes, sind keine Antwort auf die auch sittliche Basis seiner Entscheidungen. Er muß auch Verantwortung im Umgang mit dem Recht haben, und Verantwortung ist eine zutiefst ethische Frage; im Vordergrund steht nicht so sehr eine allgemeine Metaphysik über das richtige Recht, sondern in erster Linie ein Appell an den Christen, welches Verhalten speziell denn ihm in der Normbindung der Rechtsordnung obliegt. Nicht im Sinne einer speziell abrufbaren Situationsethik, sondern als ständige Forderung allen sittlichen Verhaltens. Die dem Offizier der Bundeswehr gestellte Frage nach seiner Verantwortung im Umgang mit dem Recht bereichert als ethische Größe auch die ihn verpflichtenden Grundsätze der Inneren Führung um einen nicht normativen, sondern vor- oder übergesetzlichen Aspekt. Es ist sicherlich kein Zufall, daß die Himmeroder Denkschrift, jenes eindrucksvolle Dokument aus der Gründerzeit der Bundeswehr von 1950, einzelne Forderungen an eine künftige militärische Rechtspflege unter die Kapitelüberschrift »Ethisches« stellte.

Die Wurzeln unseres sozialen und rechtlichen Handelns liegen nicht nur formal, sondern auch inhaltlich in ethischen Prämissen. Der den Streitkräften gegebene Auftrag, den Frieden durch stete Präsenz und Kampfbereitschaft zu garantieren, ist als Bezugsfaktor für das soldatische Ethos des Offiziers von existentieller Wichtigkeit. Der Friedenswillen des Soldaten und seine Bereitschaft, im Notfall auch mit der Waffe zu kämpfen, sind die sittliche Basis seines Verteidigungsauftrages. Hieraus leitet sich auch die ethische Legitimation jener Handlungen ab, die er als Offizier auf der Grundlage des geltenden Völker-, Verfassungs- und Wehrrechts vornimmt. Das positive Recht selbst weist vielfach in seinem Wortlaut in einen Bereich, der, als überpositives Recht bezeichnet, inhaltlich von ethisch-moralischen Leitstrukturen geprägt ist. Sinnfälligerweise wird in Art. 20 Abs. 3 des Grundgesetzes neben dem Gesetz auch das Recht als dem Gesetz gegenüber eigenständige und gewichtigere Größe erwähnt und damit vorausgesetzt. Der Offizier wird in der Notwendigkeit der Daseinssicherung – insoweit dem Juristen vergleichbar – eher zur positiven Norm greifen, weil diese augenscheinlicher die Ordnung sichert, die uns vom Chaos trennt. Goethe hat hierfür ein sicheres Gefühl gehabt, als er sagte: »Ich will lieber eine Ungerechtigkeit begehen, als Unordnung ertragen.« »Es ist besser, es geschieht Dir Unrecht, als die Welt sei ohne Gesetz. Deshalb füge sich jeder dem Gesetz.« Doch auch das Soldatengesetz verbindet wie bereits das Grundgesetz positives und vor- oder übergesetzliches Recht und erhebt ethisch-moralische Forderungen zu rechtlichen Pflichten. Die Grundpflicht zum treuen Dienen, die formelle Inpflichtnahme des Soldaten durch Eid und feierliches Gelöbnis, die zur Pflicht erhobene Beispielhaftigkeit in Haltung und Pflichterfüllung, die Kameradschaftspflicht, die Pflicht zur Disziplin, all dieses sind wertausfüllungsbedürftige Begriffe und einer positiv rechtlichen Analyse nicht, zumindest nicht vollständig, zugänglich.

Der Offizier muß sich bewußt sein, daß er bei der Analyse oder der Subsumtion einer rechtlichen Pflicht auf die Einbeziehung ethischer Wertbegriffe angewiesen ist, die sich exakter Definierbarkeit entziehen und somit der Umgang mit dem Recht an normative Grenzen stoßen kann. Insoweit überläßt der Gesetzgeber den Offizier dem Kompaß in seiner eigenen Brust.

Verantwortungsvoller Umgang mit dem Recht wirft damit die Frage auf, ob und inwieweit die Normen des positiven Rechts ihre Grenze am individuellen Gewissen finden oder anders ausgedrückt: Wie verhält sich das positive Recht zum Gewissen des einzelnen?

Ethisch-moralische Leitstrukturen des positiven Rechts

Positives Recht und Gewissen

Das Militärstrafgesetzbuch von 1872 enthielt in seinem § 48 eine bemerkenswerte Bestimmung: »Die Strafbarkeit einer Handlung oder Unterlassung ist
nicht dadurch ausgeschlossen, daß der Täter nach seinem Gewissen oder den
Vorschriften seiner Religion sein Verhalten für geboten erachtet hat.« Mit
dieser Norm hatte die positive Rechtsordnung des neu gegründeten Deutschen Reiches ihr Verhältnis zum Einzelgewissen in einer für die damalige
Zeit charakteristischen Weise festgelegt. Sie löste den Konflikt zwischen religiöser und der durch das soldatische Dienstverhältnis begründeten Gehorsamspflicht, indem sie der militärischen Pflicht den unbedingten Vorrang
einräumte; die Verpflichtungskraft einer positiven Rechtsnorm war somit
unabhängig von der Gewissensbilligung des einzelnen. Die abweichende Ge-
wissensüberzeugung des Täters beeinflußte weder Rechtswidrigkeit noch
Schuld einer gesetzwidrigen Handlung, sie konnte allenfalls im Rahmen von
Strafzumessungserwägungen berücksichtigt werden. Über die eigengesetz-
liche Regelung hinaus offenbarte sich in der Bestimmung des § 48 MStGB die
immanente, unausgesprochene Überzeugung des 19. Jahrhunderts, daß der
Gesetzgeber schon das Rechte anordnen werde. Der gesetzlichen Vorschrift
zu folgen, ist allemal recht, hatte Fichte gesagt. Und Hegel dachte nicht anders: Was der Mensch zu tun habe, sei in einem sittlichen Gemeinwesen
leicht zu sagen: Es sei das, was ihm in seinen Verhältnissen vorgezeichnet,
ausgesprochen und bekannt ist. Und einer der erlauchtesten Geister der damals herrschenden neukantischen Rechtsphilosophie, Gustav Radbruch,
formulierte es so: »Für den Richter ist es Berufspflicht, den Geltungswillen
des Gesetzes zur Geltung zu bringen, das eigene Rechtsgefühl dem autoritativen Rechtsbefehl zu opfern, nur zu fragen, was Recht sei, und niemals, ob
es auch gerecht sei.« »Wir verachten den Pfarrer, der gegen seine Überzeugung predigt, aber wir verehren den Richter, der sich durch ein widerstreiten-
des Rechtsgefühl in seiner Gesetzestreue nicht beirren läßt.« Positivistische
Gedankenspielereien wie die, daß selbst ein Befehl zum Mord verbindlich
sei, wenn er nur vom Inhaber der höchsten Staatsgewalt ausgehe, wurden in
der Dämonie des Dritten Reiches furchtbare Wirklichkeit.

*Das Recht
steht nicht
zur
Disposition
des
einzelnen*

Wie verhalten sich die Normen des Rechts zum Gewissen des einzelnen? Ist
das Recht gar von einer Zustimmung des einzelnen abhängig? Wie ist zu
entscheiden, wenn objektive Ordnung und subjektiver Gewissensentscheid
auseinanderfallen, wenn der Handelnde sich zwar zu seiner Entscheidung
mit größter Gewissenhaftigkeit durchgerungen, aber das ethisch Unrechte
getan hat? Eine zentrale Frage der Rechtsphilosophie – aber auch der Theologie beider christlichen Konfessionen. Für die Verantwortung des Offiziers
im Widerstreit von Gesetz und Ethik muß hier eine Skizze genügen, die ihm
das Bewußtsein schärft. Da im hier vorgegebenen Raum eine verbindliche
Aussage über die Richtigkeit des einen oder des anderen Verpflichtungsrau-
mes nicht möglich ist, sind für den Versuch einer Lösung die Konsequenzen

zu bedenken, die die eine oder andere Entscheidung hat. Eine Entscheidung, die dem Ausspruch des Gewissens den Vorrang gäbe, würde eine überindividuelle irdische Ordnung prinzipiell unmöglich machen. Sie höbe die Schutzfunktion des Rechts auf, auf die alle vertrauen und vertrauen müssen. Dies schließt es aus, beim Widerstreit von Gesetz und Gewissen prinzipiell dem Gewissen den Vorrang zu geben. Das Recht steht nicht zur Disposition des einzelnen, es ist nicht von seiner Zustimmung abhängig. Freilich ist diese Grundentscheidung nur solange glaubhaft, als sie sich durch das Gesetz gerechtfertigt weiß; d. h. das Gesetz muß wenigstens der Versuch einer staatlichen Ordnung, und es muß wenigstens ein ethisches Minimum sein. Die Verpflichtung durch das Gesetz endet, wo der staatliche Befehl die Person zur bloßen Sache degradiert. Bei der Verletzung der Menschenwürde kann das Gesetz nur noch durch Gewalt oder Terror zwingen, das ethische Minimum, die sittlich verpflichtende Kraft fehlt ihm. Die im geltenden Völker-, Verfassungs- und Wehrrecht enthaltenen rechtlichen Vorgaben stellen den Offizier der Bundeswehr kaum vor eine Gewissensentscheidung. Der sittliche Wert seiner militärischen Aufgabe einschließlich seines rechtlichen Standortes ist deutlich und unabhängig von politischen Konstellationen für jeden begreifbar und verpflichtend. Doch mit seinem Gewissen, so hat es Luther einmal ausgedrückt, steht der Mensch schon jetzt vor dem ewigen Richter.

Epilog

Hermann Kunst

Geistliches Wort

Diese geistliche Besinnung ist die Predigt im Trauergottesdienst für General Dr. Hans Speidel, gehalten am 3. Dezember 1984 von Bischof D. Dr. Hermann Kunst D. D. Zwar erinnert diese Predigt auch an einen bedeutenden Soldaten der Bundeswehr. Ihre Aussagen gehen jedoch weit über diesen Anlaß hinaus, zeigen dem Offizier die letzten Grundlagen christlichen Glaubens und bezeugen ihm in seinem besonderen Verantwortungsbereich, wer trägt und was trägt. Das geistliche Wort macht deutlich, daß und wie – in Luthers Sprache gesagt – auch heute »Kriegsleute in seligem Stande sein können«.

»Es ist ein köstlich Ding, daß das Herz fest werde, welches geschieht durch Gnade.«   Hebräer 13,9
»Jesus Christus spricht: Meinen Frieden gebe ich euch. Nicht gebe ich euch, wie die Welt gibt. Euer Herz erschrecke nicht und fürchte sich nicht.«
                                                                                  Johannes 14,27

Je und je erlebt man eine Situation, an der einem fast ein ganzes Jahrhundert präsent erscheint. So geht es uns in dieser Stunde des Abschieds von Hans Speidel. Er war 1897 geboren. Er hat vieles erlebt: den Glanz über zahlreichen Dingen, die ihm geraten sind, Beglückung und Freude in seiner Ehe und Familie, kraftvoll neu sich in seinem Volk regendes Leben und die Fäulnis, den Übermut und das Grauen, den beschwingenden Reichtum schöpferischen Denkens und Gestaltens, das Scheitern von mühsam erplagten Plänen, das Sterben und den Untergang in den Brüchen der Geschichte dieses Jahrhunderts. Welch eine Spannweite, was für eine Fülle des Lebens ist durch seinen Tod an ihr Ende gekommen!
Auch jenseits aller hervorstechenden Begabungen von Hans Speidel wollen wir nicht verschweigen: Es gibt eine große Zahl von Soldaten seit 1914, die heute von Grund ihres Herzens sagen: »Ich hatt' einen Kameraden, einen bessern findst du nit.« Er sagte je und je im persönlichen Gespräch: »Es ist alles nur Gnade.« Kann man am Sarg über einen Menschen etwas tröstlicheres sagen als: Er verstand sein Leben als Gnade? Er sagte dies wahrscheinlich in der Erinnerung an das Wort, das ihm und seiner Frau bei ihrer Trauung 1925 mit auf den Weg gegeben war und um das wir uns in dieser Stunde sammeln: »Es ist ein köstlich Ding, daß das Herz fest werde, welches geschieht durch Gnade.«
Dies Wort ist gerichtet an eine Gemeinde, die durch das Zeugnis der Apostel einen festen Grund empfangen hatte. Aber dann gab es in der damaligen antiken Welt, wie auch wir es mannigfach in unserem Jahrhundert erlebt

haben, Geistesbewegungen von eindrucksvoller Gewalt. So gerieten auch die jungen Christengemeinden in Gefahr durch ein Gewoge von neuartigen Gedanken. Sie hatten und haben immer ihren Reiz und lockende Kraft. Sie erwecken den Anschein des Reichtums und der Tiefe. Wie intensiv hat unser entschlafener Bruder dies allein schon in seinem Dienst als Soldat vom Kaiserreich bis zur Gegenwart erfahren! Dieser Art des Tummelns des Geistes unter Verzicht auf die Quelle göttlicher Wahrheit hat sich unser geistig so hoch begabter, in fast allen Lebensbereichen wacher, nachdenklicher und aufgeschlossener Bruder gestellt. Es kamen hinzu seine ihm im Vollzug seines Dienstes gestellten Aufgaben. Wie sollte er sich verhalten 1918, 1933, 1942, 1950? Im zweiten Kriege mußte er lernen, daß das schlagende Gewissen eines Christen und die Verantwortung eines zur Führung bestellten Soldaten verpflichten, seine militärische Aufgabe im Zusammenhang mit dem Wege seines Volkes zu erkennen und Entscheidungen zu treffen. Sie waren von einer Art, daß ihm Ärgeres drohte als der Soldatentod auf dem Schlachtfeld. Wie war es, als 1950 bei vehementem Widerstand in seinem Volk der politische Wille die Aufstellung einer neuen deutschen Armee verlangte und nun die Einsicht durchgesetzt werden mußte: Das Pathos des Soldaten in unserer Zeit und Lage ist der Friede?

Was hat unser Bruder Station für Station in seinem Leben gebraucht? Nicht nur ein überragendes Können, sondern eben dies, wovon unser Gotteswort spricht: Ein festes Herz. Dies hat niemand sozusagen durch Geburt. Unser Herz ist nach dem Urteil der Heiligen Schrift ein trotzig und verzagt Ding. Wer kann es ergründen? Man darf ein festes Herz nicht verwechseln mit einem starren Herzen, das dann mühe- und verantwortungslos etwa sagen kann: Befehl ist Befehl, ganz gleich, worum es sich handelt. Nein, es war bei Hans Speidel nicht sentimentale Erinnerung an seinen Trauspruch, wenn er sagte: Es ist alles nur Gnade. Wer regiert, es sei im öffentlichen Leben oder in der Armee, muß unter der Gnade bleiben, unter Gott, wie Josef, der, weil er sein Leben »unter Gott« wußte, in der Stunde der Versuchung nein sagte mit der Begründung: »Wie sollte ich denn nun ein solch großes Übel tun und gegen Gott sündigen.« (1. Mose 39,9)

Hans Speidel ist oft in seinem Leben an der Grenze gewesen, an der der Tod drohte, der Tod nicht als Ende einer Krankheit, sondern als Opfer. Um so größer ist unser Dank für alle, die ihn in seinem Glauben an Jesus Christus stärkten und ermutigten. Er wußte: Golgatha ist der Opferaltar der Christenheit. Dieses Opfer des Gottessohnes erlöst uns und macht auch frei von der Eitelkeit und der feigen Angst. Ein Christenmensch versteht seine Hingabe als eine Antwort auf Christi Tod und Auferstehung. Dem Christen als Soldaten geht es nicht um Haltung, sondern um den Halt. Ihn hat er in der Gnade. Ihn findet jeder von uns inmitten der schwankenden Gedanken und gescheiten oder trüben Vermutungen durch den Glauben. Darum: Es ist ein köstlich

Ding, daß das Herz fest werde, welches geschieht durch Gnade. Das ist mehr als Vermögen und Anerkennung und Ehrungen durch Menschen. Gnade macht das Herz fest und erlaubt den aufrechten Gang und den entschlossenen Schritt nach vorne.

Sprechen wir also von der Festigkeit und Beständigkeit des Herzens, sprechen wir nicht von uns selber, sondern von der Festigkeit und Unwandelbarkeit unseres Gottes. Deshalb preisen wir in dieser Stunde die Treue unseres Gottes, die er unserem entschlafenen Bruder in allem Erleben und Erleiden bewahrt und gewährt hat. Wir können unser Herz nicht mit klarer Festigkeit an die Wahrheit Gottes binden. Dafür gibt es keine Methoden der Selbstdisziplin. Es ist Gnade allein.

Sie aber hat uns unser Herr Christus zugesagt. Wie ein Leitstern war Hans Speidel das Wort Jesu in seinem Konfirmationsspruch »Meinen Frieden gebe ich euch. Nicht gebe ich euch, wie die Welt gibt. Euer Herz erschrecke nicht und fürchte sich nicht.« Friede steht hier für das uns bereitete ewige Heil. Dieser Friede Gottes ist keine Angstpartie wie der zu allen Zeiten gefährdete Friede der Welt. Spricht Jesus Christus vom Frieden, redet er von der Endzeit, von der Vollendung, von unserem Tod ebenso wie von seiner Wiederkunft. Friede – er ist das Heil, durch das die durch unsere Sünde zerstörte Ordnung zwischen Gott und uns wieder hergestellt wird. Gottes Friede ist nicht die Ruhe des Todes, nicht der Friede, von dem die Welt so großspurig redet. Sein Friede ist weihnachtliche Freude und gibt an jeder Station unseres Lebens eine österliche Gelassenheit. Eben diesem Frieden glauben wir an diesem Sarg. Unser Bruder Hans Speidel ist hinter einen Vorhang getreten. Aber hinter ihm ist er geborgen in der Nähe unseres Gottes, ungeschieden von unserem Herrn und Heiland Jesus Christus. Er hat seinen Jüngern in der Stunde des Abschieds gesagt: »Ich lebe, und ihr sollt auch leben.« Er, der Auferstandene, der zur Rechten Gottes sitzt, er sagt »Ich lebe«, und im selben Satz »ihr auch«! Also ihr, unser Entschlafener und auch Ihr, die Ehefrau, die Kinder und Enkel, Ihr auch sollt heute und morgen teilhaben an dem Leben aus der Welt unseres Gottes.

Und nun, liebe Gemeinde, laßt uns den Sarg aus der Kirche tragen, um unseren Bruder in seiner schwäbischen Heimat zur letzten Ruhe zu betten. Wir aber dürfen wieder in unsere Verantwortungen gehen, aufgerichtet durch das Zeugnis, das Angebot, die Erfahrung eines festen Herzens durch die Gnade und geborgen auf dem Wege vor uns in dem Frieden dessen, der selber der Friede ist. Das ist alles. Das ist genug. Lob sei Dir, o Christe, Du König der ewigen Herrlichkeit! Amen.

Literaturhinweise

Ohne Anspruch auf Vollständigkeit werden an dieser Stelle einige Literaturhinweise zu den Themen dieses Buches gegeben:

1. Wolf Graf von Baudissin: Soldat für den Frieden. München, 1969
2. Dietrich Bonhoeffer: Ethik. München, ⁵1951
3. Wilfried von Bredow: Die unbewältigte Bundeswehr. Frankfurt, 1973
4. Karl Demeter: Das deutsche Offizierkorps 1650–1945. Frankfurt, 1963
5. Lothar Domröse: Ulrich de Maizière. Herford, 1982
6. Theodor Eschenburg: Über Autorität. Frankfurt, 1965
7. Evangelisches Kirchenamt für die Bundeswehr (Hrsg.): Sicherung des Friedens. Stuttgart, 1980
8. Evangelisches Kirchenamt für die Bundeswehr (Hrsg.): . . . Und wage es, Soldat zu sein. Stuttgart, 1980
9. Helmut Ganser: Technokraten in Uniform. Hamburg, 1980
10. Adolf Heusinger: Reden. Boppard, 1961
11. Theodor Heuss: Soldatentum in unserer Zeit. Tübingen, 1959
12. Günter Howe (Hrsg.): Atomzeitalter, Krieg und Frieden. Witten/Berlin, ³1962
13. Carl-Gero von Ilsemann: Die Bundeswehr in der Demokratie. Hamburg, 1971
14. Heinz Karst: Das Bild des Soldaten. Boppard, 1969
15. Kirchenkanzlei der EKD (Hrsg.): Frieden wahren, fördern und erneuern. Gütersloh, 1981
16. Klaus Kodalle (Hrsg.): Tradition als Last. Köln, 1981
17. Walther Künneth: Der Christ als Staatsbürger. Wuppertal, 1983
18. Eduard Lohse/Ulrich Wilckens (Hrsg.): Gottes Friede den Völkern. Hannover, 1984
19. Männerarbeit der EKD (Hrsg.): Offizierbrief. Bielefeld, erscheint jährlich
20. Ulrich de Maizière: Bekenntnis zum Soldaten. Hamburg, 1971
21. Franz Pöggeler: Menschenführung in der Bundeswehr. Schriftenreihe Innere Führung. Heft 1. Bonn, 1980
22. Gerhard Ritter: Staatskunst und Kriegshandwerk. München, 1970
23. Ludwig Schulte: Bundeswehr im Konflikt. Frankfurt, 1971
24. Sekretariat der Deutschen Bischofskonferenz (Hrsg.): Gerechtigkeit schafft Frieden. Bonn, 1983
25. Helmut Thielicke: Theologische Ethik. Tübingen, 1958
26. Erwin Wilckens (Hrsg.): Christliche Ethik und Sicherheitspolitik. Frankfurt, 1982

Die Autoren

Helge Adolphsen
geb. 10. Oktober 1940 in Schleswig
Militärdekan, Evangelischer Wehrbe-
reichsdekan I, Kiel

Wolfgang Altenburg
geb. 24. Juni 1928 in Schneidemühl,
General, Generalinspekteur der Bundeswehr, Bonn

Dr. Peter Balke
geb. 16. Oktober 1938 in Danzig-Oliva,
Oberst, Bereichsleiter, Zentrum Innere
Führung, Koblenz

Dr. Hans-Dieter Bastian
geb. 30. Januar 1930 in Bad Kreuznach,
Professor für Religionspädagogik, Uni-
versität Bonn

Bechtold Graf von Bernstorff
geb. 7. Januar 1930 in Alt-Karin, Krs.
Wismar,
Oberst, Leiter Studentenbereich, Uni-
versität der Bundeswehr, Hamburg

Peter Blaschke
geb. 5. Februar 1940 in Berlin,
Militärpfarrer, Referent für Presse- und
Öffentlichkeitsarbeit, Evangelisches
Kirchenamt für die Bundeswehr, Bonn

Dr. Eckart Busch
geb. 1. April 1933 in Wilhelmshaven,
Ministerialrat, Fregattenkapitän d. R.
Wissenschaftliche Dienste beim Deutschen Bundestag, Bonn

Dieter Clauß
geb. 2. September 1934 in Leipzig,
Generalmajor, Kommandeur der Führungsakademie der Bundeswehr, Hamburg

Dr. Klaus Dau
geb. 30. August 1934 in Wilhelmshaven,
Ministerialrat, Referatsleiter VR II 7,
Bundesministerium der Verteidigung,
Bonn

Reinhard Gramm
geb. 13. Mai 1929 in Schollene,
Militärgeneraldekan, Leiter Evangelisches Kirchenamt für die Bundeswehr,
Bonn

Friedhelm Klein M. A.
geb. 29. Oktober 1940 in München,
Oberst i. G., Leiter Abteilung Ausbildung, Information, Fachstudien, Mili-

	tärgeschichtliches Forschungsamt, Freiburg
D. Dr. Hermann Kunst D. D.	geb. 21. Januar 1907 in Ottersberg, Bischof, Militärbischof i. R., Bonn
Werner Lange	geb. 28. September 1929 in Stargard/Pommern, Generalleutnant, Kommandierender General II. Korps, Ulm
Dr. Sigo Lehming	geb. 6. November 1927 in Berlin, Propst, Evangelischer Militärbischof, Pinneberg
Karl-Heinz Magazin	geb. 14. Dezember 1924 in Königsberg, Militärdekan, Evangelischer Dekan beim Flottenkommando, Glücksburg
Ulrich de Maizière	geb. 24. Februar 1912 in Stade, General a. D., Bonn
Peter Noack	geb. 6. Januar 1937 in Königsberg, Oberst i. G., Referatsleiter Fü H I 3, Bundesministerium der Verteidigung, Bonn
Günther Petersen	geb. 21. Juli 1920 in Nordborg/Dänemark, Präsident, Wehrbereichsverwaltung IV, Wiesbaden
Wolfram von Raven	geb. 11. April 1924 in Berlin, Journalist, Oberst d. R., Chefredakteur »Europäische Wehrkunde/Wehrwissenschaftliche Rundschau«, Bonn
Adalbert von der Recke	geb. 4. Oktober 1930 in Braunschweig, Brigadegeneral, Kommandeur Zentrum Innere Führung, Koblenz
Hans-Henning von Sandrart	geb. 21. Juli 1933 in Argentinien, Generalleutnant, Inspekteur des Heeres, Bonn
Werner von Scheven	geb. 26. Januar 1937 in Friedrichsruh, Brigadegeneral, Stabsabteilungsleiter Fü S I, Bundesministerium der Verteidigung, Bonn
Harald Schulz	geb. 27. August 1933 in Fürstenwalde/Spree, Generalmajor, Kommandeur 3. Panzerdivision, Buxtehude

Winfried Sixt	geb. 30. November 1942 in Berlin-Lankwitz, Militärdekan, Evangelischer Wehrbereichsdekan IV, Mainz
Christian von Stechow	geb. 28. Juni 1937 in Bad Kissingen, Oberst, Referent für Sicherheitspolitik bei der FDP-Fraktion im Deutschen Bundestag, Bonn
Dr. Günter Freiherr von Steinaecker	geb. 6. Februar 1938 in Grünberg/Schlesien, Oberst, Kommandeur Panzerbrigade 8, Lüneburg
Dr. Gerhard Wachter	geb. 17. August 1929 in Halle/Saale, Generalleutnant, Kommandierender General I. Korps, Münster
Dr. Heinrich Walle	geb. 21. September 1941 in Limburg, Fregattenkapitän, Historiker-Stabsoffizier, Militärgeschichtliches Forschungsamt, Freiburg
Dr. Christian Walther	geb. 21. Februar 1927 in Insterburg/Ostpreußen, Professor für Evangelische Theologie, Universität der Bundeswehr, Hamburg
Dieter Wellershoff	geb. 16. März 1933 in Dortmund, Vizeadmiral, Inspekteur der Marine, Bonn

Bildnachweis

1. Ausschnitt nach Gemälde, Maler unbekannt
2. Nach Gemälde von Anton Graff
3. Ausschnitt nach Gemälde von Johann David Ludwig
4. Ausschnitt nach Gemälde von Friedrich Bury
5. Nach Litographie von Falcke
6. Nach Gemälde von W. Wach
7. Nach Photographie, Privatbesitz
8. Nach Gemälde von Anton von Werner
9. Militärarchiv
10. Militärarchiv
11. MGFA
12. Privatbesitz
13. Privatbesitz
14. Privatbesitz
15. Privatbesitz
16. Privatbesitz

Literatur für die Arbeit der Militärseelsorge

Peter H. Blaschke (Hrsg.)
Soldatenjahrbuch der evangelischen Militärseelsorge
Kalender (Jahresausgabe des Evangelischen Kirchenamts für die Bundeswehr; nicht im Handel erhältlich)
106 Seiten, Ringb., LVH, 1985

Peter H. Blaschke/Reinhard Gramm/Winfried Sixt (Hrsg.)
De officio
Zu den ethischen Herausforderungen des Offizierberufs. 310 Seiten, geb., mit 16 Abb., LVH, 1985, 24.80 DM
ISBN 3-7859-0516-5/Best. Nr. 31138-8

Hermann Greifenstein (Hrsg.)
Macht und Gewalt
Leitlinien lutherischer Theologie zur politischen Ethik heute.
Zur Sache 14. 159 Seiten, br., LVH, 1978, 9.80 DM
ISBN 3-7859-0431-2/Best. Nr. 33413-3

Eduard Lohse/Ulrich Wilckens (Hrsg.)
Gottes Friede den Völkern
Dokumentation des wissenschaftlichen Kongresses der EKD und der Nordelbischen Kirche vom 17.–19. Juni 1984 in Kiel. 415 Seiten, br., LVH, 1984, 28.– DM
ISBN 3-7859-0504-1/Best. Nr. 31136-4

Herbert Kruse
Kirche und militärische Erziehung
Der lebenskundliche Unterricht in der Bundeswehr im Zusammenhang mit der Gesamterziehung des Soldaten.
189 Seiten, br., LVH, 1984, 19.80 DM
ISBN 3-7859-0502-5/Best. Nr. 31128-5

Dieter Andersen
Fragmente der Versöhnung
Meine Kirche 1933–1983.
Ein Erinnerungsbuch. 102 Seiten, br., LHV, 1984, 16.80 DM
ISBN 3-87502-161-4/Best. Nr. 20038-4

Hermann Kunst (Hrsg.)
Gott läßt sich nicht spotten
Fritz Dohrmann. Feldbischof unter Hitler. 192 Seiten, br., LVH, 1983, 9.80 DM
ISBN 3-7859-0490-8/Best. Nr. 31121-2

Eduard Lohse
Vom Friedensauftrag der Christen
Vorlagen 9. 35 Seiten, geh., LHV, 1981, 3.50 DM
ISBN 3-87502-243-2/Best. Nr. 20309-9

Eduard Lohse
Die Ethik der Bergpredigt und was sie uns heute zu sagen hat
Vorlagen 21. 26 Seiten, geh., LHV, 1984, 6.– DM
ISBN 3-87502-252-1/Best. Nr. 20320-8

Adalbert von der Recke
Soldat aus Gewissensgründen
Vorlagen 17. 31 Seiten, geh., LHV, 1984, 6.– DM
ISBN 3-87502-249-1/Best. Nr. 20317-8

Karl Horst Wrage
Friedensfähigkeit
Psychoanalytische Erfahrungen und christliche Hoffnungen.
Vorlagen 13/14. 48 Seiten, geh., LHV, 1982, 5.– DM
ISBN 3-87502-246-7/Best. Nr. 20313-0

Diese Bücher erhalten Sie in Ihrer Buchhandlung

Lutherhaus Verlag
Lutherisches Verlagshaus
Knochenhauerstraße 38/40, 3000 Hannover 1